KB164701

소프트웨어 엔지니어링 생산성 돌아보기

소프트웨어 엔지니어링 생산성 돌아보기

김무항 옮김   케이틀린 샤도우스키 · 토마스 짐머만 편저

i!i
에이콘

 에이콘출판의 기틀을 마련하신 故 정완재 선생님 (1935-2004)

미스터 위글스(Mr. Wiggles)에게 바칩니다.

　– 케이틀린 샤도우스키(Catilin Sadowski)

부모님께 바칩니다.

　– 토마스 짐머만(Thomas Zimmermann)

옮긴이 소개

김무항(niceggal1@naver.com)

위치 기반 서비스, 증강 현실, 보안 등 다양한 분야에서 연구와 개발을 했다. 기술 번역에 관심이 많다. 에이콘출판에서 펴낸 『드루팔 사용하기』(2013), 『프로그래머처럼 생각하기』(2014), 『PHP와 MariaDB를 활용한 웹 애플리케이션 개발』(2016), 『파이썬으로 처음 시작하는 코딩』(2018), 『소프트웨어 아키텍처 이론과 실제 4/e』(2022) 등을 번역했다.

옮긴이의 말

소프트웨어 엔지니어링 생산성에 관한 이런저런 멋진 말 대신, 역자로서 여러분께 이 책의 특성과 차별점을 간단히 소개하고 싶다.

이 책의 내용은 딱딱하지 않다!

처음에 이 책의 번역을 맡았을 때, 책의 구성을 보고 세미나에서 발표한 연구들의 모음일 것이라 생각했고, 다소 지루한 내용이 가득할 것이라 생각했다. 하지만 번역을 하면 할수록 이러한 생각은 180도 바뀌었다. 몇 가지 예를 들자면, 1장 '생산성이 10배 이상이라고 알려진 전설의 프로그래머'는 이해를 돕고자 대화 형식으로 구성돼 있으며, 대화 속의 주인공들은 반론에 반론을 거치며 소프트웨어 생산성이란 무엇인지에 관해 깊은 성찰을 할 수 있도록 돕는다. 2장에서는 생산성 측정에 관한 내용을 다루며, 구글에서의 사례를 통해 글로벌 선두업체에서 실제 생산성 측정을 어떤 식으로 진행했는지 소개한다. 세미나에서 소개된 연구 모음집이긴 하지만, 실제 각 연구의 내용은 이해를 돕기 위한 참신한 구성과 실전 사례를 통해 독자들의 흥미를 자극한다.

다양한 관점에서 살펴볼 수 있다!

한 명의 저자가 소프트웨어 엔지니어링의 역사와 정의부터 사례, 전략을 저술한 것이 아니라, 여러 다양한 기관의 다양한 전문가의 연구를 살펴볼 수 있기 때문에 소프트웨어 엔지니어링의 생산성을 다양한 시각에서 볼 수 있다.

내용이 쉽다!

소프트웨어 엔지니어링에 대한 전문 지식이 없는 독자들도 쉽게 접할 수 있도록 구성됐다. 소프트웨어 엔지니어링 전문가가 아니더라도 소프트웨어 개발과 연관이 있는 사람이라면 누구나 쉽게 이해할 수 있다. 일반적인 소프트웨어 엔지니어링 또는 소프트웨어 아키텍처 책은 소프트웨어 개발 방법론을 심도 있게 소개하거나 소프트웨어 아키텍처의 품질 속성을 자세하게 다루지만, 이 책은 소프트웨어 개발과 직간접적으로 연관된 사람이라면 에세이 읽듯이 쉽게 살펴볼 수 있다.

소프트웨어 생산성이 무엇인지 스스로 돌아보게 된다!

이 점이 가장 중요한 부분이다. 이 책은 생산성 측정에 관한 오해를 풀어주는 것을 시작으로 소프트웨어 생산성이 무엇인지, 어떤 요인들이 생산성에 영향을 주는지, 실전에서의 생산성 측정 사례를 소개하고, 마지막에 생산성 모범 사례로 마무리한다. 이러한 잘 짜인 체계적인 구성과 각 구성에서 소개하는 연구들을 따라가다 보면 이 책을 다 읽을 무렵, 스스로 소프트웨어 생산성이 무엇인지 돌아보게 될 수 있다.

여러분들도 이 책을 통해 소프트웨어 엔지니어링의 생산성이 무엇인지에 관한 큰 통찰력을 얻을 수 있길 바란다.

편저자 소개

케이틀린 샤도우스키 박사Dr. Caitlin Sadowski

캘리포니아 마운틴 뷰California Mountain View의 구글Google에서 개발자들의 작업 흐름을 판단하고 개선하는 일을 하는 소프트웨어 엔지니어다. 또한 크롬 메트릭스Chrome Metrics 팀의 관리자로서 크롬 개발자들이 데이터를 기반으로 한 결정을 할 수 있도록 돕는다. 이전에는 구글에서 정적 분석을 의미 있게 만들고자 트라이코더Tricorder 프로그램 분석 플랫폼을 만들었다. 그와 더불어 공학 생산성 연구 팀Engineering Productivity Research team을 꾸려서 개발자들이 어떻게 그들의 시간을 소비하고 어떻게 하면 프로그래머가 효율적일 수 있을지에 대한 실질적인 조언을 했다. 저명한 소프트웨어 엔지니어링 위원회와 프로그래밍 언어 협회(ICSE, ESEC/FSE, OOPSLA, PLDI)의 위원이다. 산타 크루즈Santa Cruz에 있는 캘리포니아 대학교University of California에서 프로그래밍 언어와 소프트 엔지니어링, 인간과 컴퓨터의 상호 작용에 관한 폭넓은 주제를 연구해 박사 학위를 받았다. 3살짜리 나루Naru(별명은 미스터 위글스Mr. Wiggles)와 빵과 쿠키를 구우며 즐거운 시간을 보내기도 한다.

토마스 짐머만 박사Dr. Thomas Zimmermann

마이크로소프트 리서치Microsoft Research에서 데이터를 분석하는 일을 하는 수석 연구원이다. 최근에 마이크로소프트에서 소프트웨어 개발자와 데이터 과학자의 생산성에 관해 연구하고 있다. 이전에 디지털 게임이나 브랜치 구조와 버그 리포트 데이터를 분석했다. 임피리컬 소프트웨어 엔지니어링Empirical Software Engineering 저널의 공동 편집자이며 여러 저널(Software Engineering, IEEE Software, Journal of Systems and Software, Journal of Software : Evolution and Process)의 IEEE 트랜잭션IEEE Transaction의 편집국 일을 돕는다. 저명한 소프트웨어 엔지니어링 위원회의 회원이며 ACM SIGSOFT의 의장이다. 또한 추천자 시스템에 관한 책과 소프트웨어 엔지니어링의 데이터 과학에 관한 책을 편집했다. 자를란트 대학교Saarland University에서 박사 학위를 받았고 마이닝 소프트웨어 저장소에 관한 연구를 했다. 영화를 좋아하고 얼음이 어는 추운 날에 축구하는 것을 좋아하며 유니콘을 수집한다.

감사의 말

이 책이 나오기까지 애써 준 많은 사람이 있다. 우선 저자들의 폭넓고 전문적인 작업에 감사한다. 또한 에이프레스Apress 팀, 그중에서 토드 그린Todd Green, 수잔 맥더모트Susan McDermott에게 감사한다. 슐로스 다그스튤Schloss Dagstuhl(https://www.dagstuhl.de 컴퓨터 과학자들이 만나는 곳)의 모임 주최자와 직원들에게 감사한다. 이들이 모임을 주최한 덕분에 이 책이 시작됐기 때문이다. 또한 이재헌Jaeheon Yi과 암브로즈 파인슈타인Ambrose Feinstein에게 특히 감사하다. 이들이 없었다면 본 연구를 위해 시간을 내기 어려웠을 것이다.

차례

1부 생산성 측정하기: 왕도는 없다

4부 실전에서의 생산성 측정

들어가며

케이틀린 샤도우스키

토마스 짐머만

마크 앤드리슨^{Marc Andreessen}이 말한 대로 소프트웨어가 세계를 잠식하고 있다[1]. 또한 소프트웨어에 대한 수요가 계속 증가하고 있다. 전문 소프트웨어 개발자의 수가 많이 증가했음에도 여전히 개발자 수가 부족하다. 이러한 수요를 만족시키려면 더 생산적인 소프트웨어 엔지니어가 필요하다.

지난 40년간 소프트웨어 개발자와 팀의 생산성을 이해하고 개선하기 위한 연구가 많이 진행됐다. 상당한 연구가 소프트웨어 생산성이 중요하다는 것을 보여 준다. 많은 연구가 생산성의 정의를 소개했고 생산성과 연관된 구조적인 문제를 고민하고 이를 개선하기 위한 접근법과 특별한 도구를 집중적으로 다뤘다. 사실 소프트웨어 생산성에 관한 중대한 연구의 대부분은 1980년대와 1990년대에 이뤄졌다(피플웨어^{Peopleware}, 맨먼스에 대한 오해^{Mythical Man-month}, 퍼스널 소프트웨어 프로세스^{Personal Software Process}).

왜 이 책인가?

독일의 다그스튤^{Dagstuhl}에서 있었던 일주일간의 워크숍에서 이 책은 시작됐다[2]. 세미나는 두 가지 이유에서 개최됐다. 하나는 1980년대와 1990년대 이후로 많은 것이 변했다는 점이고, 또 다른 하나는 현대 소프트웨어 엔지니어의 생산성을 높이려면 무엇이 필요한지 재조명해 봐야 하는 시기였기 때문이다.

그럼 1980년대와 1990년대 이후로 무엇이 변했을까? 오늘날의 소프트웨어 팀과 엔지니어는 전 세계적으로 활동한다. 또한 소프트웨어 엔지니어는 국경을 넘고 시간대를 넘어서 협력하며 신속하게 변화하는 소프트웨어 개발 업무를 한다. 종종 엔지니어는 스택 오버플로Stack Overflow와 깃허브GitHub 같은 소셜 코딩 도구를 사용하기도 하고 노트북이나 개인용 전자기기에서 작업을 하기도 한다. 오늘날의 소프트웨어 엔지니어는 전례 없는 복잡한 작업을 해야 하고 클라우드 안에서 큰 시스템을 구축하기도 하며 단일 저장소에 수백만 줄(가끔 몇 십억 개)의 코드를 저장할 수 있고, 하루에도 몇 십 번씩 소프트웨어를 배포할 수 있다. 이들은 웹 검색이나 블로그, 질의 사이트나 소셜 네트워킹 사이트 등과 같은 대화 채널을 평균 11.7개 가량 사용한다[85]. 1984년에는 소프트웨어 엔지니어는 직접 만나거나 전화 통화를 통해 대화해야 했다[27]. 사람과 컴퓨터의 상호 작용HCI, Human-Computer Interaction, 컴퓨터 보조 공동 작업CSCW, Computer-Supported Cooperative Work 커뮤니티가 지식 노동자의 생산성을 높이는 데 엄청난 큰 기여를 했고 이는 소프트웨어 엔지니어에게도 적용할 수 있었다. 더욱이 소프트웨어 개발에 관한 폭넓은 데이터를 사용할 수 있게 돼 소프트웨어 생산성의 정교한 분석도 가능해졌다.

시작이 된 세미나의 목표는 소프트웨어 개발에 있어서 생산성 이슈를 재고하고 토론해 소프트웨어 개발자의 생산성을 측정하는 방법과 생산성을 증진하기 위한 방법을 알아내는 것이었다. 세미나에서 이뤄진 토론은 다음 질문에 중점을 둔다.

- 생산성이 개인, 팀, 조직에 어떤 의미일까?

- 생산성의 규모와 요소는 무엇인가?

- 생산성을 측정하는 목적과 의미는 무엇인가?

- 생산성을 연구하는 데 있어 가장 큰 도전 과제는 무엇인가?

이 책은 현대 소프트웨어 개발에서 생산성이 의미하는 바가 무엇인지 탐구할 것이다. 각 장은 다그스튤 세미나에 참여했던 사람과 그 외 수많은 전문가가 집필했다. 우리의 목적은 소프트웨어 생산성에 대한 전문가의 이해, 경험, 지혜를 요약하고 이를 알리는 것이다.

그림 0.1 2017년 3월에 개최된 소프트웨어 엔지니어링 생산성에 대한 재고라 불렸던 다그스튤 세미나 참석자.
이 책의 두 편집자는 오른쪽 두 번째 줄에 있다.

이 책에 관해

이 책은 다섯 가지 주제로 구성된다. 우선, 생산성을 측정할 때 어려운 점을 이야기하면서 시작할 것이다. 다음으로 생산성을 각 구성 요소로 세분화하는 데 초점을 맞춰 이야기를 진행하고, 생산성 요소를 규명하고 생산성에 대한 다른 관점을 부여할 수 있도록 내용을 이어갈 것이다. 생산성은 보통 측정하기 어렵다. 하지만 생산성의 일부 측면을 측정하는 데 집중한 특정 사례 연구도 포함했다. 마지막은 생산성을 증대하는 데 효과가 있는 지침에 관한 이야기로 책을 끝낼 것이다.

생산성 측정하기: 왕도는 없다

어떤 프로그래머는 정말 다른 프로그래머보다 10배나 더 생산적일까? 루츠 프레첼트^{Lutz Prechelt}는 1장에서 이 의문을 해결하고자 깊이 탐구한다. 시에라 재스펀^{Ciera Jaspan}과 케이틀린 샤도우스키^{Caitlin Sadowski}는 2장에서 하나의 생산성 지표에만 집중을 하는 것이 얼마나 잘못된 것인가를 설명할 것이다. 앤드류 J. 코^{Andrew J. Ko}는 3장에서 생산성을 측정하면서 발생하는 의도치 않은 결과를 살펴볼 수 있는 사례를 설명할 것이다.

생산성 소개

스테판 바그너^{Stefan Wagner}와 플로리안 다이센보크^{Florian Deissenboeck}는 4장에서 과거에 생산성을 측정한 여러 방법을 살펴볼 것이다. 5장에서는 케이틀린 샤도우스키, 마가렛-앤 스토리^{Margaret-Anne Storey}와 펠트^{Feldt}가 생산성의 세 가지 측면인 결과물의 품질, 속도, 만족으로 세분화하는 방법을 설명하고 생산성 지표를 고려할 때 어떻게 이 방법을 적용할 수 있는지 설명한다. 앤드류 J. 코는 6장에서 작업의 특성에 따라서 생산성을 측정하는 것이 얼마나 중요한지 설명한다. 7장에서는 에머슨 머피-힐^{Emerson Murphy-Hill}과 스테판 바그너가 생산성 측정과 관련된 여러 상황에서 이뤄진 연구를 살펴봄으로써 생산성 개론을 마친다.

생산성 주변 요인

소프트웨어 엔지니어들의 생산성에 영향을 미치는 요소는 많다. 8장에서는 스테판 바그너와 에머슨 머피-힐이 이러한 요소를 개략적으로 살펴볼 것이다. 이 요소 중 두 가지는 9장과 10장에 걸쳐서 깊이 탐구할 것이다. 9장에서는 던컨 P. 브럼비^{Duncan P. Brumby}와 크리스티안 P. 얀센^{Christian P. Janssen}과 글로리아 마크^{Gloria Mark}가 방해를 연구한 것을 다룬다. 그다음 10장에서는 대니얼 그라지오틴^{Daniel Graziotin}과 파비안 파게르홀름^{Fabian Fagerholm}이 소프트웨어 엔지니어의 생산성과 행복지수 사이의 관계를 토론할 것이다. 11장에서는 페르닐레 뵤른Pernille Bjørn의 사례를 살펴보면서 생산성에 미치는 사회적 요소를 논할 것이다.

실전에서의 생산성 측정

12장에서는 안드레 N. 마이어André N. Meyer, 게일 C. 머피Gail C. Murphy, 토마스 프리츠Thomas Frits와 토마스 짐머만이 개발자가 스스로의 생산성을 평가할 때 적용하는 요소와 개발자가 생각하는 생산성을 평가하는 다양한 방식을 깊이 살펴볼 것이다. 13장에서는 브래드 A. 마이어스Brad A. Myers, 앤드류 J. 코, 토마스 D. 라토자Thomas D. LaToza와 윤영석YoungSeok Yoon이 정성적인 연구 방법을 사용하면 생산성에 관한 어려운 점과 개선 사항을 이해하는 데 얼마나 도움이 되는지 논의할 것이다. 또한 14장에서는 마리케 반 부그트Marieke van Vugt가 생산성을 측정하는 데 사용되는 시선 추적 장치와 뇌전도 검사의 이점과 한계점을 살펴볼 것이다. 15장에서는 크리스토프 트뢰드Christoph Treude와 페르난도 피게이라 필로Fernando Figueira Filho가 생산성을 높이고자 큰 규모의 팀 안에서 어떤 일이 벌어지는지 인지하는 것(팀 인식)의 중요성과 팀 인식을 어떻게 측정하는지 논의할 것이다. 16장에서는 마가렛-앤 스토리와 크리스토프 트뢰드가 대시보드로 생산성 지표를 나타내는 것의 이점과 단점을 살펴볼 것이다.

어떤 조직은 국제표준화기구ISO, International Organization for Standardization를 활용해 생산성 벤치마킹을 수행한다. 따라서 마지막 두 장은 벤치마킹에 관한 내용을 다룰 것이다. 찰스 사이먼스Charles Symons는 17장에서 이러한 측정 방법 중 하나인 공통 소프트웨어 측정 국제 컨소시엄COSMIC, COmmon Software Measurement International Consortium에 대해 살펴볼 것이다. 18장에서 프랑크 포헬레장Frank Vogelezang과 하롤트 반 헤이링언Harold van Heeringen이 어떻게 조직이 COSMIC과 같은 벤치마킹 수단을 사용하는지 사례를 들어 설명할 것이다.

생산성 모범 사례

이 책에 포함시킬 만한 소프트웨어 엔지니어의 생산성을 높이기 위한 모범 사례는 너무 많다. 따라서 다양한 관점을 제공하는 다양한 방법의 개요를 살펴볼 것이다. 19장에서는 토드 세다노^{Todd Sedano}, 폴 랄프^{Paul Ralph}, 세실 페레어^{Cécile Péraire}는 생산성을 향상하려 노력하는 대신 낭비되는 시간을 줄이려고 노력하는 것으로 마음가짐을 바꾸는 것만으로도 생산성이 더욱 쉽게 향상된다는 것을 보여 준다. 20장에서는 빌 커티스^{Bill Curtis}가 명확하고 제대로 된 프로세스를 구축하는 것이 얼마나 중요한지 설명한다. 21장에서는 프란츠 치리스^{Franz Zieris}와 루츠 프레첼트^{Luts Prechelt}는 짝^{pair} 프로그래밍이 과연 효과가 있는지에 대한 질문의 답을 줄 것이다.

생산성을 증진시키기 위한 도구를 활용한 방법도 있다. 22장에서는 안드레 N. 마이어, 토마스 프리츠, 토마스 짐머만이 생산성을 스스로 평가할 때의 장점과 단점을 설명할 것이다. 23장에서는 마누엘라 주거^{Manuela Züger}, 안드레 N. 마이어, 토마스 프리츠^{Thomas Frits}, 데이비드 셰퍼드^{David Shepherd}가 소프트웨어 엔지니어를 언제 간섭해야 할지에 관한 정보를 나타내는 시스템을 제시한다. 24장에서는 게일 C. 머피와 믹 커스텐^{Mik Kersten}, 로버트 엘비스^{Robert Elves}, 니콜 브라이언^{Nicole Bryan}은 소프트웨어 시스템을 만드는 것과 관련된 사람과 도구 사이의 정보에 대한 접근과 흐름을 향상시키는 기술 진화를 살펴볼 것이다. 마지막으로 25장에서는 마리케 반 부그트는 인간의 내면에 집중해 생산성에 있어 마음가짐의 역할을 알아볼 것이다.

소프트웨어 생산성의 미래

이러한 주제는 전문가가 작성하지만 해당 글이 항상 맞는 것은 아니다. 소프트웨어 개발은 항상 변하고 있고 소프트웨어 생산성에 관해서 우리가 모르는 것이 많기 때문이다. 다그스튤 세미나에서 참가자들은 여러 안건과 난제를 도출했다. 소프트웨어 생산성의 주요 큰 세 가지 난제는 우리가 소프트웨어 생산성에 관해 아는 것을 지식으로 구축하는 것, 생산성 측정을 개선하는 것, 개입을 통해 소프트웨어 생산성에 영향을 주어 소프트웨어 생산성을 개선하는 것이다.

소프트웨어 생산성에 관한 지식 구축하기

다음은 소프트웨어 생산성에 관한 지식을 구축하는 데 필요한 단계다.

- 생산성에 대한 이론적인 프레임워크를 구축한다.

- 소프트웨어 진화의 법칙과 유사한 생산성의 법칙 또는 규칙을 정의한다. 예를 들어 '행복한 개발자가 더 생산적인 개발자가 된다'든가 '팀에서 참여를 독려하는 분위기가 생산성을 높인다'와 같은 법칙이 있다.

- 소프트웨어 개발자와 다른 지식 노동자 사이의 차이를 관찰하고 소프트웨어 개발 작업이 다른 작업과 다른 특이점을 알아낸다.

- 생산성에 관한 질문부터 생산성을 연구하기 위한 방법론에 이르기까지 과정에 대한 지도를 작성한다.

생산성 측정 개선하기

다음은 생산성 측정을 개선하는 데 필요한 단계다.

- 어디서 생산성을 측정해야 좋은 결과가 나올 수 있는지에 관한 여러 예를 수집한다. 이렇게 모은 예로부터 깨달음과 지침을 도출한다.

- 회사에서 발생하는 모든 것을 추적할 수 있는 방법을 개발한다. 개인의 생체 정보, 만족도, 기분, 피로도, 동기 부여 등과 같은 세부적인 자료도 포함된다. 이러한 자료를 사용해 개발 업무와 생산성을 세부적인 단위로 분류한다. 물론 개인정보 보호 문제로 이러한 자료를 얻기가 쉽지 않을 것이다.

소프트웨어 엔지니어들의 생산성 개선하기

다음 사항들은 소프트웨어 엔지니어들의 생산성을 개선하는 데 필요한 단계다.

- 어떻게 생산성을 육성하고 지원할 것인지 이해한다.

- 다양한 회사의 생산성과 다양한 개입 방식에 관해 많은 비교 연구를 수행한다.

본격적으로 흥미로운 주제에 관해 알아볼 것이다. 여러분이 이 책을 즐겼으면 한다.

참고 문헌

[1] Marc Andreessen. Why Software Is Eating The World. Wall Street Journal 2011. https://www.wsj.com/articles/SB10001424053111903480904576512250915629460

[2] Thomas Fritz, Gloria Mark, Gail C. Murphy, Thomas Zimmermann. Rethinking Productivity in Software Engineering (Dagstuhl Seminar 17102). Dagstuhl Reports, Volume 7, Number 3, March 2017, pages 19-26. http://dx.doi.org/10.4230/DagRep.7.3.19

[3] M.-A. Storey, A. Zagalsky, F. F. Filho, L. Singer, and D. M. German. How social and communication channels shape and challenge a participatory culture in software development. IEEE Transactions on Software Engineering, 43(2):185-204, 2017.

[4] T. DeMarco and T. Lister. Programmer performance and the effects of the workplace. In Proceedings of the 8th international conference on Software engineering, pages 268-272. IEEE Computer Society Press, 1985.

1부

생산성 측정하기:
왕도는 없다

1장

생산성이 10배 이상이라고 알려진 전설의 프로그래머

루츠 프레첼트, 베를린 자유 대학 Freie Universität Berlin**, 독일**

어떤 사람들이 주장하는 것처럼 정말 다른 사람들보다 생산성이 10배 이상 높은 프로그래머들이 존재할까? 충격적이지만 그 대답은 질문이 의도하는 바에 달려 있다. 1장에서는 실제 프로그래밍 연구 자료에 기반을 둔 실제 대화를 살펴보면서 답을 찾아가겠다.

> **앨리스**Alice_ '어떤 프로그래머들은 다른 사람들보다 10배나 생산성이 높다'는 말을 들은 적이 있어. 나는 그게 조금 과장됐다고 생각해. 이 말이 실제로 가능한 거야?

> **밥**Bob_ 난 그럴 수 있다고 생각해(밥은 증거를 매우 중요하게 여기는 사람이다).

작업 시간 변동성 데이터

> **밥**(그림 1-1을 가리키면서)_ 이 표를 봐. 하나의 원은 한 사람이 작은 규모의 특정한 프로그램에 소비한 업무 시간을 나타내고 있고, 각 프로그램은 동일한 문제를 해결하고 있어. 표의 사각형은 상위 25퍼센트와 하위 25퍼센트를 제외한 나머지, 즉 25번째 백분위수부터 75번째 백분위수를 가리키고 있어. 큰 점은 중앙값(또는 50대50 분할점)을 나타내고 M은 평균과 표준 오차를 나타내. 수염위스커, whisker은 최솟값부터 최댓값까지 연장돼 있어.

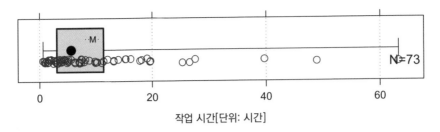

그림 1-1 작은 규모의 동일한 프로그램을 개발하는 73명 개발자의 작업 시간 분포

앨리스＿ 잠시만, 천천히 살펴보자. 개발자들이 구현한 결과물이 모두 올바르게 동작해?

밥＿ 73개 중 23개는 약간의 결함이 있고 50개는 완벽하게 동작해. 신뢰도가 98퍼센트를 넘어서 제대로 동작한다고 볼 수 있지.

앨리스＿ 알았어. 그러니까 최솟값과 최댓값이 얼마야?

밥＿ 최솟값은 0.6시간이고 최댓값은 63시간이야. 둘의 차이는 **105배**지.

동질성 유지하기

앨리스＿ 매우 인상적이네. 그 수치는 정말로 비교 가능해?

밥＿ 비교 가능하다는 말이 무슨 뜻이야?

앨리스＿ 나도 잘 몰라. 예를 들어 이 사람들이 작업할 때 모두 같은 프로그래밍 언어를 사용했어? 어떤 문제의 경우 특정 프로그래밍 언어가 다른 언어보다 더 잘 맞을 때가 있거든. 어쨌든 프로그래머들에게 어떤 종류의 문제가 주어진 거야?

밥＿ 알고리즘 문제지. 검색하고 인코딩하는 작업이야. 통계 수치에는 7개의 다른 언어가 섞여 있는데, 그 7개의 언어 중 어떤 언어들은 다른 언어에 비해 주어진 알고리즘 작업에 덜 적합한 경우가 있어.

앨리스_ 그렇다면 그 점을 배제해야 하나?

밥(그림 1-2를 가리키면서)_ 여기 표를 보면 7개의 그룹 중 한 그룹이 전체의 30퍼센트를 차지하기 때문에 다른 것들을 배제하기가 더 쉽지. 이 그룹은 프로그래밍 언어로 자바Java를 사용한 것 같아.

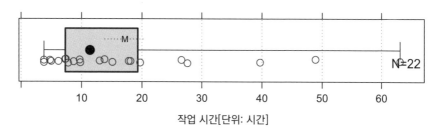

그림 1-2 동일한 자바 프로그램을 개발했을 때의 개발자 22명의 작업 시간 분포

앨리스_ 어머나. 자바를 사용한 개발자를 제외하고 나니 가장 느린 사람들은 6명 중 5명이 남고 가장 빠른 사람들은 별로 안 남았네. 그러면 둘의 생산성 차이는 얼마가 되는 거야? 거의 20배인가?

밥_ 3.8시간과 63시간이니까 거의 **17배**가 되네.

작업 시간 표의 실제 의미 파악하기

앨리스(머리를 흔들면서)_ 그렇군. 근데 지금 문제가 뭔지 알 것 같다. 내가 '다른 프로그래머들보다 빠른'이라고 말했는데, 여기서 '다른 프로그래머들'이 생산성이 정말 좋지 않은 경우 해당 프로그래머들이 프로그램을 작성하는 데 엄청난 시간이 걸릴 수 있기 때문에 생산성의 차이는 매우 커질 수도 있어.

밥_ 그 문제는 나도 같은 생각이야. 이 자료를 갖고 실험하는 사람들은 이 프로그램을 완수하는 데 대부분의 개발자는 반나절, 좀 더 느린 개발자는 하루가 걸린다고 가정했을 거야. 하지만 실제로 가장 느린 개발자들은 일주일이 걸렸어. 지독하게 오래 걸렸지.

앨리스_ 그래서 내 생각에 '다른 프로그래머들보다 빠른'이라는 표현은 '보통의 프로그래머들보다 빠른'으로 바꿔야 할 것 같아.

밥_ 그러면 '보통의 프로그래머들'이라는 것은 평균을 말하는 거야? 지금 말한 부분은 동의할 수 없어. 그렇게 되면 비교 그룹은 전부를 포함할 뿐 아니라 빠르거나 아주 빠른 프로그래머들도 포함할 수 있어. 9배나 빠른 프로그래머도 결국 포함될 수 있어.

앨리스_ 좋은 지적이야. 그러면 '다른 프로그래머들보다 빠른'이란 말은 '평범한 동시에 훌륭하지 않은 프로그래머들보다 빠른'이 돼야 할 것 같아.

밥_ 아마도 그래야 하겠지. 그렇다면 그 말은 무슨 의미일까?

앨리스_ 음, 전체를 절반으로 나눴을 때 느린 쪽 절반에 위치한 프로그래머들을 의미할 것 같아.

밥_ 그런 것 같아. 그렇다면 그건 어떻게 나타내야 할까? 느린 쪽 절반의 평균 또는 느린 쪽 절반의 중앙값?

앨리스_ 중앙값이라고 해야 할 것 같아. 안 그러면 같은 프로그램을 만드는 데 1,000시간이 걸리는 프로그래머 때문에 빠른 프로그래머와의 생산성 차이가 10배까지 벌어질 수가 있어.

밥_ 알았어. 생산성이 낮은 프로그래머들의 중앙값은 75번째 백분위수야. 표에서 보이는 상자의 오른쪽 선이 거기에 해당돼. 그럼 생산성이 높은 '일부'가 남게 되지.

앨리스_ 뭐라고?

밥_ 여기서 '일부 프로그래머들'이 의미하는 바는 무엇일까?

앨리스_ 생산성이 높은 프로그래머 기준은 어떻게 정해야 할까?

밥_ 상위 2퍼센트는 어때?

앨리스_ 아니야. 그건 너무 비현실적이야. 의미가 있으려면 더 많은 사람들을 포함해야 해. 난 상위 10퍼센트까지라고 봐. 프로그래머들은 꽤 지적 수준이 높은 사람들이야. 그렇기 때문에 상위 10퍼센트도 꽤 실력이 좋은 사람들이라고 생각해. 그렇다면 다음은 뭐지?

밥_ 상위 10퍼센트의 중앙값은 5번째 백분위수야. 자바로 프로그래밍한 그룹의 경우 5번째 백분위수 사람의 작업 시간은 3.8시간이었고 하위 75번째 백분위수 사람의 작업 시간은 19.3시간이었어. 둘 간의 차이는 5배야.

앨리스_ 알았어. 10배는 너무 높은 수치이네. 반면…

앨리스가 먼 곳을 멍하게 응시했다.

한 가지 프로그래밍 언어만 고집하지 않은 경우

밥_ 뭐라고?

앨리스_ 어떤 프로그래밍 언어를 사용할지 누가 정하지?

밥_ 프로그래머가 스스로 정하지.

앨리스_ 그러면 언어의 적절성과 언어가 생산성에 미치는 영향도 고려해야 되겠네. 한 가지 언어를 사용한 집단만 따졌기 때문에 상위와 하위의 차이가 인위적으로 줄었을 거야. 전체 자료를 살펴보자. 그러면 비율이 어떻게 되지?

밥_ 상위 5번째 백분위수 작업 시간은 1시간이고 75번째 백분위수 작업 시간은 11시간이야. 11배 차이가 나네.

앨리스(머리를 흔들면서)**_** 어머나. 10배가 넘네. 이게 쉬운 게 아니야.

기준 집단에 대한 의문

앨리스_ 아마도 내가 틀린 걸지도 몰라. 그런데 이 실험에 참여하는 사람들은 어떤 사람들이지?

밥_ 모든 사람이지. 학생부터 숙련된 프로그래머까지, 프로그래밍 언어에 익숙한 사람부터 경험이 적은 사람들까지, 단정치 못한 사람부터 단정한 사람까지 다양하게 섞여 있어. 이 모든 사람들의 유일한 공통점은 이 실험에 참여했다는 점이야.

앨리스(희망찬 얼굴로)_ 그렇다면 우리가 실험 참여 그룹을 좀 더 동질로 만들 수 있을까?

밥(냉소적인 미소를 띠면서)_ 어떤 부분을 근거로? 참여 그룹의 생산성?

앨리스_ 아니, 뭔가 있을 거야!

(앨리스의 얼굴이 환해졌다) 참여한 학생들 중에는 신입생과 2학년들도 있지?

밥_ 아니. 모두 4학년이거나 대학원생이었어. 게다가 실제로 컴퓨터 관련 일하는 사람들 중에 컴퓨터 공학 정규 교육을 전혀 받지 못한 사람도 많아.

앨리스_ 그래서 우리가 지금 하고 있는 연구에 참여한 사람들이 적합하다는 거야?

밥_ 아마도 그럴 거야. 게다가 어떤 사람들이 더 적합한지 확실치 않아.

앨리스_ 그래서 11배가 정답이라는 거야?

밥_ 대략 그렇게 되지. 다른 방법이 있나?

앨리스가 잠시 동안 깊은 생각에 빠졌다.

이것은 개발 노력에 관한 것만은 아니다

앨리스_　어머나!

밥_　뭐 때문에 그래?

앨리스_　주어진 문제에서 큰 부분을 간과했어. 이 사람들이 만들고 있는 프로그램이 같기 때문에 개발 시간이 곧 생산성이라고 가정했잖아. 만약 어떤 프로그램들은 클라우드 컴퓨팅 환경에서 자주 실행되거나 큰 자료를 처리해야 하는 경우라면? 그렇다면 프로그램마다 실행 비용의 차이가 클 거야. 비용이 많이 든다면 프로그램의 가치가 낮다는 의미일 수 있어. 그렇다면 비용도 생산성 평가에 고려해야 돼.

밥_　좋은 생각이야.

앨리스_　내 생각에 이 자료에는 이러한 정보가 포함되지 않는 것 같은데?

밥_　아니야, 포함하고 있어. 각 프로그램에는 벤치마크 수치가 있는데 이것은 런타임과 메모리 소비를 나타내.

속도가 느린 프로그래머들이 더 신중할까?

앨리스_　멋져! 작업 시간이 오래 걸리는 프로그래머들 중에 일부는 더 빠르고 간결한 프로그램을 만드느라 오래 걸리는 경우도 있을 것 같아. 이러한 경우를 고려한다면 생산성의 차이는 좁혀져. 다음 산점도scatterplot를 좀 봐 줄래? x축은 작업 시간이고 y축은 런타임에 메모리 소비량을 곱한 값을 나타내. 런타임과 메모리 소비량에 따라 클라우드에서 실행 비용이 증가하기 때문에 둘을 곱한 거야.

밥(그림 1-3을 보여 주면서)_　여기에 있어. 로그 축들을 봐. 어떤 비용은 상당하네.

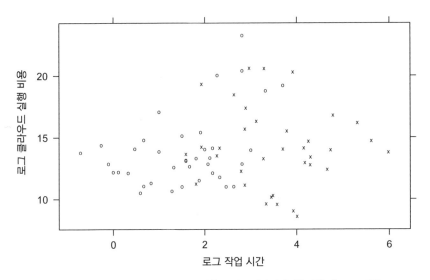

그림 1-3 작업 시간과 클라우드 실행 비용(메모리 소비와 런타임을 곱한 값). 로그 단위

앨리스_ 둘은 관계가 거의 없네. 예상치 못한 결과야.

밥_ 그러면 여전히 생산성의 차이가 줄어들 것 같아?

앨리스_ 모르겠어.

부차적인 요소가 중요할 수 있다

앨리스_ 그런데 도표에서 보이는 두 표식은 뭘 나타내는 거야?

밥_ 동그라미는 동적 스크립팅 언어로 작성한 프로그램이고 X는 정적 타입 프로그램이야.

앨리스_ 스크립트를 이용해서 프로그램을 작성하면 훨씬 일찍 끝나지. 그래서 스크립팅 언어를 선택하는 건 매우 현명한 선택이야.

밥_ 응. 스크립트 언어를 사용하면 프로그램을 작성하는 시간이 반으로 줄지. 이로 인해 자바만 사용하는 그룹 간에 비교했을 때보다 생산성 차이가 커진 거야.

앨리스_ 흥미롭네. 뿐만 아니라 스크립트 언어로 작성한 프로그램이 실행 비용에 있어서도 나쁘지 않아.

밥_ 스크립트를 사용하지 않는 언어로 작성된 프로그램 중 가장 좋은 성능을 나타내는 프로그램과 비교하지만 않는다면 맞는 말이야.

생산성의 정의에 관한 재논의

앨리스_ 원래 질문으로 돌아가 보자. 실행 비용에 대한 부분을 구체화해 보자. 생산성은 노력 대비 가치야. 노력은 작업 시간이야. 비용이 증가하면 가치는 떨어져. 따라서 가치는 비용과 반비례야. 그걸 보여 줄 수 있어?

밥(그림 1-4를 보여 주면서)_ 물론이지. 여기에 그 결과표가 있어.

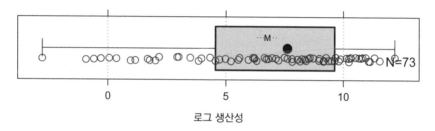

그림 1-4 동일한 소규모 프로그램을 작성한 개발자 73명의 생산성

밥_ 로그를 사용하지 않고는 제대로 값을 표현할 수 없고 측정 단위가 정말 이상하기 때문에 직관적으로 이해하기가 힘들어. 그래서 로그 값을 사용했어. 그림 1-4는 생산성을 나타낸 것이기 때문에 숫자가 클수록 좋은 거야. 이전의 생산 차이를 위 표에서 살펴보면 먼저 95번째 백분위수 값은 2200이고 25번째 백분위수 값인 상자의 왼쪽 경계선 값은 23.6이야. 결국 둘 간의 차이는 **93배**야. 10배 차이는 실제 존재할 수 있다는 점을 받아들일 때가 된 것 같아.

실제 사람들은 어떻게 일을 할까?

앨리스_ 아마도 그래야 할 것 같아. 하지만 생산성에 관한 질문에 관해 좀 더 잘 이해하게 되긴 했지만 여전히 잘못된 질문을 던지고 있는 것 같아.

밥_ 왜 그렇게 생각해?

앨리스_ 두 가지 이유가 있어. 첫째는 실제 상황에서는 이 정도로 비용이 중요한 작업을 하위 50퍼센트에 속하는 프로그래머에게 할당하지 않을 것이라는 거지. 그런 것도 예측 못할 정도로 근시안적인 사람은 많지 않을 거야. 따라서 하위 50퍼센트는 제외하자.

밥_ 그럼 전체 인원의 25번째 백분위수를 택하는 대신 상위 50퍼센트의 25번째 백분위수를 택하자는 거야?

앨리스_ 음, 그게 맞는지 확신할 수 있는 사람은 없어. 하지만 단순화하기 위해 상위 50퍼센트의 25번째 백분위수를 택하자.

밥_ 그러면 62.5번째 백분위수가 되겠네. 그러면 값은 385이고 차이는 **6배**가 되겠네.

앨리스_ 아, 그 수치가 더 설득력 있어.

밥_ 도움이 됐다니 기분이 좋은데.

앨리스_ 그런데 그게 전부는 아니야. 두 번째로 만일 실행 비용이 매우 높은 솔루션을 만든다면 해당 솔루션을 최적화할 거야. 만일 최초 개발자가 최적화 능력이 부족하다면 누군가 와서 도와줄 거야. 적어도 그래야 하겠지. 생산성은 개인에 관한 문제가 아니라 팀에 관한 거니까!

그래서 어떻게 해야 하나?

다음날 밥은 앨리스가 있는 부엌으로 달려왔다.

밥_   어제 논의는 너무 흥미로웠어. 집에 가서 생각해 보니 어떤 생각이 들었어?

앨리스_   어떤 프로그래머들은 실제로 다른 프로그래머들보다 실제 10배의 생산성을 내는지의 질문에 대한 대답?

밥_   응.

앨리스_   내 대답은 질문이 틀렸다는 거야. 생산성에 관한 다른 사실들이 훨씬 더 유용해.

밥_   어떤 걸 말하는 거야?

앨리스_   첫째로 자료가 나타내는 것처럼 생산성이 낮으면 끝도 없이 낮다는 거야. 그래서 팀에 그런 사람들이 들어오지 않도록 최선을 다해야 해. 둘째로 생산성은 일의 품질과 관련이 많다는 거야. 네가 제시한 자료에는 일의 품질과 생산성에 대한 정보가 많지 않지만, 실제 세계에서는 노력과 결과물의 품질이 관련이 없다고는 말하지 못할 것 같아. 셋째로 개인적인 결론은 중대한 임무는 일의 효율성이 높은 프로그래머에게 할당하고 그렇지 않은 일들은 중대 사안에 따라 그에 맞는 프로그래머에게 할당해야 한다는 거야. 마지막으로 자료에서는 별로 나와 있지 않지만 시간에 비례해서 결과물은 더 향상된다는 거야. 생산성 차이는 실제로 존재해. 하지만 만일 중요한 곳에 더 투자를 한다면 그 투자는 공수표가 아니라는 거야.

끝.

핵심

1장의 핵심은 다음과 같다.

- 생산성이 낮아지려면 한없이 낮아질 수 있다.

- 개발 속도뿐 아니라 프로그램의 질도 중요하다.

- 중요한 사안은 최고의 프로그래머에게 맡겨라.

- 터무니없이 생산성이 낮은 프로그래머가 팀에 합류하지 않도록 최선을 다하라.

참고 문헌

1장에서 사용된 자료의 최초 연구는 [1]이다. 좀 더 짧은 보고서를 [2]에서 찾을 수 있다. 하지만 [2]에는 부가적인 분석이 빠져 있다. 자료 자체는 [3]에서 다운로드할 수 있다.

[1] Lutz Prechelt. "An empirical comparison of C, C++, Java, Perl, Python, Rexx, and Tcl for a search/string-processing program." Technical Report 2000-5, 34 pages, Universität Karlsruhe, Fakultät für Informatik, March 2000. http://page.mi.fu-berlin.de/prechelt/Biblio/jccpprtTR.pdf

[2] Lutz Prechelt. "An empirical comparison of seven programming languages." IEEE Computer 33(10):23-29, October 2000.

[3] Lutz Prechelt. http://page.mi.fu-berlin.de/prechelt/packages/jccpprtTR.csv

2장

한 가지 지표로는
생산성을 측정할 수 없다

시에라 재스펀, 구글, 미국

케이틀린 샤도우스키, 구글, 미국

> '코드를 몇 줄 작성했는지로 소프트웨어 생산성을 측정하는 것은 비행기의 무게로 비행기에 대한 진척 정도를 측정하는 것과 같다.'
>
> — **빌 게이츠**(Bill Gates)

> '소프트웨어 엔지니어링의 목적은 복잡함을 통제하는 것이지 복잡함을 만들어 내는 것이 아니다.'
>
> — **파멜라 제이브**(Pamela Zave)

개발자의 생산성을 측정하려는 시도는 새로운 것이 아니다. 많은 코드를 작성해야 하는 조직의 경우 생산성을 코드 줄 수 LOC, Lines Of Code로 측정하는 경우가 많았다. 예를 들어 1982년 초기에 애플 리사 컴퓨터 Apple Lisa computer의 소프트웨어 개발자 엔지니어링 관리 팀은 각 개발자가 추가한 LOC를 추적하기로 결정했다. 어느 날 주요 사용자 인터페이스 설계자인 빌 앳킨슨 Bill Atkinson은 퀵드로우 QuickDraw의 영역 계산 기능을 최적화했고 약 2,000줄의 코드를 제거했다. 관리 팀은 빌 앳킨스에게 더 이상 LOC를 요청하지 않았다[3].

비록 LOC로 엔지니어의 생산성을 측정하는 것은 문제가 많지만 위와 같은 일화들은 웹에서 쉽게 찾아볼 수 있다[7]. 조직은 개발자의 생산성을 측정하기 위한 더 빠르고 더 좋은 방법을 계속해서 찾아왔다[6]. 이쯤에서 개발자의 생산성의 모든 부분을 제대로 측정할 수 있는 지표는 존재하지 않으며 오히려 그러한 방법을 찾아 헤매는 것이 생산적이지 않다는 말을 하고 싶다. 대신 특정 목표에 대한 답을 줄 수 있도록 맞춤화된 지표들을 만들어 사용할 것을 권한다.

각 프로그래머의 생산성을 측정하는 것은 과연 무엇이 잘못됐는가?

각 프로그래머의 실적을 측정하는 것이 프로그래머의 사기를 떨어뜨릴 수 있다. 이는 결국 전체적인 생산성을 떨어뜨리는 결과를 가져올 수 있다. 연구를 살펴보면 개발자들은 각 엔지니어의 생산성을 식별하는 데 초점이 맞춰진 지표를 좋아하지 않는다[5]. 이는 구글에서 겪었던 일이다. 개발자들은 개인정보 보호 문제를 염려하며 이러한 측정치가 어떤 식으로 잘못 해석될 수 있는지 염려한다. 개발자들은 특히나 모든 지표가 어쩔 수 없이 갖는 문제점에 대해 기술적 지식이 없는 관리자들이 생산성 측정치를 잘못 해석하는 것을 우려한다. 생산성 지표가 개개인의 실적 평가에 직접 연결되는 경우 개발자에 대한 보상과 어떤 개발자를 해고해야 할지에 영향을 줄 것이다. 해고 문제는 생산성 측정치를 잘못 해석한 경우 생길 수 있는 심각한 결과다. 생산성 측정이 이렇게 중요하다 보니 개발자들이 LOC 등급을 높이려고 불필요한 코드를 추가하는 것과 같이 지표를 조작하려 할 수 있다.

누가 낮은 생산성을 보여 주는지 식별하고자 생산성을 측정하는 것은 심지어 불필요할 수 있다. 경험에 따르면 관리자들과 동료들이 누가 생산성이 낮은지 이미 알고 있다. 이 경우 지표는 어떤 사람이 왜 낮은 생산성을 보이는지에 대해 이미 알고 있는 사실을 검증하는 목적으로만 사용될 것이다. 따라서 지표를 사용해 낮은 생산성을 지닌 사람을 식별하는 것은 애초에 불필요하고 높은 생산성을 지난 근로자들의 사기를 꺾을 뿐이다.

왜 사람들은 개발자의 생산성을 측정하고 싶어할까?

이미 논평했던 대로 개발자의 생산성을 측정하고 싶어하는 한 가지 이유는 어느 팀 또는 어느 개인이 높은 수행 능력을 지니고 누가 낮은 수행 능력을 지녔는지 식별하기 위함이다. 그러나 회사가 엔지니어들의 생산성을 식별하기 원하는 데는 많은 이유가 있으며 그 이유는 다음과 같다. 생산성을 측정하는 것이 전 세계적인 흐름인데 이 흐름에 참여하기 위함이다. 여러 가지 도구들과 작업 방식의 효용성을 평가하고 생산성을 증진시키려는 개입을 비교하기 위함이다. 마지막으로 생산성 증진이 가능한 비효율적인 부분을 찾아내기 위해서다.

이러한 각 시나리오는 생산성 측정이라는 목표를 지녔다. 하지만 생산성 측정 시에 사용되는 지표, 취합, 보고 방식이 시나리오마다 다르다. 예를 들어 높은 수행 능력을 지닌 또는 낮은 수행 능력을 지닌 개인을 식별하려면 개인 수준에서 지표를 취합해야 한다. 반면에 비교를 수행하는 것은 개발자 그룹 수준에서 지표를 취합해야 한다. 더 중요한 것은 이러한 시나리오에 사용되는 생산성 지표 유형은 다양하다는 점이다. 많은 다양한 이해관계자stakeholder가 존재하는데 이들은 생산성을 측정하는 데 있어 각기 다른 목표를 지녔을 수도 있다. 목표가 낮은 수행 능력을 지닌 사람들을 식별하는 것이거나 최신 트렌드를 반영하기 위한 것이라면 지표에 관심이 있는 이해관계자들은 완료된 작업을 측정하는 지표가 적합하다고 생각할 것이다. 목표가 특정 개입에 대한 비교를 수행하거나 특정 프로세스 내에 비효율성을 강조하기 위한 것이라면 생산성 지표는 해당 개입의 목표를 달성하기 위한 하위 작업을 측정하거나 조사 중인 프로세스를 측정할 것이다. 또한 개인에 대해 취할 수 있는 조치와 팀에 대해 취할 수 있는 조치는 다르다.

한 가지 생산성 지표만 사용하는 것이 왜 잘못될 수밖에 없을까?

모든 생산성 지표는 단독으로 쓰일 때 근본적으로 문제점을 갖는다. 생산성은 너무 넓은 개념이어서 하나의 지표로 단순하게 표현하기는 어렵다. 여러 복합적인 요소로 인해 단 하나의 지표로 생산성을 측정하려는 시도는 쉽지 않다.

생산성은 넓은 범위의 개념이다

생산성^{productivity}은 많은 측면을 지닌 폭넓은 개념이다. 문제는 생산성 지표가 근간이 되는 행동 방식이나 활동을 측정하는 도구로서는 형편없다는 것이다. 형편없는 도구이기 때문에 잘못 사용되는 경우도 많다.

어떤 지표를 만들 때 개발자의 총 작업 시간과 최종 결과물만 조사한다. 개발자는 코드를 작성하는 것 이외의 다른 다양한 개발 활동에 참여한다. 가이드를 제공하거나 다른 개발자의 코드를 리뷰하거나 시스템과 기능을 설계하거나 소프트웨어 시스템의 출시와 설정을 관리한다. 또한 개발자들은 전체 팀과 조직의 결과물에 영향을 미칠 수 있는 멘토 역할 또는 조정 작업 등과 같은 다양한 조직 관련 작업을 수행하기도 한다.

개발자들의 코드 기여도에 따라 개발자의 생산성 측정을 좁게 보는 경우라도 코드 기여도의 크기를 정량화하는 것은 품질 또는 관리성과 같은 코드의 중요한 부분을 놓친다. 이러한 측면들을 측정하기는 쉽지 않다. 코드 가독성과 품질, 코드가 얼마나 이해하기 쉬운지 복잡도, 관리성과 같은 측면들을 측정하는 것은 여전히 미해결 연구 문제로 남아 있다[2, 4].

한 가지 지표로 단순화하거나 한 가지 측면의 구성 요소들을 조합하는 것은 어렵다

이러한 모든 측면을 단 하나의 양을 기반으로 한 지표로 단순화하면 지표의 실천 가능성이 떨어져 적용할 수 있는 범위가 좁아지고 위험성이 있다. 코드 기여도는 낮지만 매우 높은 품질의 코드를 작성한 개발자와 코드 기여도는 높지만 품질 문제가 있는 개발자 중 누가 더 생산적일까? 품질 문제가 있는 개발자가 이후에 품질 문제를 해결한다면 어떨까? 관련된 프로젝트의 특성에 따라 누가 더 생산적인지 달라지기 때문에 일률적으로 누가 더 생산적이라고 이야기할 수 없다.

지표를 단순화하거나 지표를 조합하는 데 있어 생기는 추가적인 문제는 단순화된 지표가 직관적으로 이해되지 않을 수도 있어서 신뢰를 받지 못하거나 잘못 해석될 수 있다는 것이다. 예를 들어 다양한 요소(예를 들어 순환복잡도, 완료 시간, 테스트 범위, 크기)가 어떤 패치의 생산성 영향을 나타내는 하나의 숫자로 압축된다면 왜 어떤 패치는 24점을 기록하고 어떤 패치는 37점을 기록했는지 금방 이해하기는 어려울 것이다. 게다가 다양한 상호 연관된 요소들이 해당 점수에 기여하기 때문에 점수 하나로 무엇을 실행해야 개선이 될지 직접적으로 이해하기는 어렵다.

교란 변수들

만일 생산성의 측면을 전체적으로 포함할 수 있는 한 가지 지표를 알아낸다고 해도 교란 변수들이 해당 지표를 의미 없게 만들 것이다. 프로그래밍 언어들을 비교하는 경우를 생각해 보자. 특히나 교란 변수들이 많아서 어떤 프로그래밍 언어가 생산성이 좋은지 측정하는 것이 어렵다. 교란 변수는 프로그래밍 언어 자체가 될 수도 있고, 도구, 라이브러리, 문화, 프로젝트의 종류, 특정 언어에 끌리는 프로그래머 등 모두가 교란 변수가 될 수 있다.

구글에서 한 팀이 겪었던 일을 예로 들겠다. 이 팀은 검사 범위가 넓을수록 코드의 품질이 향상된다는 것을 보여 주고 싶었다. 이를 위해 다양한 팀의 테스트 범위와 제출된 버그 개수를 비교했다. 해당 팀은 둘 간에 상관관계를 찾지 못했다. 하지만 정말 코드 품질에 있어 향상이 없었을까? 이 경우 문화적 구성 요소라는 교란 변수가 있었을 수도 있다. 테스트 범위가 넓은 팀은 더 많은 버그 보고서를 제출한다. 테스트 범위가 좁은 프로젝트는 프로토타입이거나 버그를 정확하게 추적하지 않는 팀일 수도 있다.

팀 간에 본질적인 복잡도 차이로 인한 교란 변수도 있을 수 있다. 예를 들어 두 팀은 평균 패치 완료 시간이 다르다. 평균 패치 완료 시간이 다른 이유는 이 두 팀이 다른 프로젝트를 하기 때문일 수도 있다. 팀이 제출하는 패치의 개수나 전반적인 복잡도는 프로젝트의 고유 특성에 따라 달라질 수도 있다.

하나의 지표 내에 포함시킬 수 있는 외부적인 요소들도 있다. 예를 들어 한 팀은 다른 팀보다 더 적은 LOC를 제출하는 것처럼 보일 수도 있다. 코드를 적게 제출했다고 해당 팀의 생산성이 낮지 않다는 것을 설명하는 많은 이유가 있을 수 있다. 아마도 해당 팀은 품질을 높이려고 더 많은 단계를 거쳐서 이후에 버그가 더 적게 발생할 수도 있다. 또는 해당 팀이 신규 직원을 여럿 받아서 해당 신규 직원을 교육 중인 것일 수도 있다. 다시 한번 말하지만 교란 변수가 영향을 미치는 것이다. 교란 변수들은 측정할 수 없는 요인들로부터 발생하기 때문에 교란 변수들을 분리할 수 없다.

대신 구글에서 무엇을 했나?

비록 어떤 상황에서든 사용할 수 있는 범용 개발자 생산성 측정 도구는 존재하지 않지만, 자료 기반으로 소프트웨어 엔지니어링 업무 흐름을 개선할 수 있다. 특정 연구 질문이 주어졌을 때 측정치를 특정 맥락context에 맞게 세분화해 분석하고 유의할 점이 무엇인지 알 수 있다.

구글에서 우리는 자료 기반 결정을 내리는 데 도움이 되고자 어떤 식으로 지표를 활용할지 알아내려고 여러 팀과 일했다. 해당 프로세스의 시작 단계에서 연구 질문과 동기가 무엇인지 명확히 하는 작업을 한다. 그러고 나서 특정 질문에 맞춤화한 지표들을 도출한다. 이러한 사고 방식은 목표-질문-지표GQM, Goal-Question-Metric 패러다임과 유사하다[1]. 이러한 지표가 원래의 목표를 측정하는지 확실히 하려고 해당 지표의 적절성을 정성적인 연구(설문과 인터뷰와 같은 기법을 포함)를 활용해 검증한다.

예를 들어 구글에서 분산 버전 컨트롤 레이어를 작업하는 팀은 작은 규모의 여러 패치를 사용하는 것이 리뷰 과정을 빠르게 한다는 것을 보여 주길 원했다(아마도 패치의 규모가 작으면 리뷰하기 쉽기 때문일 것이다). 변경 횟수 또는 일주일에 반영(커밋)한 LOC와 연관된 지표들을 조사해 큰 의미가 없는 지표들은 제외한 후에 해당 팀은 개발자들이 코드를 반영하는 데 걸린 시간을 조사했다. 이때 걸린 시간은 코드 변경 크기를 기준으로 축척을 변경했다. 변경된 LOC당 걸린 시간을 통해 작은 규모의 여러 패치 사용이 리뷰 과정을 빠르게 한다는 점을 보여 줄 수 있었다.

마찬가지로 다른 도구들을 개선할 방법을 찾아서 개발자들의 현재 비용을 조사하고 이를 ROIReturn On Investment 계산에 포함시킬 수 있다. 예를 들어 빌드를 기다리느라(또는 빌드의 결과로 인한 불필요한 상황 변경으로 인해) 얼마나 많은 시간이 낭비되는지 조사했다. 빌드로 인해 낭비되는 시간을 사람 또는 장비 리소스를 통해 빌드를 빠르게 하기 위한 비용과 비교해 다양한 빌드 향상 정도에 따른 예상 ROI를 제공했다.

지표를 도출할 만한 연구 질문이 없거나 지표와 관심 있는 연구 질문이 일치하지 않는 팀들도 있다. 예를 들어 코드베이스codebase의 모듈화된 정도를 측정하길 원했던 팀과 이야기를 나눈 적이 있다. 대화 이후에 알아낸 점은 관리자가 개발자들에게 개입을 한 이후에 개발자들의 소프트웨어 개발 속도가 빨라지는지 해당 팀은 알고 싶으며, 이를 위해 개발 속도를 측정하기 위한 방법을 고려해야 한다는 것이다. 팀들은 또한 어느 정도의 기간 동안 측정할 것인지, 어느 규모로 측정할 것인지(예를 들어 팀 단위, 개인 단위, 더 큰 조직 단위 등), 측정 대상을 선택하는 기준을 주의 깊게 고려해야 한다.

정성적인 분석은 지표가 실제로 측정하는 것이 무엇인지 이해하는 데 도움이 된다. 자료 분석과 상호 검증은 합리적인 결과를 보장할 수 있다. 예를 들어 개별 개발자들에 대한 로그 분포를 조사함으로써 개발자가 어떤 웹 페이지에 수만 번 동작을 취하는 것을 나타내는 로그를 발견했다. 실제로 이는 크롬 확장Chrome extension이 한 일이었다. 마찬가지로 인터뷰를 하는 동안 우리가 비효율적이라고 생각했던 디자인 패턴을 개발자들이 자주 사용하는 이유를 알아냈다.

이러한 접근 방식이 통하는 이유는 엔지니어링 생산성을 측정하고자 단일 지표를 만들려고 명시적으로 시도하지 않기 때문이다. 대신에 문제를 좁혀 하나의 구체적인 연구 질문으로 변경한 다음 해당 질문을 명확하게 처리할 수 있는 지표들을 찾는다. 덕분에 모호한 생산성 개념이 아닌 어떤 특정 목표에 대해 각 지표를 검증해 볼 수 있다. 실제 한 생산성 질문에서 사용됐던 여러 지표가 다른 생산성 질문에서도 재사용되는 것을 볼 수 있다. 이러한 접근법은 단일 생산성 지표를 적용하는 것만큼 빠르게 규모를 확장할 수는 없지만 투자 결정을 내릴 때 믿을 수 있는 정확하고 신뢰할 수 있는 자료를 제공하는 동시에 필요한 만큼은 충분히 규모가 확장된다.

핵심

2장의 핵심은 다음과 같다.

- 소프트웨어 엔지니어를 측정하기 위한 단일 생산성 지표는 존재하지 않는다.

- 대신에 특정 질문에 맞춤화된 지표 집합에 집중하라.

참고 문헌

[1] Basili, V., Caldiera, G., and H. Dieter Rombach. (1994). The goal question metric approach. Encyclopedia of Software Engineering 2, 528-532.

[2] Buse, R. P., & Weimer, W. R. (2010). Learning a metric for code readability. IEEE Transactions on Software Engineering, 36(4), 546-558.

[3] Hertzfeld, A. -2000 Lines Of Code. https://www.folklore.org/StoryView.py?project=Macintosh&story=Negative_2000_Lines_Of_Code.txt

[4] Shin, Y., Meneely, A., Williams, L., & Osborne, J. A. (2011). Evaluating complexity, code churn, and developer activity metrics as indicators of software vulnerabilities. IEEE Transactions on Software Engineering, 37(6), 772-787.

[5] Treude, C., Figueira Filho, F., & Kulesza, U. (2015). Summarizing and measuring development activity. In Proceedings of Foundations of Software Engineering (FSE), 625-636. ACM.

[6] Thompson, B. Impact: a better way to measure codebase change. https://blog.gitprime.com/impact-a-better-way-tomeasure-codebase-change/

[7] Y Combinator. Thread on -2000 LOC Story. https://news.ycombinator.com/item?id=7516671

3장

생산성을 측정해서는 안 되는 이유

앤드류 J. 코, 워싱턴 대학^{University of Washington}, 미국

소프트웨어는 매년 점점 더 빨리 움직인다. 시장은 빠르게 변화하고 소프트웨어는 더 자주 출시되며 프로그래밍 언어, API, 플랫폼은 엄청난 속도로 진화한다. 따라서 이러한 변화에 뒤처지지 않으려는 개발자들뿐만 아니라 경쟁 관계에 있는 관리자들과 조직들이 생산성에 관심을 갖는 것은 지극히 당연한 일이다. 게다가 소프트웨어를 더 빠르게 개선하는 것은 나머지 인류에게 더 큰 가능성을 열어 준다. 더 적은 노력으로 더 많은 일을 처리하는 것은 모두에게 삶의 질이 높아진다는 것을 의미하기 때문이다.

하지만 생산성을 추구하다 보면 생산성을 측정하려고 하다가 의도치 않은 결과가 발생할 수 있다. 다음은 그러한 결과의 예다.

- 생산성을 측정하는 것은 인센티브를 왜곡시킬 수 있다. 특히 생산성을 제대로 측정하지 못한 경우 더욱 그러하다.

- 생산성 측정치로부터 어설픈 추론을 함으로써 오히려 더 좋지 않은 운영 결정을 내릴 수도 있다.

그렇다면 이러한 의도치 않은 결과가 생산성 측정을 시도하지 말아야 할 만큼 좋지 않은 영향을 주는가? 이를 알아내기 위해서 사고 실험^{thought experiment}을 한번 해보자. 여러분이 근무했거나 현재 근무 중인 조직을 생각해 보자. 해당 조직이 생산성을 측정하

려고 많은 투자를 한다면 무슨 일이 발생할까? 지금부터 점차적으로 이야기를 진전시키면서 등장하는 여러 경우에 여러분의 경험을 대입해 보자.

의도치 않은 결과

첫 번째 의도치 않은 결과는 생산성을 측정하고자 한 가지의 구체적인 측정 방법을 사용하려고 할 때 나타난다. 예를 들어 프로그램이 출시되는 시간을 중심으로 한 생산성 측정법이 있다고 하자. 커밋을 더 빨리 하는 개발자가 많을수록 팀은 빠른 리뷰를 하게 되고 결국 소프트웨어가 더 빨리 출시된다. 하지만 조직이 출시된 소프트웨어의 결과(시장에서 잘 받아들여지는지, 고객이 늘었는지, 매출이 늘었는지 같은 긍정적인 결과 또는 소프트웨어가 실패로 끝나거나 브랜드에 악영향을 주는 것과 같은 부정적인 결과)를 측정하지 않는다면 중간 결과물을 제대로 활용하지 못해서 결국 조직의 궁극적인 목표에 해를 끼친다.

예를 들어 출시 경쟁 때문에 어떤 팀이 출시한 소프트웨어는 출시 시간에 쫓기지 않았더라면 발생하지 않았을 오류들을 더 많이 포함하고 있거나 당장에 쉬운 해결 방법을 선택함으로써 장기적으로 재작업을 해야 할 가능성을 더 크게 내포하고 있을 수 있다. 다른 단일 지표들 역시 마찬가지 문제점을 지닌다. 조직이 종결된 버그의 개수를 세거나 작성된 LOC를 세거나 완료된 사용자 시나리오의 개수를 세거나 만족된 요구 사항 개수를 세거나 확보한 고객 수를 세는 것으로 생산성을 측정한다면 이러한 지표 중 하나를 최적화하게 되면 반드시 나머지 사항들을 희생하게 된다.

이는 어찌 보면 당연한 것이다. 만약 여러분이 근무했던 조직이 위의 예와 같이 한 가지 지표로 생산성을 측정했다면 이러한 점이 더욱 당연하게 다가올 것이다. 공식적인 생산성 측정 지표와 해당 생산성 지표와 관련된 다른 우려들 사이에서 긴장감을 느끼면서 위에서 설명한 원치 않은 결과들을 매일 직접 목격했을 것이기 때문이다. 따라서 우리의 사고 실험을 좀 더 급진적인 방식으로 생각해 보자.

만약 조직이 생산성의 모든 측면을 측정할 수 있다고 가정해 보자. 어쨌든 여느 소프트웨어 개발 방법론처럼 소프트웨어에는 많은 종류의 품질 지표가 있다. 아마도 이러한 지표를 모두 측정하면 하나의 지표에 모든 것을 끼워 맞추는 것을 극복할 수 있을 것이다. 먼저 이러한 지표 대부분을 어떻게 측정해야 할지 모른다는 점은 제쳐두고, 업무의 모든 측면을 정확하게 관찰하고 측정할 수 있다고 가정해 보자. 그렇게 한다면 생산성을 총체적이고 다양한 측면에서 측정할 수 있을까?

그렇게 된다면 팀이 하는 활동들을 좀 더 자세히 관찰하는 것이 가능해질 것이다. 개발자와 관리자는 각 개발자 업무의 세세한 부분을 알 수 있을 것이고 일이 진행되는 모든 단계를 관찰하고 그에 따른 부족한 점을 알 수 있을 것이다. 이렇게 되면 개발자 활동에 관한 완벽한 모형을 제공할 수 있을 것이다.

하지만 이렇게 소프트웨어 개발 업무의 모든 것을 전지적으로 다 아는 것 역시 의도치 않은 심각한 결과를 가져온다. 먼저 관리자가 이러한 감시를 팀 또는 조직 수준^{level}에서 수행한다면 감시당하고 있다는 사실 때문에 개발자의 행동에 어떤 변화가 생길까? 매우 철저하게 관찰당한다면 개발자는 자신의 모든 행동을 스스로 감시할 것이고 이로 인해 의도치 않게 생산성이 떨어질 것이다. 만약 생산성 증가라는 결과로 이어지더라도 개발자들이 해당 조직을 떠나거나 감시가 덜한 조직으로 이동하는 결과가 생길 수도 있다.

생산성에 관한 설명

사고 실험을 위해 조직의 모든 개발자가 여러 종류의 철저한 생산성 감시를 받아들이기로 했다고 가정해 보자. 관리자는 철저한 감시를 통해 얻은 자료를 바탕으로 생산성을 높이고자 무엇을 할까?

- 관리자는 해당 자료를 사용해 개별 개발자와 팀의 생산성 순위를 매겨 누구를 승진시킬지 어디에 투자할지 결정할 수 있다.

- 해당 자료를 거의 실시간으로 수집할 수 있다면 관리자는 해당 자료를 사용해 생산성이 떨어지는 팀에 개입할 수도 있다.

- 자료에 충분히 세부적인 사항들이 있다면 해당 자료를 사용해 어떤 업무 방식과 도구가 생산성 증가와 연관되는지 알 수도 있다. 이로 인해 조직은 생산성을 증가시키기 위해 업무 방식을 변경할 수 있다.

이렇게 풍부한 실시간 자료를 활용해 조직은 활동을 세밀하게 조정해 목표를 좀 더 빠르게 달성할 수 있다.

하지만 이러한 목표를 달성하려면 숨겨진 필요 요건이 있다. 관리자가 자료를 수집하는 데 그치지 않고 실제 팀에 관여하려면 관리자가 창의적으로 한 단계 도약해야 한다. 궁극적으로 관리자는 모든 측정치, 상관관계, 모형을 바탕으로 현재 관측 중인 생산성을 설명하기 위한 이론을 추론해 내야 한다. 이러한 추론은 꽤 어려우며 잘못된 이론을 도출하는 경우 해당 이론을 근거로 한 개입은 효과적이지 않고 오히려 해가 될 가능성이 높다.

모든 관리자가 팀의 생산성에 관한 이론을 창의적이고 엄밀하게 추론하고 해당 이론을 테스트할 수 있는 능력이 있다고 하더라도 관리자는 인과관계에 관한 좀 더 풍부한 자료가 필요할 것이다. 그러한 인과관계에 대한 풍부한 자료가 없다면 관리자가 팀에 관여하는 것은 맹목적인 테스트가 될 것이다. 생산성이 개선된 것이 팀에 관여해서 그런 것인지 아니면 그저 해당 테스트가 특정한 시점과 맥락에서 이뤄져서 그런 것인지 알 수 없기 때문이다. 그렇다면 이러한 인과관계 자료는 어디서 나오는 것일까?

풍부한 자료를 얻을 수 있는 방법으로 실험이 있다. 실험을 설계하려면 제어 집단과 매우 유사하거나 개별적인 차이를 통제할 만큼 충분히 무작위로 선별된 통제 집단 control group이 필요하다. 거의 모든 면에서 동일하지만 사용하는 프로세스나 툴이 다른 2개의 팀을 만들어서 나머지 모두를 무작위화한다고 가정해 보자. 소프트웨어 공학 과학자로서 나는 이러한 실험을 해봤다. 그 결과 이러한 실험은 매우 시간이 오래 걸려서 비용이 많이 들어갈 뿐 아니라 실제 직장은 고사하고 실험실에서 이를 수행하는 것조차 거의 불가능하다는 점을 배웠다.

인과관계에 관한 풍부한 자료를 얻는 또 다른 방법은 정성적 자료qualitative data가 있다. 예를 들어 개발자들은 자신의 팀의 생산성을 주관적으로 보고할 수 있다. 모든 개발자는 전지적 시점으로 측정되는 모든 정교한 정량적인 지표에 영향을 주는 인력, 팀 그리고 조직적인 요인들 전부를 강조하면서 일이 늦어지는 이유에 대해서 매주 이야기할 수 있다. 이는 생산성 자료로부터 추론된 이론을 뒷받침하거나 부인하는 데 도움이 될 것이고 심지어 개발자가 자신이 직면한 문제를 해결하고자 무엇을 하면 좋을지 권고해 줄 수도 있다.

이는 이상적인 상황이다. 그렇지 않은가? 개발자로부터 얻은 총체적인 정성적 자료holistic qualitative data를 생산성에 관한 총체적인 정량적 자료holistic quantitative data와 결합한다면 조직이 달성하고자 하는 생산성 수치에 도움이 되거나 방해하는 요소들에 대해 매우 풍부하고 정확한 시각을 갖출 수 있다. 개발자 생산성을 향상시키기 위해 무엇에 좀 더 가치를 둬야 할까?

변화에 대응하기

항상 그렇듯이 또 다른 심각한 오류가 있다. 만일 개발자, 팀, 조직이 모형을 만들기에 비교적 안정적인 구조라면 앞에서 언급한 생산성에 관한 많은 모형은 매우 영향력이 있을 것이다. 하지만 언제나 새로운 개발자가 합류하고 팀이 변경된다. 팀이 해산하기도 하고 새로 만들어지기도 한다. 조직은 이전 시장을 버리고 신규 시장으로 진입하기로 결정한다. 이러한 모든 변화는 기존에 모형화한 현상이 끊임없이 변화를 겪는다는 것을 의미한다. 따라서 모형이 제시하는 방책이 무엇이든 간에 이러한 외부 요인에 맞춰서 다시 변화를 해야 한다는 것을 뜻한다. 변화에 대응해 끊김 없이 생산성을 향상시키는 능력을 갖춘 경우 좀 더 빠르게 신규 생산성 정책을 도입할 수 있지만, 결국 가속화되는 업무 체계에 있어 더 큰 불확실성entropy을 가져올 것이다.

이번 사고 실험의 마지막 결함은 결국에는 생산성 변화는 팀 내의 개발자와 다른 사람들의 행동 변화로부터 온다는 것이다. 개발자의 생산성 목표에 따라 개발자는 더 나은 코드를 작성해야 할 것이고, 더 적은 코드를 작성해야 할 것이고, 코드를 더 빠르게 작성해야 할 것이고, 의사소통을 더 잘해야 할 것이고, 더 현명한 결정을 내려야 할 것이다. 심지어 생산성에 관한 완벽한 모형이 있고 조직에서 생산성에 영향을 미치는 요소가 무엇인지 완벽하게 이해하고 생산성을 향상시키기 위한 완벽한 정책이 있다고 하더라도 좀 더 생산적인 프로세스를 구현하려고 개발자는 새로운 기술을 배워서 프로그래밍 방식, 의사소통 방식, 조직하는 방식, 협업하는 방식을 변경해야 할 것이다. 그리고 여러분이 개발자나 팀의 행동 방식에 변화를 준 경험이 있다면 개인과 팀의 행동 방식을 바꾸는 것이 아주 사소한 것이라고 하더라도 얼마나 어려운지 알 것이다. 게다가 팀이 행동 방식을 변경하고 나면 해당 행동 방식의 영향을 처음부터 다시 파악해야 한다.

이번 사고 실험은 생산성을 얼마나 정확하게 또는 정교하게 측정하든 간에 실제 생산성을 향상시키는 데 있어 최종적인 장애물은 행동을 변화시키는 것이라는 점을 보여준다. 게다가 생산성을 실제 증가시키려면 생산성에 대한 개발자의 통찰력에 의존해 개인이 무엇을 변화해야 할지 식별해야 한다면 팀과 조직의 목표가 무엇이든 간에 애초에 개발자에게 초점을 맞춰 개별적인 개발자 또는 팀을 이뤄 생산성을 개선할 기회를 식별하려고 노력하는 편이 나을 것이다. 이는 정확하면서도 총체적으로 그리고 필요한 규모로 생산성을 측정하려는 노력보다는 훨씬 비용이 낮을 것이다. 또한 궁극적으로 생산성 달성을 책임지는 사람의 인성과 전문성을 인식하는 편이 나을 것이다. 개발자의 생산성과 관련된 경험에 초점을 맞춤으로써 관찰하기 너무나 어려운 모든 생산성의 간접적인 구성 요소에 대한 여지를 남겨 둘 수 있다. 이러한 간접적인 구성 요소로는 개발자의 동기 부여, 적극적인 참여, 행복, 신뢰, 자신이 하는 일에 대한 태도 등의 요소가 있다. 이러한 요소는 다른 어떤 요소보다도 개발자가 주어진 시간에 얼마나 많은 일을 완료하는지에 매우 중요한 영향을 끼친다.

측정자 역할을 하는 관리자

물론 무엇이 좋은 관리인지를 이야기할 때 개발자의 생산성에 관해 앞에서 언급한 개인적이고 감정적인 요소를 알아보는 것은 그럴듯해 보인다. 훌륭한 관리자는 자신이 관리하는 개발자의 인성을 존중하고 개발자가 어떤 방식으로 일하는지 이해함으로써 개발자의 생산성 모델을 끊임없이 만들고 개선할 뿐 아니라 생산성 모델을 활용해 개선 기회를 식별한다. 최고의 관리자는 앞에서 언급한 이상적인 생산성 측정 방식을 이미 달성했다. 하지만 단순한 측정이 아니라 대인 의사소통, 이해, 멘토링을 통해 달성한다. 생산성 측정의 핵심은 실제 소프트웨어 개발 업무를 이끄는 주관적인 요소에 대해 단순히 좀 더 객관적이 되려고 노력하는 것이다.

따라서 이것이 생산성 향상에 있어 의미하는 바는 무엇인가? 생산성을 측정하는 대신 개발자와 늘 함께하면서 생산성을 관찰할 수 있는 관리자를 찾아서 고용하고 양성하는 데 투자를 해야 한다. 조직이 좋은 관리자를 양성하고 이러한 훌륭한 관리자가 생산성을 향상시키기 위한 방법들을 끊임없이 찾는다면 조직이 생산성을 객관적으로 측정할 수 없다고 하더라도 개발자는 좀 더 생산적으로 변할 것이다.

물론 좋은 관리자를 양성하기 위한 일환으로 측정이 필요할 수도 있다. 측정을 스스로 점검하는 체계적인 질문지와 같은 것을 생각할 수도 있다. 이는 관리자가 프로세스를 좀 더 체계적인 방식으로 돌아볼 수 있도록 돕는다. 이러한 구조는 경험이 충분치 않은 관리자가 좀 더 고급 관찰 기술을 개발하는 데 도움이 될 수 있다. 이러한 고급 관찰 기술은 단순히 무언가를 숫자로 측정하는 것을 꼭 포함하지는 않는다. 많은 경험과 고급 기술을 지닌 관리자는 좀 더 직관적으로 일한다. 자신의 팀과 일하면서 많은 깨달음을 얻으면서 주변 상황이 변함에 따라 팀이 일하는 방식에 변화를 준다. 이러한 관리가 가능케 되면 측정이라는 것은 소프트웨어 개발 업무를 조직화하고 관리하기 위한 거대한 공구상자 안에 있는 단지 하나의 공구에 지나지 않게 된다.

핵심

3장의 핵심은 다음과 같다.

- 생산성을 개선하려면 생산성에 영향을 미치는 요소를 설명할 수 있어야 한다. 이는 팀 행동 방식에 관한 정성적인 통찰이 필요하다.

- 팀은 항상 변화하기 때문에 자료를 통해 팀 행동 방식에 관한 통찰을 얻는 것은 매우 어렵다.

- 관리자는 팀과 상호 작용함으로써 이러한 정성적인 통찰을 얻는 것을 목표로 해야 한다.

2부

생산성 소개

4장

소프트웨어 엔지니어링에서 생산성 정의하기

스테판 바그너, 슈투트가르트 대학University of Stuttgart, 독일

플로리안 다이센보크, CQSE GmbH, 독일

성공적인 소프트웨어 시스템은 끊임없이 개선돼야 하고 계속적으로 변화하는 요구 사항에 맞춰야 하기 때문에 소프트웨어 시스템을 계속적으로 변경해야 한다. 소프트웨어를 개발한 다음 이를 반복적으로 갱신하는 과정을 소프트웨어 공학에서는 소프트웨어 진화라는 용어로 일컫는다. 소프트웨어 진화의 비용을 최소화하고 이득을 최대화하는 것이 중요하다. 금전적인 절약 외에도 많은 조직에 있어 소프트웨어 변화를 얼마나 빨리 구현할 수 있는지는 해당 조직의 비즈니스 프로세스를 변화하는 시장 상황에 맞춰 바꾸고 혁신적인 제품과 서비스를 구현하는 능력을 결정한다. 대규모 소프트웨어 시스템에 현재도 의존하고 있고 또 그 의존도가 계속적으로 증가하기 때문에 기존 소프트웨어를 적기에 그리고 경제적인 방법으로 개발하고 변화시킬 수 있는 능력은 대부분 분야의 수많은 기업과 조직에게 필수적인 능력이다.

보통 이를 생산성이라고 부른다. 생산성은 학문 분야와 영역에 상관없이 산출과 투입의 비율을 나타낸다. 소프트웨어 개발에 있어 투입, 즉 얼마나 많은 비용을 썼는지는 상대적으로 측정하기 쉽다. 하지만 산출의 경우 소프트웨어의 양과 질을 모두 포함하기 때문에 산출을 정의하기 위한 합리적인 방법을 찾는 것은 어렵다. 지금까지 소프트웨어 엔지니어링 커뮤니티는 생산성을 분석하고 측정하고 비교하고 개선하기 위한 범용적으로 유효한 방법과 도구를 개발하는 데 실패했을 뿐 아니라 소프트웨어 진화의

생산성과 생산성에 영향을 미치는 요소들의 중요도를 제대로 이해하지도 못했다. 이렇게 어려운 이유는 생산성에 영향을 미치는 많은 요소 때문일 것이다. 게다가 이러한 요소들은 프로젝트마다 달라서 해당 요소를 비교하기 매우 어렵다. 토의를 계속 발전시키려면 용어가 확립되고 분명히 정의돼 있어야 하는데 이러한 용어들이 부족해 상황이 더욱 복잡하다.

따라서 생산성의 중심이 되는 이러한 용어를 명확하게 하는 것이 소프트웨어 엔지니어링에서 좀 더 성숙한 생산성 관리로 가기 위한 중요한 첫걸음이라고 생각한다. 이를 위해 다른 연구 분야 특히 지식 노동 분야의 기존 연구를 활용한다. 생산성과 주로 관련된 용어인 효율성, 효과성, 성과, 이익에 대해 논의하고 해당 용어의 상호 의존성을 설명한다. 이를 위한 건설적인 첫걸음으로 분명하고 통합된 용어를 제안한다.

용어를 소프트웨어 엔지니어링 관점에서 좀 더 잘 살펴보고자 먼저 소프트웨어 생산성의 역사에 관해 기술해 보자.

소프트웨어 생산성의 짧은 역사

40년 넘게 소프트웨어 개발 생산성에 대한 매우 다양한 정의가 논의됐다. 하지만 처음에는 이러한 논의가 소프트웨어 공학 분야의 저명한 연구원들과 전문가들이 제시한 입증되지 않은 증거를 기반으로 주로 이뤄졌다. 예를 들어 1975년에 브룩스^{Brooks}는 소프트웨어 생산성에 있어 사람과 관련된 요소들의 중요성을 강조했다[3]. 최근에 이러한 사람과 관련된 요소들의 중요성을 강조한 이로는 드마르코^{DeMarco}와 리스터^{Lister}[4]가 있고 글래스^{Glass}[5]도 있다. 생산성 차이와 생산성 차이의 원인을 조사하기 위한 첫 번째 격리 실험이 1968년에 이뤄졌다[7, 11].

1970년대 후반과 1980년대 초반에는 소프트웨어 개발 생산성을 좀 더 종합적인 방식으로 해결하고자 하는 시도가 처음 일어났다. 생산성을 측정하려면 생성된 제품의 크기를 개념적으로 잘 정의해야 하기 때문에 기존에 LOC를 지표로 삼았을 때의 한계를 극복하기 위한 크기 지표를 정의하는 데 많은 노력을 기울였다. 1979년에 알브레히트

Albrecht가 정보 시스템의 코드 크기 대신에 기능의 양을 표현하는 기능 점수function point를 소개했다. 시스템의 구현 대신에 시스템의 사양을 기반으로 기능 점수는 초기 개발 노력을 가늠하고 다른 언어 간의 비교 가능성과 같이 LOC 측정에 내재된 한계를 극복하려고 설계됐다. 기능 점수는 주week당 기능 점수 또는 기능 점수당 근무 시간과 같은 생산성 측정의 기반이 된다.

동시에 보엠Boehm은 비용 예측 모델인 COCOMOCOnstructive COst MOdel를 개발했다. 현재 COCOMO II[1]는 최근의 표준 소프트웨어 엔지니어링 지식에 있어 중요한 역할을 한다. 직접적으로 기능 점수를 기반으로 하지 않고 LOC를 기반으로 하지만 COCOMO는 필수 신뢰성이나 분석 능력과 같은 생산성 요소를 명시적으로 포함함으로써 개발 생산성을 측정하려 했다. 또한 보엠은 소프트웨어 생산성에 있어 재사용의 중요성을 인식하고 재사용의 영향력을 포함하는 별도의 요소를 소개했다. 재사용은 제조 분야에서는 존재하지 않는 개념이었다.

1980년대에는 당시에 제대로 갖춰지지 않은 실증적 지식 기반knowledge base을 크게 확장함으로써 소프트웨어 생산성에 대한 이해도를 높였다. 가장 눈에 띄는 것으로는 존스Jones가 생산성 분석과 관련된 대용량 자료를 체계적으로 제공하고 통합함으로써 이러한 지식 기반 확장에 기여했다. 존스는 자신의 저서에서 생산성에 관한 다양한 요소를 논의하고 잠재적으로 생산성 측정의 기반을 형성하는 이러한 요소들의 산업 평균을 제시한다. 그럼에도 존스의 통찰[6] 중 하나는 프로젝트마다 가장 큰 영향을 미치는 요소가 매번 달라질 수 있다는 것이다.

2000년대 초반에는 여러 연구원이 경제 주도 소프트웨어 엔지니어링 또는 가치 주도 소프트웨어 엔지니어링을 미래 소프트웨어 엔지니어링 연구의 중요한 패러다임으로 제시했다. 예를 들어 보엠과 후앙Huang[2]은 소프트웨어 프로젝트의 비용뿐 아니라 실제로 어느 정도의 가치를 만들었는지(예, 고객 입장에서의 가치)를 추적하는 것이 중요하다고 강조했다. 보엠과 후앙은 소프트웨어 비즈니스 사례를 개발하고 이를 최신으로 유지하는 것이 중요하다고 설명한다. 그렇게 함으로써 개발 비용을 넘어서 고객에게 제공된 이득을 명시적으로 포함하는 소프트웨어 생산성에 대한 새로운 관점을 소개했다.

2000년대와 최근 몇 년 동안 애자일^{agile} 소프트웨어 개발이 소프트웨어를 개발하는 많은 조직에게 큰 영향을 미쳤다. 애자일 개발의 핵심 원칙 중 하나는 고객 가치를 만드는 것이다. 따라서 애자일 개발의 많은 부분이 이러한 가치 생성에 초점을 맞춘다. 한 예로 지속적 통합에서 지속적 배포로의 진화가 있다[13]. 예를 들어 프로젝트 종료 또는 스프린트^{sprint} 시에 고객에게 결과물을 배포하는 것이 아니라 개발 과정 동안 지속적으로 고객에게 결과물을 배포한다. 애자일 개발이 가져온 생산성과 관련된 또 다른 측면으로 스토리 점수^{story point}를 매기고 스프린트당 스토리 점수로 속도^{velocity}를 계산한다. 하지만 애자일 개발을 지지하는 많은 이가 속도 지표를 생산성 측정치로 사용하지 말 것을 권한다. 이 경우 원치 않은 결과로 이어질 수 있기 때문이다. 예를 들어 제프리스^{Jeffreys}[15]는 '속도는 잘못 사용할 가능성이 너무 높아서 어느 누구도 이를 사용하라고 권할 수 없다'라고 했다. 스토리 점수의 원래 목적은 스토리 점수가 너무 큰 스토리를 식별하고 개발자들이 스토리 점수가 작은 작업만 선택하는 것을 방지하기 위함이다. 하지만 이러한 원래의 목적을 벗어나 스토리 점수가 부풀려질 수 있다. 따라서 애자일 소프트웨어 개발에는 생산성의 명확한 정의나 생산성을 측정하기 위한 해결책이 존재하지 않다.

일반 문헌 용어

먼저 탠젠^{Tangen}의 트리플-P-모델^{Triple-P-Model}에 대해 알아볼 것이다. 트리플-P-모델은 생산성^{productivity}, 수익성^{profitability}, 성과^{performance}를 구분하기 위한 지식 노동 연구에서 사용되는 정립된 모델이다. 프로그래밍 생산성에 관한 위키피디아 문서(https://en.wikipedia.org/wiki/Programming_productivity)에서도 이를 찾아볼 수 있다. 특히나 소프트웨어 엔지니어링에서 생산성 대신에 효율^{efficiency}을 사용한다. 이 부분에 대해 논의할 것이고 효율을 효과성^{effectiveness}과 구분할 것이다. 마지막으로 드러커^{Drucker}[8]의 논문을 참조해 생산성에 품질이 미치는 영향을 간단히 이야기할 것이다. 이어지는 절에서 각 용어에 대해 알아보고 이후에 용어들을 종합적으로 알아볼 것이다.

생산성

생산성에 관한 일반적인 정의가 존재하지 않는 반면 생산성이 생산과 투입의 비를 기술한다는 것에 대해서는 대체적으로 동의하는 것 같다.

생산성 = 생산 / 투입

하지만 분야마다 투입과 생산에 관한 다른 개념과 다른 측정 단위를 지녔다. 제조업은 시간 단위당 생산된 제품 개수와 생산에 소요된 단위 개수 간에 직관적인 관계를 사용한다. 비제조업은 생산과 투입 간에 비교를 가능케 하고자 한 사람이 한 시간에 처리하는 작업량 또는 비슷한 단위를 사용한다.

기존 생산 프로세스를 고려할 때 생산성 지표는 단순하다. 지정된 품질의 제품을 얼마만큼의 비용을 들여서 얼마나 생산했는가? 지식 기반 업무의 경우 생산성은 훨씬 까다롭다. 저자, 과학자, 엔지니어의 생산성을 어떻게 측정하는가? '지식 노동'(육체 노동의 반대 개념으로 'What We Can Learn from Productivity Research About Knowledge Workers'[8] 를 참조하자)의 중요성이 점점 강조되고 있기 때문에 많은 연구원이 비제조업 분야에 적용할 수 있는 생산성 측정 방법을 개발하려 시도했다. 지식 노동의 속성이 육체 노동과는 근본적으로 다르기 때문에 단순한 생산 결과/투입 비율 외에 다른 요소들을 고려해야 한다는 점에 대해서는 일반적으로 동의한다. 이러한 다른 요소들의 예로 품질, 적시성, 자율성, 프로젝트 성공, 고객 만족, 혁신 등이 있다. 하지만 제조업 분야든 비제조업 분야든 어떤 분야의 연구 커뮤니티에서도 생산성 측정을 위한 광범위로 적용할 수 있으면서도 들어맞는 방법을 확립하지 못했다[9].

수익성

수익성profitability과 생산성은 밀접한 관련이 있고 실제로 자주 혼동된다. 하지만 수익성은 수입과 비용 간의 비율로 보통 정의된다.

수익성 = 수입 / 비용

수익성에 영향을 미치는 요소들의 개수는 생산성에 영향을 미치는 요소의 개수보다 훨씬 많다. 특히 수익성은 생산성 변화 없이도 변할 수 있다. 예를 들어 비용 또는 가격 인플레이션과 같은 외부 요소가 있다.

성과

성과performance라는 용어는 생산성과 수익성보다 훨씬 광범위하며 회사의 성공에 영향을 미치는 수많은 요소와 연관된다. 따라서 균형 성과표Balanced Scorecard[14]와 같이 잘 알려진 성과 제어 도구는 중심이 되지만 유일하지는 않은 하나의 요소로 생산성을 포함한다. 예를 들어 다른 관련 요소들로 그 회사에 대한 고객 또는 이해관계자의 인식 등이 있다.

효율성과 효과성

효율성efficiency과 효과성effectiveness은 자주 혼용돼 사용되기 때문에 많은 혼란을 주는 용어다. 게다가 효율성은 보통 생산성과 혼동된다. 효율성과 효과성의 차이점을 '효율성은 무언가를 올바르게 하는 것'이고 '효과성은 옳은 것을 하는 것'이라고 쉽게 설명하곤 한다. 다른 수많은 정의가 있긴 하지만[12] 효율성은 자원을 활용하는 것을 가리키고 주로 생산성의 생산 결과/투입 비율 중 투입에 영향을 미친다. 효과성은 고객에게 직접적인 영향을 미치기 때문에 생산 결과의 유용성과 적절성을 주로 목표로 한다.

품질의 영향

드러커[8]는 지식 노동자의 생산성 평가에 있어 품질의 중요성을 강조한다. 따라서 지식 노동의 생산성은 먼저 품질을 획득하는 것을 목표로 해야 한다. 이때 품질은 최고는 아니더라도 최적의 품질이어야 한다. 그 이후에야 '수행한 일의 양이 얼마나 되는가?' 물을 수 있다. 하지만 소프트웨어 이외의 분야의 문헌 대부분이 생산성 비(생산/투입)의 결과에 있어 품질의 역할을 명시적으로 다루지 않는다[8]. 비제조업 분야의 최근 연구는 지식, 사무실, 사무실 업무를 점점 더 집중적으로 다루고 있기 때문에 생산성과 관련해 품질의 역할에 대해 점점 더 많이 다루고 있다[4, 9, 10]. 하지만 생산성 결정에 품질을 포함시키려는 이러한 노력은 아직까지는 운용할 수 있는 개념까지 이르지는 못한 것으로 보인다.

소프트웨어 생산성에 대한 통합된 정의

앞에서 논의했듯이 소프트웨어 생산성을 측정하려면 소프트웨어 프로젝트의 투입과 생산 결과에 대한 측정치가 필요하다. 투입은 소프트웨어 개발과 진화에 쏟은 노력이다. 생산 결과는 소프트웨어 사용자와 고객들이 갖는 해당 소프트웨어의 가치다. 이러한 가치가 소프트웨어의 시장 가치로 항상 정의될 수 있는 것은 아니다. 조직 내에서 사용하려고 자체적으로 소프트웨어를 개발하는 경우가 많고 이러한 소프트웨어에 시장 가치를 적용할 수 없기 때문이다. 게다가 시장 가치는 환율 변동이나 시장에서의 경쟁 심화와 같은 수익성 또는 성과 수준과 같은 요소들에 의해 영향을 받을 수 있다.

따라서 소프트웨어 가치를 목적 기반으로 정의할 것을 제안한다. 목적(사업적 목표 또는 애플리케이션 목표)에 따라 소프트웨어가 기능적 요구 사항과 비기능적 요구 사항 관점에서 목적을 얼마나 잘 수행하는지 질문을 던진다. 이 질문에 대한 답은 소프트웨어의 기능적 품질과 비기능적 품질에 의해 결정된다.

목적 기반 관점을 기반으로 생산성 관련 용어를 통합적으로 요약해 보자. 그림 4-1에서 보듯이 목적으로부터 이상적인 기능성과 품질뿐 아니라 해당 목적을 올바르게 달성하기 위한 이상적인 노력을 끌어낼 수 있다. 이상적인 기능성은 목적을 충족하기 위한 기능의 최적 집합을 의미한다(빠진 것도 없고 과한 것도 없는 경우). 마찬가지로 이상적인 품질은 목적에 맞는 다양한 품질 속성이 최적인 수준을 의미한다. 예를 들어 애플리케이션은 요구되는 동시 사용자 수를 쉽게 수용할 수 있어야 한다. 하지만 요구되는 동시 사용자 수 이상을 수용할 수 있도록 과하게 만들어져서는 안 된다. 어떤 문제를 해결하려고(또는 이상적인 기능과 품질을 구현하려고) 적합하게 훈련받은 사람들이 지원이 잘 되는 환경에서 소프트웨어 개발을 했을 때 필요한 근무 시간을 가리킨다. 실제 생산한 기능과 품질을 이상적인 기능과 품질과 비교하는 것은 소프트웨어 개발 활동의 효과성을 알아보는 것이다. 실제 노력과 이상적인 노력 간의 관계가 효율성을 나타낸다. 효과성과 효율성 모두 생산성에 영향을 미친다.

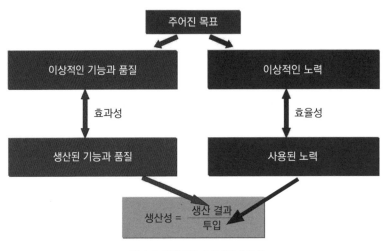

그림 4-1 목적 기반 효과성과 효율성

이를 탠젠의 트리플-P-모델에 적용하면 PE 모델^{PE Model}이 나온다. PE 모델은 목적, 기능, 품질, 노력이 어떤 식으로 효과성, 효율성, 생산성, 수익성, 성과와 연관되는지 나타낸다(그림 4-2). 최초의 트리플-P-모델에 따르면 수익성이 생산성을 포함하지만 인플레이션, 가격 정책과 같은 추가적인 요소를 추가한다. 그다음으로 성과는 수익성을 포함하면서 고객 인식과 같은 요소를 추가한다.

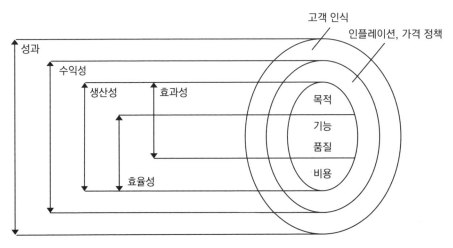

그림 4-2 소프트웨어 진화 생산성에 대한 PE 모델

생산성은 효과성과 효율성의 조합으로 표현된다는 점을 PE 모델에 추가했다. 팀은 효과적이고 효율적일 때만 생산적일 수 있기 때문이다. 소프트웨어 팀이 고객이 필요로 하는 기능을 만들고 있지 않거나 소프트웨어를 만들려고 과다한 노력을 쏟고 있다면 두 경우 모두 해당 소프트웨어 팀이 생산적이라고 할 수 없다. 효과성의 경우 소프트웨어의 목적, 기능, 품질을 고려해야 한다. 효율성의 경우 비용을 좀 더 고려해야 한다. 따라서 PE 모델을 사용해 4장에서 다룬 모든 용어의 상호관계를 정의할 수 있다.

요약

소프트웨어 엔지니어링에서 생산성을 분명히 이해하려면 아직 갈 길이 멀다. 제대로 된 지식 노동을 명확히 포착하는 것은 복잡도가 높아서 이러한 지식 노동의 생산성을 분명하게 측정하는 데 보통 걸림돌이 된다. 4장에서는 관련 용어를 분류하고 이로부터 PE 모델을 도출해 냈다. 적어도 이러한 용어 분류와 PE 모델이 여러분이 혼란을 피하고 노력을 집중하는 데 도움이 되길 바란다.

관련된 용어에 대한 논의는 5장의 생산성 프레임워크를 이해하는 데 도움이 된다. 생산성 프레임워크는 속도, 품질, 만족의 세 가지 측면에 초점을 맞춘다. 4장과 5장 모두에서 품질을 다루지만 속도는 포함시키지 않았다. 속도는 기능을 고객에게 얼마나 빨리 전달하는지에 집중하기 때문에 노력과는 다를 수 있다. 더 빠르다는 것이 실제 더 많은 노력을 필요로 할 수도 있다. 또한 업무 만족도가 트리플-P-모델의 일부가 아니기 때문에 업무 만족도를 명시적으로 통합하지는 않았다. 돌이켜보면 업무 만족도가 지식 노동에서 보통 중요한 역할을 할 것이라고 기대한다는 점을 고려할 때 이는 예상 밖이다. 따라서 4장에서 알아본 PE 모델과 5장의 생산성 프레임워크를 함께 고민함으로써 용어들을 명확히 할 수 있고 생산성의 가장 중요한 측면들을 이해하는 데 도움이 된다.

7장에서 생산성을 어떻게 측정해야 할지 또는 생산성을 어떻게 측정하지 말아야 할지를 다루고 지식 노동에 관한 연구도 다룬다.

핵심

4장의 핵심은 다음과 같다.

- 분명한 용어는 생산성 요소와 생산성 측정에 관한 추가적인 논의를 위해 중요하다.
- 소프트웨어 엔지니어링의 생산성 역사를 돌아봐야 한다.
- 지식 노동 생산성 연구로부터 교훈을 얻어야 하고 호환 가능한 용어를 사용해야 한다.
- 소프트웨어의 목적은 모든 생산성 정의와 관련된 용어에 있어 필수적인 기초다.

감사의 말

소프트웨어 엔지니어링의 생산성 정의에 관한 의미 있는 논의를 만들어 준 맨프레드 브로이Manfred Broy에게 감사드린다.

참고 문헌

[1]   Boehm, B. et al. Software Cost Estimation with COCOMO II, 2000

[2]   Boehm, B. and Huang, L. Value-Based Software Engineering: A Case Study. IEEE Software, 2003

[3]   Brooks, F. P. The mythical man-month. Addison-Wesley, 1975

[4]   DeMarco, T. and Lister, T. Peopleware: Productive Projects and Teams. B&T, 1987

[5]   Glass, R. L. Facts and Fallacies of Software Engineering. Addison-Wesley, 2002

[6]   Jones, C. Software Assessments, Benchmarks, and Best Practices. Addison-Wesley, 2000

[7]   Sackman, H.; Erikson, W. J. and Grant, E. E. Exploratory experimental studies comparing online and offline programming performance, Commun. ACM, ACM, 1968, 11, 3-11

[8]   Drucker, P. F. Knowledge-Worker Productivity: The Biggest Challenge. California Management Review, 1999, 41, 79-94

[9]   Ramírez, Y. W. and Nembhard, D. A. Measuring knowledge worker productivity: A taxonomy. Journal of Intellectual Capital, 2004, 5, 602-628

[10] Ray, P. and Sahu, S. The Measurement and Evaluation of Whitecollar Productivity. International Journal of Operations & Production Management, 1989, 9, 28-47

[11] Sackman, H.; Erikson, W. J. and Grant, E. E. Exploratory experimental studies comparing online and offline programming performance, Commun. ACM, ACM, 1968, 11, 3-11

[12] Tangen, S.; Demystifying productivity and performance. International Journal of Productivity and Performance, 2005, 54, 34-36

[13] ez Humble, David Farley. Continuous Delivery. Reliable Software Releases Through Build, Test, and Deployment Automation. Addison-Wesley, 2010.

[14] Robert S. Kaplan, David P. Norton: The Balanced Scorecard - Measures that Drive Performance. In: Harvard Business Review. (January-February), 1992, S. 71-79.

[15] Ron Jeffries. Should Scrum die in a fire? https://ronjeffries.com/articles/2015-02-20-giles/

5장

소프트웨어 개발 생산성 프레임워크

케이틀린 샤도우스키, 구글, 미국

마가렛-앤 스토리, 빅토리아 대학University of Victoria, 캐나다

로버트 펠트, 샬머스 공과대학Chalmers University of Technology, 스웨덴

지식 노동은 비정형적인 창의적인 업무를 수반하는데 이러한 지식 노동 모두에 관한 생산성을 정의하고 묘사하고 측정하기 어렵다. 소프트웨어 개발이 지식 노동의 대표적인 예다. 소프트웨어 개발은 광범위한 협업이나 창의적인 작업들을 많이 요하기 때문이다. 지식 노동의 다른 분야와 마찬가지로 소프트웨어 개발에서 생산성을 정의하는 것은 새로운 도구나 프로세스를 도입함으로써 생산성을 이해하고 개선하길 원하는 연구원들과 전문가들 모두에 있어 지금까지도 어려운 일이다.

5장에서는 소프트웨어 개발 관점에서 생산성을 개념화하기 위한 프레임워크를 제안한다. 이 프레임워크는 생산성을 이해하는 데 필수적인 세 가지 주요 측면을 기준으로 한다. 해당 세 가지 측면에 따라 생산성을 고려하기 위한 다양한 관점을 제공하는 렌즈를 제공해 생산성 목표를 명확히 하는 데 도움을 주고자 한다. 생산성에 관한 어떤 개념도 세 가지 주요 측면과 다양한 렌즈[1]가 고려되지 않은 경우 불완전할 수 있다고 확신한다.

---

1   카메라에 어떤 렌즈를 사용하느냐에 따라 동일한 상이 다르게 촬영되듯이 다양한 관점에서 볼 수 있도록 다양한 렌즈를 제공한다는 뜻이다. – 옮긴이

소프트웨어 개발의 생산성 측면

위에서 제안된 소프트웨어 엔지니어링의 생산성 프레임워크의 세 가지 측면은 다음과 같다.

- **속도**: 작업이 얼마나 빨리 완료되는지

- **품질**: 작업이 얼마나 잘 이뤄졌는지

- **만족도**: 작업이 얼마나 만족스러운지

생산성 목표를 정의하려 하거나 생산성을 측정하려 할 때 위의 세 가지 측면을 모두 고려해야 한다. 이 세 가지 측면은 서로 상승 작용을 하기 때문이다. 생산성을 보통 결과물 증가(속도 증가) 측면에서 따지지만 이로 인해 결과물의 품질이 떨어진다면 속도의 증가가 실제 생산성 증가로 이어지지 않을 수도 있다. 속도와 품질을 함께 고려하는 경우 전반적인 작업 효율성과 효과성이 증가한다. 반면 속도와 품질은 다른 방식으로 만족도에 영향을 줄 수 있다. 속도의 증가는 비용의 감소로 이어져서 관리자들의 만족도가 올라갈 수 있다. 하지만 동시에 이로 인해 개발자들이 더 큰 스트레스를 받을 수 있고 이로 인해 개발자들의 만족도가 떨어져 향후에 추가적인 비용이 발생할 수 있다. 속도가 빠르고 품질이 높더라도 만족도가 낮은 경우의 위험성에 관한 세부적인 예는 11장에서 확인할 수 있다.

속도

속도는 작업을 하는 데 소비된 시간 또는 주어진 일의 양을 달성하는 데 걸린 시간(또는 비용) 측면에서 생산성을 어떤 식으로 개념화할지 나타낸다. 속도를 어떤 식으로 개념화할지 또는 측정할지는 주어진 작업에 따라 좌우된다. 작업의 종류뿐 아니라 특정 작업의 세분화 정도, 복잡도, 반복성 정도를 고려해야 한다. 예를 들어 개발자 속도 지표에는 스프린트당 스토리 포인트story point의 개수 또는 코딩부터 출시까지 걸리는 시간 등이 있다.

품질

품질은 무언가(예를 들어 소프트웨어)를 생산할 때 일을 잘해 내는 것 또는 제공된 서비스의 품질을 의미한다. 품질은 프로젝트의 내부 고려 사항(예, 코드 품질)이거나 프로젝트의 외부적인 요소(예, 최종 사용자 관점에서의 제품 품질)일 수도 있다. 소프트웨어 프로젝트에서 품질 지표는 출시 이후의 결함이나 기술적 논쟁으로 인해 발생한 지연에 대해 스스로 평가한 점수와 같은 부정적인 요소의 개수를 포함할 수 있다.

만족도

엔지니어링 만족도는 다양한 측면을 지닌 개념이다. 이로 인해 엔지니어링 만족도를 이해하거나 예측하거나 측정하기 어렵다. 엔지니어링 만족도는 생산성의 요소 중 인간과 관계된 요소에 관한 것이기 때문에 여러 하위 구성 요소를 지닌다. 이러한 하위 구성 요소에는 피로와 같은 생리학적인 요소와 정신적 안전감psychological safety 같은 팀 신뢰도, 업무 흐름과 집중, 자율성, 행복과 같은 개인 감정 등이 있다. 장기적인 품질과 개발자 근속연수, 개발 속도에 긍정적인 영향을 미칠 수 있는 학습이나 기술 개발은 만족도 향상으로 나타날 수 있다. 개발자의 경우 만족도는 개발자 개별의 업무 또는 자신이 속한 팀의 업무에 관한 실제 또는 인지된 효과성에 영향을 받을 수 있다.

렌즈

생산성에 대한 세 가지 측면을 다양한 렌즈를 통해 관찰할 수 있다. 이러한 렌즈는 연구 목표의 범위를 좁히고 생산성을 이해하거나 측정하는 데 사용할 수 있는 방법에 관한 관점을 제공할 수 있다. 다음은 중요하다고 생각되는 렌즈의 주요 유형이다.

- **이해관계자:** 다양한 이해관계자(예, 개발자, 관리자, 임원 등)는 다양한 목표를 지니고 있고 생산성 측정에 관한 해석이 다양할 수 있다. 생산성을 이해하고 측정하려 하기 전에 어떤 이해관계자가 중요하고 해당 이해관계자에게 무엇이 중요한지 식별해야 한다. 처음에는 어떤 이해관계자를 고려해야 할지 분명하지 않을

수 있다. 연구원이나 전문가는 어떤 이해관계자의 관점이 중요한지 조심스럽게 도출해야 할 수도 있다.

- **맥락**: 특정 프로젝트 요소와 사회적, 문화적 요소는 생산성에 관한 인식을 바꿀 것이다. 예를 들어 개발자가 팀이 자신이 남을 돕는 부분에 대해 인정받고 있다고 느낀다면 질문에 대답하느라 소비한 시간이 생산적이라고 느낄 것이다. 근간이 되는 개발 맥락(예. 오픈소스 프로젝트 vs 이익을 내는 것을 목적으로 하는 프로젝트)은 생산성 목표에 영향을 미친다. 맥락이라는 렌즈는 보통 겉으로 잘 드러나지 않지만 규범이나 가치, 태도의 영향을 명시적으로 고려해야 할 수도 있다.

- **수준**: 수준에 있어 각 렌즈는 규모(그룹 크기 측면에서)를 나타내는데 생산성을 고민할 때 어떤 규모에서 고민해야 할지를 의미한다. 개발자, 팀, 조직, 주변 커뮤니티는 각기 다른 생산성 개념을 지닐 것이며 생산성 목표 역시 이러한 다양한 그룹 간에 긴장 관계일 수 있다. 개입이 어떤 수준에서 이득이 됐다고 해서 다른 수준에서도 해당 개입이 이득이 되리라는 법은 없다. 이를 분명히 보여 주는 예로 개입을 당하는 사람에게 부정적인 영향을 주는 개입이 팀 관점에서는 이득이 될 수도 있다. 6장에서 네 가지 유형의 수준을 자세히 살펴볼 것이다.

- **기간**: 고려 대상인 기간(일, 주, 스프린트와 같은 짧은 기간 또는 월, 연, 마일스톤과 같은 긴 기간)에 따라 생산성 인식이 매우 다양할 수 있다. 예를 들어 프로세스 변경으로 인해 단기적으로는 개발 속도가 떨어질 수 있지만 시간이 지남에 따라 팀이 프로세스 변화를 학습하고 적응함에 따라 장기적으로는 속도가 빨라질 수도 있다. 마찬가지로 단기적인 속도 증가는 피로로 이어져서 장기적으로 개발자의 만족도가 낮아질 수도 있다.

생산성 프레임워크 시작! 목표, 질문, 지표를 구체화하기

어떤 높은 수준의 생산성 목표가 주어졌을 때 보통 해당 목표를 추적하기 위한 특정한 지표를 도출하고자 한다. 안타깝게도 목표로부터 지표를 도출하는 것은 쉽지 않다. 지표가 어떤 목표의 특정한 측면만을 나타내기 때문이다. 이러한 간극을 좁히기 위한 기법으로 중간 상태를 고려해야 한다. 예를 들어 소프트웨어 프로세스를 이해하고 측정하기 위한 목표-질문-지표 접근법[1, 2]은 먼저 목표를 정의하는 질문들을 만들어 낸 다음 해당 질문들에 답을 줄 수 있는 측정치를 구체화함으로써 동작한다. GQM 접근법은 다음을 수행하기 위한 체계적인 접근법을 제시한다.

- 소프트웨어를 이해하거나 **개선하기 위한 목표**를 개념화한다.

- 이러한 목표를 운용하기 위한 **연구 질문**을 구체화한다.

- 도구와 프로세스를 이해하거나 측정하기 위한 **지표**를 정의한다.

GQM과 비슷하게 HEART^{Happiness, Engagement, Adoption, Retention, Task success} 프레임워크는 디자인 프로젝트에서 사용성을 측정하는 데 사용된다[3]. HEART는 먼저 고수준의(추상적인) 사용성 목표(예, '내 앱은 대단해')를 하위 목표(예, 앱 사용 시간)로 나누고 이러한 하위 목표를 측정할 수 있는 신호들(예, 공유 횟수 또는 앱에서 읽은 글의 개수)을 도출한다. 이러한 목표-신호-지표 도출 방식 외에도 HEART 프레임워크는 사용성을 행복^{Happiness}, 참여^{Engagement}, 사용^{Adoption}, 유지^{Retention}, 사업 성공^{Task success}이라는 다섯 가지 측면으로 나눈다.

HEART 프레임워크가 측면에 의해 나누고 목표로부터 지표를 구체화해 나가는 방식에 영감을 받아, 목표, 질문, 지표를 생산성 측면과 렌즈와 결합해 구체화하는 방식을 제안하고 싶다. 이러한 기법은 식별된 구체적인 생산성 목표를 향한 구체적인 질문과 지표를 개발하는 데 도움이 된다. 이러한 목표로는 개입의 영향 측정, 생산성 저하를 일으키는 비효율적인 디자인 패턴과 문제 지점의 식별, 그룹 간 비교, 특정 맥락에서의 생산성 이해 등이 있다. 프레임워크가 어떤 식으로 사용될 수 있는지 설명하고자 다음 절에서는 두 가지 가상 예를 들겠다.

첫 번째 예: 개입을 통한 생산성 개선

큰 소프트웨어 회사(맥락)의 소프트웨어 개발 팀 관리자(이해관계자)는 새로운 지속 통합 시스템 도입을 통해 생산성을 향상(이해관계자의 생산성 목표)하려 할 것이다. 해당 관리자는 개별적인 개발자와 팀 전체 모두(수준)의 생산성을 향상하고자 하며 수 개월 동안 (기간) 변화를 측정하고자 한다.

생산성 목표를 식별된 렌즈를 통해 각 측면에 따라 고려함으로써 생산성 향상에 관한 구체적인 질문이 도출된다. 이러한 질문은 구체적이기 때문에 질문에 대답하는 데 도움이 될 수 있는 지표를 식별할 수 있다(표 5-1 참고). 생산성 지표는 실제 측정하고자 하는 것을 나타내는 대용물이다. 지표와 구체적인 질문 사이에는 다대일 관계가 있고 마찬가지로 구체적인 질문과 생산성 목표 사이에도 다대일 관계가 있다.

첫 번째 생산성 목표: 새로운 지속적인 통합 시스템 도입을 통한 개인과 팀 수준에서의 생산성 향상

표 5-1 첫 번째 생산성 목표를 세 가지 측면에 따라 나누기

생산성 측면	질문	지표 예
품질	반영된 코드가 높은 품질인가?	테스트 범위 출시 후 버그 개수
속도	개발자들이 기능을 좀 더 빨리 배포할 수 있는가?	패치 생성부터 배치 출시까지 걸리는 시간 팀 마일스톤에 도달하는 데 걸리는 시간
만족도	개발자들이 신규 툴을 사용하는 엔지니어링 프로세스에 좀 더 만족하는가?	신규 시스템에 대한 개발자들의 평가 툴로 인해 가능해진 팀 의사소통에 대한 개발자들의 평가

두 번째 예: 미팅이 어떤 식으로 생산성에 영향을 미치는지 이해하기

이번 예는 이해관계자가 생산성을 증대하려고 노력하기보다는 생산성에 관해 이해하길 원하는 상황을 다뤄 보겠다(물론 장기적인 목표는 생산성을 향상시키는 것일 수도 있다). 규모가 큰 회사에서 다른 팀과 협업을 하는 어떤 팀의 개발자들(이해관계자)이 미팅이 생산성에 어떤 식으로 영향을 미치는지 이해하길 원한다(목표)고 하자. 여기서 개발자는

미팅이 생산성에 미치는 영향을 이해하는 데 있어 탐색적 접근법에 더 큰 관심이 있다. 위에서 언급한 생산성 측면과 렌즈를 사용해 표 5-2와 같이 연구 질문을 만들 수 있다. 이번 예에서는 어떤 지표도 정의하지 않았지만 이러한 연구 질문은 탐색적 분석을 좀 더 구체화함으로써 예리한 탐색적 분석을 이끌어 내는 데 도움이 된다. 각 개발자의 필요, 목표가 팀 또는 조직 내 다른 개발자의 필요, 목표와 충돌을 일으킬 수 있기 때문에 탐색적 분석은 이러한 충돌을 가시화해 이후에 변화를 위한 토대를 형성하는 데 도움이 된다. 표 5-2에서 각 측면에 있어 어떤 관련된 질문이 가능한지에 관한 일부 예시만을 보여 준다는 점에 유의하자.

두 번째 생산성 목표: 미팅이 생산성에 어떤 식으로 영향을 주는지 이해하기 위한 단계

표 5-2 두 번째 생산성 목표를 세 가지 생산성 측면에 따라 분류

생산성 측면	질문
품질	어떤 미팅을 했을 때 이후에 무엇을 해야 할지 분명해지는가? 어떤 미팅을 했을 때 시간 낭비라고 느껴지는가? (이미 진행한 미팅에 대해) 미팅에 모든 참가자가 꼭 참가했어야 했는가?
속도	적절한 미팅 길이를 결정하는 요소는 무엇인가? 적절한 미팅 길이는 무엇인가?
만족도	참가자들이 만족도를 느끼는 미팅을 결정짓는 요소는 무엇인가?

주의 사항

우리가 제안한 프레임워크는 특성상 추상적이기 때문에 모든 생산성 연구에 적용할 수 있는 것이 아니며 모든 생산성 정의(상황에 따라 미묘한 의미 차이를 지니는 생산성 정의)와 일치하는 것은 아니다. 다른 연구원들과 전문가들은 자신의 필요에 따라 추가적인 생산성 측면과 렌즈를 고려할 수도 있다. 예를 들어 고려 중인 생산성 목표에 학습/교육이 중요한 경우 학습/교육을 생산성 측면의 네 번째 측면으로 고려해야 할 수 있다.

제안된 생산성 측면 프레임워크를 GQM과 함께 사용될 때 무엇을 목표로 봐야 하고 무엇을 질문으로 봐야 할지 연구원들이나 전문가들에게 바로 다가오지 않을 수도 있다. 목표를 연구 질문 형태로 기술할 수도 있고 연구 질문을 목표 형태로 기술할 수도 있기 때문이다. 앞에서 언급했듯이 HEART 프레임워크는 질문 대신에 신호를 사용하는 대안을 제안한다. 생산성 측정 방법을 세 가지 생산성 측면에 따라 반복적으로 점점 작게 나눠 나가는 것이 실전에서 유용하다는 점을 알게 됐다. GQM은 생산성 측정 방법을 생산성 측면에 따라 분류하기 위한 접근법 중 하나다.

앞에서 언급했듯이 정의된 모든 지표는 측정하고자 하는 개념을 나타내는 대용물이다. 측정된 개념의 핵심 관점을 충분히 포착할 수 있는 지표를 선택하고 모든 지표에는 한계가 있다는 점을 인지하는 것이 중요하다. 또 강조하고 싶은 점은 엔지니어의 만족도를 측정하는 것은 어려운 일이라는 것이다. 만족도는 많은 다양한 개념에 영향을 받기 때문이다. 연구 목표와 렌즈를 함께 활용하는 것은 만족도가 어떤 식으로 개념화돼야 할지 또는 만족도가 어떤 식으로 측정돼야 할지를 식별하는 데 도움이 된다. 특히나 만족도에 관한 한 어디에나 통하는 만병통치 약 같은 해결책은 존재하지 않는다는 점을 분명히 하고 싶다.

마지막으로 생산성 측면 프레임워크를 통해 올바른 목표를 식별하고 올바른 목표에 집중할 수는 없다. 올바른 목표를 식별하고 올바른 목표에 집중할 수 있도록 하는 것은 생산성 측면 프레임워크의 범위를 벗어난다. 연구원 또는 전문가는 완료된 작업이 실제 올바른 작업(했어야 하는 작업)이 아니었을지라도 올바른 작업이 완료된 것이라고 가정할 수도 있다. 즉 잘못된 작업을 생산적인 방식으로 완료한 것일 수도 있다.

핵심

5장의 핵심은 다음과 같다.

- 생산성은 품질, 속도, 만족도의 세 가지 측면에 따라 고려해야 한다.

- 생산성에 관한 세 가지 측면은 상호 보완적이지만 서로 긴장 관계가 되는 경우도 있다.

- 생산성에 관한 세 가지 측면은 여러 속성을 지닐 수 있다. 이러한 속성들을 측정하는 것은 업무와 상황에 따라 매우 달라진다.

- 생산성 목표는 다양한 렌즈를 통해 세 가지 관점을 바라볼 때 좀 더 명확해질 수도 있다.

- 5장에서 제안하는 주요 렌즈로는 이해관계자, 개발 맥락, 수준, 시간 단위가 있다.

참고 문헌

[1] Victor R. Basili, Gianluigi Caldiera, and H. D. Rombach. The Goal Question Metric Approach. In Encyclopedia of Software Engineering (John J. Marciniak, Ed.), John Wiley & Sons, Inc., 1994, Vol. 1, pp.528-532.

[2] V. R. Basili, G. Caldiera, and H. Dieter Rombach. The Goal Question Metric Approach. NASA GSFC Software Engineering Laboratory, 1994. (ftp://ftp.cs.umd.edu/pub/sel/papers/gqm.pdf)

[3] HEART framework for measuring UX. https://www.interactiondesign.org/literature/article/google-s-heart-frameworkfor-measuring-ux

5장의 이미지나 기타 서드파티 자료는 5장의 Creative Commons 라이선스에 포함된다. 단, 해당 자료에 대한 인정을 표시할 때 원래와 다르게 표현해서는 안 된다. 만약 자료가 5장의 Creative Commons 라이선스에 포함되지 않고 여러분의 사용이 법 규정에 의해 허용되지 않거나 허용된 사용 범위를 초과하는 경우 저작권자로부터 직접 허락을 받아야 한다.

6장

개인, 팀, 조직, 시장: 생산성의 네 가지 렌즈

앤드류 J. 코, 워싱턴 대학, 미국

소프트웨어 개발 생산성을 고민할 때 노력 대비 얼마나 많은 업무를 했는지 먼저 고민하게 될 것이다. 개발자가 노력 대비 더 많은 업무를 했다면 더 좋은 것이다.

하지만 개발자가 생산성에 관해 어떤 식으로 생각하는지 연구자들이 조사했을 때 소프트웨어 엔지니어링 업무가 실제 무엇인지 그리고 이러한 업무를 어떤 수준에서 고려해야 하는지에 관해 놀라운 미묘한 견해 차가 드러났다[14]. 특히 생산성을 고려할 때 네 가지 렌즈를 살펴봐야 하고 회사에서 생산성을 증가시키려고 어떤 조치를 취할 때 네 가지 렌즈는 각기 다른 영향을 미친다.

개인

첫 번째이자 가장 명백한 렌즈는 개인적인 측면이다. 개발자, 테스터 또는 소프트웨어 팀에 기여하는 어느 누구든 간에 할당받은 업무가 무엇인지, 어떻게 하면 이러한 업무를 효율적으로 마칠 수 있을지, 업무를 효율적으로 끝내는 데 영향을 미치는 요소들이 무엇인지 고민하는 것은 당연하다. 개발자의 경험(학교, 온라인, 다른 업무 등에서 배운 것)은 개발자가 업무를 얼마나 효율적으로 완수할 수 있을지에 영향을 미친다. 예를 들어 어떤 연구에 따르면 업무 완료 시간에 관한 한 프로그램의 목적을 이해하는 기술이 업무 완료 시간에 영향을 준다[3]. 하지만 이러한 기술들이 변화가 없는 것이 아니다. 예를 들어 경험이 부족한 개발자가 언제나 전문가보다 효율적이지 못할 것이라고 생각할 수도 있는 반면 초보자에게 전문가 전략을 가르침으로써 그들이 빠르게 전문가 수준의 성과를 내도록 만들 수 있다[17]. 하지만 개발자라면 누구나 알 듯이 소프트웨어 개발 기술에 있어 정복이라는 개념은 존재하지 않는다. 숙련된 개발자조차도 새로운 개념, 아키텍처, 플랫폼, API를 배우는 데 항상 노력해야 한다[5]. 이러한 끊임없는 학습은 초보자에게는 더욱 필요하다. 게다가 초보자는 본인이 도움을 받아야 할 사람에게 자신이 전문성이 떨어진다는 것을 본능적으로 숨기려 한다[1].

하지만 경험이 개인의 생산성에 영향을 미치는 유일한 요소는 아니다. 예를 들어 툴에 따라 개발 업무의 효율성이 매우 달라진다는 점을 알고 있다. IDE, API, 프로그래밍 언어와 관련해 알맞은 API를 찾는 것과 API를 올바르게 사용하고 테스트하고 디버깅하는 법을 배우는 것 등이 있다[7]. 예를 들어 어떤 연구에 따르면 코드를 살펴보기 위한 기본 툴(스크롤바, 문자 검색 등)을 사용하는 데 드는 시간이 코드를 디버깅하는 데 사용한 시간의 1/3까지 차지할 수 있다고 한다[8]. 또 다른 연구에 따르면 개발자가 살펴보고 있는 코드의 특정 구조적 요소를 추적해 이러한 구조와 의존성을 시각화하는 것만으로 개발자가 코드를 살펴보는 데 소비하는 시간을 크게 줄일 수 있다[6].

스택 오버플로Stack Overflow나 기타 API 사용법 사이트나 툴을 사용해 올바른 정보를 올바르게 문서화하면 프로그램 개발 속도를 크게 향상시킬 수 있다[11]. 하지만 반대로 문서화가 잘못된 경우 업무를 완료하는 데 걸리는 시간에 악영향을 끼친다[18].

지금까지 살펴본 사실들이 개인 개발자 생산성에 갖는 의미는 간단하다. 더 효율적이라고 증명된 전략을 개발자에게 가르치는 것만으로 충분히 생산성을 높일 수 있다. 생산성을 높이는 툴에 대한 교육이 개발자가 동일한 시간에 더 많은 일을 할 수 있도록 돕는 궁극적으로는 더 저렴한 방법이다.

팀

생산성을 팀이라는 렌즈를 통해 들여다보면 개인 개발자의 생산성을 높이려고 했던 개선들이 갑자기 덜 중요해 보인다. 예를 들어 어떤 개발자가 팀의 다른 개발자들보다 2배 효율적이지만 다른 팀원들이 일을 마치길 기다리느라 계속 기다린다면 이 팀은 정말 생산적인 걸까? 연구에 따르면 팀 생산성은 각 개발자가 얼마나 효율적으로 일하는지에 달려 있는 것이 아니라 의사소통과 중재하는 데 드는 비용에 달려 있다고 한다[5]. 이는 팀의 업무 속도는 결정이 내려지는 속도에 달려 있고 많은 중요한 결정은 개별적이 아니라 협력적으로 이뤄지기 때문이다. 게다가 개별적인 결정조차도 팀원들로부터 정보를 필요로 하는 경우가 많다. 팀원으로부터 정보를 얻는 것은 문서나 로그, 기타 자동으로 수집된 내용을 참고하는 것에 비해 언제나 느리다[10]. 개인의 생산성과 팀 업무 간의 이러한 상호 작용은 팀 구성원의 변화에도 영향받는다. 한 연구에 따르면 팀에 사람을 추가할 때 천천히 추가하는 것(예를 들어 새롭게 추가된 구성원이 성공적으로 안착할 수 있도록 기다리는 것)이 결함을 줄이고 빠르게 추가하는 것이 결함을 증가시킨다고 한다[13].

팀의 어떤 요구 사항은 개인의 생산성을 떨어뜨릴 수 있지만 팀의 생산성은 높일 수도 있다. 예를 들어 개입이 개인 개발자에게는 성가신 일일 수 있지만 다른 팀원들을 위해 급하게 처리해야 할 업무가 있다는 것을 아는 것만으로 전반적인 팀 생산성을 높일 수 있다. 마찬가지로 상급 개발자가 초보 개발자에게 기술과 지식을 가르침으로써 초보 개발자의 생산성이 올라갈 수 있다. 이는 상급 개발자의 생산성을 떨어뜨리지만 팀의 장기적인 생산성을 증진시킬 것이다.

팀의 업무가 요구 사항을 올바르게 만족시키는 것이라고 간주한다면 이러한 요구 사항을 만족하는 데 있어 팀의 의사소통과 협업의 중요성은 개별적인 개발자의 생산성만큼이나 중요하다. 따라서 의사소통, 협업, 의사결정을 효율화하는 팀 관리 방법을 찾는 것은 핵심이고 개별적인 개발자들의 생산성을 높이는 것보다 더 중요할 수도 있다. 이러한 모든 책임은 엔지니어링 관리자의 몫이다. 엔지니어링 관리자의 생산성에 대한 개념은 개별적인 엔지니어가 얼마나 효율적으로 일하는지가 아니라 어떻게 팀이 고부가 요구 사항을 효율적으로 만족시킬지가 된다.

조직

팀이라는 렌즈조차도 좁은 관점이다. 조직이라는 렌즈는 다른 중요한 요소들을 들춰낸다. 예를 들어 회사는 보통 프로젝트 관리 방법에 관한 규범을 세우고 이러한 규범은 개인과 팀 수준에서 업무가 얼마나 효율적으로 이동할 수 있는지에 영향을 미친다[4]. 또한 조직은 개발자가 다른 개발자와 모여서 일해야 할지, 사무실에서 일해야 할지, 집에서 일해야 할지, 완전히 다른 나라에서 일해야 할지에 관한 정책을 세운다. 이러한 정책(추가로 이러한 정책이 협업에 미치는 영향)은 거리에 비례적으로 결정 속도에 영향을 미친다[16]. 또한 조직은 일과 삶의 균형에 대해 공식적인 정책과 비공식적인 기대치를 설정한다. 이는 의도치 않게 피로와 결함으로 이어질 수 있다[9]. 조직은 코드 소유권에 대한 다양한 기준을 갖는다. 이는 팀 내의 협조와 팀 간의 협조에 영향을 미치고 어떤 부분에 대한 구현이 누락되는 결함으로 이어질 수 있다[2]. 또한 조직은 조직의 다른 부분에서 이뤄지고 있는 업무를 파악할 수 있도록 인프라를 투자한다[12]. 예를 들어 구글의 경우 전사 규모의 단일 리포지터리^{repository}를 갖고 있다. 반면 다른 회사들의 경우 많은 리포지터리가 단절돼 있다. 또한 회사에는 개입을 어떤 식으로 처리할지에 관한 다양한 규정이 있다. 이는 생산성에 회사 전체 규모의 해로운 영향을 줄 수 있다[15]. 이러한 문화적인 요소와 정책 요소로 인해 생산성이 높은 개발자를 뽑거나 유지하는 게 어려워질 수 있다. 이는 야후^{Yahoo}의 사례에서 찾을 수 있는데 야후는 모든 엔지니어가 메인 야후 캠퍼스에서 근무하도록 요구했다.

조직적인 문화의 이러한 모든 복잡한 요소를 고려할 때 조직적인 관점에서 생산성을 고민하는 효과적인 방법 중 하나는 규정과 정책이 개인과 팀의 생산성에 어떤 의도치 않은 영향을 주는지 추론해 보는 것이다. 조직의 경영진은 이러한 문제를 모니터링하고 생산성에 최소한의 영향을 주는 새로운 정책, 규제, 프로세스를 개발하는 책임을 지닐 수 있다.

시장

조직이라는 렌즈에도 한계가 있다. 시장이라는 렌즈를 통해 생산성을 들여다보면 소프트웨어를 만드는 조직의 존재 이유는 고객과 이해관계자에게 가치를 제공하기 위함이라는 것을 알 수 있다. 구글의 미션은 '세상의 정보를 체계적으로 정리하는 것'인데 이는 구글이라는 조직의 성과를 무엇을 기준으로 평가받을지 선언하는 것이다. 따라서 구글이 얼마나 효과적인지는 구글의 사용자들이 정보를 찾고 질문에 답하는 데 있어 얼마나 생산적인지에 달려 있다. 가치를 기준으로 생산성을 측정하고자 회사는 자신의 제품에 대한 가치 제안value proposition을 정의해야 한다. 이는 다른 경쟁 제품 대비 자신의 제품이 사람들에게 제공하는 가치가 무엇인지 정해 놓은 것이다. 일부 연구에 따르면 가치 제안을 개선하고 측정하는 것이 조직의 주된 목표라고 한다[9]. 조직의 목표에 대한 이러한 점점 발전하는 이해도는 새로운 조직 정책, 새로운 팀 수준의 프로젝트 관리 전략, 새로운 개발자 업무 전략으로 이어진다. 이는 모두 생산성에 대한 최상위 개념인 고객에 대한 가치 전달을 개선하기 위한 것이다.

전 영역에 걸친 생산성

조직의 각 개인은 생산성을 바라볼 때 앞에서 언급한 네 가지 렌즈 중 하나만을 사용할 가능성이 높다. 하지만 소프트웨어 엔지니어링 연구에 따르면 훌륭한 개발자는 코드를 작성할 때 네 가지 렌즈 모두를 고려할 능력이 된다고 한다[5]. 결국 개발자가 코드를 작성하거나 수정할 때 엔지니어링 작업을 수행할 뿐 아니라 팀의 목표를 만족하고 조직의 전략적 목표를 달성하고 궁극적으로 조직이 제품의 가치 제안을 시장에서 시험해 볼 수 있도록 해주는 것이다. 또한 개발자가 작성한 코드가 지니는 의미는 각 렌즈에 따라 달라진다. 이는 단순히 코드뿐 아니라 시스템, 소프트웨어, 플랫폼, 서비스, 제품에도 해당한다.

이 모든 것이 생산성 측정에 있어 어떤 의미를 갖는가? 하나의 측정 수단으로 모든 것을 측정할 순 없다는 것을 의미한다. 개인, 팀, 조직, 시장은 자신만의 생산성 지표가 필요하다. 각 수준에 있어 성과에 영향을 주는 요소가 너무 복잡해서 단일 지표로 축약할 수 없기 때문이다. 저자는 개별적인 개발자, 팀, 조직, 시장이 각기 고유한 특성을 지니고 있어 각 주체별로 자신만의 고유한 성과 측정 방법이 필요하다고 믿는다. 이러한 측정 방법은 업무 결과를 제대로 측정할 수 있어야 한다(생산성, 속도, 제품 품질, 계획 대비 진척 등). 이는 조직의 각 주체가 자신의 성과를 측정할 수 있는 유효한 방법을 찾아서 자신의 성과를 측정하고 개선해야 한다는 것을 뜻한다.

핵심

6장의 핵심은 다음과 같다.

- 개인, 팀, 조직, 시장은 각기 다른 생산성 지표가 필요하다.
- 이러한 각기 다른 렌즈의 생산성들은 대개 서로 긴장 관계에 있다.

참고 문헌

[1] Begel, A., & Simon, B. (2008). Novice software developers, all over again. ICER.

[2] Bird, C., Nagappan, N., et al. (2011). Don't touch my code!
     Examining the effects of ownership on software quality. ESEC/FSE.

[3] Dagenais, B., Ossher, H., et al. (2010). Moving into a new software project landscape.
     ICSE.

[4] DeMarco, T. & Lister, R. (1985). Programmer performance and the effects of the
     workplace. ICSE.

[5] Li, P.L., Ko, A.J., & Zhu, J. (2015). What makes a great software engineer? ICSE.

[6] Kersten, M., & Murphy, G. C. (2006). Using task context to improve programmer
     productivity. FSE.

[7] Ko, A. J., Myers, B. A., & Aung, H.H. (2004). Six learning barriers in end-user
     programming systems. VL/HCC.

[8] Ko, A.J., Aung, H.H., & Myers, B.A. (2005). Eliciting design requirements for maintenance-oriented IDEs: a detailed study of corrective and perfective maintenance tasks. ICSE.

[9] Ko, A.J. (2017). A Three-Year Participant Observation of Software Startup Software Evolution. ICSE SEIP.

[10] LaToza, T.D., Venolia, G., & DeLine, R. (2006). Maintaining mental models: a study of developer work habits. ICSE SEIP.

[11] Mamykina, L., Manoim, B., et al. (2011). Design lessons from the fastest Q&A site in the west. CHI.

[12] Milewski, A. E. (2007). Global and task effects in information seeking among software engineers. ESE, 12(3).

[13] Meneely, A., Rotella, P., & Williams, L. (2011). Does adding manpower also affect quality? An empirical, longitudinal analysis. ESEC/FSE.

[14] Meyer, A.N., Fritz, T., et al. (2014). Software developers' perceptions of productivity. FSE.

[15] Perlow, L. A. (1999). The time famine: Toward a sociology of work time. Administrative science quarterly, 44(1).

[16] Smite, D., Wohlin, C., et al. (2010). Empirical evidence in global software engineering: a systematic review. ESE, 15(1).

[17] Benjamin Xie, Greg Nelson, and Andrew J. Ko (2018). An Explicit Strategy to Scaffold Novice Program Tracing. ACM Technical Symposium on Computer Science Education (SIGCSE).

[18] Fischer, F., Böttinger, K., Xiao, H., Stransky, C., Acar, Y., Backes, M., & Fahl, S. (2017). Stack overflow considered harmful? The impact of copy&paste on android application security. IEEE Symposium on Security and Privacy (SP).

6장의 이미지나 기타 서드파티 자료는 6장의 Creative Commons 라이선스에 포함된다. 단, 해당 자료에 대한 인정을 표시할 때 원래와 다르게 표현돼서는 안 된다. 만약 자료가 6장의 Creative Commons 라이선스에 포함되지 않고 여러분의 사용이 법 규정에 의해 허용되지 않거나 허용된 사용 범위를 초과하는 경우 저작권자로부터 직접 허락을 받아야 한다.

7장

지식 노동의 관점에서
바라본 소프트웨어 생산성

에머슨 머피-힐, 구글, 미국

스테판 바그너, 슈투트가르트 대학, 독일

이 책은 소프트웨어 개발자 생산성에 초점을 맞춘다. 하지만 다른 분야에서 이미 생산성을 좀 더 광범위하게 연구한 자료들이 있다. 이러한 연구물을 이용해 우리의 소프트웨어 개발자 생산성에 관한 지식의 탄탄한 기반이 돼 줄 새로운 관점을 얻을 수 있다. 7장에서는 소프트웨어 공학 외의 분야 중 가장 가까운 분야인 지식 노동자의 생산성에 관한 연구를 살펴볼 것이다.

지식 노동의 간단한 역사

지식 노동이라는 용어는 경영 전문가 피터 드러커^{Peter Drucker}가 1959년에 만들었다[1]. 주로 결과물이 물리적인 제품인 육체 노동과 달리 지식 노동자들은 주로 정보를 다루고 각 작업이 마지막 결과물과 보통 다르며 지식 노동의 주 결과물은 지식이다.

이후에 드러커는 육체 노동자의 생산성을 높였던 것과 같은 방식으로 지식 노동자의 생산성을 높이기 위한 경영 연구 분야에 도전했다[2]. 드러커의 지식 노동자의 생산성과 육체 노동자의 생산성 간의 비교는 많은 깨달음을 제공한다. 육체 노동자의 생산성의 경우 물리적인 상품을 만드는 데 필요한 정해진 과정을 이해하고 자동화함으로써 생산성을 높일 수 있다. 반면 지식 노동자가 수행하는 작업에 포함된 과정은 정형화되지 않아 비슷한 방식의 자동화를 쉽게 사용할 수 없다.

지난 50년 동안 경영과 기타 사회 과학 분야의 연구는 지식 노동자의 생산성을 향상시키기 위한 방법을 연구했다. 소프트웨어 개발자가 지식 노동자의 한 종류이기 때문에 지식 노동자의 생산성을 향상시키기 위한 연구에서 배운 내용의 상당 부분을 소프트웨어 개발자 생산성에도 적용할 수 있다.

지식 노동자에 관한 연구로부터 소프트웨어 개발자의 생산성에 관해 적어도 두 가지를 배울 수 있다. 생산성을 측정하기 위한 기법과 지식 노동자 생산성에 영향을 주는 것으로 입증된 요소들이다. 다음으로 이 두 가지 교훈을 하나씩 알아보자.

생산성을 측정하기 위한 기법

앞에서 이미 언급했듯이 소프트웨어 개발자의 생산성을 측정하는 것은 어렵고 하나의 지표로 측정할 수 없다(2장, 3장 참고). 이러한 문제점으로 인해 지식 노동 분야의 연구원들도 애를 먹었다. 하지만 지식 노동 분야의 연구원들은 생산성을 측정하기 위한 다양한 기법을 개발해 이러한 문제점을 해결하는 데 진전을 이뤘다. 다음으로 라미레즈Ramirez와 넴바드Nembhard의 기법 분류 체계[4]를 통해 지식 노동자 생산성을 측정하는 데 사용되는 기법을 알아볼 것이다. 이러한 기법 중 일부를 살펴볼 것이고 각 기법을 사용하는 데 있어 장단점을 알아볼 것이다. 나아가 이러한 기법을 네 가지로 분류할 것이다. 네 가지 분류로 결과 중심 기법, 프로세스 중심 기법, 사람 중심 기법, 다중 중심 기법이 있다. 소프트웨어 엔지니어링 전문가와 연구원은 이러한 분류를 사용해 자신의 상황에 맞는 적절한 생산성 측정 기법을 선택할 수 있다.

결과 중심 측정 기법

육체 노동자의 생산성을 향상시키기 위한 문헌의 경우 단위 시간당 일의 생산량을 주로 살펴봄으로써 생산성을 측정하는 것이 일반적이었다. 소프트웨어 개발자의 경우 예를 들어 하루에 코드를 몇 줄 작성했는지 측정함으로써 생산성을 측정할 수 있다.

이러한 측정 기법은 지식 노동자가 사용한 자원이나 지식 노동자의 급여와 같은 입력도 고려함으로써 점점 확장됐다. 이러한 결과 중심 기법의 장점은 상대적으로 측정하기 단순하다는 것이다. 하지만 라미레즈와 넴바드가 지적했듯이 지식 노동자 연구 커뮤니티에서는 이러한 결과 중심 기법은 충분치 않다는 의견이 많다. 충분치 않은 이유는 결과 중심 기법이 생산성의 중요한 측면 중 하나인 결과의 품질을 고려하지 않기 때문이다. 5장에서 생산성을 측정할 때 품질의 중요성에 관한 심도 있는 논의를 참고하자. 소프트웨어 엔지니어링에서 결과 중심 지표를 사용하는 데 있어 추가적인 어려움은 어려운 소프트웨어 문제가 쉬운 소프트웨어 문제와 겉보기에 비슷해 보인다는 것이다.

이러한 결과 중심 기법을 개선하기 위한 노력으로 회사의 수익과 같은 조직의 금전적 이득을 결과로 사용할 수 있다. 이러한 접근법의 주된 장점은 금전적 이득이 반박할 여지없이 생산성의 가장 직접적인 측정치라는 것이다. 적어도 큰 범위에서는 그러하다. 만약 개발자의 업무가 직접적이든 간접적이든 수익을 만들어 내지 않는다면 해당 개발자가 생산적이라고 할 수 있을까? 이러한 접근법의 단점은 라미레즈와 넴바드가 지적했듯이 수익 발생 여부를 개별적인 지식 노동자와 연관 짓는 것은 어렵고 현재의 금전적 이득이 미래의 잠재적인 금전 이득을 의미하는 것은 아닐 수도 있다는 것이다. 복잡한 소프트웨어 조직에서 오픈소스 개발자나 인프라 팀과 같이 핵심적이지만 직접적으로 돈을 벌지 않는 개발자들의 경제적 효과를 측정하는 것은 상대적으로 어렵다.

프로세스 중심 측정 기법

일의 결과를 살펴보기보다는 지식 노동자의 업무가 어떤 식으로 수행되는지를 살펴보는 연구도 있다. 예를 들어 분 단위 측정multiminute measurement 기법을 사용해 지식 노동자들은 정해진 간격으로 양식을 작성해 미리 정해진 작업 목록에서 무엇을 했는지 보고한다. 이를 기반으로 생산성 측정 기법은 부가 활동value-added activity에 소비한 시간을 측정할 수 있다. 이는 지식 노동자의 전체 근무 시간 대비 지식 노동자가 가치 있는 활동desirable activity을 하면서 소비한 시간의 퍼센트를 살펴본다. 소프트웨어 엔지니어링에서 가치 있는 활동desirable activity을 소프트웨어 제품에 가치를 더하는 활동으로 정의할 수 있다. 이는 코드 작성과 같은 건설적인 활동뿐 아니라 코드 리뷰 수행과 같은 분석적인 개선 작업도 포함할 수 있다. 이러한 기법의 장점은 일정 정도의 자동화가 가능하다는 것이다. 이러한 자동화로 경험 샘플링 툴이나 레스큐타임RescueTime(https://www.rescuetime.com/)과 같은 도구가 있다. 이러한 기법의 주된 단점은 활동을 측정하는 것이 지식 노동자가 해당 활동을 얼마나 잘 수행했는지 측정하는 것은 아니라는 점과 품질을 고려하지 않는다는 점이다. 품질을 고려하지 않는 부분을 보완하려고 품질 향상 활동을 측정하는 활동 추적 기법이 등장했다. 예를 들어 생각하고 정리하는 활동을 품질 향상에 따라 결과적으로 생산성을 향상하기 위한 활동으로 간주하는 것이다. 하지만 이는 가치를 더하는 활동과 가치를 더하지 않는 활동을 분명히 구분하기 어렵다는 것을 보여 준다. 어쩌면 낭비waste를 분류하는 것이 유용할 수 있다(19장 참고).

사람 중심 측정 기법

이전에 살펴본 기법들은 생산적인 결과와 활동이 무엇인지 먼저 정의한다. 이와 달리 사람 중심 기법은 지식 노동자 스스로 생산성 지표를 설정하도록 권한을 준다. 이를 달성률 방식achievement method이라는 것을 통해 수행할 수도 있다. 달성률 방식은 계획한 목표 대비 완료한 목표의 비율을 갖고 생산성을 측정한다. 달성률 방식을 확장한 것으로 규범적 생산성 측정normative productivity measurement 방법론이 있다. 이 방법론은 다양한 생산성 측면에 관해 지식 노동자 사이에 공감을 이루면서 동작한다. 이러한 기법의 장점으로 생산성을 스스로 정한 목표의 완료 정도를 근거로 측정함으로써 높은 구성 타당도construct validity[1]를 얻을 수 있다. 연구에 따르면 작업이나 목표를 완료했을 때 소프트웨어 개발자들은 생산적인 하루를 보냈다고 보고한다[5].

생산성을 측정하려고 면접과 설문을 사용하는 것은 지식 노동자 생산성을 측정하고 어느 정도의 보상을 줄지 결정하기 위한 '직관적이면서 널리 사용되는 방법'이다[4]. 이러한 기법의 장점은 문헌의 기존 도구들을 사용해 좀 더 쉽게 관리할 수 있으며 다양한 생산성 요소들을 포착할 수 있다. 반면에 이러한 기법은 신뢰성이 낮을 수 있다. 이

---

1 구성 타당도는 검사에서 심리학적 특성을 나타내는 것으로, 해당 개념을 설명하는 것은 이 책의 범위를 벗어난다. 별도로 찾아보도록 하자. – 옮긴이

러한 기법의 신뢰성을 높이려고 많은 연구에서 동료 평가peer evaluation를 사용했다. 동료 평가는 지식 노동자가 동료의 생산성을 평가하는 것이다. 하지만 동료 평가 기법의 단점으로 이른바 후광 효과halo effect가 있다. 후광 효과는 동료가 지식 노동자를 평가할 때 과거와 현재의 생산성은 무관함에도 해당 지식 노동자의 과거 실적을 근거로 현재 실적을 평가할 수 있다는 것이다.

다중 요소 기반 측정 기법

5장과 6장에서 언급했듯이 생산성은 조직 내의 여러 측면을 통해 측정할 수 있다. 마찬가지로 지식 노동자에 관한 연구도 여러 측면을 통해 생산성을 이해하고자 노력했다. 예를 들어 다중 결과 생산성 지표multiple output productivity indicator는 지식 노동자가 2개 이상의 결과를 내는 경우에 생산성을 측정하고자 사용할 수 있다. 예를 들어 소프트웨어 개발자는 코드를 생산할 뿐 아니라 인프라 도구와 조직 내 개발 업무에서 동료를 교육한다. 다중 수준 생산성 측정 기법으로 거시적, 미시적, 중간적 지식 노동자 생산성 모델macro, micro, and mid-knowledge worker productivity model이 있다. 이 모델은 공장 수준, 개별적인 공헌자 수준, 부서 수준 각각에서 생산성을 측정한다. 이 기법은 품질, 비용, 손실 시간과 같은 속성을 사용해 오랜 시간에 걸쳐 생산성을 측정한다. 이러한 기법의 주된 장점으로 많은 다른 지표보다 조직적 생산성에 대한 더 총체적인 시각을 제공한다는 것이다. 하지만 동시에 이러한 속성들을 수집하기는 복잡할 수 있다.

지금까지 알아본 세 가지 측정 기법인 프로세스 중심 측정 기법, 사람 중심 측정 기법, 다중 요소 기반 측정 기법은 전문가와 연구원이 사용할 수 있는 다양한 옵션을 제공한다. 이러한 측정 기법은 유효성이 검증되지 않은 새로운 기법을 만들고자 하는 사람들이 아닌 기존의 검증된 기법을 사용해 생산성을 측정하려는 사람에게 적합하다. 또한 생산성을 더욱 폭넓게 측정하고자 할 때 이러한 기법을 프레임워크로써 사용할 수도 있다. 조직이 이미 프로세스 중심 생산성 측정 기법을 사용하고 있다면 사람 중심 측정 기법을 추가함으로써 더 폭넓게 생산성을 측정할 수 있다. 마찬가지로 연구원은 여러 기법들을 선택해 측정 방식의 다각화를 통해 연구의 유효성을 높일 수 있다.

생산성에 영향을 주는 요인

지식 노동자에 대한 연구를 통해 어떤 요인이 지식 노동자의 생산성을 변화할 수 있는지 이해할 수 있다. 이는 소프트웨어 엔지니어에게 적용 가능한 의미 있는 내용이다. 생산성 요인이 무엇인지 이해하는 것은 매우 중요하다. 이를 통해 조직은 지식 노동자의 생산성을 향상시키려고 어떤 변화를 만들 수 있는지 알 수 있기 때문이다. 코드 복잡도(8장 참조)와 같은 생산성 요인은 소프트웨어 개발에 특화된 반면 집중을 위한 조용한 장소의 필요성과 같은 다른 요인은 지식 노동자와 소프트웨어 개발자 모두에게 적용할 수 있다.

우리는 지식 노동자의 생산성에 영향을 주는 요인을 분류한 기존 연구를 활용할 것이다. 특히 개인적으로 통찰력이 있다고 생각하는 연구를 활용할 것이다. 지식 노동자의 생산성을 측정하려고 팔바린[Palvalin]은 스마트와우[SmartWoW]를 만들었다. 이는 해당 논문에 따르면 생산성에 영향을 주는 모든 요인을 포착할 수 있는 설문이다[3]. 각 요소에 대한 과학적 근거의 강도를 알고 싶은 독자들은 팔바린이 인용한 연구를 찾아볼 것을 권한다. 팔바린은 약 1,000명의 지식 노동자가 있는 9개 회사에서 그의 설문을 평가함으로써 해당 설문이 충분히 유효하고 신뢰할 만하다는 점을 보여 줬다. 스마트와우는 생산성 요인들을 다섯 가지 유형으로 나눈다. 해당 유형에 대해 살펴보겠다.

물리적 환경: 물리적 환경은 일을 수행하는 장소를 뜻한다. 해당 장소는 사무실이 될 수도 있고 집이 될 수도 있다. 지식 노동자에 대한 연구에 따르면 생산성을 향상시키는 물리적 환경은 홀로 집중하면서 일할 수 있고, 공식적인 미팅과 비공식적인 미팅을 가질 수 있고, 쉽게 협업할 수 있는 충분한 공간을 지닌 곳이다. 생산성을 향상하는 물리적 환경은 소음이 적고 간섭이 적은 인체공학적인 장소다. 소프트웨어 개발자는 개방된 사무실에 대해 종종 불평을 하는데 이는 근로 환경 요인의 중요성을 강조하는 대목이다.

가상 환경: 가상 환경은 지식 노동자들이 사용하는 기술을 뜻한다. 생산성을 향상시키는 가상 환경은 지식 노동자가 기술을 쉽게 사용할 수 있고, 어디에서 일을 하는 중이든 해당 기술을 사용할 수 있는 환경이다. 또한 지식 노동 연구에 따르면 몇 가지 구체

적인 기술 유형을 생산성 향상이라고 부른다. 이러한 유형에는 메신저, 화상 회의, 동료의 캘린더에 대한 접근 기능, 기타 협업 그룹웨어 등이 포함된다. 이 연구에 따르면 사용 가능한 프로그래밍 언어와 강력한 툴과 깃허브 같은 협업 플랫폼이 소프트웨어 개발자 생산성을 향상시키는 데 중요하다.

사회적 환경: 사회적 환경은 조직에서 노동자의 태도와 반복되는 업무, 정책, 취미를 뜻한다. 생산적인 사회적 환경은 지식 노동자가 스스로 일하는 방식, 일하는 시간, 일하는 장소를 선택할 수 있는 자유가 주어진 환경이다. 정보는 동료 간에 자유롭게 흐르고 미팅은 효과적이고 기술 사용과 의사소통 정책이 분명히 존재하고, 목표가 한 방향을 바라보고 있으면서도 명확히 정의되고 활동이 아니라 결과로 일의 성과가 평가되고 새로운 업무 방식에 대한 실험이 장려된다. 생산성을 향상시키는 소프트웨어 개발을 위한 사회적 환경은 예를 들어 개발자들이 새로운 도구와 방법론을 자유롭게 시도해 볼 수 있는 환경이다. 구글은 팀원이 두려움 없이 위험을 감수할 수 있어야 한다는 심리적 안전이 효과적인 팀의 가장 중요한 예측 변수임을 깨달았다. 사회적 환경이 얼마나 중요한지는 이러한 구글의 깨달음을 통해 알 수 있다.

개인의 작업 방식: 앞에서 소개한 환경적 요인은 조직의 작업 방식 개선을 통해 생산적인 업무를 가능하게 하는 반면 개인적인 업무 방식은 실제로 지식 노동자가 이러한 조직적인 작업 방식 개선을 어느 정도 실천하는지 측정한다. 생산적인 개인의 작업 방식에는 기술을 사용해 불필요한 이동을 줄이거나 기다리는 동안(예, 이동 중에) 모바일 장치를 사용하거나 중요한 업무를 우선순위화하거나 집중이 필요한 작업을 하는 동안 조용한 장소를 사용하고 방해가 될 수 있는 소프트웨어를 종료하거나 미팅을 준비하거나 개인의 행복을 챙기거나 조직의 공식 의사소통 채널을 사용하거나 업무 계획을 세우거나 새로운 도구와 업무 방법을 시험하는 것 등이 포함된다. 이를 통해 개발자가 대중교통을 이용해 출근하는 동안 코딩하고 테스트하고 작업물을 반영할 수 있을 때 개발자가 생산적이라는 점을 알 수 있다.

직장에서의 행복: 마지막으로 팔바린은 직장에서의 행복이 생산성의 요인인 동시에 생산성의 결과라고 본다. 생산적인 지식 노동자는 자신의 일을 즐기고 자신의 일에 열정적이며 자신의 일에서 의미와 목적을 찾고 지속적으로 스트레스를 받지 않으며 직장

에서 인정받으며 삶과 일의 균형을 맞추고 근무 환경을 유쾌하게 만들고자 노력하며 동료와의 갈등을 빠르게 해결한다. 이를 통해 주에 80시간 일하는 개발자는 생산적인 개발자가 아님을 알 수 있다.

소프트웨어 개발자 vs 지식 노동자: 비슷한가 또는 다른가?

7장에서 소프트웨어 개발과 지식 노동자의 생산성 간에 유사점을 도출했다. 따라서 소프트웨어 개발자와 지식 노동자의 생산성이 동일한지 또는 다른지에 관한 의문이 떠오르는 것은 당연하다. 이 문제를 이분법적으로 보는 것은 무책임하다고 생각한다. 소프트웨어 개발자의 생산성이 지식 노동자의 생산성과 동일하다고 여기는 것은 소프트웨어 개발자의 생산성을 연구해야 하는 책임을 저버리는 것이다. 동시에 둘 간의 생산성이 완전히 다르다고 보는 것은 지식 노동자 생산성에 관한 이전 연구들을 무시함으로써 기존에 했던 일을 반복함으로써 시간을 낭비하는 것이다.

현실은 지식 노동자와 소프트웨어 개발자는 어떤 면(종류와 정도)에서는 유사하고 어떤 면에서는 다르다. 종류에 관해 이야기하면 논쟁할 여지없이 소프트웨어 개발자의 생산성에 영향을 미칠 수 있는 모든 것은 이전 절에서 기술한 다섯 가지 유형의 생산성 요인 중 하나로 분류할 수 있다. 하지만 그렇게 분류하는 것은 소프트웨어 복잡도와 같이 별도로 측정하고 변경해야 할 소프트웨어 개발자만의 독특한 요인을 놓칠 수 있다. 정도에 관해 이야기하면 소프트웨어 개발자의 생산성은 어떤 면에서는 비슷하고 어떤 면에서는 다르다. 예를 들어 구글의 노동자를 대상으로 설문하는 동안 첫 번째 저자인 에머슨 머피-힐은 일에 대한 열정이 구글의 지식 노동자와 구글의 소프트웨어 개발자 모두에게 거의 동일한 정도로 생산성에 영향을 준다는 사실을 발견했다. 반면에 에머슨은 시간 관리에 대한 자율성이 소프트웨어 개발자의 생산성보다는 지식 노동자의 생산성에 훨씬 큰 영향을 미친다는 점도 발견했다.

정리하면 소프트웨어 개발자의 생산성을 이해하고자 하는 이는 지식 노동자의 생산성 역시 이해해야 한다. 지식 노동자의 생산성이 소프트웨어 개발자의 생산성을 대체할 수 있기 때문이 아니라 기존 측정치와 요인들을 언제 사용하고 새로운 조치와 요소들을 언제 새로 만들어야 할지 합리적인 선택을 할 수 있기 때문이다.

요약

소프트웨어 개발에는 그만의 고유한 특성들이 있다. 하지만 일반적인 지식 노동 연구로부터 배울 내용도 많다. 먼저 결과의 양만을 보는 것은 충분치 않으며 품질을 포함시켜야 한다(4장, 5장 참고). 두 번째로 지식 노동 연구로부터 결과 외에 생산성을 측정하는 접근법을 배울 수 있다. 하지만 여전히 지식 노동 연구는 생산성의 모든 중요한 측면들을 포착하기 위한 적절한 방법을 찾지 못했다. 세 번째로 지식 노동 연구로부터 소프트웨어 개발에 직접적으로 적용할 수 있는 생산성 영향 요인을 배울 수 있다. 예를 들어 혼자 일하기 위한 충분한 공간과 쾌적한 업무 환경 등이 있다.

핵심

7장의 핵심은 다음과 같다.

- 소프트웨어 개발자는 지식 노동자의 한 종류다. 지식 노동자 생산성은 다양한 맥락에서 연구돼 왔고 이러한 연구를 사용해 소프트웨어 개발자를 이해할 수 있다.

- 지식 노동자의 생산성을 측정하기 위한 주된 네 가지 기법이 있다. 결과 중심 측정 기법, 프로세스 중심 측정 기법, 사람 중심 측정 기법, 다중 요인 기반 측정 기법이 있다.

- 지식 노동자 연구에 따르면 생산성에 영향을 주는 요인으로 다섯 가지 분류가 있다. 물리적 환경, 가상 환경, 사회적 환경, 개인의 작업 방식, 직장에서의 행복이 있다.

참고 문헌

[1] Drucker, P. F. (1959). Landmarks of tomorrow. Harper & Brothers.

[2] Drucker, P. F. (1999). Knowledge-worker productivity: The biggest challenge. California management review, 41(2), 79-94.

[3] Palvalin, M. (2017). How to measure impacts of work environment changes on knowledge work productivity-validation and improvement of the SmartWoW tool. Measuring Business Excellence, 21(2).

[4] Ramírez, Y. W., & Nembhard, D. A. (2004). Measuring knowledge worker productivity: A taxonomy. Journal of intellectual capital, 5(4), 602-628.

[5] Meyer A. N., Fritz T., Murphy G. C., Zimmermann T. (2014). Software developers' perceptions of productivity. SIGSOFT FSE 2014: 19-29.

3부

생산성 주변 요인

8장

생산성에 영향을 주는 요인: 체크리스트

스테판 바그너, 슈투트가르트 대학, 독일

에머슨 머피 힐, 구글, 미국

소개

전문적인 일의 모든 분야에는 생산성에 영향을 미치는 많은 요인이 있다. 특히 지식 노동의 경우 일의 결과를 쉽고 분명하게 측정하기 어렵기 때문에 생산성에 영향을 미치는 요인을 파악하기 어렵다. 요즘 소프트웨어 개발자는 엄청나게 크고 복잡한 시스템을 다뤄야 하기 때문에 소프트웨어 개발은 이러한 요인을 파악하기 더욱 어려운 형태의 지식 노동이다.

하지만 개발자는 소프트웨어 프로젝트를 운영하고 다른 소프트웨어 개발자를 관리하고 프로젝트를 더욱 경쟁력 있게 만들고자 소프트웨어 개발을 최적화해야 한다. 따라서 개발자와 관리자가 소프트웨어 개발에 집중할 수 있도록 소프트웨어 개발의 생산성에 영향을 미치는 요인에 대한 개요를 잘 파악해야 한다. 개발자와 관리자는 개인과 팀의 생산성에 영향을 주는 요인이 무엇인지 경험으로부터 알고 있을 것이다. 하지만 이보다 더욱 유용한 것은 좀 더 일반화된 방식으로 생산성에 영향을 준다고 실증적으로 입증된 요인 목록일 것이다.

8장에서는 이러한 목록을 개발자나 소프트웨어 관리자가 생산성을 향상시키려고 사용할 수 있는 체크리스트 형태로 제공할 것이다. 제품과 프로세스, 개발 환경과 연관된 기술적 요인뿐만 아니라 회사 문화와 팀 문화, 개인적인 기술과 경험, 업무 환경, 개별적인 프로젝트와 연관된 소프트soft 요인을 알아볼 것이다.

생산성 요인 연구의 간단한 역사

소프트웨어 개발 생산성에 관한 연구는 1970년대부터 시작됐다. 초기 연구는 매우 영향력이 높았고 8장에서 소개하는 여러 요인이 이 당시에 식별된 것이다. 하지만 1970년대 요인 중 책임 프로그래머 팀chief programmer team 구성과 같은 일부 요인은 시간이 지남에 따라 중요도가 낮아졌다.

1980년대에는 존스가 저술한 여러 책 덕분에 데이터를 좀 더 체계적으로 수집할 수 있었다[7]. 또한 연구원들은 심리적 요인과 사회적인 요인의 중요성을 깨달았다. 가장 중요한 것은 드 마르코De Marco와 리스터Lister가 피플웨어Peopleware에서 논의했듯이 이직률과 개발자 업무 환경과 같은 측면이다[3]. 또한 제품 품질을 생산성의 중요 요인으로 강조했다. 비슷한 시기에 가장 유명한 노력 예측 모델인 COCOMO가 출간됐다[6].

피플웨어의 결과로서 1990년대에는 소프트 요인에 대한 연구가 더 많이 이뤄졌다. 프로젝트 기간과 객체 지향 접근법 사용에 관한 연구가 진행됐다. 2000년대에는 완전히 새로운 개념이 등장하지는 않았지만 요구 사항 변동성이나 고객 참여와 같은 여러 요인에 대한 연구가 이뤄졌다.

1970년대부터 2000년대까지의 연구에서 나온 주요 요인을 요약하고 2010년대와 지금까지 소개된 새로운 요인을 간단하게 살펴볼 것이다.

기술적인 요인 목록

지금부터 표를 통해 소프트웨어 개발 생산성에 영향을 주는 것으로 알려진 제품 요인, 프로세스 요인, 환경 요인을 알아보겠다.

제품 요인

제품 요인 목록은 지난 10년간 거의 변하지 않았다. 크기와 복잡도와 연관된 여러 요인이 있다. 소프트웨어 크기는 대개 소프트웨어 시스템에 필요한 코드의 크기를 뜻한다. 제품 복잡도는 시스템을 코드로 구현하기 얼마나 어려운지 나타내고자 한다. 어떤 경우든 데이터를 포함해 소프트웨어의 범위와 복잡도는 생산성을 감소시키는 주요 요인이다. 또한 기술적 의존도도 연관돼 있다. 최근의 연구는 다양한 소프트웨어 모듈또는 컴포넌트 간에 의존도와 이러한 의존도가 개발 팀의 사회적인 의존도에 어떻게 반영되는지 집중적으로 살펴본다. 의존도가 높으면 생산성이 감소한다.

요인	설명	출처
재사용성을 위한 개발	컴포넌트가 어느 정도까지 재사용돼야 하는가?	[1]
개발 유연성	시스템의 제약 사항이 어느 정도인가?	[1]
실행 시간 제약 사항	가용한 실행 시간 중 얼마나 소비되는가?	[1]
주 저장소 제약 사항	가용한 저장소 중 얼마나 소비되는가?	[1]
과거 유사성	프로젝트가 얼마나 유사한가?	[1]
제품 복잡도	소프트웨어의 기능과 구조의 복잡도	[1]
제품 품질	제품 품질은 동기에 영향을 미쳐 생산성에도 영향을 준다.	[1]
요구되는 소프트웨어 신뢰성	필요한 신뢰성 수준	[1]
재사용	재사용 정도	[1]
소프트웨어 크기	시스템의 코드 양	[1]
사용자 인터페이스	사용자 인터페이스의 복잡도	[1]
기술적 의존도	자료와 연관된 의존도 또는 기능적 의존도(예, 콜 그래프(call graph), 연관된 변경)	[5, 11]

관련된 요인들을 살펴보면 실행 시간 제약 사항, 주 저장소 제약 사항과 개발 유연성이라고 불리는 전반적인 제약 사항이 있다. 이는 하나의 요인으로 통합될 수 있다. 하지만 실행 시간 제약 사항과 주 저장소 제약 사항은 리얼타임 임베디드 시스템에 좀 더 해당하는 반면 개발 유연성은 다른 제약 사항들을 포괄한다. 이러한 제약 사항의 예로 특정 운영체제나 데이터베이스 시스템을 사용하거나 동시 접속자 수가 너무 많은 경우 등이 있다. 제약 사항이 늘어날수록 개발 속도는 느려진다.

게다가 사용자 인터페이스에 대한 요구 사항이 중요한 역할을 한다. 소프트웨어가 그래픽 사용자 인터페이스를 개발해야 할지 또는 그래픽 사용자 인터페이스가 없는 백그라운드 서비스인지에 따라 차이가 크다. 정교한 사용자 인터페이스가 필요한 경우 생산성이 떨어진다.

다음 제품 요인은 품질과 연관된다. 제품 품질에 따라 소프트웨어를 사용하는 것이 더 쉬워지거나 더 복잡해진다. 더 높은 신뢰성과 재사용성이 필요한 경우 개발 노력이 더 들어간다. 최근 발표된 연구들은 이러한 품질 요인에 좀 더 광범위한 품질 속성을 포함시킨다.

마지막으로 이전에 조직이 했던 것이 중요한 역할을 한다. 과거 유사성은 현재 프로젝트가 기존 소프트웨어와 얼마나 유사한지 나타내고 재사용은 기존 소프트웨어(내부 소프트웨어 또는 오픈소스)를 재사용함으로써 신규 소프트웨어 개발 노력을 얼마나 줄일 수 있는지 나타낸다.

프로세스 요인

프로세스 요인은 기술적이긴 하지만 제품 자체보다는 프로세스와 더 연관된다. 프로세스 요인은 프로젝트 기간과 프로젝트 유형과 같이 프로젝트와 연관된다. 프로젝트 기간이 더 길수록 체계적으로 정리하기 더 어렵지만 규칙과 맞춤화된 툴을 활용해 혜택을 볼 수 있다. 최근에 발표된 한 연구는 개발 프로젝트와 통합 프로젝트를 구분한다[8]. 개발 프로젝트는 프로젝트 동안에 소프트웨어의 대부분을 만들지만 통합 프로젝트는 대개 기존 소프트웨어를 연결하고 설정한다. 연구에 따르면 통합 프로젝트가 더 생산적이라고 한다.

요인	설명	출처
애자일	애자일 개발 프로세스를 사용하는가?	[10,12,13]
아키텍처 위험 해결	어떤 식으로 위험이 아키텍처에 의해 완화되는가?	[1]
설계 완료도	코딩 시작 시 설계가 완료된 정도	[1]
초기 프로토타이핑	프로세스 초기에 프로토타입을 만든다.	[1]
효과적이고 효율적인 V&V	결함이 발견되는 정도와 그에 따른 노력 정도	[1]
하드웨어 동시 개발	하드웨어가 동시에 개발되는가?	[1]
아웃소싱과 글로벌 분배	프로젝트 업무의 아웃소싱 정도	[9]
플랫폼 변동성	메이저 변경 간에 시간 간격	[1]
프로세스 성숙도	프로세스가 얼마나 잘 정의됐는지	[1]
프로젝트 기간	프로젝트 수행 기간	[1]
프로젝트 유형	통합 프로젝트 또는 개발 프로젝트	[8]

다양한 개발 활동이 생산성에 영향을 준다는 것을 확인할 수 있다. 아키텍처 위험 해결은 아키텍처 설계와 개선에 있어 중요하다. 코딩을 시작하기 전에 설계 완료 정도는 이후에 얼마나 많은 변화가 필요한지에 영향을 준다. 마지막으로 효과적이고 효율적인 검사와 검증V&V, Verification and Validation은 적절한 테스트, 리뷰, 자동화된 분석을 나타낸다. 초기 프로토타이핑은 요구 사항이 명확해지고 위험이 해결되기 때문에 생산성을 높인다. 최근에는 초기 프로토타이핑이 반복적이고 점진적인 개발로 대체되는 추세다. 이러한 개발 방식은 변하기 쉬운 요구 사항에 더 잘 대응할 수 있다. 하지만 초기 코딩 단계에서의 설계 완료도는 낮다.

최근의 시스템은 대부분 완전히 단독으로 동작하는 경우는 거의 없고 특정 플랫폼이나 하드웨어에 의존한다. 플랫폼이 자주 변경되면(플랫폼 변동성) 많은 변경 노력이 필요하다. 소프트웨어와 하드웨어를 동시에 개발하면 해당 하드웨어에 의존하기 어렵기 때문에 소프트웨어에서의 변경 노력이 많이 필요하게 된다.

마지막 요인은 프로세스 모델과 업무의 분배에 관한 것이다. 일반적인 요인으로 프로세스 성숙도가 있다. 프로세스 성숙도는 개발 프로세스가 얼마나 잘 정의됐는지를 뜻한다. 최근 몇 년간 애자일 프로세스에 초점을 맞춘 연구가 많았고 이는 생산성에 영향을 줬다. 최근 연구로부터 얻을 수 있는 추가적인 요인으로 프로젝트의 아웃소싱과 글로벌 업무 분배가 있다.

개발 환경

마지막 분류에서 제품의 일부가 아니지만 그렇다고 직접적으로 프로세스의 일부도 아닌 요인들을 그룹화했다.

요인	설명	출처
개발 단계마다의 산출물 문서화의 적합성	산출물 문서화가 각 개발 단계마다 얼마나 적합한지	[1]
도메인	애플리케이션 도메인(예, 임베디드 소프트웨어, 정보 관리 시스템, 웹 애플리케이션)	[4]
프로그래밍 언어	사용된 프로그래밍 언어	[1, 21]
소프트웨어 툴 사용	툴 사용 정도	[1]
최신 개발 기법 사용	예를 들어 지속적인 통합, 테스트 자동화, 구성 관리	[1]

매우 영향력이 큰 요인으로 개발할 애플리케이션의 도메인이 있다. 예를 들어 임베디드 소프트웨어 시스템에는 개발을 더 어렵게 만드는 크로스 컴파일링과 같은 특정한 측면이 존재한다. 사용된 프로그래밍 언어와 최신 개발 기법 사용 여부도 꽤나 영향력이 크다. 최신 개발 기법 사용 여부는 애자일 개발 프로세스와 보통 같이 동반되는 지속적인 통합이나 테스트 자동화와 같은 방법을 포함한다. 더 나아가 최신 IDE 또는 테스트 프레임워크와 같은 소프트웨어 툴 사용이 생산성에 영향을 미친다. 마지막으로 개발 단계마다의 산출물 문서화 적합성을 환경적 요인으로 본다. 특히나 산출물 문서화가 현재 개발 상태의 필요성에 맞는지가 중요하다.

소프트 요인 목록

소프트웨어 엔지니어링 팀의 대부분은 기술적 배경 지식을 지녔기 때문에 기술적 측면에 집중하는 경향이 있다. 하지만 특히나 생산성의 경우 소프트 요인이 중요한 역할을 하는 경우가 많다. 소프트 요인을 다음 다섯 가지 분류로 나눠 알아볼 것이다. 회사 문화는 전사 수준에 해당하는 요인에 관한 것이고 팀 문화는 팀 수준에 해당하는 요인에 관한 것이다. 개인 기술과 경험은 개인과 관련된 요인에 관한 것이다. 업무 환경은 업무 현장과 같은 환경 속성을 나타낸다. 마지막으로 프로젝트 관련 요인은 프로젝트 분류에 속한다. 이러한 요인을 중요도가 아닌 알파벳 순으로 분류했음에 유의하자.

회사 문화

전체 조직의 문화와 연관된 요인부터 알아보겠다. 이러한 요인이 팀 수준에서도 흥미로울 수 있다. 전반적인 회사의 문화가 팀에도 전달되기 때문이다. 연구에 따르면 회사 문화에는 신뢰성, 공정성, 존중이라는 세 가지 요인이 있다.

요인	설명	출처
신뢰성	열린 의사소통과 능력 있는 조직	[1]
공정성	보상과 다양성에 있어 공정함	[1]
존중	기회와 책임	[1]

신뢰성은 의사소통이 회사에서 전반적으로 개방돼 있고 조직이 자신이 하는 것에 능숙하다는 점을 나타내는 요인이다. 이런 맥락에서 신뢰성은 소프트웨어 프로젝트를 어떤 식으로 계획하고 실행해야 할지에 관한 조직적인 수준의 이해가 있다는 것을 의미할 수 있다. 공정함에는 모든 직원에 대한 동일한 보상 기회와 성별이나 배경에 대한 다양성이 포함된다. 마지막으로 존중은 조직이 직원을 인적 자원으로만 보는 것이 아니라 사람으로 대한다는 것을 뜻한다. 경영진은 직원에게 기회를 제공하고 책임을 부여한다.

팀 문화

회사 수준보다는 팀 수준에 대한 연구가 훨씬 더 많이 진행됐다. 동일한 회사 내에서도 팀 간에 큰 차이가 있을 수 있다. 많은 연구로부터 생산성에 영향을 주는 팀 문화와 관련된 아홉 가지 요인을 도출했다.

요인	설명	출처
동지애	사교적이고 친근한 분위기	[1]
분명한 목표	그룹의 목표가 얼마나 분명히 정의됐는가?	[1]
의사소통	팀에서 정보가 공유되는 정도와 효율성	[1]
심리적 안정감	위험을 감수할 수 있는 분위기	[14, 15]
엘리트 의식	팀원들이 월등한 능력을 가졌다는 느낌	[1]
혁신에 대한 지원	새로운 아이디어에 대한 지원이 어느 정도 가능한지	[1]
팀 결속력	이해관계자들의 협조 정도	[1]
팀 동질감	팀원들의 공통된 동질감	[1]
이직률	인력 변동 정도	[1]

동지애는 팀원들이 서로 친근하게 대할 뿐 아니라 서로 돕는 사교적이고 친근한 분위기를 뜻한다. 두 번째 요인은 모든 팀원이 동일한 목적을 향해 나아가는 데 필요한 분명한 목표다. 기반이 되는 요인인 의사소통은 팀 내에서 정보가 공유되는 정도와 효율성을 뜻한다. 연구들을 살펴보며 놀랐던 점은 의사소통을 하려는 노력이 생산성에 긍정적이라는 것이다. 대개 불필요한 업무를 줄이려면 의사소통을 줄여야 한다는 이야기를 많이 들었을 것이다. 하지만 의사소통과 관련해서 정말 문제가 되는 것은 어떤 프로젝트에 사람들을 더 많이 투입함으로써 의사소통 노력이 증가하는 경우다. 그렇지 않은 의사소통 노력의 상당한 부분은 좋은 투자가 될 수 있다.

심리적인 안정감은 동지애와 비슷하지만 각 개발자가 위험을 감수하고 개인 정보를 공유할 수 있고 팀원들이 이러한 위험을 존중과 친절로 대해 줄 것이라고 확신할 수 있는 분위기를 구체적으로 뜻한다. 동지애는 최근에 소프트웨어 관점의 생산성 논의에서 다뤄지기 시작했는데 이는 구글에서의 대규모 연구 덕분이다[14]. 또한 비슷하지만 다른 방향을 지닌 요인으로 팀의 엘리트 의식이 있다. 팀이 자신들이 최고의 소프트웨어를 만드는 최상의 엔지니어라고 믿는다면 이러한 목표를 달성하려고 좀 더 노력할 가능성이 높다.

심리적 안정감과 연관된 것으로 혁신에 대한 지원이 있다. 혁신에 대한 지원은 어느 정도는 심리적 안정감과 같이 위험을 감수할 있는 분위기를 의미하지만 동시에 팀원들이 혁신을 도입하고 자신들이 일하는 방식을 변경하는 데 열려 있다는 것을 뜻한다. 이와 관련된 또 다른 관점으로 팀 결속력이 있다. 팀 결속력은 모든 팀원이 얼마나 함께 일하고자 하는지를 뜻한다. 팀 결속력이 반드시 사교적이고 친근한 분위기를 포함하는 것은 아니며 함께 일하는 것에 대한 프로페셔널한 접근법을 뜻한다.

공통된 팀 동질감은 동지애나 엘리트 의식과 같은 다른 요인에 영향을 미침으로써 생산성을 지원한다. 마지막으로 팀의 이직률은 지금까지 언급한 요인들에 의해 영향을 받을 수 있다. 또한 지금까지 살펴본 요인이 아닌 다른 요인의 영향으로 인해 경영진이 팀원 변경을 명령할 수 있다. 어느 경우든 이직률이 낮은 것이 생산성에 좋으며 이직률은 쉽게 측정할 수 있는 몇 안 되는 요인 중 하나다.

개인의 기술과 경험

개인의 기술과 경험에 대한 연구가 팀에 대한 연구 다음으로 많다. 개인의 경험이 중요하다고 보는 연구들도 있지만 실증적인 연구에서는 경험은 그렇게 중요하지 않다는 것이 밝혀졌다. 경험보다 훨씬 중요한 것은 개발자의 능력이다. 따라서 이것이 의미하는 바는 오랫동안 개발자 직업을 가졌다고 해서 그 개발자가 반드시 생산적이라는 것은 아니라는 점이다.

요인	설명	출처
분석가 능력	시스템 분석가의 기술	[1]
애플리케이션 도메인 경험	애플리케이션 도메인에 친숙한 정도	[1]

요인	설명	출처
개발자 성격	개인의 성격과 팀 내 다른 팀원과의 궁합	[1, 19]
개발자 행복도	긍정적인 감정으로 이어지는 긍정적인 경험	[16–18]
프로그래밍 언어와 툴 경험	프로그래밍 언어와 툴에 친숙한 정도	[16–18]
관리자의 애플리케이션 도메인 경험	관리자가 애플리케이션 도메인에 친숙한 정도	[1]
관리자 능력	관리자의 프로젝트 통제 능력	[1]
플랫폼 경험	하드웨어와 소프트웨어 플랫폼에 친숙한 정도	[1]
프로그래머 능력	프로그래머가 지닌 기술	[1]

따라서 분석가 능력, 관리자 능력, 프로그래머 능력과 같은 요인이 있다. 각 요인은 해당 역할에서의 개인이 지닌 기술을 뜻한다. 각 역할에 있어 필요한 기술은 다를 수 있으며 아직까지 각 역할에 정확히 어떤 기술이 필요한지 연구에서 정의된 바 없다.

경험이 중요하긴 하지만 좀 더 구체적으로 말하면 애플리케이션 도메인과 플랫폼에 대한 경험이 중요하다. 애플리케이션 도메인 경험, 관리자의 애플리케이션 도메인 경험, 플랫폼 경험 이렇게 세 가지 요인이 있다. 앞의 두 경험은 개발자와 관리자가 얼마나 오랫동안 그리고 어느 정도 수준으로 특정 애플리케이션 도메인의 소프트웨어를 다뤄 봤는지 나타낸다. 세 번째 경험인 플랫폼 경험은 개인의 하드웨어나 소프트웨어 플랫폼 경험을 나타낸다. 이러한 플랫폼 예로 모바일 애플 장치용 iOS 운영체제가 있다.

많은 실증적 연구가 개발자의 성격을 연구했다. 최신 성격 심리학을 적용해 개발자의 성격을 연구한 경우는 거의 없다. 한 최근 연구에 따르면 성실성이 생산성에 영향을 미치는 유일한 성격적 특성이라고 한다.

성격에 대한 연구와 비슷하게 또 다른 중요한 심리적 영역인 개발자의 감정을 최근에 연구하기 시작했다. 여러 연구가 개발자의 행복과 생산성 간의 관계를 연구했다 [16~18]. 연구에 의해 밝혀진 바에 따르면 행복한 개발자가 더 생산적이다. 10장에서 이와 관련된 자세한 내용을 찾을 수 있다.

업무 환경

업무 환경 요인은 조직이나 팀 수준에 해당한다고 볼 수도 있다. 하지만 업무 환경과 관련된 요인이 여섯 가지나 되기 때문에 별도로 분류했다. 소프트웨어 엔지니어의 직접적인 업무 환경에 관한 것이다.

요인	설명	출처
E-요인	환경적 요인은 업무 환경에 머문 시간 대비 방해받지 않고 일한 시간의 비율을 나타낸다.	[1]
사무실 배치	사무실이 개인 공간이 보장되는지 또는 개방된 형태인지	[22]
물리적인 분리	팀원들이 빌딩 내 여기저기 퍼져 있거나 여러 장소에 퍼져 있다.	[1]
적절한 업무 현장	업무 현장이 창의적인 일을 하기 적합한 정도	[1]
시간 조각화	개인이 필요한 '문맥 전환(context switch)'을 하는 데 소비한 시간	[1]
통신 시설	재택 근무, 가상 팀, 고객과의 화상 회의에 대한 지원	[1]

E-요인은 피플웨어에서 드마르코와 리스터가 만들었으며 생산성에 있어 방해받지 않고 일한 시간이 중요하다고 강조한다[3]. 9장은 이 점을 좀 더 자세히 다루고 23장에서는 E-요인을 향상시킬 아이디어를 소개한다.

소프트웨어 엔지니어링 팀에 구체적으로 초점을 맞춘 연구는 아직 존재하지 않지만 여기에도 적용할 수 있는 사무실 배치에 대한 여러 연구가 있다. 소프트웨어 회사의 경우 팀원 간에 의사소통이 중요하다고 여겨 개방 구조의 사무실이 많다. 최근의 대규모 연구에 따르면 개방 구조가 생산성에 도움이 된다는 증거가 없다고 한다[22]. 대신에 개방 구조 사무실의 경우 간섭이 너무 자주 일어나서 개방 구조 사무실의 E-요인은 좋지 않다.

또한 업무 현장 자체도 생산성에 영향을 준다. 창문이나 자연광의 존재 유무, 방의 크기, 책상 크기와 같은 측면을 조사한 연구들이 있다. 시간 조각화는 E-요인과 관련 있지만 얼마나 많은 다양한 프로젝트를 수행해야 하는지와 얼마나 많은 종류의 작업을 해야 하는지에 관한 측면을 좀 더 구체적으로 다룬다. 이렇게 다양한 프로젝트와 작업을 수행하는 경우 하나의 프로젝트에 집중하는 경우에는 필요하지 않은 값비싼 문맥 전환이 일어난다.

마지막으로 적절한 통신 시설이 중요하다. 이는 재택 근무를 하거나 파트타임으로 효율적으로 일하거나 다른 물리적 공간에 있는 팀원과 효율적으로 의사소통하기 위함이다.

프로젝트

마지막으로 개별 프로젝트와 연관된 기술적이지 않은 요인이 있다. 여기서 기술적이지 않다는 말은 해당 요인이 기술이나 프로그래밍 언어와 관련된 것이 아니라는 뜻이다. 대신에 프로젝트와 연관된 사람들이 해당 요인에 영향을 준다.

요인	설명	출처
평균 팀 크기	팀의 구성원 수	[1]
요구 사항 안정성	요구 사항 변경 횟수	[1, 4, 20]
일정	개발 작업 일정이 적절한지	[1]

팀 크기와 생산성 간의 관계에 관한 여러 연구가 있다. 팀이 클수록 의사소통 비용이 기하급수적으로 증가해 생산성이 낮아진다는 점은 익히 알려진 사실이다. 따라서 애자일 개발 프로세스와 같은 신규 개발 프로세스는 보통 팀의 수를 7명 정도로 권장한다.

또한 프로젝트의 요구 사항 안정성도 여러 연구에서 다뤄졌다. 요구 사항이 안정적이지 않고 계속 변경되면 시간, 노력, 예산이 초과되고 전반적으로 의욕이 떨어지고 효율성이 감소하고 프로젝트 이후에 개발해야 하는 일이 발생한다[20]. 다시 한번 애자일 개발 프로세스는 개발 주기를 수 주로 줄임으로써 이러한 문제를 해결하고자 한다.

마지막으로 계획된 프로젝트 일정이 실제 수행해야 하는 일의 양과 맞아야 한다. 여러 연구에 따르면 일정이 너무 촉박하면 생산성이 떨어진다고 한다.

요약

지금까지 살펴본 소프트웨어 개발 생산성에 영향을 주는 요인들의 분류는 매우 다양하다. 기술적 요인은 실행 시간 제약과 같은 세부적인 제품 요인부터 소프트웨어 툴 사용과 같은 일반적인 환경 요인에 이르기까지 다양하다. 회사, 팀, 프로젝트, 개인 수준에서 소프트 요인을 살펴봤다. 특정 상황에서는 각 요인을 좀 더 자세히 들여다봐야 할 것이다. 8장이 생산성 향상을 이루려는 실질적인 시도의 시작점이자 체크리스트가 됐기를 바란다.

핵심

8장의 핵심은 다음과 같다.

- 소프트웨어 개발 생산성에 영향을 미치는 주요 요인은 개발자와 관리자를 위한 체크리스트로 요약될 수 있다.
- 생산성 요인에 대한 관련 연구 중 일부는 수십 년이 됐다.

감사의 말

생산성과 생산성 요인에 관해 앞서 연구한 멜라니 루^{Melanie Ruhe}에게 감사드린다.

부록: 문헌 조사 방식

8장은 본격적인 학술 조사 의도를 지니지 않는다. 대신에 이전의 문헌 조사[1]를 시작점으로 삼아 구글 스칼러^{Google Scholar} 검색을 통해 이를 개선했다. 분석을 위해 이전 문헌 조사의 검색어를 재사용해 일관성을 유지했다. 검색어는 다음과 같다.

> software AND (productivity OR 'development efficiency' OR 'development effectiveness' OR 'development performance')

이전 조사와 달리 구글 스칼러의 2017년부터 2018년 검색 결과 중 상위 30개만을 사용했다. 상위 30개 중 실증적인 연구로부터 새로운 관련 있는 생산성 요인을 추출했다. 글을 간결하게 하고자 목록에 이미 있는 요인을 검증하기만 하는 연구는 사용하지 않았다. 또한 대부분의 요인을 세부적으로 연구하는 학술 논문으로부터 가져왔다. 반면에 예전 문헌 조사[1]는 보엠[6]과 존스[7]가 저술한 책을 기반으로 한다. 해당 책은 생산성을 논하려고 개별적인 요인을 연구하지 않고 요인들을 묶어서 본다.

마지막으로 일부 학술 논문은 한계를 지닌다. 어떤 논문은 생산성 측정치로 시간당 작성한 코드 줄 수를 사용한다. 이는 측정하기 쉽지만 큰 문제점을 지닌다. 코드가 많다고 반드시 좋은 것은 아니기 때문이다. 많은 경우에 고객 요구 사항과 필요를 만족하는 한 코드가 더 적을수록 더 좋다. 이러한 연구를 제외시키지 않았는데도 여전히 흥미로울 수 있기 때문이다.

참고 문헌

[1] Wagner, Stefan and Ruhe, Melanie. 'A Systematic Review of Productivity Factors in Software Development.' In Proc. 2nd International Workshop on Software Productivity Analysis and Cost Estimation (SPACE 2008). Technical Report ISCAS-SKLCS-08-08, State Key Laboratory of Computer Science, Institute of Software, Chinese Academy of Sciences, 2008.

[2] Hernandez-Lopez, Adrian, Ricardo Colomo-Palacios, and Angel Garcia-Crespo. 'Software engineering job productivity-a systematic review.' International Journal of Software Engineering and Knowledge Engineering 23.03 (2013):387-406.

[3] T. DeMarco, T. Lister. 'Peopleware. Productive Projects andTeams.' Dorset House Publishing, 1987.

[4] Trendowicz, Adam, Münch, Jürgen. 'Factors Influencing Software Development Productivity - State of the Art and Industrial Experiences.' Advances in Computers, vol 77, pp. 185-241, 2009.

[5] Cataldo, Marcelo, James D. Herbsleb, and Kathleen M. Carley. 'Socio-technical congruence: a framework for assessing the impact of technical and work dependencies on software development productivity.' Proceedings of the Second ACM-IEEE international symposium on Empirical software engineering and measurement. ACM, 2008.

[6] B. W. Boehm, C. Abts, A. W. Brown, S. Chulani, B. K. Clark, E. Horowitz, R. Madachy, D. Reifer, and B. Steece. Software Cost Estimation with COCOMO II. Prentice-Hall, 2000.

[7]   C. Jones. Software Assessments, Benchmarks, and Best Practices. Addison-Wesley, 2000.

[8]   Lagerström, R., von Würtemberg, L.M., Holm, H., Luczak, O. Identifying factors affecting software development cost and productivity. Software Qual J (2012) 20: 395. https://doi. org/10.1007/s11219-011-9137-8.

[9]   Tsunoda, M., Monden, A., Yadohisa, H. et al. Inf Technol Manag (2009) 10: 193. https://doi. org/10.1007/s10799-009-0050-9.

[10] Kautz, Karlheinz, Thomas Heide Johanson, and Andreas Uldahl. 'The perceived impact of the agile development and project management method scrum on information systems and software development productivity.' Australasian Journal of Information Systems 18.3 (2014).

[11] Cataldo, Marcelo, and James D. Herbsleb. 'Coordination breakdowns and their impact on development productivity and software failures.' IEEE Transactions on Software Engineering 39.3 (2013): 343-360.

[12] Cardozo, Elisa SF, et al. 'SCRUM and Productivity in Software Projects: A Systematic Literature Review.' EASE. 2010.

[13] Tan, Thomas, et al. 'Productivity trends in incremental and iterative software development.' Proceedings of the 2009 3rd International Symposium on Empirical Software Engineering and Measurement. IEEE Computer Society, 2009.

[14] Duhigg, Charles. 'What Google learned from its quest to build the perfect team.' The New York Times Magazine 26 (2016): 2016.

[15] Lemberg, Per, Feldt, Robert. 'Psychological Safety and Norm Clarity in Software Engineering Teams.' Proceedings of the 11th International Workshop on Cooperative and Human Aspects of Software Engineering. ACM, 2018.

[16] Graziotin, D., Wang, X., and Abrahamsson, P. 2015. Do feelings matter? On the correlation of affects and the self-assessed productivity in software engineering. Journal of Software: Evolution and Process. 27, 7, 467-487. DOI=10.1002/smr.1673. Available: https://arxiv.org/abs/1408.1293.

[17] Graziotin, D., Wang, X., and Abrahamsson, P. 2015. How do you feel, developer? An explanatory theory of the impact of affects on programming performance. PeerJ Computer Science. 1, e18. DOI=10.7717/peerj-cs.18. Available: https://doi.org/10.7717/ peerj-cs.18.

[18] Graziotin, D., Fagerholm, F., Wang, X., & Abrahamsson, P. (2018). What happens when software developers are (un)happy. Journal of Systems and Software, 140, 32-47. doi:10.1016/j.jss.2018.02.041. Available: https://doi.org/10.1016/j.jss.2018.02.041.

[19] Zahra Karimi, Ahmad Baraani-Dastjerdi, Nasser Ghasem-Aghaee, Stefan Wagner, Links between the personalities, styles and performance in computer programming, Journal of Systems and Software, Volume 111, 2016, Pages 228-241, https://doi.org/10.1016/j.jss.2015.09.011.

[20] D. Méndez Fernández, S. Wagner, M. Kalinowski, M. Felderer, P. Mafra, A. Vetrò, T. Conte, M.-T. Christiansson, D. Greer, C. Lassenius, T. Männistö, M. Nayabi, M. Oivo, B. Penzenstadler, D. Pfahl, R. Prikladnicki, G. Ruhe, A. Schekelmann, S. Sen, R. Spinola, A. Tuzcu, J. L. de la Vara, R. Wieringa, Naming the pain in requirements engineering: Contemporary problems, causes, and effects in practice, Empirical Software Engineering 22(5):2298-2338, 2017.

[21] Ray, B., Posnett, D., Filkov, V., & Devanbu, P. (2014, November). A large scale study of programming languages and code quality in github. In Proceedings of the 22nd ACM SIGSOFT International Symposium on Foundations of Software Engineering (pp. 155-165). ACM.

[22] Jungst Kim, Richard de Dear, 'Workspace satisfaction: The privacy-communication trade-off in open-plan offices,' Journal of Environmental Psychology 36:18-26, 2013.

9장

개입이 어떤 식으로 생산성에 영향을 미치는가?

던컨 P. 브럼비, 유니버시티 칼리지 런던University College London, 영국

크리스티안 P. 얀센, 위트레흐트 대학Utrecht University, 네덜란드

글로리아 마크, 캘리포니아 대학 어바인University of California Irvine, 미국

소개

마지막으로 업무 중에 개입을 받았던 것이 언제인가? 컴퓨터를 사용해 업무를 하고 컴퓨터를 사용하는 시간이 어느 정도 된다면 얼마 지나지 않아 곧 누군가가 개입해 여러분의 업무를 방해할 가능성이 높다. 현대 정보 기술 업무에는 끊임없는 개입이 발생한다[16]. 이러한 개입은 외부에서 발생한 것(예. 질문을 하는 동료, 모바일 장치로부터의 메시지 알림)일 수도 있고 스스로 발생한 것(예. 작업을 마치려고 두 가지 다른 컴퓨터 애플리케이션을 번갈아 사용)일 수도 있다. IT 전문가들에 관한 최근 관찰 연구에 따르면 일에 집중하기 시작한 지 20초가 지나면 누군가로부터 개입을 받는다고 한다[38].

최근의 업무 환경에서는 이러한 누군가의 개입이 빈번하게 발생하기 때문에 연구원들은 이러한 개입이 생산성에 어떤 영향을 주는지 질문했다.[1] 이러한 질문은 병원 응급실부터 개방형 사무실에 이르기까지 다양한 분야에서 다양한 연구 방법론을 사용해

---

1   interruption에 완전히 대입되는 한국어 표현이 없으며 개입, 방해, 중단 등으로 번역할 수 있는데 문맥에 따라 최대한 한국어가 자연스럽도록 개입 또는 방해로 번역했다. - 옮긴이

연구됐다.

9장에서는 개입을 연구하는 데 사용돼 온 세 가지 주요 연구 방법론에 대한 개요를 제공한다. 해당 방법론은 다음과 같다.

- 개입으로 인한 업무 중단에서 회복되는 데 시간이 걸리고 실수로 이어질 수 있다는 점을 보여 주기 위한 통제된 실험

- 개입이 업무에 차질을 일으키는 이유와 방식을 설명하는 이론적 프레임워크를 제공하는 인지적 모델

- 사람들이 업무 현장에서 겪는 개입의 종류를 자세히 설명하는 관찰 연구

위에서 언급한 각 연구 접근 방식에 대해 각 방법론의 목적과 해당 방법론이 개입 연구에 왜 관련됐는지 그리고 몇 가지 중요한 깨달음이 무엇인지 설명할 것이다. 이는 해당 분야의 모든 연구에 대한 포괄적인 리뷰를 제공하기 위함이 아니라 우리가 이전에 행했던 연구에 집중해 위의 세 가지 방법론을 포괄하는 소개를 제공하려는 것이다. 이 분야에 흥미가 있는 독자들은 개입 관련 논문에 대한 좀 더 포괄적인 리뷰를 살펴보길 권한다[28, 44, 45].

통제 실험

개입이 업무 성과에 미치는 영향을 확인하려고 오랫동안 실험해 왔다. 최초의 연구는 1920년대에 이뤄졌고 작업자가 이전에 하던 작업을 얼마나 잘 기억하고 있는지 집중적으로 살펴봤다. 자이가닉^{Zeigarnik}의 연구에 따르면 사람들은 완료된 업무보다는 완료되지 않았거나 개입당한 업무의 세부 사항을 더 잘 기억한다[50].

컴퓨터 기술이 크게 발전한 다음부터는 개입이 업무 성과와 생산성에 미치는 영향을 주로 살펴봤다. 이러한 변화가 촉발된 원인 중 하나는 컴퓨터의 알림 시스템이 잘 만들어지지 못했기 때문이었다. 사람들이 중요한 업무에 집중하려 할 때 메일 수신이나 소프트웨어 업데이트와 같은 알림이 발생해 업무 집중을 방해함으로써 이를 성가시게

여겼다. 이러한 개입과 알림으로 인한 성가심이 실제 업무 성과 감소로 이어졌는지 알고 싶었고 실험은 이러한 질문에 대응하기 위한 적절한 연구 방법론을 제공한다.

실험의 목적은 무엇인가?

개입 실험으로부터 무엇을 깨달았는지 확인하기 전에 실험의 목적을 살펴봐야 한다. 실험은 가설을 시험하기 위한 것이다. 예를 들어 '사람들은 개입이 발생하지 않았을 때보다 개입이 발생했을 때 더 천천히 일하는가?'라는 질문이 있다고 하자. 이 가설을 시험하고자 연구원들은 관심 사항(독립 변수)을 조작한다. 이는 방해하는 작업의 존재 유무일 것이다. 연구원들은 이러한 조작이 결과 측정치(종속 변수)에 영향을 주는지 알고 싶어한다. 이는 작업이 완료되는 데 걸리는 시간이 될 것이다.

실험은 변수 간에 인과관계를 시험하도록 돼 있다. 이를 위해 모든 다른 관련 없는 변수를 통제한다. 실험이 정해진 지시와 작업을 사용한 통제된 환경에서 대개 수행되는 이유다. 이렇게 함으로써 독립 변수의 변화가 종속 변수에 신뢰할 만한 영향(예, 통계적으로 의미 있는 영향)을 미치는지 확인할 수 있다. 영향이 존재한다면 동일한 실험을 했을 때 동일한 결과(영향)가 나와야 한다. 잠시 뒤 확인하겠지만 여러 실험의 일관된 결과에 따르면 개입이 업무 성과에 부정적인 영향을 미친다.

전형적인 개입 실험

전형적인 개입 실험의 경우 연구원은 참가자에게 연구원이 설계한 부자연스러운 업무를 수행하도록 요청한다. 예를 들어 참가자는 컴퓨터 인터페이스를 사용해 맛있는 도넛을 주문하도록 요청받기도 한다[32]. 참가자가 수행해야 할 업무의 맥락을 주고자 배경 설명을 제공해 참가자가 해당 연구의 대상 도메인에 쉽게 적응할 수 있도록 돕기도 한다. 예를 들어 해군 연구원들은 참가자들에게 배를 건조하기 위한 주문을 하라고 요청하고[46] 의료 연구원들은 참가자들에게 처방약을 주문하라고 요청한다[18]. 도메인에 무관하게 연구원들은 참가자들에게 컴퓨터 인터페이스를 사용해 업무를 완료하는 법에 대한 세부적인 지시 사항을 제공하고 본 실험을 시작하기 전에 이를 연습할 수 있는 많은 기회를 제공한다.

본 실험에서 참가자들은 지시된 절차를 사용해 여러 작업을 완료하도록 요청받는다(예, 10개의 도넛 주문하기). 참가자들이 해당 작업을 수행하는 동안 연구원은 참가자에게 주기적으로 개입해 두 번째 작업을 대신 수행하도록 요청한다. 두 번째 작업은 참가자가 산술 문제를 해결하는 것이거나[32] 마우스를 사용해 화면에서 움직이는 커서를 추적하는 것이 될 수 있다[39]. 이 실험에서 이러한 두 번째 작업의 도착은 연구원에 의해 세밀하게 통제되고 참가자는 대개 최초 작업에서 두 번째 작업으로 전환할 수밖에 없다. 이는 연구원이 두 번째 작업인 방해하는 작업이 최초 작업의 품질과 속도에 영향을 주는지 알고 싶어하기 때문이다.

개입으로 인해 지장이 초래되는 정도를 어떻게 측정할까?

그렇다면 개입이 업무 성능에 주는 영향력을 어떻게 측정할 수 있을까? 그동안 사용돼 왔던 첫 번째 측정치는 참가자가 개입된 작업을 처리한 다음 원래의 작업으로 돌아오는 데 걸리는 시간이다. 일부 연구에서는 이러한 시간 기반 측정치를 재개 시간 resumption lag이라고 부른다[4, 45]. 재개 시간은 개입 이후에 원래 작업을 다시 시작하는 데 걸리는 시간을 측정한다. 개입 이후에 재개 시간이 길다는 것은 생산성의 전반적인 감소를 나타낸다. 즉 개입된 작업을 끝내는 데 걸린 시간을 빼더라도 원래의 작업을 마치는 데 걸리는 시간이 길어진다. 이런 식으로 재개 시간은 개입으로 인해 원래 작업을 중단한 다음 이후에 끝마치지 못한 작업을 재개한 결과 불필요하게 낭비된 시간을 나타낸다.

최근에 여러 실험이 개입된 작업의 어떤 특징들이 업무의 지장을 초래하는지 조심스럽게 확인하려고 재개 시간을 사용했다. 어떤 실험들은 개입이 길어지면(처리 시간이 긴 작업이 개입되면) 재개 시간도 길어진다는 사실을 알아냈다[19, 39]. 또 어떤 실험들은 개입이 발생하기 좋은 지점이 따로 있는지 조사했다. 그 결과, 하위 작업의 완료와 같이 작업 내에 자연스러운 중단점에 개입이 발생하면 재개 시간이 짧아진다는 사실을 알아냈다[2, 7]. 개입된 작업의 내용도 중요하다. 원래 하던 작업과 연관된 개입이 전혀 연관되지 않은 개입보다 지장을 덜 초래한다[17, 21]. 뒤에서 살펴보겠지만 개입이 개입 이전에 하던 것을 기억하는 사람의 능력을 방해한다는 가정 아래 재개 시간을 설명해 왔다.

개입은 실수를 초래한다

개입 이후에 원래의 작업을 재개할 때 제대로 작업을 마무리하는지 또는 실수를 저지르는지 중요하다. 이전 연구에 따르면 개입은 진행 중인 작업에 실수를 저지를 가능성을 높인다. 특히 작업의 중요한 부분이 반복되거나 빠질 가능성이 높다[9, 32, 46]. 이러한 발견은 사람들이 방해받기 전에 원래 하던 작업에서 무엇을 하는 중이었는지 기억하지 못한다는 주장을 뒷받침하는 증거로 사용된다.

또한 원래 하던 작업의 재개 속도와 실수할 가능성 사이의 연관관계를 살펴봐야 한다. 앞에서 언급했듯이 연구원들은 재개 시간이 긴 것을 나쁜 것이라고 대개 간주했다. 반면에 브럼비 등$^{Brumby\ et\ al.}$의 연구 결과에 따르면 개입된 작업을 처리한 이후에 재개 시간이 길어지는 것이 실수를 줄이는 측면에서 좋다[9]. 이는 개입이 자주 일어나는 환경에서 기존 업무를 재개하기 전에 이전에 하던 작업을 숙고해 볼 수 있는 기회를 제공한다. 이러한 재개 행동을 장려하도록 시스템을 설계할 수 있기 때문에 중요한 실용적인 의의를 지닌다. 이를 바탕으로 브럼비는 사용자들이 이전 작업의 인터페이스를 살펴볼 수는 있지만 실질적으로 어떤 행동을 취하는 것을 금지하는 방식을 개발하고 시험했다. 이러한 방식은 작업 재개 시에 발생할 수 있는 오류를 크게 줄였다. 이는 사용자들이 이전 작업에 무작정 뛰어들어 실수를 저지르기 전에 인지적으로 작업에 몰입할 수 있는 시간을 갖도록 하기 때문이다.

실제 환경에 적용해 보기

지금까지 살펴본 이러한 개입 실험을 비난하는 주된 이유는 통제된 환경은 실제 업무 환경 및 실제 업무 환경에서 개입을 처리하는 방식과 매우 다르다는 것이다. 즉 이러한 실험은 실제 환경에 대한 유효성이 결여돼 있다. 이는 개입 실험의 결과가 실질적으로 매우 제한적인 의미를 지니고 있거나 통제된 실험실 환경이 아닌 실제 업무 환경에 적용 시 쓸모 없을 수 있기 때문에 매우 중요한 문제다.

개입 실험이 실제 환경에 대한 유효성이 결여된 이유가 뭘까? 개입 실험은 연구원이 원치 않는 방해 요소와 개입을 적극적으로 제거하는 통제된 환경에서 주로 행해진다.

예를 들어 참가자들은 휴대폰을 끄고 연구원이 할당한 업무에 완전히 주목해야 한다. 이렇게 하는 이유는 개입의 유형과 타이밍을 주의 깊게 제어해 개입이 업무 성과에 영향을 주는 방식을 알고 싶기 때문이다. 아이러니하게도 이러한 철저한 제어로 인해 실험의 실제 환경에 대한 유효성에 해를 끼칠 수 있다. 이는 실제 일상적으로 발생하는 개입 대부분이 강제적이지 않고 선택적이기 때문이다. 예를 들어 이메일 알림이 화면에 표시됐을 때 이메일을 확인할 수도 있고 알림을 무시할 수도 있다. 참가자들이 강제적으로 개입을 처리해야 하는 방식을 사용함으로써 개입 실험은 중요한 측면을 놓칠 수 있다.

실제 환경에 대한 유효성 문제를 극복하려고 고울드 등[Gould et al.]은 자연스럽게 일어나는 개입이 업무 성과에 끼치는 영향을 알아내고자 실험 환경에 대한 통제를 느슨하게 하는 접근법을 취했다. 이를 위해 고울드는 온라인 크라우드소싱[crowdsourcing] 플랫폼인 아마존[Amazon]의 메커니컬 터크[Mechanical Turk]를 사용해 개입 실험을 수행했다. 일반적인 개입 실험과 마찬가지로 참가자들은 처방 약을 주문하고자 브라우저 기반 작업 인터페이스를 사용해야 한다. 하지만 기존 실험실 환경과 달리 참가자들은 평소 일하는 환경인 사무실, 커피숍, 집 등에서 작업을 수행한다. 이는 일상적인 개입과 집중 방해 요소로 채워진 자연스러운 환경이다. 게다가 아마존의 메커니컬 터크와 같은 크라우드소싱 플랫폼의 사용자들은 동시에 여러 작업을 하는 경우가 많다. 메커니컬 터크는 사용자가 최대한 많은 돈을 벌 수 있도록 최대한 많은 작업을 완료하도록 장려한다. 이는 참여자의 주의를 끌려고 노력하는 경쟁(개입) 작업이 대개 존재한다는 뜻이다.

크라우드소싱 플랫폼에서 개입 실험을 시행함으로써 고울드는 작업자들이 5분마다 다른 작업으로 전환한다는 점을 알아냈다[18]. 전환 주기는 윈도우 창이 변경되는 이벤트와 작업 중단 시간을 이용해 측정했다. 이러한 개입이 연구원(실험자)에 의해 발생한 것이 아니라 참가자의 자율적인 판단에 의해 자연스럽게 발생한 것이다. 흥미롭게도 이러한 개입 비율은 관찰 연구에서 나타난 비율과 유사하다[16]. 대부분 짧은 개입(평균 30초)이었음에도 원래 작업 성과에 부정적인 영향을 주기에 충분했다. 잦은 개입이 발생한 참가자의 경우 개입에 소비한 시간을 빼더라도 원래 업무를 마치는 데 개입이 덜 발생한 다른 참가자에 비해 상당히 오래 걸렸다.

고울드의 연구는 통제 실험과 관찰 연구 사이의 다리 역할을 한다. 고울드의 연구는 개입이 방해된다는 것을 현장에서 쉽게 감지할 수 있다는 점을 입증한다. 또한 이는 개입 실험에서 사용된 통제된 환경으로 인한 인공적인 결과가 아니라는 점도 알 수 있다.

요약: 통제 실험

통제 실험을 수행함으로써 연구원은 개입이 발생하면 원래 작업으로 돌아가는 데 시간이 걸릴 뿐 아니라 실수하기 쉽다는 사실을 알아냈다. 실험은 독립 변수(예, 개입의 지속 시간)의 조작이 종속 변수(예, 개입 이후에 원래 작업에 몰입하는 데 걸리는 시간)에 영향을 미치는지 여부를 체계적으로 시험하기 위한 실증적인 접근법을 제공한다. 독립 변수의 조작이 종속 변수에 영향을 주는지 여부를 밝혀내는 것은 실용적으로도 이론적으로도 가치가 있다.

실용적인 면을 보면 무엇 때문에 개입이 방해를 초래하는지에 관한 지식이 쌓였다. 덕분에 실용적인 중재를 개발하고 시험할 수 있었다. 예를 들어 개입 이후에 원래 작업을 재개한 시간이 짧은 경우에 사람들은 더 실수를 했다. 이를 알아냄으로써 개입 이후에 원래 작업을 재빨리 재개하지 못하도록 하는 인터페이스 중단 방법이 개발돼 실수를 줄일 수 있었다.

이론적인 면을 보면 개입으로 인해 중단된 시간이 길면 길수록 원래 작업을 재개하는 데 걸리는 시간이 왜 길어지는지 알아내기 위한 이론 개발에 실험이 도움이 된다. 이러한 현상을 일으키는 원인이 무엇인가? 이를 어떻게 설명할 수 있을까? 다음 절에서는 인지 모델을 사용해 이론을 정리하기 위한 시도들을 살펴볼 것이다.

인지 모델

실험을 통해 새로운 사실이 확인되면 인간 행동과 사고에 관한 이론을 발전시키려고 데이터와 결과가 사용될 수 있다. 실험으로부터 얻은 축적된 지식을 형식을 갖춘 이론(예, 수학 등식)으로 공식화하려고 인지 모델을 사용할 수 있다. 이러한 공식화된 이론은 향후에 있을 상황을 예측할 수 있다. 예를 들어 수학 모델을 사용해 개입 지속 시간에 따른 작업 오류 가능성을 예측할 수 있다[4, 7]. 달리 표현하면 인지 모델은 개입이 왜 그리고 어떤 식으로 업무 성과를 방해하는지 설명하는 데 도움이 된다.

인지 모델은 무엇인가?

인지 모델의 중요한 특성은 입력(예, 원래 업무를 중단한지 얼마나 됐는지)과 입력을 출력으로 어떤 식으로 변환해야 하는지에 대한 형식을 갖춘 설명(예, 망각 과정에 관한 이론을 구현한 컴퓨터 프로그램)이 주어지면 결과(예, 오류 가능성)로 정확한 예측을 생성한다(예, 숫자로 나타낸다)는 것이다. 또한 개입에 관한 다른 좀 더 개념적인 이론[6] 또는 멀티태스킹[49]은 인간 행동과 사고에 대한 통찰력을 제공한다. 하지만 앞에서 언급한 세 가지 요소(출력, 입력, 변환 과정) 중 적어도 하나를 놓칠 가능성이 크다. 또는 형식적이지 않은 용어로 결과를 내서 정확한 예측을 하는 데 필요한 세부 사항이 없다.

인지 모델이 가치 있는 이유는 인간 행동과 사고를 세부적으로 예측하는 능력 때문이다. 인지 모델링은 세부 사항을 드러내고 이러한 세부 사항을 과학적 논쟁에 사용할 수 있도록 함으로써 인간 사고를 이해하고자 한다[40]. 예로 망각에 관한 목표 지향 기억Memory for Goals 이론을 살펴보자[4]. 목표 지향 기억 이론은 개입 실험의 결과를 설명하는 데 사용됐다. 목표 지향 기억 이론의 모델을 사용해 개입 이후에 작업을 얼마나 빨리 재개할 수 있는지 예측할 수 있다. 이를 위해 해당 모델은 심리학 이론에서 나온 수학 함수를 사용해 사람이 개입을 처리하기 전에 하던 일을 얼마나 빨리 기억하는지 결정한다. 이때 기억의 강도를 기준으로 점수를 매긴다. 이 모델이 가치 있는 이유는 누군가가 얼마나 빨리 작업을 재개할지에 관한 예측을 제공한다는 것이다. 게다가 이 모델의 근간을 이루는 기억 회수에 관한 일반 이론은 작업 재개 지연이 왜 발생하는지 설명한다(이유는 바로 잊어버리기 때문이다).

목표 지향 기억 이론이 처음 등장한 이후에 여러 면에서 개선됐다. 개선된 예로는 개입으로 인한 오류 예측[46], 작업 전환 성과 예측[3], 동시에 발생하는 다중 작업 처리 성과[7] 등이 있다. 이러한 점에서 애초에 모델링 방식을 잘 정해야 한다. 망각 이론을 세부적으로 명시함으로써 연구원들은 기억이 다른 설정에 어떤 식으로 영향을 주는지 예측하고 예측이 맞는지 시험해 볼 수 있었다. 궁극적으로 이러한 실험들은 목표 지향 기억 이론을 좀 더 정제할 수 있도록 이끌었다. 더 나아가 개입에서 회복되는 데 필요한 인지 메커니즘을 보다 폭넓게 이해할 수 있었다.

인지 모델이 가치 있는 이유는 해당 모델이 세부적인 사항들을 활용하기 때문이지만 반대로 이 점이 인지 모델의 약점이기도 하다. 새로운 작업에 대한 예측을 위해 모델을 사용하는 경우 연구원은 미리 이러한 세부적인 사항을 명시해야 한다. 이러한 세부 사항을 명시하려면 연구원은 인지 모델의 모델링 프레임워크에 대한 이해도가 높아야 하고 이러한 세부 사항이 모델링 프레임워크 내에서 어떤 식으로 명시돼야 하는지 잘 알아야 한다. 모든 연구원이 이러한 이해도를 지닐 수는 없다.

다행히도 인간과 컴퓨터 간의 상호 작용 연구[10]가 오랫동안 진전을 이뤘기 때문에 응용 환경에서의 예측을 하기 위한 더 많은 도구가 만들어지고 있다. 이러한 응용 환경의 예로 운전과 같은 동적인 환경이 있다[8, 43]. 게다가 어떤 경우에는 예측을 위해 모든 세부 사항이 다 있어야 하는 것은 아니다. 예를 들어 목표 지향 기억 이론의 배경이 되는 수학 공식을 기반으로 한 최근 연구[15]는 의료 종사자들이 응급실에서 발생한 개입 이후에 원래 하던 작업을 재개할 확률을 예측할 수 있었다.

인지 모델이 개입이 생산성에 미치는 영향에 관해 무엇을 예측할 수 있는가?

목표 지향 기억 이론을 사용해 모델링 작업으로부터 얻은 주요 깨달음 중 하나는 개입이 길어지면 실수가 발생할 확률이 높아진다는 것이다. 이는 개입당하는 것 자체를 피할 필요가 있다는 것을 뜻한다.

또한 모델을 사용해 스스로 개입하는 것에 대한 이해도를 높일 수 있다. 이전 연구에 따르면 사람들은 한 가지 일을 꾸준히 하는 것이 아니라 수 분마다 여러 활동을 왔다 갔다 하며 스스로에게 개입하는 경우가 많다[16, 18]. 예를 들어 특정 활동에 집중하고 있는 정보를 다루는 노동자는 주기적으로 이메일을 확인할 가능성이 높다. 이를 위해 노동자는 애플리케이션 간에 전환을 해야 한다. 해당 노동자의 이러한 다른 두 가지 활동 간에 전환 주기는 얼마가 되는 것이 좋을까?

자체 연구에서 인지 모델을 사용해 작업의 요구 조건이 다양한 전환 전략의 이득에 어떤 식으로 영향을 주는지 조사했다(예. 다른 작업으로 전환하기 전에 작업에 얼마나 오랫동안 집중해야 할지). 이를 연구하고자 두 가지 작업을 해야 하는 상황을 연출했다. 참여자는 글을 입력하는 동안 동적인 작업을 수행해야 한다[13, 26, 27]. 인지 모델을 사용해 집중력을 두 작업 간에 어떤 식으로 분배하는 것이 가장 좋은 전략인지 식별했다. 그리고 나서 식별해 낸 전략을 실제 사람들이 실험에서 선택한 전략과 비교했다. 여러 연구를 통해 사람들이 작업 간에 시간을 분배하는 데 있어 최선의 전략을 매우 빠르게 찾아낸다는 사실을 알아냈다. 연구에 따르면 각 작업의 상대적인 중요성이 명확한 경우 실제 사람들이 멀티태스킹에 꽤 뛰어났다. 인지 모델링은 최선의 가능한 전환 전략을 식별하는 데 사용될 수 있기 때문에 이러한 연구에 있어 매우 중요한 단계다. 인지 모델링이 없었다면 사람들이 얼마나 멀티태스킹을 잘 하는지 객관적으로 점수를 매길 수 없었을 것이다.

요약: 인지 모델

인지 모델을 통해 개입이 생산성을 망치는 이유와 방식을 좀 더 잘 이해할 수 있다. 이는 수학적 모델과 시뮬레이션을 사용해 이론을 구현함으로써 가능하다. 인지 모델을 사용해 무엇 때문에 개입이 성과에 영향을 미치는지에 관한 아이디어를 실행에 옮길 수 있다. 이러한 방식의 연구를 통해 목표 지향 기억 이론은 중요한 이론으로 등장했다. 목표 지향 기억 이론의 핵심 아이디어는 개입을 처리할 때 사람들이 자신이 하던 것이 무엇인지 잊어버린다는 것이다. 따라서 작업을 재개하려면 개입 이전에 무엇을 하는 중이었는지 기억해 내야 한다. 이를 메모리 회수 과정으로 나타냄으로써 목표 지향 기억 전략은 인간 기억의 본질에 관한 일반적인 이론을 끌어낼 수 있다. 실질적인 면에서는 인지 모델을 사용해 기존 데이터를 설명할 수도 있고 새로운 상황에서 무엇이 일어날지 예측할 수도 있다.

관찰 연구

통제 실험과 인지 모델은 다른 요인들을 통제함으로써 특정 변수들의 영향을 시험해 볼 수 있다. 반면에 관찰 연구(현장 실험이라고 부름)는 생태학적 타당도ecological validity를 제공한다. 예를 들어 실험실에서는 개입의 영향이 단일 작업에서 발생한 단일 개입에만 집중한다. 실제 환경에서 사람들은 여러 작업을 동시에 수행한다. 따라서 다양한 곳에서 개입을 받는다. 현장 연구는 사람들이 왜 그렇게 행동하는지 밝히는 역할을 한다. 실험 변수 통제가 높으면 높을수록 일반화 가능성generalizability은 손해를 본다. 하지만 최근에 센서 기술과 웨어러블에 큰 진보가 이뤄지면서 연구원들이 관찰 연구를 큰 규모로 수행할 수 있도록 현장 연구가 이러한 기술을 활용하기 시작했다. 그럼에도 센서 기술에는 무엇을 관측할 수 있는지와 데이터를 어떤 식으로 해석할지에 관해 여전히 한계가 존재한다.

일터에서의 관측 연구

개입에 대한 대부분의 현장 연구는 일터에서 수행된다. 일터는 많은 변화가 일어나는 장소이며 개입이 다양한 곳에서 발생한다. 이러한 개입으로 사람(예, 동료, 전화, 주변 대화), 컴퓨터, 스마트폰 알림(예, 이메일, 소셜 미디어, 문자 메시지) 등이 있다. 하지만 개입은 개인 내에서도 발생할 수 있다(예, 정신 산만[37]).

지속적인 개입이 발생하고 이로 인해 일을 한 번에 하지 못하고 나눠서 해야 하는데 이는 많은 정보 노동자에게 일상적인 일이다[12, 33, 38]. 현장에서 노동자들을 면밀하게 관찰함으로써 사람들은 평균 3분마다 활동(대화, 컴퓨터 애플리케이션 사용, 전화)을 전환한다는 사실을 알아냈다. 좀 더 넓게 봐서 여러 활동들을 작업 또는 근무 영역working sphere 단위로 묶으면 11분마다 개입이나 전환이 일어났다[16]. 작업에 소비된 시간 길이와 개입에 소비된 시간 길이 간에는 관계가 존재한다. 어떤 근무 영역에서 소비된 시간이 길면 길수록 개입 이벤트가 길어진다. 연구에 따르면 개입이 휴식으로 사용된 경우 이러한 긴 개입은 다음 작업을 하기 전에 정신적인 휴식을 취하기 위한 것일 수 있다[47].

업무 환경에서 사람들은 외부에서 발생한 개입만큼이나 자주 스스로 개입을 한다는 사실이 관찰 결과 밝혀졌다[16, 33]. 이러한 현장 연구가 완료됐을 때 스스로 개입하는 것의 대부분은 직접적인 상호 작용을 시작하는 사람들과 관련 있다는 점이 밝혀졌다. 대부분의 외부 개입 역시 이메일이나 음성 녹음보다는 다른 사람들의 언어를 통한 개입 때문이었다. 최근에는 소셜 미디어가 일터에서 자주 사용된다. 이로 인해 스스로 개입과 외부 개입의 주된 원인이 이전 연구 결과와 달라졌을 수 있다.

개입의 장점과 단점

개입이 이로울 수도 있고 해로울 수도 있다. 체르윈스키 등Czerwinski et al.의 일터 환경 연구[12]에 따르면 정보 노동자의 업무 맥락은 개입으로 인해 계속해서 변한다. 회사 관리자들에 대한 연구에 따르면 개입이 작업을 방해할 수 있긴 하지만 관리자들은 개입이 업무와 관련된 유용한 정보를 얻을 수 있는 기회를 제공하기 때문에 개입이 유용하다고 생각한다[20]. 소셜 미디어와 온라인을 통한 잠깐의 휴식이 일터에서 많은 혜택을 줄 수 있긴 하지만 현장 연구에 따르면 문맥 전환으로 인해 어려운 점이 생겨난다.

보통 개입이 발생하면 작업에 집중하기 어렵다. 특히나 작업을 하다가 자연스럽게 중단이 발생하는 지점이 아닌 지점에서 개입이 발생하면 작업에 해롭다[24]. 외부 개입은 정보 노동자들이 연속적인 훼방에 빠지도록 만든다. 연속적인 훼방은 준비, 주의 돌리기, 재개, 회복의 각 단계가 지속적인 업무로부터 시간을 뺏는 경우를 말한다[22]. 실험 결과 스마트폰 알림을 일주일간 끄면 사람들의 집중력이 더 높아진다[31]. 컴퓨터에서의 작업 전환에 있어 비용이 가장 큰 부분은 이러한 작업 전환으로 인해 스트레스가 크게 발생한다는 것이다[34]. 하지만 사람들은 끊임없는 직접적인(대면) 개입[42]과 컴퓨터를 통한 의사소통에서 발생하는 개입[48]을 관리하려고 자신의 업무 방식을 조정할 수 있다.

일터에서의 개입은 이득이 될 수도 있다. 근무 시간 중에 자연에서 산책을 하는 등의 긴 개입(또는 업무 중 휴식)은 업무 집중도와 창의성을 높이는 것으로 밝혀졌다[1]. 관찰 연구가 밝혀낸 바에 따르면 사람들은 다양한 소셜 미디어와 뉴스 사이트를 통해 기분 전환을 위해 휴식을 취하고 정신적으로 재정비를 한다[29]. 하지만 점점 더 많은 회사가 직장에서의 소셜 미디어 사용을 규제하고 있다[41]. 이는 사람들이 직장에서 정신적 휴식을 취하는 데 영향을 줄 수 있다.

스트레스, 개인 간 차이, 개입

스트레스와 개입 간에 관계를 조사한 현장 연구도 있다. 커쉬레브[Kushlev]와 던[Dunn]의 이메일 개입에 관해 집중적으로 조사한 연구[30]에 따르면 이메일 확인 횟수를 제한하는 것이 스트레스를 크게 떨어뜨린다. 또 다른 현장 연구에 따르면 이메일 차단(결과적으로 내외부 개입을 모두 줄이는 것)이 스트레스를 크게 줄인다[36]. 스마트폰 알림을 끄는 것 역시 부주의와 과잉 행동 징후를 크게 줄일 수 있다[31]. 반면에 이메일 알림이 꺼져 있는 경우 또 다른 연구에 따르면 일부 사람들은 이메일 수신을 자동으로 확인할 방법이 없다는 것을 인지해 이메일을 확인하려고 스스로 개입을 더 많이 한다고 한다[23]. 이론에 따르면 멀티태스킹을 더 많이 하고 개입에 취약한 사람들은 무관한 자극을 걸러내는 능력이 떨어질 수도 있다[11]. 신경질이 많은 성격인 사람이 작업 전환을 더 많이 하는 것과 같은 개인적인 차이점도 관측됐다[35].

생산성

현장 연구에 따르면 작업 전환 주기가 짧을수록 스스로 느끼는 생산성[perceived productivity]은 더 낮다[34, 38]. 이러한 작업 전환 주기와 생산성 사이의 관계를 설명하는 것으로 개입을 처리하는 데 사용한 인지 리소스의 고갈과 작업으로 복귀 시 업무의 중복[34], 동시에 여러 업무를 처리하는 업무 스타일이 대부분의 사람들이 선호하는 것과 상충될 수 있다는 것[5] 등이 있다.

개입을 처리하기 위한 전략

관찰 연구에 따르면 사람들은 개입을 관리하려고 전략을 사용한다. 대부분의 사람은 한 번에 하나의 일을 하는 것(예, 하나의 작업을 처음부터 끝까지 쭉 완료하는 것[5])을 선호하는 반면 일터에서의 요구 사항으로 인해 한 번에 여러 일을 처리(예, 계속해서 다른 작업들 사이를 왔다갔다하며 일하는 것)해야 한다. 개입이 발생하는 환경에서 일할 것이라고 예상하기 때문에 어떤 사람들은 업무 환경의 예측 불가능성에 적응하기 위한 전략을 만든다. 연구에 참가한 사람들은 포스트잇 또는 이메일 수신함(스스로에게 이메일을 보냄), 전자 일정 관리 툴 등을 사용해 작업 정보에 대한 기억을 외부화할 수 있다[16]. 기존 전자 일정 관리 툴의 문제점은 사람들이 작업을 덜 마친 상태에서 개입이 발생한 다음 원래 하던 작업으로 돌아가는 데 도움이 될 만큼 세부적인 수준으로 설계되지 않았다는 점이다.

어떤 사람에게 개입을 해도 되는 시점을 감지하는 기술 솔루션들도 구현됐다. 이는 개입하기에 좋지 못한 시점에 개입하는 것을 최소화하기 위함이다. 일부 가능성이 높은 기술들이 현장에서 시험됐는데 이러한 기술에 따르면 사람들이 개입을 당하기 좋은 인지 상태에 있음을 예측할 수 있다. 사람들이 이러한 상태에 있을 때 개입하면 개입의 영향을 최소화해 스트레스를 줄이고 결과적으로 작업에 복귀하는 데 필요한 인지 리소스를 최소화할 수 있다[14, 25, 51, 52].

요약: 관찰 연구

관찰 연구는 사람들이 실제 일터에서 경험하는 개입의 종류를 문서화한다. 이러한 연구를 수행하려면 리소스가 많이 들어가기 때문에 주로 작은 수의 참가자를 대상으로 한다. 참가자들에게 특정 업무 환경에 관한 세부적이고 풍부한 설명을 한다. 관측 연구로부터 알아낸 바에 따르면 일터에서의 개입은 매우 흔하다. 이러한 개입 중 일부는 조각화된 일의 속성(개입으로 인해 처음부터 끝까지 하나의 일을 할 수 없고 나눠서 해야 하는 것)을 반영한다. 사람들은 업무 시간 동안 다양한 작업과 활동을 수행하고 이로 인해 이러한 작업과 활동을 끊임없이 번갈아가며 수행해야 한다. 또한 사람들은 동료와 대화를 하든 소셜 네트워크 사이트나 이메일을 통해 의사소통을 하든 다른 사람들과 상호작용하길 원한다. 개입 실험에서 얻은 결과와 일관되게 관찰 연구에서 얻은 결과에 따르면 개입이 자주 일어나면 생산성이 줄어든 것처럼 느낀다. 하지만 업무 중에 정기적으로 휴식을 취하는 것 역시 필요하다. 사람들이 휴식을 취한 다음 좀 더 에너지를 얻은 것처럼 느끼고 업무를 재개할 준비가 되기 때문이다.

주요 시사점

개입을 연구하는 데 사용된 세 가지 주요한 연구 방식인 통제 실험, 인지 모델, 관찰 연구를 소개했다. 이러한 세 가지 연구 방식 모두에 공통적으로 등장하는 깨달음을 통해 개입이 생산성에 어떤 식으로 영향을 주는지 이해할 수 있다.

주요한 시사점은 다음과 같다.

- 개입으로부터 회복하는 데 시간이 걸릴 수 있고 개입이 실수로 이어질 수 있다.

- 개입이 짧을수록 덜 방해된다.

- 작업 중에 자연스럽게 발생하는 휴식기에 발생하는 개입은 덜 방해된다.

- 작업을 너무 빨리 재개하는 것은 실수로 이어질 수 있다.

- 재개 지연의 이러한 특성들은 근간이 되는 기억 회수 과정으로 설명할 수 있다.

- 사람들이 스스로 개입하는 빈도는 외부로부터 개입받는 빈도와 거의 같다.

- 사람들은 보통 동시에 여러 작업을 수행하며 스스로 개입하는 것은 이러한 여러 활동을 유지하는 데 중요하다.

- 개입은 스트레스를 야기할 수 있다. 특히나 이메일 개입이 그러하다.

- 개입은 재정비를 위한 휴식을 취할 기회를 제공할 수 있으며 사람들은 작업 집중 시간이 길어지면 휴식 시간도 길어진다.

핵심

9장은 다음 세 가지 방법을 개별적으로 사용해 연구를 수행하는 것의 이점과 어려운 점에 관해 실질적이고 세부적인 측면에서 살펴봤다. 주요 시사점은 다음과 같다.

- 통제 실험은 특정 가설을 시험하려고 설계됐다. 하지만 이러한 실험이 생태학적 타당도를 갖도록 설계하는 것은 어렵다.

- 인지 모델은 어떤 일이 왜 그리고 어떤 식으로 일어나는지 설명하기 위한 이론적 프레임워크를 제공한다(예. 개입이 생산성에 어떤 식으로 영향을 주는지). 하지만 이러한 인지 모델은 개발하기에 복잡하고 어렵다.

- 관찰 연구는 특정 상황에 대한 세부적인 설명을 제공한다. 하지만 이러한 관측 연구는 리소스가 많이 들고 너무 방대한 양의 데이터를 생성해 데이터에서 의미를 뽑아내기 어렵다.

감사의 글

이번 연구는 영국 EPSRC^{Engineering and Physical Sciences Research Council}의 보조금 EP/G059063/1과 EP/L504889/1, European Commission Marie Sklodowska-Curie Fellowship H2020-MSCA-IF-2015 보조금 705010, U.S. National Science Foundation 보조금 #1704889의 지원을 받았다.

참고 문헌

[1] Abdullah, S., Czerwinski, M., Mark, G., & Johns, P. (2016). Shining (blue) light on creative ability. In Proceedings of the 2016 ACM International Joint Conference on Pervasive and Ubiquitous Computing (UbiComp '16). ACM, New York, NY, USA, 793-804. DOI: https://doi.org/10.1145/2971648.2971751.

[2] Adamczyk, P. D., & Bailey, B. P. (2004). If not now, when?: the effects of interruption at different moments within task execution. In Proceedings of the SIGCHI Conference on Human Factors in Computing Systems (CHI '04). ACM, New York, NY, USA, 271-278. DOI: https://doi.org/10.1145/985692.985727.

[3] Altmann, E., & Gray, W. D. (2008). An integrated model of cognitive control in task switching. Psychological Review, 115, 602?639. DOI: https://doi.org/10.1037/0033-295X.115.3.602.

[4] Altmann, E., & Trafton, J. G. (2002). Memory for goals: an activation-based model. Cognitive Science, 26, 39-83. DOI: https://doi.org/10.1207/s15516709cog2601_2.

[5] Bluedorn, A. C., Kaufman, C. F. and Lane, P. M. (1992). How many things do you like to do at once? An introduction to monochronic and polychronic time. The Executive, 6(4), 17-26. DOI: http://www.jstor.org/stable/4165091.

[6] Boehm-Davis, D. A., & Remington, R. W. (2009). Reducing the disruptive effects of interruption: a cognitive framework for analysing the costs and benefits of intervention strategies. Accident Analysis & Prevention, 41, 1124-1129. DOI: https://doi.org/10.1016/j.aap.2009.06.029.

[7] Borst, J. P., Taatgen, N. A., & van Rijn, H. (2015). What makes interruptions disruptive?: a process-model account of the effects of the problem state bottleneck on task interruption and resumption. In Proceedings of the 33rd Annual ACM Conference on Human Factors in Computing Systems (CHI '15). ACM, New York, NY, USA, 2971-2980. DOI: https://doi.org/10.1145/2702123.2702156.

[8] Brumby, D. P., Janssen, C. P., Kujala, T., & Salvucci, D. D. (2018). Computational models of user multitasking. In A. Oulasvirta, P. Kristensson, X. Bi, & A. Howes (eds.) Computational Interaction Design. Oxford, UK: Oxford University Press.

[9] Brumby, D.P., Cox, A.L., Back, J., & Gould, S.J.J. (2013). Recovering from an interruption: investigating speed-accuracy tradeoffs in task resumption strategy. Journal of Experimental Psychology: Applied, 19, 95-107. DOI: https://doi.org/10.1037/a0032696.

[10] Card, S. K., Moran, T., & Newell, A. (1983). The Psychology of Human-Computer Interaction. Hillsdale, NJ: Lawrence Erlbaum Associates.

[11] Carrier, L. M., Rosen, L. D., Cheever, N. A., & Lim, A. F. (2015). Causes, effects, and practicalities of everyday multitasking. Developmental Review, 35, 64-78. DOI: https://doi.org/10.1016/j.dr.2014.12.005.

[12] Czerwinski, M., Horvitz, E., & Wilhite, S. (2004). A diary study of task switching and interruptions. In Proceedings of the SIGCHI Conference on Human Factors in Computing Systems (CHI '04). ACM, New York, NY, USA, 175-182. DOI: https://doi.org/10.1145/985692.985715.

[13] Farmer, G. D., Janssen, C. P., Nguyen, A. T. and Brumby, D. P. (2017). Dividing attention between tasks: testing whether explicit payoff functions elicit optimal dual-task performance. Cognitive Science. DOI: https://doi.org/10.1111/cogs.12513.

[14] Fogarty, J., Hudson, S. E., Atkeson, C. G., Avrahami, D., Forlizzi, J., Kiesler, S., Lee, J. C., & Yang, J. (2005). Predicting human interruptibility with sensors. ACM Transactions on Computer- Human Interaction, 12, 119-146. DOI: https://doi.org/10.1145/1057237.1057243.

[15] Fong, A., Hettinger, A. Z., & Ratwani, R. M. (2017). A predictive model of emergency physician task resumption following interruptions. In Proceedings of the 2017 CHI

Conference on Human Factors in Computing Systems (CHI '17). ACM, New York, NY, USA, 2405-2410. DOI: https://doi.org/10.1145/3025453.3025700.

[16] González, V. M., & Mark, G. J. (2004). 'Constant, constant, multitasking craziness': managing multiple working spheres. In Proceedings of the SIGCHI Conference on Human Factors in Computing Systems (CHI '04). ACM, New York, NY, USA, 113-120. DOI: https://doi.org/10.1145/985692.985707.

[17] Gould, S. J. J., Brumby, D. P., & Cox, A. L. (2013). What does it mean for an interruption to be relevant? An investigation of relevance as a memory effect. In Proceedings of the Human Factors and Ergonomics Society Annual Meeting, 57, 149-153. DOI: https://doi.org/10.1177/1541931213571034.

[18] Gould, S. J. J., Cox, A. L., & Brumby, D. P. (2016). Diminished control in crowdsourcing: an investigation of crowdworker multitasking behavior. ACM Transactions on Computer-Human Interaction, 23, Article 19. DOI: https://doi.org/10.1145/2928269.

[19] [19] Hodgetts, H. M., & Jones, D. M. (2006). Interruption of the Tower of London task: Support for a goal activation approach. Journal of Experimental Psychology: General, 135, 103-115. DOI: https://doi.org/10.1037/0096-3445.135.1.103.

[20] Hudson, J. M., Christensen, J., Kellogg, W. A., & Erickson, T. (2002). 'I'd be overwhelmed, but it's just one more thing to do': availability and interruption in research management. In Proceedings of the SIGCHI Conference on Human Factors in Computing Systems (CHI '02). ACM, New York, NY, USA, 97-104. DOI: https://doi.org/10.1145/503376.503394.

[21] Iqbal, S. T., & Bailey, B. P. (2008). Effects of intelligent notification management on users and their tasks. In Proceedings of the SIGCHI Conference on Human Factors in Computing Systems (CHI '08). ACM, New York, NY, USA, 93-102. DOI: https://doi.org/10.1145/1357054.1357070.

[22] Iqbal, S. T., & Horvitz, E. (2007). Disruption and recovery of computing tasks: field study, analysis, and directions. In Proceedings of the SIGCHI Conference on Human Factors in Computing Systems (CHI '07). ACM, New York, NY, USA, 677-686. DOI: https://doi.org/10.1145/1240624.12407302007.

[23] Iqbal, S. T., & Horvitz, E. (2010). Notifications and awareness: a field study of alert usage and preferences. In Proceedings of the 2010 ACM conference on Computer supported cooperative work (CSCW '10). ACM, New York, NY, USA, 27-30. DOI: https://doi.org/10.1145/1718918.1718926.

[24] Iqbal, S. T., Adamczyk, P. D., Zheng, X. S., & Bailey, B. P. (2005). Towards an index of opportunity: understanding changes in mental workload during task execution. In Proceedings of the SIGCHI Conference on Human Factors in Computing Systems (CHI '05). ACM, New York, NY, USA, 311-320. DOI: https://doi.org/10.1145/1054972.1055016.

[25] Iqbal, S.T., & Bailey, B.P. (2010). Oasis: A framework for linking notification delivery to the perceptual structure of goal-directed tasks. ACM Transactions on Computer-Human Interaction, 17, Article 15. DOI: https://doi.org/10.1145/1879831.1879833.

[26] Janssen, C. P., & Brumby, D. P. (2015). Strategic adaptation to task characteristics, incentives, and individual differences in dual-tasking. PLoS ONE, 10(7), e0130009. DOI: https://doi.org/10.1371/journal.pone.0130009.

[27] Janssen, C. P., Brumby, D. P., Dowell, J., Chater, N., & Howes, A. (2011). Identifying optimum performance trade-offs using a cognitively bounded rational analysis model of discretionary task interleaving. Topics in Cognitive Science, 3, 123-139. DOI:https://doi.org/10.1111/j.1756-8765.2010.01125.x.

[28] Janssen, C. P., Gould, S. J., Li, S. Y. W., Brumby, D. P., & Cox, A. L. (2015). Integrating knowledge of multitasking and Interruptions across different perspectives and research methods. International Journal of Human-Computer Studies, 79, 1-5. DOI: https://doi.org/10.1016/j.ijhcs.2015.03.002.

[29] Jin, J., & Dabbish, L. (2009). Self-interruption on the computer: a typology of discretionary task interleaving. In Proceedings of the SIGCHI Conference on Human Factors in Computing Systems (CHI '09). ACM, New York, NY, USA, 1799-1808. DOI: https://doi.org/10.1145/1518701.1518979.

[30] Kushlev, K., & Dunn, E.W. (2015). Checking e-mail less frequently reduces stress. Computers in Human Behavior, 43, 220-228. DOI:https://doi.org/10.1016/j.chb.2014.11.005.

[31] Kushlev, K., Proulx, J., & Dunn, E.W. (2016). 'Silence Your Phones': smartphone notifications increase inattention and hyperactivity symptoms. In Proceedings of the 2016 CHI Conference on Human Factors in Computing Systems (CHI '16). ACM, New York, NY, USA, 1011-1020. DOI: https://doi.org/10.1145/2858036.2858359.

[32] Li, S. Y. W., Blandford, A., Cairns, P., & Young, R. M. (2008). The effect of interruptions on postcompletion and other procedural errors: an account based on the activation-based goal memory model. Journal of Experimental Psychology: Applied, 14, 314-328. DOI: https://doi.org/10.1037/a0014397.

[33] Mark, G., González, V., & Harris, J. (2005). No task left behind?: examining the nature of fragmented work. In Proceedings of the SIGCHI Conference on Human Factors in Computing Systems (CHI '05). ACM, New York, NY, USA, 321-330. DOI: https://doi.org/10.1145/1054972.1055017.

[34] Mark, G., Iqbal, S. T., Czerwinski, M., & Johns, P. (2015). Focused, aroused, but so distractible: temporal perspectives on multitasking and communications. In Proceedings of the 18th ACM Conference on Computer Supported Cooperative Work

& Social Computing (CSCW '15). ACM, New York, NY, USA, 903-916. DOI: https://doi.org/10.1145/2675133.2675221.

[35] Mark, G., Iqbal, S., Czerwinski, M., Johns, P., & Sano, A. (2016). Neurotics can't focus: an in situ study of online multitasking in the workplace. In Proceedings of the 2016 CHI Conference on Human Factors in Computing Systems (CHI '16). ACM, New York, NY, USA, 1739-1744. DOI: https://doi.org/10.1145/2858036.2858202.

[36] Mark, G., Voida, S., & Cardello, A. (2012). 'A pace not dictated by electrons': an empirical study of work without e-mail. In Proceedings of the SIGCHI Conference on Human Factors in Computing Systems (CHI '12). ACM, New York, NY, USA, 555-564. DOI: https://doi.org/10.1145/2207676.2207754.

[37] Mason, M. F., Norton, M. I., Van Horn, J. D., Wegner, D. M., Grafton, S. T., & Macrae, C. N. (2007). Wandering minds: the default network and stimulus-independent thought. Science, 315(5810), 393-395. DOI: https://doi.org/10.1126/science.1131295.

[38] Meyer, A. N., Barton, L. E., Murphy, G. C., Zimmerman, T., & Fritz, T. (2017). The work life of developers: activities, switches and perceived productivity. IEEE Transactions on Software Engineering, 43(12), 1178-1193. DOI: https://doi.org/10.1109/TSE.2017.2656886.

[39] Monk, C. A., Trafton, J. G., & Boehm-Davis, D. A. (2008). The effect of interruption duration and demand on resuming suspended goals. Journal of Experimental Psychology: Applied, 14, 299-313. DOI: https://doi.org/10.1037/a0014402 .

[40] Newell, A. (1990). Unified Theories of Cognition. Cambridge, MA: Harvard University Press.

[41] Olmstead, K., Lampe, C., & Ellison, N. (2016). Social media and the workplace. Pew Research Center. Retrieved from http://www.pewinternet.org/2016/06/22/social-media-and-theworkplace/.

[42] Rouncefield, M., Hughes, J. A, Rodden, T., & Viller, S. (1994). Working with 'constant interruption': CSCW and the small office. In Proceedings of the 1994 ACM conference on Computer supported cooperative work (CSCW '94). ACM, New York, NY, USA, 275-286. DOI: https://doi.org/10.1145/192844.193028.

[43] Salvucci, D. D. (2009). Rapid prototyping and evaluation of invehicle interfaces. Transactions on Computer-Human Interaction, 16, Article 9. DOI: https://doi.org/10.1145/1534903.1534906.

[44] Salvucci, D. D., & Taatgen, N. A. (2011). The Multitasking Mind. New York, NY: Oxford University Press.

[45] Trafton, J. G., & Monk, C. M. (2008). Task interruptions. In D. A. Boehm-Davis (Ed.), Reviews of human factors and ergonomics (Vol. 3, pp. 111-126). Santa Monica, CA: Human Factors and Ergonomics Society.

[46] Trafton, J. G., Altmann, E. M., & Ratwani, R. M. (2011). A memory for goals model of sequence errors. Cognitive Systems Research, 12, 134-143. DOI: https://doi.org/10.1016/j.cogsys.2010.07.010.

[47] Trougakos, J. P., Beal, D. J., Green, S. G., & Weiss, H. M. (2008). Making the break count: an episodic examination of recovery activities, emotional experiences, and positive affective displays. Academy of Management Journal, 51, 131-146. DOI: https://doi.org/10.5465/amj.2008.30764063.

[48] Webster, J., & Ho, H. (1997). Audience engagement in multi-media presentations. SIGMIS Database 28, 63-77. DOI: https://doi.org/10.1145/264701.264706.

[49] Wickens, C. D. (2008). Multiple resources and mental workload. Human Factors, 50, 449-455. DOI: https://doi.org/10.1518/001872008X288394.

[50] Zeigarnik, B. (1927). Das Behalten erledigter und unerledigter Handlungen. Psychologische Forschung, 9, 1-85. Translated in English as: Zeigarnik, B. (1967). On finished and unfinished tasks. In W. D. Ellis (Ed.), A sourcebook of Gestalt psychology, New York: Humanities press.

[51] Züger, M., & Fritz, T. (2015). Interruptibility of software developers and its prediction using psycho-physiological sensors. In Proceedings of the 33rd Annual ACM Conference on Human Factors in Computing Systems (CHI '15). ACM, New York, NY, USA, 2981-2990. DOI: https://doi.org/10.1145/2702123.2702593.

[52] Züger, M., Corley, C., Meyer, A. N., Li, B., Fritz, T., Shepherd, D., Augustine, V., Francis, P., Kraft, N., & Snipes, W. (2017). Reducing Interruptions at Work: A Large-Scale Field Study of FlowLight. In Proceedings of the 2017 CHI Conference on Human Factors in Computing Systems (CHI '17). ACM, New York, NY, USA, 61-72. DOI: https://doi.org/10.1145/3025453.3025662.

10장

소프트웨어 엔지니어의
행복과 생산성

대니얼 그라지오틴, 슈투트가르트 대학, 독일

파비안 파게르홀름, 블레킹에 공과대학^{Blekinge Institute of Technology}, 스웨덴,
헬싱키 대학^{University of Helsinki}, 핀란드

요즘 소프트웨어 회사들은 개발자가 행복할 수 있도록 많은 노력을 한다. 복지, 휴게실, 무료 아침 식사, 재택 근무, 회사 주변의 스포츠 시설 등 여러 방법을 통해 개발자가 행복할 수 있도록 노력한다. 그렇게 하는 이유는 투자 대비 이익을 얻을 수 있기 때문이며, 행복한 개발자가 생산성이 더 높고 더 오래 근무하기 때문이다.

하지만 '행복한 엔지니어 = 생산성이 높은 소프트웨어 엔지니어'라는 공식이 성립될 수 있을까?[1] 보너스나 복지 등의 혜택이 개발자를 행복하게 할까? 개발자들은 과연 행복할 수 있을까? 이러한 질문은 생산성 측면과 지속 가능한 소프트웨어 개발 및 일터에서의 복지 측면 모두에서 물어봐야 한다.

10장에서는 소프트웨어 개발자의 행복에 관한 연구를 살펴본다. 소프트웨어 개발자의 행복이 왜 중요한지, 소프트웨어 개발자들이 실제 얼마나 행복한지, 무엇이 소프트웨어 개발자를 불행하게 만드는지, 소프트웨어를 개발하는 동안 소프트웨어 개발자들의 생산성을 위해 무엇을 기대할 수 있는지 등을 알아볼 것이다.

---

1   본 연구에서는 소프트웨어 개발자를 '소프트웨어 구축 과정의 모든 측면(예, 연구, 분석, 설계, 프로그래밍, 테스팅, 관리 활동)과 연관된 사람'으로 간주한다. 이때 소프트웨어 구축 목적은 업무, 학습, 취미 또는 열정과 같이 어떤 목적이든 상관없다. 꼭 업무 목적만으로 소프트웨어를 구축하는 사람을 의미하지는 않는다.

업계가 개발자들의 행복을 중시해야 하는 이유

행복은 각 개발자가 업무 외의 시간에 스스로 관리해야 할 개인적인 문제라고 생각할 수도 있다. 이런 관점에서 보면 소프트웨어 회사들은 각 개발자가 최대의 결과를 내도록 집중하면 된다. 하지만 사람으로부터 생산성 있는 결과를 얻으려면 먼저 투자해야 한다. 사람으로서 소프트웨어 개발자의 생산성은 각 개발자의 기술과 지식에 달려 있다. 하지만 이러한 기술과 지식을 활용하려면 각자의 잠재성을 실현할 수 있는 환경을 조성해야 한다. 5장에서 언급했듯이 개발자의 만족도는 생산성에 중요하다. 낮은 만족도는 미래의 비용으로 이어지기 때문이다. 따라서 회사는 소프트웨어 개발자들의 전반적인 행복에 관심을 가져야 한다. 게다가 더 나은 근무 환경, 팀, 프로세스를 만들도록 노력해야 하며 이는 결국 더 나은 제품을 만드는 결과로 이어진다.

행복이란 무엇이며 어떻게 측정할 수 있을까?

이 질문에 대한 대답은 고대부터 현대에 이르기까지 철학자들이 여러 책에 담고자 했을 정도로 심오한 질문이다. 하지만 최근 연구 덕분에 행복을 좀 더 명확하게 이해하고 측정할 수 있다. 행복은 여러 경험적인 에피소드로 정의할 수 있다. 행복하다는 것은 긍정적인 경험을 자주 접하는 것이다. 이는 긍정적인 감정을 경험하는 것으로 이어진다. 불행하다는 것은 행복하다는 것의 반대다. 불행하다는 것은 부정적인 경험을 자주 접하는 것이며 이는 부정적인 감정을 경험하는 것으로 이어진다. 행복은 긍정적 경험과 부정적 경험 간의 차이 또는 균형을 뜻한다. 이러한 균형을 정서 균형affect balance으로 부르기도 한다.

긍정 및 부정 경험 척도SPANE, The Scale of Positive and Negative Experience[8]는 개인의 정서 균형(행복)을 측정하기 위한 방법으로 최근에 등장했지만 효력이 있고 신뢰성이 있다. 응답자들은 자신의 정서(감정 상태)를 보고해야 한다. 이때 지난 4주간 느낀 정서를 감정이나 기분을 묘사하기 위한 형용사를 사용해 표현한다. 덕분에 감정 상태의 표본 적합도와 기억력의 정확도 사이의 균형을 맞출 수 있다. 다양한 항목의 점수를 조합해 균형 정서(SPANE-B) 점수를 산출한다. 균형 정서 점수는 −24점(매우 불행함)부터 +24점(매우 행복함)까지 있다. 이때 0은 행복의 중립 상태다.

행복하고 생산적인 개발자들의 과학적 근거

행복이 생산성과 삶의 질 향상에 도움이 된다는 것은 직관적으로 알 수 있지만 이는 과학적 연구로도 증명된다. 이전에 살펴본 바에 따르면 행복한 개발자가 문제를 더 잘 해결한다[1]. 개발자들이 자신의 생산성을 평가하는 방식과 정서 사이에 관계가 존재한다[2]. 소프트웨어 개발자들 스스로가 이 분야의 연구를 요청 중이다[5]. 뿐만 아니라 정서가 어떤 식으로 프로그래밍 성과에 영향을 미치는지 설명하는 이론을 살펴봤다[3]. 해당 이론에 따르면 사건이 프로그래머의 정서를 조정한다. 정서는 개발자의 인지 체계에 중요한 의미를 지니며 우선순위도 높다. 이러한 정서를 유인인자attractor라고 부른다. 정서와 더불어 유인인자는 프로그래머의 집중을 고도화하거나 방해해 프로그래머의 성과에 영향을 미친다. 큰 규모로 보면 우리의 연구가 유인인자가 소프트웨어 팀과 조직의 성과에 있어 중요한 구성 요소라는 점을 나타낸다[11]. 정서는 그룹 정체성(그룹 정체성은 어떤 그룹에 속해 있는 느낌을 말함)과 연관되며 응집성과 사회적 분위기에 영향을 미친다. 이는 결국 팀 성과와 팀원들의 근속에 있어 핵심 요인이다.

지금부터 다음과 같은 네 가지 중요하면서 야심 찬 질문들을 살펴볼 것이다.

- 전반적으로 소프트웨어 개발자들은 얼마나 행복한가?

- 소프트웨어 개발자들을 행복(또는 불행)하게 만드는 것은 무엇인가?

- 소프트웨어 개발자들이 행복(또는 불행)하면 어떤 일이 일어나는가?

- 행복한 개발자의 생산성이 더 높은가?

위의 질문에 대한 답을 구하는 것은 어려운 일이다. 이러한 질문에 답하려고 포괄적인 연구를 계획하느라 1년을 보냈다[4, 6]. 가능한 한 많은 소프트웨어 개발자로부터 자료를 수집해야 했다. 또한 나이, 성별, 지리적 위치, 근무 상태, 기타 배경 요인에 있어 최대한 다양해야 했다. 설문 결과가 전체 소프트웨어 개발자에게 적용 가능할 정도로 일반화될 수 있도록 질문지를 설계하고 시험했다. 해당 질문지에는 인구 통계적인 질문, SPANE 그리고 소프트웨어를 개발할 때 개발자의 행복감과 불행감에 관해 묻는 열린 질문이 포함됐다. 개발자들에게 구체적인 최근의 소프트웨어 개발 경험과 그 상황에서 무엇 때문에 그러한 기분을 느꼈는지, 소프트웨어 개발이 감정에 영향을 받았는지, 받았다면 어떤 식으로 받았는지 등을 묘사하도록 요청했다.

질문지의 모든 질문에 대해 1,318개의 제대로 된 답변을 얻었다.

개발자들은 얼마나 행복한가?

그림 10-1에서 1,318명의 참여자가 얼마나 행복한지 확인할 수 있다.

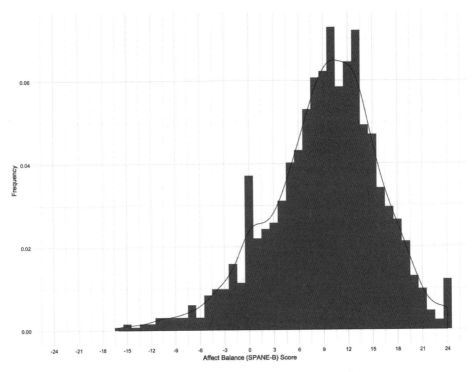

그림 10-1 소프트웨어 개발자의 행복 분포(SPANE-B 점수)

참가자들의 SPANE-B 평균 점수는 9.05였고 이로부터 소프트웨어 개발자의 중위 행복 점수는 신뢰 구간 95퍼센트에 8.69부터 9.43 사이라고 예측했다. 즉 대부분의 개발자는 어느 정도 행복하다.

위의 결과를 비슷한 연구(이탈리아 근무자들, 미국 대학생들, 싱가포르 대학생들, 중국 근로자들, 남아공 학생들, 일본 대학생들)와 비교했다. 이 연구들의 SPANE-B 점수는 모두 0보다는 높았지만 위의 결과보다는 낮았다. 소프트웨어 개발자들은 실제 약간 행복한 그룹이며 다른 다양한 그룹 대비 더 행복한 그룹이다. 이는 좋은 소식이다. 하지만 그럼에도 개선할 여지가 있다. 일부 개발자들의 SPANE-B 점수는 0보다 작았고 피할 수 있었던 불행에 관한 에피소드가 많았다.

무엇이 개발자를 불행하게 만드는가?

참가자 1,318명의 응답을 분석해 보니 불행의 원인이 219개였다. 응답에서 해당 원인들은 총 2,280번 언급됐다[4]. 결과에 대한 간단한 요약을 살펴본 다음 개발자를 불행하게 만드는 분류 상위 3개를 살펴보겠다.

관리자나 팀장이 관리할 수 있는 불행 요소들의 응답 수는 개인적인 요소여서 관리자가 직접적으로 관리할 수 없는 요소들의 응답 수의 4배였다. 또한 연구를 진행할 때 원인 대부분이 인간적인 측면과 관계와 관련됐을 것이라고 예상했다. 하지만 원인 대부분은 산출물(소프트웨어 제품, 테스트, 요구 사항, 설계 문서, 아키텍처 등), 프로세스와 관련된 기술적 요인으로 인한 것이었다. 이로부터 전략적인 아키텍처와 인력 조정의 중요성을 알 수 있다.

문제 해결을 하지 못해 고생하는 것과 시간 압박을 받는 것이 가장 흔한 불행 원인이었다. 이는 이러한 두 가지 문제를 이해하려고 진행된 최근 연구의 중요성을 뒷받침한다. 마감일이 정해진 가운데 문제 해결을 해야 하는 것은 소프트웨어 개발의 본질임을 알고 있다. 소프트웨어 개발에서 문제 해결을 피할 수 없다. 하지만 개발자들은 문제를 해결하지 못해 허덕이는 동시에 압박에 시달릴 때 괴로워한다. 그리고 이로 인해 여러 좋지 않은 결과가 발생한다(뒤에서 살펴볼 것이다). 이것이 바로 시간 압박과 문제 해결을 하지 못하고 문제 해결에 매달리는 것의 좋지 않은 영향을 줄이고자 연구원과 관리자가 간섭해야 하는 이유다. 심리적 강화가 소프트웨어 개발자가 훈련받아야 할 중요한 특질일 수 있다. 훈련이 필요한 다른 중요한 특질로 사고방식을 전환해 문제 해결에 매달리는 것으로부터 벗어나는 법을 배우는 것이 될 수 있다.

가장 흔한 불행의 세 번째 원인으로 나쁜 코드를 다뤄야 하는 것이 있다. 좀 더 구체적으로 이야기하면 나쁜 코드 습관이다. 개발자는 나쁜 코드를 생산할 때 불행하지만 개발자는 애초에 피할 수 있었던 나쁜 코드를 만나게 되면 훨씬 더 고통을 받는다. 연구 참가자도 언급했듯이 나쁜 코드는 관리자가 시간과 노력을 절약하려고 단기간 내에 코드를 생산해야 한다고 결정했기 때문에 발생할 수 있다. 제3자(동료나 팀장, 고객 등)와 관련된 비슷한 부정적인 영향이 언급됐다. 이들은 개발자가 스스로 무능하다고 느끼도록 만들고 반복적인 지루한 작업을 강요하고 개발에 제약을 건다. 이러한 부정적인 결과 상당수는 작업을 순환 교대하고 더 나은 결정을 하고 개발자의 목소리를 진심으로 들어줌으로써 피할 수 있다. 불행 원인 중 상위에 있는 다른 원인으로 자기 자신과 타인이 무능하다는 인식과 관련된다. 이는 개발자의 정서를 개선할 수 있는 개입과 관련된 최근의 연구 활동을 뒷받침한다[3].

마지막으로 소프트웨어 품질과 소프트웨어 구조에 관한 정보 필요성과 관련된 요인들이 개발자들을 불행하게 만드는 큰 요인이다. 24장에서 최근 소프트웨어 도구들이 개발자들에게 어떤 식으로 정보를 과잉 공급하고 있는지에 관한 예를 보여 줄 것이고 개인 개발자, 팀, 조직을 위해 정보 흐름과 관련된 문제를 어떤 식으로 해결할 수 있는지 살펴볼 것이다. 소프트웨어 팀의 의사소통과 지식 관리를 쉽게 만들고 소프트웨어 개발 생애 주기의 모든 단계에 있어 정보를 쉽게 저장하고 꺼내고 이해할 수 있도록 돕는 도구와 방법을 생산하고자 더 많이 연구해야 한다.

개발자가 행복하거나 불행할 때 무슨 일이 일어나는가?

연구에서 제시한 개방형 질문들에 대한 응답을 분류해 소프트웨어 개발 과정 동안의 행복 및 불행의 원인과 이로 인한 결과를 수십 개로 정리했다. 이 결과를 그림 10-2에 요약했다. 각 주요 결과에 대한 그림이 있고 해당 그림은 내부 결과와 외부 결과로 나뉜다. 내부 결과는 개발자의 마음 내에 배치했고 개발자 자신을 향하고 있으며 개인적인 영향을 지닌다. 외부 결과는 개발자 개인 외부에 영향을 미치는 것들이다. 외부 결과는 프로젝트와 개발 프로세스 또는 소프트웨어 산출물에 영향을 미칠 수 있다.

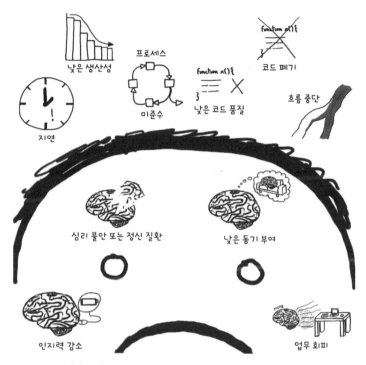

그림 10-2 소프트웨어 개발 과정 동안의 불행으로 인한 결과. CC-BY 조건으로 사용 가능(Graziotin et al.)[16]

위에서 보듯이 개발자의 불행이 생산성에 미치는 결과가 여럿 있다. 일부 개발자는 낮은 생산성을 경험한다고 명시적으로 보고했다. 또 다른 결과로 지연, 프로세스 미준수, 낮은 코드 품질, 코드 폐기, 프로세스 흐름 중단 등이 있다. 이러한 외부 영향은 생산성과 성과에 직접적인 영향을 미친다. 낮은 동기 부여와 인지력 감소 등의 내부 결과 역시 생산성에 간접적인 영향을 미친다. 업무 회피와 심리 불안 또는 최악의 경우 질환 징후 등은 개발자에게 개인적으로 영향을 미치는 최악의 결과 중 하나다.

10장의 목적에 비춰 볼 때 행복과 불행의 결과에 관해 좀 더 자세히 살펴봐야 한다. 이러한 결과 중 일부는 생산성과 관련되며 생산성은 결과 중 가장 많이 등장하는 분류였기 때문이다. 지금부터 이러한 결과들을 빈도순이 아닌 이야기를 풀기 편한 순으로 살펴보겠다.

인지력

행복과 불행이 인지력과 관련된 여러 요인에 영향을 미친다는 점이 밝혀졌다. 여기서 인지력은 뇌에서 정보를 얼마나 효율적으로 처리하는지를 말한다. 행복과 불행은 코드를 만드는 동안 얼마나 집중할 수 있는지에 영향을 미친다. 한 실험 참가자는 '부정적인 느낌은 부정적인 느낌이 없었더라면 명확하게 생각할 수 있었을 것을 명확하게 생각할 수 없게 만든다'고 했다. 반대의 경우도 존재한다. '나의 경우 소프트웨어 개발은 행복과 불행에 영향을 받는다. 행복할 때 더 작업에 집중할 수 있고 문제를 풀려고 좀 더 노력할 수 있다.' 행복할 때 집중력이 높아지고 불행할 때 집중력이 낮아지기 때문에 행복과 불행이 문제 해결 능력에 영향을 주는 것은 당연한 결과다. '부정적인 생각을 전혀 하지 않을 때 더 빨리 코드를 작성하고 문제를 분석할 수 있다. 또한 이때 불필요한 실수도 더 줄어든다.' 소프트웨어를 개발하는 동안 행복하면 학습 능력도 높아진다. '행복감으로 인해 컴퓨터 공학 석사를 취득하고 싶어졌고 문제를 해결하고자 흥미롭고 기발한 아이디어들을 배우고 싶어졌다.' 하지만 불행감은 정신적 피로를 초래하고 실험 참여자들은 '절망감을 느끼고 대충하고 싶어진다'고 응답했다.

몰입

참가자들은 불행감이 어떤 식으로 몰입^{flow} 중단을 일으키는지 언급했다. 몰입은 작업 관련 기술과 어려운 점들이 균형을 맞췄을 때 결과로 나타나는 고도의 주의력 유지와 집중 상태를 말한다(좀 더 자세한 내용은 23장에서 다룬다). 불행은 개발자의 몰입을 방해해 프로세스에 좋지 않은 영향을 끼친다. 한 참가자는 '불행과 같은 것들 때문에 보통 지연이 길어지거나 개발자의 몰입을 방해해 하던 일을 다시 진행하는 것을 어렵게 만든다'고 했다. 행복할 때 개발자는 지속 가능한 몰입 상태에 들어갈 수 있다. 에너지로 가득 찼다고 느끼고 집중력이 높아진다. 이러한 상태에서 개발자들은 시간 가는 줄 모른다. 개발자들은 하루 종일 실수를 하지 않고 계속해서 코드를 짤 수 있고 손가락이 춤추듯이 움직이며 하루 종일 코드를 뚝딱 만들어 낸다. 몰입은 마음챙김^{mindfulness}과 관련돼 있다. 이는 25장에서 다룰 것이다.

동기 부여와 회피

실험 참가자들이 동기 부여에 관해 자주 언급했다. 참가자들은 불행하면 소프트웨어 개발 시에 동기 부여가 잘 되지 않는다는 점을 분명히 했다. '불행하면 스스로 매우 바보 같다고 느끼고 이로 인해 리더십이 발휘되지 않고 참여하고 싶은 기분도 들지 않고 어쩔 수 없이 벌칙으로 코드를 작성해야 한다고 느낀다.' 또한 참가자들은 행복할 때 동기 부여가 높아진다고 응답했다.

불행은 업무 회피의 원인이 되고 행복은 적극적인 업무 참여의 원인이 된다. 업무 회피는 근로자들이 일상적인 업무 작업에서 일시적으로 또는 영원히 스스로를 배제하려는 시도로 정의된다. 업무 회피의 정도는 다양한데 하던 일을 멈추고 다른 작업을 시작하는 것('어떤 문제를 해결하려고 구글에서 2시간 넘게 검색했는데도 아무것도 찾지 못해서 절망감이 몰려오기 시작했다')부터 소프트웨어 개발을 그만두는 것을 고려하는 것('내가 프로그래머가 될 자질이 있는지 스스로 의심이 들기 시작했다'), 또는 더 나아가 퇴사해 버리는 것에 이르기까지 정도가 다양하다. 반면에 응답자들이 행복할 때 적극적으로 업무를 참여하고 인내심을 보여 준다고 응답했다. 이를 달리 표현하면 어떤 작업을 밀어붙이는 것이다. '앞으로 몇 시간은 더 열심히 일할 준비가 돼 있다고 느낀다.' 이는 동기 부여와는 약간 다르다. 동기 부여는 어떤 목표를 향해 행동을 취하는 쪽으로 에너지를 집중하는 것이고, 적극적인 업무 참여는 어떤 목표를 향해 실제로 행동을 취하는 것이다.

개발자 생산성과 행복과 불행의 연관관계

마지막으로 참가자들은 불행이 생산성에 어떤 식으로 좋지 않은 영향을 미치는지 직접적으로 언급했다. 성과와 생산성 손실에 관련된 모든 응답을 그룹화했다. 해당 분류 내의 응답은 간단하면서 분명한 것('생산성 감소', '부정적인 경험으로 인해 일의 속도가 분명히 느려진다')부터 좀 더 구체적인 것('불행하면 좋은 해결책을 도출하기 어렵거나 불가능하다')까지 다양했다. 또한 불행하면 프로세스 활동을 수행하는 데 지연이 발생한다. '불행한 경험이 나에게 감정적으로 좋지 않은 영향을 끼쳤고 이로 인해 프로젝트에 지연이 발생했다.' 반면에 참가자들은 행복으로 인해 생산성이 높아졌다고 응답했다. '행복감을 느낄 때 몇 시간이고 계속해서 코드를 작성할 수 있다.' '행복할 때 생산성이 높아지는 것을 느꼈다.' '기분이 좋으면 생산성이 높아진다.' 어떤 참가자는 이를 구체적으로 응답했다. '생산성이 높아지고 집중력도 높아지고 코드가 어떤 식으로 구성됐는지 확인하려고 코드 여기저기를 살피느라 시간을 낭비할 필요 없이 코드 작성하는 것 자체를 즐기게 된다.' 흥미로운 점은 개발자가 행복할 때 하기 싫은 작업도 맡아서 한다는 것이다. '행복할 때 더 생산성이 높아지는 것 같다. 행복하면 할수록 그동안 피해 왔던 작업을 완료할 가능성이 높아진다.' 반면에 불행한 개발자들은 생산성이 매우 낮아서 프로젝트에 피해를 줄 수 있다. 참가자들 중에는 작업 관련 코드베이스를 삭제하는 경우('화가 나서 작성 중인 코드를 삭제했다')부터 전체 프로젝트를 삭제하는 것('새로운 코드로 다시 시작하려고 전체 프로젝트를 삭제했다. 그런데 다시 시작하려는 새로운 코드조차도 제대로 된 것 같지는 않았다')에 이르기까지 프로젝트에 피해를 주는 일부 사례를 확인할 수 있었다. 또 다른 흥미로운 측면으로 행복의 장기적인 관점에서의 이득이다. '행복할 때 다음 작업을 진행하는 데 있어 생산성이 높아지고 장기적으로 코드를 관리하는 데 있어 더 나은 결정을 내린다. 또한 코드의 주석을 좀 더 철저히 작성한다.'

행복한 개발자가 더 생산성이 높은가?

행복한 개발자가 정말로 생산성이 더 높을까? 과학을 통해 요인 X가 결과 Y를 만들어 내는지 확인하려고 연구원들은 통제 실험을 설계한다. 통제 실험은 결과 Y에 변화를 만들어 낸다고 가정한 요인 X를 제외한 다른 모든 요인(A, B, C, …)을 상수로 유지한다. 통제 실험에 관한 더 자세한 내용은 9장에서 확인할 수 있다. 이러한 통제가 가능하지 않은 경우 유사 실험이라 부른다.

행복에 관한 실험의 경우 사람들의 행복(또는 기분, 감정)을 통제하기 쉽지 않아 문제가 있다. 제대로 된 통제 실험을 하려면 불행한 통제 그룹을 진짜 불행하게 만들어야 하며 이는 비윤리적이다. 참가자들에게 슬픈 사건을 기억하라거나 기분이 우울해지는 사진을 보여 주는 것은 별로 효과가 없다. 그럼에도 행복과 생산성의 상관관계를 조사하려고 두 가지 유사 실험을 만들었다.

이 두 실험 중 하나[1]는 상당한 미디어의 관심을 받았다. 소프트웨어 엔지니어들의 분석적인(논리적인, 수학적인) 문제 해결에 있어 지적(인지 주도) 성과의 차이에 관한 가설을 시험했다. 또한 이미 검증된 심리학 연구에서 사용되는 도구와 측정치를 사용한 연구를 수행하길 원했다. 따라서 유사 실험을 실험실에서 진행했는데 실험실에서 42명의 컴퓨터 공학 학사 및 석사 과정의 학생들이 자신의 행복을 측정하고 알고리듬 설계와 비슷한 작업을 수행했다. 행복을 측정하고자 SPANE를 사용했다(SPANE는 이전에 설명했다).

분석적인 작업은 알고리듬 설계 및 실행과 비슷했다. 참가자들에게 런던 타워^{Tower of London} 시험(샬리스^{Shallice} 시험이라고도 부름)을 하기로 결정했다. 런던 타워 시험은 하노이 타워 게임^{the Tower of Hanoi game}과 비슷하다. 런던 타워 시험은 2개의 판이 있고 판에는 여러 색의 구슬을 쌓을 수 있도록 돼 있다. 보통 판마다 구슬을 쌓을 수 있는(끼울 수 있는) 기둥이 3개 있고 각 기둥은 한정된 수의 구슬을 쌓을 수 있다. 첫 번째 판에는 구슬이 미리 끼워져 있다. 참가자들은 두 번째 판을 받는데 두 번째 판에는 첫 번째 판과 동일한 구슬이 끼워져 있지만 다른 순서로 끼워져 있다(쌓여 있다). 참가자들은 한 번에 하나의 구슬을 빼서 다른 기둥에 쌓는 방식으로 첫 번째 판의 구성과 동일하게 만들어야 한다. PEBL^{Psychology Experiment Building Language}는 오픈소스 언어로 신경 심리학 시험들로 구성돼 있다[13, 14]. 런던 타워도 그러한 시험 중 하나다.

PEBL은 분석적 성과의 점수를 계산하는 데 도움이 되는 측정치를 수집할 수 있었다. 위의 시험에서 얻은 점수를 개발자의 행복도와 비교했다. 결과는 가장 행복한 소프트웨어 개발자가 분석적 성과에 있어 나머지 개발자보다 뛰어났다. 성과 증가치는 약 6퍼센트 정도 된다고 예측했다. 이러한 성과 증가치는 무시할 만한 수준이 아니었으며 코헨^{Cohen}의 d 통계값을 측정함으로써 이를 확인했다. 코헨의 d는 보통 0부터 2까지의 숫자이며 중위 차의 효과 크기 규모를 나타낸다. 행복한 그룹과 행복하지 않은 그룹의 코헨의 d는 0.91이었다. 이는 행복과 불행의 극단적인 경우를 취하지 않았다는 점을 고려할 때 큰 효과다. 가장자리 값의 차는 이보다 더 클 것이다.

다른 연구[2]에서 좀 심오한 것을 시험했다. 소프트웨어 개발 작업에서 발생하는 실시간 정서(예를 들어 행복이라고 하자)와 해당 작업 자체의 생산성 간에 연결을 이해하려고 계속해서 심리학 이론과 측정 도구를 사용하길 원했다. 8명의 소프트웨어 개발자(4명은 학생, 4명은 소프트웨어 개발 회사 종사자)는 실제 소프트웨어 프로젝트를 진행했다. 작업의 길이는 90분이었다(이는 프로그래밍 작업의 일반적인 길이다). 10분마다 개발자들은 SAM$^{Self-Assessment\ Manikin}$에 의해 만들어진 질문지와 스스로 생산성을 평가하기 위한 항목에 응답했다.

SAM은 감정적 상태나 반응을 측정하기 위한 측정 도구다. SAM은 어떤 자극(예. 물체나 상황)에 의해 발생한 정서를 측정하기 위한 검증된 방법이고 그림 기반(단어가 없음)이다. SAM은 3줄인데 각 줄에는 다른 얼굴 표정과 몸짓을 지닌 인형들이 있다. 따라서 참가자는 빠르게 SAM에 응답할 수 있다. 특히나 SAM이 태블릿 컴퓨터에서 실행된 경우 단지 3번의 터치만 하면 되기 때문에 빠르게 응답할 수 있다. 자기 평가는 생산성을 측정하기에 객관적인 방법은 아니다. 하지만 사람들은 주변에 다른 사람 없이 혼자 평가할 때 스스로를 꽤나 잘 평가한다는 점은 이미 알려진 사실이다[15]. 이번 시험 결과에 따르면 프로그래밍 작업에 느끼는 기쁨과 충분한 기술을 지녔다는 느낌은 생산성과 분명히 상관관계가 있다. 이러한 상관관계는 시간이 지남에도 유지된다. 또한 90분이라는 시간 동안 정서가 크게 변한다는 점을 발견했다. 행복한 개발자는 실제 생산성이 더 높다.

행복이 다른 결과물에 미치는 잠재적인 영향

행복은 생산성 외에도 많은 것들에 영향을 미친다. 이러한 것들 대부분이 개발 성과와 연관된다. 지금부터 행복의 영향을 받는 것들 중 세 가지를 살펴보겠다.

불행은 의사소통에 사소한 장애를 일으키고 정돈되지 않은 프로세스를 낳는다. '의사소통 오류와 혼란으로 인해 마감 기한을 맞추기 매우 어렵게 됐다.' 반면 행복한 개발자들은 협력이 잘되는 팀원들이라 할 수 있다. 행복한 개발자들은 보통 지식을 더 공유하려 하고('알고 싶은 것이 많고 내가 배운 것을 다른 사람들에게 알려 주고 싶다') 문제를 해결하는 노력('어려운 문제를 해결하거나 새로운 기능을 계획하는 데 있어 함께 모여 고민하는 데 전혀 주저하지 않는다')에 더 적극적으로 참여하려 한다. 심지어 해당 문제가 진행 중인 자신의 작업이나 책임과 연관되지 않는 경우에도 적극적으로 행동한다.

행복 여부는 코드 작성 프로세스의 생산성뿐만 아니라 완성된 코드의 품질에도 영향을 끼친다. 참가자들은 '결국 부정적인 경험으로 인해 코드 품질은 보장할 수 없게 된다. 따라서 이로 인해 코드가 지저분해지고 버그가 더 발생한다'고 말한다. 뿐만 아니라 이로 인해 코드가 성능 기준에 떨어지게 된다. '부정적인 경험으로 인해 코드가 엉성해진다.' 때때로 불행으로 인해 부정적인 경험을 이겨내기 위한 하나의 방법으로 품질을 위한 수칙을 무시한다. '그래서 표준 디자인 패턴을 따르지 않겠어.' 반면 행복은 코드 품질을 향상시킨다. 한 참가자는 자신의 업무에 관한 일화를 공유했다. '두 애플리케이션이 서로 통신할 수 있도록 인터페이스를 만드는 중이었다. 흥미로운 도전 과제였고 행복한 감정과 긍정적인 감정으로 인해 한 단계 더 나아가 해당 인터페이스를 기능적으로 잘 동작하도록 만들 뿐 아니라 UX도 멋지게 만들었다. 전체 패키지가 단지 기능만 동작하는 것이 아니라 잘 다듬어져 있는 것처럼 보이도록 만들고 싶었다.' 개발자들은 행복하면 실수를 덜 저지르고 문제의 해결책을 좀 더 쉽게 찾아내어 코드의 품질을 향상하기 위한 연결고리를 찾아낸다. 한 참가자는 '기분이 좋고 긍정적인 기분이 들 때 작성한 코드가 깔끔해진다. 더 빨리 코드를 작성하고 문제를 분석할 수 있고 실수도 더 적어진다'고 말했다. 결과적으로 코드는 더 깔끔해지고 가독성이 좋아지고 주석이 더 잘 달리고 테스트가 더 잘 이뤄져서 실수와 버그가 줄어든다.

마지막으로 살펴보고자 하는 요인은 주로 불행과 관련된 것이고 꽤나 중요한 요인이다. 심리적인 불안과 정신 질환에 관한 것이다. 정신 건강을 위협하는 결과들을 수집하고자 이러한 분류를 만들었다. 참가자들의 응답에 따르면 소프트웨어 개발 과정 동안 불행하다고 느끼는 것은 불안('이러한 상황은 나를 매우 당황스럽게 해'), 스트레스('내가 실패한 이유는 에너지를 다 써버렸기 때문이야'), 자기 의심('어떤 특정 작업에서 헤매고 있을 때 스스로 좋은 프로그래머가 될 자질이 있는지 의구심이 든다'), 슬픔, 우울감('우울감이 나와 프로젝트를 완전히 덮친 것처럼 느낀다')의 원인이다. 추가로 남들로부터 판단받는 느낌, 좌절감, 자신의 능력에 대한 자신감 결여 등이 언급됐다.

미래엔 어떻게 될까?

1971년에 제럴드 와인스버그Gerald Weinsberg의 책 『The psychology of programming (프로그래밍 심리학)』(Flower Books Ltd., 2020)[12]은 소프트웨어 개발이 인간의 노력에 의한 것이고 소프트웨어 개발을 하는 인간들(개발자들)은 감정을 지닌 개인이라는 사실에 이목을 집중시켰다. 소프트웨어 개발에서 인간과 관련된 요인에 관해 이해해야 할 점이 많다. 여전히 소프트웨어 개발이 마치 조립 라인에서 코드를 만들어 내는 것인 마냥 소프트웨어 개발 생산성을 관리한다(11장 참고). 반면에 행복한 개발자의 중요성을 이해하고 개발자의 행복에 투자하고 이를 가치 있게 생각하는 회사들이 많아졌다.

지금까지 살펴봤듯이 소프트웨어 개발에 있어 행복과 생산성의 연결고리는 실재한다. 소프트웨어 개발자의 행복을 정량화하는 것이 가능하며 소프트웨어 개발자의 행복의 원인과 결과에 뚜렷한 패턴이 존재한다.

소프트웨어 개발 관리에 행복을 요소로 포함시키면 어떨까? 미래에는 점점 더 많은 사람이 디지털 제품과 서비스 분야에 종사할 것이고 사실상 소프트웨어 개발인 작업을 수행할 것이다. 이러한 사람들의 행복에 투자할 가치가 있을 것이다. 소프트웨어 개발자들의 행복과 소프트웨어 개발 성과 사이의 관계에 관해 좀 더 배워야 한다. 철저한 연구와 실무자들이 해당 연구로부터 무언가를 배울 수 있도록 하는 것은 소프트웨어 현장을 개선하기 위한 핵심이다. 미래 소프트웨어 개발자들이 더 높은 기술력을 쌓는 것뿐 아니라 소프트웨어 개발 업무에 영향을 주는 사회적 심리적 요인들에 대해 좀 더 잘 이해할 수 있기를 바란다.

추가 참고 목록

10장에서 소프트웨어 엔지니어들에 관한 여러 연구를 살펴봤다. 이러한 연구 중 일부 [1, 2, 3, 5, 11]는 독립적이다. 다른 연구들[4, 6]은 진행 중인 프로젝트의 일부에 해당한다.

10장을 저술하는 현 시점에 있어 여전히 개발자의 행복과 생산성에 관한 연구가 진행 중이며 추가적으로 더 살펴봐야 한다. 독자들이 우리의 개방형 과학 서고open science repository에 방문해 살펴볼 것을 권한다[10]. 우리는 새로운 내용이 나올 때마다 개방형 과학 서고에 새로운 연구와 결과를 추가하고 있다. 해당 서고에는 무엇이 개발자를 불행하게 만드는지에 관한 전체 분류가 포함돼 있다.

핵심

10장의 핵심은 다음과 같다.

- 과학에 따르면 소프트웨어 개발 업계는 개발자의 행복을 위해 노력해야 한다.
- 소프트웨어 개발자의 전반적인 행복은 약간 긍정적이다. 하지만 여전히 많은 이가 불행하다.
- 소프트웨어 엔지니어들의 불행 원인은 다양하고 복잡하다.
- 행복과 불행은 소프트웨어 개발 프로세스와 인력, 제품에 많은 혜택과 해를 가져온다.

참고 문헌

[1] Graziotin, D., Wang, X., and Abrahamsson, P. 2014. Happy software developers solve problems better: psychological measurements in empirical software engineering. PeerJ. 2, e289. DOI=10.7717/peerj.289. Available: https://doi.org/10.7717/peerj.289.

[2] Graziotin, D., Wang, X., and Abrahamsson, P. 2015. Do feelings matter? On the correlation of affects and the self-assessed productivity in software engineering. Journal of Software: Evolution and Process. 27, 7, 467-487. DOI=10.1002/smr.1673. Available: https://arxiv.org/abs/1408.1293.

[3] Graziotin, D., Wang, X., and Abrahamsson, P. 2015. How do you feel, developer? An explanatory theory of the impact of affects on programming performance. PeerJ Computer Science. 1, e18. DOI=10.7717/peerj-cs.18. Available: https://doi.org/10.7717/peerj-cs.18.

[4] Graziotin, D., Fagerholm, F., Wang, X., and Abrahamsson, P. 2017. On the Unhappiness of Software Developers. 21st International Conference on Evaluation and Assessment in

Software Engineering. 21st International Conference on Evaluation and Assessment in Software Engineering, 324-333. DOI=10.1145/3084226.3084242. Available: https://arxiv.org/abs/1703.04993.

[5] Graziotin, D., Wang, X., and Abrahamsson, P. 2014. Software Developers, Moods, Emotions, and Performance. IEEE Software. 31, 4, 24-27. DOI=10.1109/MS.2014.94. Available: https://arxiv.org/abs/1405.4422.

[6] Graziotin, D., Fagerholm, F., Wang, X., & Abrahamsson, P. (2018). What happens when software developers are (un)happy. Journal of Systems and Software, 140, 32-47. DOI=10.1016/j. jss.2018.02.041. Available: https://doi.org/10.1016/j.jss.2018.02.041

[7] Zelenski, J. M., Murphy, S. A., and Jenkins, D. A. 2008. The Happy-Productive Worker Thesis Revisited. Journal of Happiness Studies. 9, 4, 521-537. DOI=10.1007/s10902-008-9087-4.

[8] Diener, E., Wirtz, D., Tov, W., Kim-Prieto, C., Choi, D.-w., Oishi, S., and Biswas-Diener, R. 2010. New Well-being Measures: Short Scales to Assess Flourishing and Positive and Negative Feelings. Social Indicators Research. 97, 2, 143-156. DOI=10.1007/s11205-009-9493-y.

[9] Bradley, M. M. and Lang, P. J. 1994. Measuring emotion: The self-assessment manikin and the semantic differential. Journal of Behavior Therapy and Experimental Psychiatry. 25, 1, 49-59. DOI=10.1016/0005-7916(94)90063-9.

[10] Graziotin, D., Fagerholm, F., Wang, X., and Abrahamsson, P. 2017. Online appendix: the happiness of software developers. Figshare. Available: https://doi.org/10.6084/m9.figshare.c.3355707.

[11] Fagerholm, F., Ikonen, M., Kettunen, P., Münch, J., Roto, V., Abrahamsson, P. 2015. Performance Alignment Work: How software developers experience the continuous adaptation of team performance in Lean and Agile environments. Information and Software Technology. 64, 132-147. DOI=10.1016/j.infsof.2015.01.010.

[12] Weinberg, G. M. (1971). Psychology of Computer Programming (1 ed.). New York, NY, USA: Van Nostrand Reinhold Company.

[13] Piper, B. J., Mueller, S. T., Talebzadeh, S., Ki, M. J. 2016. Evaluation of the validity of the Psychology Experiment Building Language tests of vigilance, auditory memory, and decision making. PeerJ. 4, e1772. DOI=10.7717/peerj.1772. Available: https://doi.org/10.7717/peerj.1772.

[14] Piper, B. J., Mueller, S. T., Geerken, A. R, Dixon, K. L., Kroliczak, G., Olsen, R. H. J., Miller, J. K. 2015. Reliability and validity of neurobehavioral function on the Psychology Experimental Building Language test battery in young adults. PeerJ. 3, e1460. DOI=10.7717/peerj.1460. Available: https://doi.org/10.7717/peerj.1460.

[15] Miner, A. G., Glomb, T. M., 2010. State mood, task performance, and behavior at work: A within-persons approach. Organizational Behavior and Human Decision Processes. 112, 1, 43-57. DOI=10.1016/j.obhdp.2009.11.009.

[16] Graziotin, Daniel; Fagerholm, Fabian; Wang, Xiaofeng; Abrahamsson, Pekka (2017): Slides for the consequences of unhappiness while developing software. https://doi.org/10.6084/m9.figshare.4869038.v3.

11장

애자일의 어두운 면:
사람을 인간이 아닌 자산으로 인식

페르닐레 뵤른, 코펜하겐 대학^{University of Copenhagen}, 덴마크

애자일 선언문 재논의

소프트웨어 엔지니어링의 애자일 원칙은 소프트웨어 엔지니어링 프로세스를 단계적이고 순차적인 방식으로 구조화하는 것에 대한 반응으로 개발됐다. 실제 소프트웨어 엔지니어링 활동이 일어나기 전에 범위를 분명하게 미리 정하는 것이 가능한지에 대해 의문이 제기됐고 애자일 방법론은 소프트웨어 엔지니어링의 기본 속성을 분명히 하기 위한 시도였다. 애자일 방법론에 있어 소프트웨어의 근간이 되는 속성은 소프트웨어의 범위, 목적, 목표를 미리 정할 수 없다는 것이다. 대신에 범위, 목적, 목표는 소프트웨어 개발 과정 동안에 변화한다. 이러한 설정으로 인해 참가자들(개발자와 고객)은 리소스와 우선순위의 균형을 맞추고 협상을 해야 하며 이것이 바로 애자일 개발의 원동력이다. 애자일 개발은 어떤 한 가지로 정의될 수 없으며 업무를 조직화하는 데 지침이 되는 원칙들의 집합으로 봐야 하며 다양한 방식으로 구현될 수 있다. 애자일 선언문(http://agilemanifesto.org)이 제공하는 주요 원칙은 다음과 같다.

- 프로세스와 툴보다는 개인과 상호 작용이 중요하다.

- 종합적인 문서화보다 동작하는 소프트웨어가 중요하다.

- 계약 협상보다 고객과의 협업이 중요하다.

- 계획을 따르는 것보다 변화에 반응하는 것이 중요하다.

이러한 애자일 원칙들은 소프트웨어 엔지니어링에 대한 권한을 사람들(소프트웨어 팀)에게 제공한다는 주된 아이디어에 기반한다. 외부에서 소프트웨어 개발자들을 통제할 수 있도록 놔두는 대신 소프트웨어 팀은 자신의 업무를 찾고 업무의 우선순위를 정할 권한을 갖는다. 소프트웨어 팀은 자기조직화된 팀$^{\text{self-organized team}}$[1]이고 고객은 팀의 일부로서 가용한 리소스를 기반으로 작업의 우선순위를 정하는 데 도움을 준다. 덴마크 대학에서 컴퓨터 공학과의 학생들에게 소프트웨어 엔지니어링을 가르칠 때 애자일 개발의 장점과 폭포수 모델의 문제점을 이야기한다. 폭포수 모델이 소프트웨어 개발의 반복적이고 창의적인 프로세스를 어떤 식으로 고려하지 않는지 설명한다. 게다가 덴마크 IT 회사의 개발자에게 어떤 방법론을 사용하는지 물어보면 개발자는 폭포수 모델이 어떤 식으로 제대로 동작하지 않고 애자일 방법론이 적절한 기한 내에 더 나은 품질을 어떤 식으로 제공하는지 답할 것이다. 덴마크에서 소프트웨어 엔지니어링에 있어 애자일은 전망이 밝다.

하지만 이야기의 무대를 스칸디나비아에서 인도로 바꾸면 애자일에 관한 이야기는 위의 이야기와는 달라진다.

글로벌 아웃소싱 환경에서의 애자일

NexGSD$^{\text{Next-generation tools and processes for Global Software Development}}$(nexgsd.org)라고 불리는 장기간의 연구 프로젝트를 근거로 글로벌 소프트웨어 개발이 전 세계 여러 곳에서 어떤 식으로 이뤄지는지 연구했다. 구체적으로 덴마크의 소프트웨어 개발자들과 함께 일한 경험에 관해 필리핀의 소프트웨어 개발자들을 인터뷰했다[4, 5, 7]. 또한 인도 벵갈루루^{Bengaluru}, 뭄바이^{Mumbai}, 첸나이^{Chennai}에 가서 북유럽과 미국 개발자와 함께 일한 경험에

---

1 self-organized team은 관리자가 일을 할당해 주길 기다리는 것이 아니라 스스로 할 일을 찾고 이와 관련된 책임과 마감 기한을 스스로 관리하는 독립적인 팀을 뜻한다. – 옮긴이

관해 인도 개발자들을 인터뷰했다[6, 8, 11, 12]. 이러한 실증적인 연구를 거치면서 글로벌 아웃소싱 환경에서 스크럼 방법론과 같은 애자일 원칙을 구현하는 것의 좋지 않은 결과를 확인했다. 프로젝트를 시작한 2011년부터 2014년까지 소프트웨어 개발이 구성되는 방식에 큰 변화가 있었는데 우리가 연구한 모든 조직은 폭포수 모델에서 애자일 모델로 변화했다[1, 2].

이것이 무엇을 의미할까? 미국 피닉스Phoenix의 소프트웨어 개발자와 함께 일하는 인도 벵갈루루의 한 소프트웨어 개발자의 관점에서 애자일 개발 경험을 자세히 살펴보자[3].

글로벌 소프트웨어 개발은 크게 보면 아웃소싱과 오프쇼어링off-shoring으로 나눌 수 있다. 아웃소싱은 업무를 회사 내에서 외부의 파트너에게 이관하는 것이다. 글로벌 오프쇼어링은 업무를 다른 지역으로 이관하지만 여전히 같은 회사 내다. 예를 들어 미국 IBM이 인도 IBM과 같이 일하는 경우가 있다. 우리는 실증 연구에서 글로벌 아웃소싱을 조사했다. 미국이나 덴마크의 일을 지역적으로 다른 지역이면서 다른 조직으로 이관하는 것을 뜻한다.

아웃소싱 환경에서 권한이 여전히 고객에게 있다는 사실을 기억해야 한다. 이는 고객이 어떤 회사가 업무를 수행하는지 선택할 수 있고 다른 아웃소싱 벤더에게 업무를 이관하는 결정은 언제나 선택 사항이다. 조사한 한 사례의 경우 미국 고객이 인도의 여러 IT 벤더들의 전문가로 구성된 글로벌 애자일 팀을 조직했고 고객사의 한 담당자가 프로젝트 오너project owner였다. 이는 팀원들이 같은 팀이긴 하지만 동시에 경쟁 관계라는 뜻이다. 고객은 특정 개인이 성과를 잘 내지 못하면 해당 팀원을 신규 인원으로 교체할 수 있었다. 이러한 다중 벤더 환경으로 인해 팀의 성과는 매우 높았다. 팀원들이 지역적으로 분산돼 있음에도 생산성이 매우 높았다. 글로벌 애자일 환경으로 인해 팀원 간에 경쟁이 벌어졌고 생산성 관점에서 보면 엄청난 성공이었다. 그러나 스크럼 방법론에 분명히 명시된 애자일 원칙들이 아웃소싱 팀에 어떤 영향을 미쳤을까?

생산성을 높이기 위한 업무 추적

스크럼에서 주된 프로세스 중 하나는 팀원들이 현재 무엇을 작업 중인지 명시하는 것이다. 이때 해당 작업에 필요한 시간도 명시한다. 특정 작업이 몇 시간 걸릴지는 팀원들이 결정한다. 팀원들은 계획 과정 동안에 필요한 리소스를 협상한다. 이런 식으로 각 팀원은 특정 시간 내에 완료해야 할 할당 작업을 지닌다. 인도에서 소프트웨어 개발자의 하루 근무 시간은 10시간이다. 모든 소프트웨어 프로젝트에 있어 프로젝트와 직접적으로 연관되지 않은 활동에도 시간을 소비하기 마련이다. 따라서 하루에 8시간을 추적하면 된다. 이는 매일 각 팀원이 약 8시간 어치의 일에 해당하는 소프트웨어 작업을 수행한다는 뜻이다. 따라서 무슨 일이 일어나든 간에 각 팀원은 할당된 작업을 완료해야 한다. 아이가 아파서 사무실을 떠나야 하는 경우에도 떠날 수 없다. 계획대로 작업을 마무리해야 하며 그렇지 못하면 고객이 인도의 다른 경쟁 IT 벤더에게 해당 작업을 이관할 수도 있다. 흥미롭게도 벵갈루루에서 근무하는 소프트웨어 개발자들은 애자일 모델보다 폭포수 모델을 더 선호하는 이유를 설명했다. 폭포수 모델의 경우 특정 목표와 더 긴 마감 기한이 있기 때문에 시간의 압박을 덜 받는다. 덕분에 짧은 마감 기한에 끊임없이 압박을 받는 대신 필요한 경우 아픈 아이를 돌볼 수 있다.

생산성을 모니터링하기 위한 일일 스탠드업 미팅

애자일의 경우 고객이 각 개별적인 팀원의 생산성을 끊임없이 추적한다는 점 외에도 팀원들은 일일 스탠드업 미팅daily standup meeting에 참석해야 한다. 스탠드업 미팅 자체만으로는 문제가 없지만 미팅 시간이 문제다. 미국 동부와 인도의 시간 차로 인해 스탠드업 미팅은 인도 시간으로 늦은 밤(밤 10시)에 이뤄진다. 금요일을 포함해 평일 내내 미팅이 늦은 밤에 열린다. 글로벌 애자일 아웃소싱에 포함된 팀원은 글로벌 업무를 처리하려고 인도의 일상적인 업무 시간과는 벗어나 일해야 한다. 일상적인 업무 시간을 벗어나 일을 하는 것은 가정 생활이나 모임에 방해가 된다. 특히나 소프트웨어 개발자의 가족이 근무 장소와는 먼 곳에 사는 경우 더욱 그러하다. 우리가 만난 개발자들 중 여러 명이 평일에는 벵갈루루의 IT 단지에서 살다가 주말에는 가족들이 사는 곳으로 이동한다. 스탠드업 미팅 때문에 금요일 밤에 집으로 갈 수가 없다. 게다가 프로젝트 기간이 4~5개월에서 1년 이상으로 변경됐다. 이로 인해 소프트웨어 개발자들은 끊임없는 압박을 받고 있으며 휴식을 취하거나 휴가를 갈 시간이 없다. 연장된 시간으로 인한 높은 생산성은 스트레스 가득한 환경으로 이어졌다.

스트레스 가득한 업무 환경

3년간 인터뷰를 수행하면서 글로벌 애자일 팀의 생산성이 높고 고객 입장에서 선호하는 IT 벤더이긴 하지만 글로벌 애자일 환경에서 근무하는 소프트웨어 개발자들은 '압박과 시간 압박, 스트레스가 점점 심해진다'고 느꼈고 애자일 방법론 경험이 '테스터 관점에서 매우 스트레스 받았다'고 응답했다. 글로벌 프로젝트에서 근무하는 직급이 높은 사람들은 불규칙적인 시간에도 근무를 할 수 있다는 것은 누구나 예상하는 바이지만 위의 상황에서 압박에 시달리며 일하는 사람들은 낮은 직급의 개발자들과 테스터들이다. 글로벌 애자일이 구현된 방식을 보면 고객이 속도에 관해 팀을 끊임없이 압박할 수 있다. 따라서 애자일 원칙은 이상적인 스프린트 크기가 2~3주라고 명시했음에도 고객은 스트린트 크기를 1주로 줄여 버리기도 한다. 5일 이내에 완료 가능한 산출물을 분석하고 설계하고 구현하고 테스트하는 것은 쉽지 않다. 특히나 테스터들에게는 더욱 그러하다. 일정을 책임지는 한 관리자는 '기술 부서 입장에서는 매우 스트레스를 주는 방법론이다. 고객의 기대치가 너무 높기 때문이다'라고 설명했다.

생산성 비용

연구 대상이었던 IT 벤더는 경쟁이 치열한 멀티벤더^multivendor^ 환경에서도 속도와 품질 면에서 매우 생산성이 높았고 제 시간에 좋은 품질의 결과물을 냈으며 고객이 선호하는 IT 벤더였다는 점은 의심할 여지가 없다. 선호하는 IT 벤더였기 때문에 더 많은 작업을 수행할 수 있었다. 특히나 다른 벤더들이 제때에 결과를 내지 못하는 상황에서 더욱 그러했다. 이러한 높은 생산성의 비용은 무엇이었을까?

금전적으로 보면 고객 입장에서 글로벌 애자일이 폭포수 방식보다 비용이 더 든다. 위에서 언급한 IT 벤더와 이야기해 보면 동일한 프로젝트를 수행하는 데 있어 폭포수 방식이 훨씬 비용이 적게 든다는 점을 분명히 했다. 비용 절감이라는 글로벌 애자일의 논거는 고려 대상이 아니었다. 비용 절감은 보통 글로벌 소프트웨어 개발에서 근본적인 문제다[10]. IT 벤더에게 애초에 왜 애자일 원칙을 사용했는지 물어보니 이는 고객의 요구였다고 답했다. 고객이 해당 벤더가 스크럼을 사용하길 원했다. 한 발짝 물러나서 이러한 고객 요청을 살펴보자. 회사가 어떤 서비스나 제품을 만들고자 고용된 경우 가격, 마감 기한, 협력에 관한 협상을 진행하기 마련이다. 고객이 벤더가 특정 메서드를 사용해야 한다고 직접 요청하는 경우는 드물다. 그렇다면 이 고객은 왜 그러한 요청을 한 것일까? 고객 입장에서 애자일이 더 비용이 높은 방법론임에도 고객은 제대로 자격을 갖춘 사람들을 직접적으로 이용할 수 있다. 이들은 모두 상대적으로 높은 연봉을 받고 있었다.

그렇다면 이러한 높은 생산성으로 인한 인간적인 비용은 어떻게 될까? 애자일이 글로벌 수준에서 일어날 때 사람들에게 무슨 일이 일어나는가? 애자일 선언문의 원칙들을 다시 살펴보면 '종합적인 문서화보다 동작하는 소프트웨어가 중요하다', '계약 협상보다 고객과의 협력이 중요하다', '계획을 따르는 것보다 변화에 반응하는 것이 중요하다'는 원칙들은 글로벌 애자일 아웃소싱에서도 매우 적절하다. 우리 연구의 경우 고객과의 긴밀한 협력이 있었고 범위와 목적은 변경할 수 있었고 끊임없이 동작하는 소프트웨어 산출물을 만들어 냈다. 하지만 첫 번째 원칙인 '프로세스와 툴보다 개인과 상호작용이 중요하다'는 지켜지지 못했다. 애자일 산출물을 조직화하려고 탄생한 프로세스와 툴은 매우 세부적으로 소프트웨어 개발자의 업무를 미세 관리하려고 사용됐다. 우리 사례의 경우 글로벌 애자일 원칙들을 특정 입력과 출력 기능을 지닌 알고리듬 기계로 볼 수 있다. 입력치로는 숫자, 시간, 산출물 마감 기한이 있고 이는 사람들의 노력을 최대한 뽑아내려고 사용됐다. 애자일의 툴과 프로세스를 고려할 때 멀리 있는 고객이 소프트웨어 개발자들이 마친 업무의 아주 세부적인 면들을 감시하고 관리할 수 있다. 물론 글로벌 애자일은 매우 생산성이 높다. 성공의 유일한 기준이 빠르게 완료된 높은 품질의 작업물이라면 글로벌 애자일은 매력적이다.

그럼에도 글로벌 애자일에는 어두운 면이 있다. 스크럼의 경우 소프트웨어 개발자를 사소한 것까지 관리하는 데 사용할 수 있는 툴과 프로세스가 있다. 생산성에만 집중하다 보면 사람을 사람으로 보지 못하고 애자일 아이디어의 핵심에 있는 감성적인 부분들을 놓치게 된다. 애자일 얼라이언스^{Agile Alliance}의 짐 하이스미스^{Jim Highsmith}는 '애자일 방법론의 핵심에는 고객에게 좋은 제품을 전달하는 것이 목표인 감성적인 부분이 있다. 이는 말로만 사람들이 우리의 가장 중요한 자산이라고 하는 대신 실제 사람들이 가장 중요한 것처럼 행동하고 자산이라는 단어를 지우는 환경을 조성함으로써 가능하다'라고 말했다(http://agilemanifesto.org/history.html).

애자일 방법론에서는 애자일 툴과 프로세스에 의해 생산성이 정의되고 제어되는데 이러한 생산성에 끊임없이 집중함으로써 만들어진 업무 환경을 고려해야 한다. '글로벌 애자일 알고리듬 기계'의 위험은 사람들을 자산, 리소스, 숫자로 보고 개발자 개인을 보지 못한다는 것이다. 폭포수 방법론이 업무를 과도하게 규제하고 세부적인 관리^{micromanagement}를 도입한 것으로 비난을 받아 왔지만 우리의 실증적인 관찰에 따르면 글로벌 애자일 방법론 역시 소프트웨어 개발자에 대한 세부적인 관리와 과도한 규제로 사용될 수 있다.

글로벌 애자일은 소프트웨어 엔지니어링의 높은 생산성을 위한 좋은 환경을 제공하지만 다음과 같은 위험성이 있다.

- 사람을 자산으로 보고 인간으로 보지 않는다.

- 계속적인 업무 사이클 속에서 스트레스가 심한 업무 환경을 조성한다.

- 멀리 떨어진 고객이 세부적인 관리를 할 수 있도록 해준다.

- 개발자와 테스터가 현지 시간에 맞지 않게 일하도록 만든다.

글로벌 애자일에서 놓칠 수 있는 것들은 소프트웨어 개발자에 대한 집중과 애자일 방법론과 함께 도입돼야 하는 자기 조직성과 권한 부여다. 경쟁이 매우 심한 멀티 벤더 환경에서 글로벌 애자일 방법론에 의해 조직된 소프트웨어 엔지니어링은 공장의 조립 라인과 닮아 있다. 이것이 정말 소프트웨어 엔지니어링의 미래가 됐으면 하는 모습인가?

소프트웨어 엔지니어링의 생산성에 관한 미결 문제들

글로벌 애자일이 그 자체로 문제가 있다는 이야기는 아니다. 모든 NexGSD 실증 연구에 있어 긴밀하게 결부된 협업이 여러 사이트 간에 제대로 동작하기 위해 필수적이고 애자일 원칙이 긴밀하게 결부된 협업을 가능케 하고 이를 규정하고 있다. 하지만 글로벌 아웃소싱에 참여한 소프트웨어 개발자가 되는 것은 여러분이 어디에 위치해 있는지에 따라 다양한 의미를 지닌다는 것을 말하고 싶다. 인도 벵갈루루에서 근무하는 낮은 직급의 소프트웨어 개발자들은 덴마크 발레루프Ballerup에서 근무하는 소프트웨어 개발자와는 다른 업무 환경을 지닌다[9]. 이는 인도 개발자들은 글로벌 애자일 구현을 다른 방식으로 경험할 것이라는 것을 뜻한다. 덴마크에 위치한 소프트웨어 엔지니어들은 글로벌 환경에서 더 나은 위치에 있다. 인도에 위치한 소프트웨어 엔지니어들의 경우 글로벌 애자일 기술, 툴, 프로세스가 업무를 형성하는 방식으로 인해 자기 조직성과 권한 부여에 있어 덴마크 개발자와 동등한 환경을 가질 수 없다. 따라서 글로벌 업무를 지원하려고 소프트웨어 툴과 프로세스를 설계할 때 생산성에만 집중해서는 안 되고 이러한 다른 환경을 고려해야 한다. 빠른 납품과 고품질 코드가 우리의 주된 측정치가 돼선 안 된다. 대신에 이러한 차이를 반영하고 업무 환경을 고려한 측정치를 만들기 시작해야 한다. '번다운 차트burndown chart'와 같은 툴들이 생산성의 일부 측면만을 반영한다는 점을 고려하고 그러한 툴이 표현하지 못하는 것이 무엇인지 질문해 봐야 한다[10]. 마지막으로 어떤 식으로 툴과 프로세스를 설계하고 모두를 위한 좋은 업무 환경을 만들 것인지 고민할 때 우리의 인간적인 가치를 잃지 않도록 보장하는 법을 고려해야 한다. 이는 개발자들이 어느 지역에 위치해 있든 보장받을 수 있어야 한다. 글로벌 환경에서 사람들은 점점 더 많이 일한다. 집에 노트북 컴퓨터를 가져가서 저녁이고 주말이고 이메일을 계속 확인하는 탓에 삶과 일의 구분이 모호해지기 시작하기 때문에 생산성 압박에 어떤 식으로 대처할 것이지에 대한 장기적인 전략을 준비해야 한다. 이는 인도에서 근무 중인 낮은 직급의 소프트웨어 개발자와 테스터에게도 해당한다.

소프트웨어 개발자들이 밤 10시에 미팅에 참석해야 해서 아픈 아이를 데리러 직장을 떠날 수 없음을 불평하는 것은 애자일 개발 그 자체를 불평하는 것이 아니다. 조직 환경 내에서 권한과 의사결정이 결여돼 있다는 점을 불평하는 것이다. 북유럽 스칸디나비아와 미국의 소프트웨어 개발자들은 소프트웨어 팀들이 권한이 있기 때문에 애자일 개발을 잘 활용한다. 고객이 다른 지역의 소프트웨어 개발자들에게 애자일 개발을 요구했을 때 이러한 개발자들은 권한을 갖지 못한다. 대신에 자신의 업무를 선택하고 조직화할 수 있는 권한이 개발자에서 고객에게 넘어간다. 다음은 확인이 필요한 중요한 질문들이다.

- 어떤 종류의 생산성과 가치를 소프트웨어 엔지니어링이 반영했으면 하는가?

- 이러한 가치가 소프트웨어 엔지니어링 프로세스와 툴을 결정짓는 생산성 측정치에 명시되도록 보장하기 위한 방법은 무엇인가?

- 인간적인 가치를 잃지 않은 채 소프트웨어 엔지니어링 습관과 기술을 설계하기 위한 방법은 무엇인가?

핵심

11장의 핵심은 다음과 같다.

- 글로벌 애자일 소프트웨어 개발에는 여러 위험이 있다. 사람을 인간이 아닌 자산으로 보는 것, 스트레스가 심한 업무 환경을 만드는 것, 세세한 관리, 엔지니어가 현지 시간과 맞지 않게 일하도록 만드는 것 등이 있다.

- 생산성 측정치는 속도와 품질 이상의 것에 관한 것이어야 한다.

감사의 글

11장은 페르닐레 뵤른, 앤-마리 쇠더베르Anne-Marie Søderberg, 크리슈나S. Krishna가 공저한 'Translocality in Global Software Development: The Dark Side of Global Agile(글로벌 소프트웨어 개발의 초지역성 – 글로벌 애자일의 어두운 면)'라는 제목의 학술 논

문에 기초했다. 이 논문은 「Human−Computer Interaction」 저널에 기고 됐다[3]. 해당 학술 논문은 NexGSD 연구 프로젝트(nexgsd.org)의 여러 하위 프로젝트의 일부이며 덴마크의 국가전략연구위원회^{National Council for Strategic Research}, 과학기술혁신고등교육부 ^{Ministry of Science, Innovation, and Higher Education}로부터 재정 지원을 받았다.

참고 문헌

[1]   Bjørn, P. (2016). 'New fundamentals for CSCW research: From distance to politics.' Interactions (ACM SIGCHI) 23(3): 50-53.

[2]   Bjørn, P., M. Esbensen, R. E. Jensen and S. Matthiesen (2014). 'Does distance still matter? Revisiting the CSCW fundamentals on distributed collaboration.' ACM Transaction Computer Human Interaction (ToChi) 21(5): 1-27.

[3]   Bjørn, P., A.-M. Søderberg and S. Krishna (2017). 'Translocality in Global Software Development: The Dark Side of Global Agile.' Human-Computer Interaction 10.1080/07370024.2017.1398092.

[4]   Christensen, L. and P. Bjørn (2014). Documentscape: Intertextuallity, sequentiality and autonomy at work. ACM CHI Conference on Human Factors in Computing Systems Toronto, ON, Canada, ACM.

[5]   Christensen, L. R., R. E. Jensen and P. Bjørn (2014). Relation work in collocated and distributed collaboration. COOP: 11th International Conference on Design of Cooperative Systems. Nice, France, Springer.

[6]   Esbensen, M. and P. Bjørn (2014). Routine and standardization in Global software development. GROUP. Sanible Island, Florida, USA, ACM.

[7]   Jensen, R. E. and B. Nardi (2014). The rhetoric of culture as an act of closure in cross-national software development department. European Conference of Information System (ECIS). Tel Aviv, AIS.

[8]   Matthiesen, S. and P. Bjørn (2015). Why replacing legacy systems is so hard in global software development: An information infrastructure perspective. CSCW. Vancouver, Canada, ACM.

[9]   Matthiesen, S. and P. Bjørn (2016). Let's look outside the office: Analytical lens unpacking collaborative relationships in global work. COOP2016. Trento, Italy, Springer.

[10] Matthiesen, S. and P. Bjørn (2017). 'When distribution of tasks and skills are fundamentally problematic: A failure story from global software outsourcing.' PACM

on Human-Computer Interaction: Online first 2018 ACM Conference on Computer-supported Cooperative Woek and Social Computing 1(2, Article 74): 16.

[11] Matthiesen, S., P. Bjørn and L. M. Petersen (2014). 'Figure Out How to Code with the Hands of Others': Recognizing Cultural Blind Spots in Global Software Development. Computer Supported Cooperative Work (CSCW). Baltimore, USA, ACM.

[12] Søderberg, A.-M., S. Krishna and P. Bjørn (2013). 'Global Software Development: Commitment, Trust and Cultural Sensitivity in Strategic Partnerships.' Journal of International Management 19(4): 347-361.

4부

실전에서의 생산성 측정

12장

생산성에 관한 개발자의 인식 차이

안드레 N. 마이어, 취리히 대학University of Zurich, 스위스

게일 C. 머피, 브리티시 컬럼비아 대학University of British Columbia, 캐나다

토마스 프리츠, 취리히 대학, 스위스

토마스 짐머만, 마이크로소프트 리서치, 미국

생산성 정량화 - 측정 vs 인식

소프트웨어 수요가 계속 증가함에 따라 소프트웨어 개발 조직들은 개발자의 생산성을 향상하려고 노력 중이다. 하지만 소프트웨어 개발에 있어 생산성이 의미하는 바가 무엇인가? 지난 40년 간 상당히 많은 양의 연구가 진행됐다. 이러한 연구의 대부분은 시간당 작성된 산출물과 코드 위주로 생산성을 하향식(관리자 관점)으로 바라봤다. 이러한 생산성 측정치의 흔한 예로 시간당 몇 줄의 소스 코드를 수정했는지, 수정 요청을 처리하는 데 걸린 시간, 한 달에 생성한 기능 점수 등이 있다. 이러한 생산성 측정치는 생산성을 정량화하려고 하나의 결과 위주의 요인에 집중하며 개발자 개인의 업무 역할, 습관, 기타 생산성에 영향을 줄 수 있는 요인들(예. 업무 조각화, 사용된 툴, 업무/사무실 환경)을 고려하지 않는다. 예를 들어 동료들의 질문에 답하느라 상당한 업무 시간을 보낸 수석 개발자는 개발한 코드량이 많지 않을 수 있다. 따라서 정통적인 하향식 측정치를 사용하면 수석 개발자가 코딩에만 집중한 다른 개발자에 비해 생산성이 떨어진다고 볼 수 있다.

생산성을 정량화하기 위한 또 다른 접근법으로 상향식 방식이 있다. 개별적인 소프트웨어 개발자의 생산성을 먼저 조사한 다음 점점 더 넓은 범위로 생산성을 정량화해 나가는 것이다. 개발자 개인의 생산성을 조사함으로써 개인 업무 습관이나 패턴과 해당 개발자가 생산성을 어떤 식으로 인식하는지 그리고 개발자의 생산성에 가장 관련된 요인은 무엇인지 더 잘 이해할 수 있다.

소프트웨어 개발자의 생산성 인식 연구

상향식으로 생산성을 조사하기 위한 여러 방법이 있다. 12장에서 모니터링 애플리케이션을 활용해 매우 세세한 관찰부터 2주 간의 현장 연구에 이르기까지 다양한 방법을 사용해 수행한 세 가지 연구를 기술할 것이다.

- 첫 번째로 개발자가 생각하는 생산적인 업무와 비생산적인 업무가 무엇인지 이해하려고 현업 개발자 389명을 대상으로 온라인 설문을 수행했다. 그러고 나서 설문에서 찾은 몇 가지 사항의 근거를 찾으려고 개발자 11명을 관찰하고 인터뷰했다.

- 개발자가 직장에서 추구하는 활동이 무엇인지, 업무의 조각화가 어떤 식으로 발생하는지, 이러한 활동들이 스스로 보고한 생산성과 어떤 식으로 연관되는지 좀 더 잘 이해하려고 현업 소프트웨어 개발자 20명을 대상으로 2주간의 현장 연구를 진행했다. 이번 연구를 위해 개발자가 컴퓨터로 무엇을 하는지 기록하고 90분마다 개발자가 스스로 생산성을 보고할 수 있도록 돼 있는 모니터링 애플리케이션을 설치했다.

- 개발자가 생산성이 높다고 느낄 때의 상황을 분석하고 비교하려고 현업 소프트웨어 개발자 413명을 대상으로 심층 온라인 설문을 진행했다[3].

12장의 나머지 부분에서는 가장 두드러지는 깨달음을 집중적으로 살펴볼 것이다. 언급된 연구와 발견 사항들의 세부적인 사항은 각 논문을 참고하길 바란다.

작업 전환 비용

개발자들은 작업에 진척이 생길 때와 작업 전환이나 개입이 몇 번 일어나지 않을 때 매우 생산성이 높다고 느낀다. 하지만 개발자의 일과를 관찰한 결과 개발자들은 끊임없이 작업을 전환한다. 대개 한 시간에 여러 차례 작업 전환이 발생한다. 예를 들어 개발자는 한 시간에 평균 13번 작업을 전환하고 다른 작업으로 전환하기 전에 한 작업에 약 6분 정도 소비한다. 마찬가지로 개발자들이 활동(여기서 활동은 직장에서 수행하는 동작을 의미하며 예로 코드 작성, 테스트 실행, 이메일 작성 등이 있음)에 얼마나 많은 시간을 소비하는지 확인한 결과 한 활동에서 다른 활동으로 전환하기 전에 한 활동에 20초에서 2분 정도의 시간만 소비한다. 작업과 활동 전환이 빈번하게 일어나고 개발자들이 매일 처리해야 하는 활동과 작업이 매우 다양하다는 것은 개발자의 업무가 매우 조각화돼 있음을 뜻한다.

놀랍게도 이렇게 작업 전환이 자주 일어나는 데도 여전히 생산적이라고 느끼는 개발자들은 많았다. 개발자들과 후속 인터뷰를 진행해 본 결과 작업 전환의 비용은 다양했다. 작업 전환의 비용 또는 피해는 여러 요인에 달려 있다. 전환 지속 시간, 작업 전환 이유, 개입 전에 진행 중이던 작업에 얼마나 몰두했는지 등이 있다. IDE에서 작업 중에 슬랙Slack 메시지에 답하려고 잠시 전환이 일어나는 것은 동료가 다가와서 본래 작업과 상관없는 주제를 30분간 논의하는 것보다 대개 비용이 덜 들어간다. 또한 참가자들의 응답에 따르면 빌드가 완료되길 기다리는 동안 짧은 이메일을 작성하는 것과 같은 짧은 작업 전환은 대개 생산성을 해치지 않는다.

비용이 많이 드는 작업 전환으로 가장 많이 언급된 것이 동료로부터의 개입이다. 특히나 개발자가 어려운 문제를 해결하려고 집중하고 있을 때와 같이 적절하지 않은 순간에 개입이 일어나면 더욱 그러하다. 23장에서 개발자들과 다른 지식 노동자들이 현재 무엇에 집중하고 있는지 시각적으로 팀원들에게 제공함으로써 어떤 식으로 비용이 많이 드는 개입의 횟수를 줄일 수 있는지 살펴볼 것이다.

개발자에게 생산적인 하루는 어떤 모습일까?

개발자들이 직장에서 시간을 어떤 식으로 소비하고 어떤 활동들을 하는지 조사해 본 결과 주목할 만한 차이점이 발견됐다. 8.4시간의 업무 시간 동안 개발자는 절반의 시간인 평균 4.3시간을 컴퓨터 앞에서 열심히 일하느라 소비한다. 놀랍게도 코딩 관련 활동에는 전체 근무 시간의 1/4만을 소비하고 미팅, 이메일, 메신저 등과 같은 협업 활동에는 전체 근무 시간의 1/4을 소비한다. 또한 회사마다 차이가 컸다. 예를 들어 개발자가 이메일을 읽고 쓰는 데 얼마나 많은 시간을 소비하는지에 관해 조사를 해보니 한 회사에서는 매일 이메일에 1분 이하의 시간을 소비하는 반면 다른 회사에서는 1시간 이상 소비했다.

직장에서 개발자들이 하는 활동과 그 활동을 하는 동안 개발자들이 얼마나 생산적으로 느끼는지의 연관관계를 분석한 결과 생산성은 매우 개인적인 부분이고 개발자마다 매우 다르다는 점을 알아냈다. 다수의 개발자들이 코딩이 가장 생산적인 활동이라고 응답했다. 코딩을 함으로써 개발자들에게 가장 중요한 작업을 진척시킬 수 있기 때문이다. 다른 대부분의 활동에 대해서는 해당 활동이 보통 생산적이었는지 여부에 대해 명확하게 동의를 이루고 있지 못하다. 미팅이 가장 논란이 많은 활동이다. 절반이 넘는 개발자들이 미팅이 생산성이 없다고 응답했다. 특히나 미팅의 목적이 불분명하거나 결과가 없거나 참석자가 너무 많은 경우에 그렇다고 응답했다. 나머지 절반이 되지 않는 개발자들은 미팅이 생산적이라고 응답했다. 많은 개발자가 이메일이 생산성이 좀 떨어지는 활동이라고 응답했다. 하지만 어떤 활동에 대해 생산적인지 여부를 개발자 모두가 동의하는 활동은 하나도 없었다. 예를 들어 코딩의 경우 개발자가 어떤 작업에서 진척을 이루지 못하고 헤매고 있을 때 코딩이 생산적이지 못하다고 여긴다. 이는 생산성을 정량화하기 위한 측정치나 모델은 개인 차를 고려해야 한다는 것을 뜻한다. 예를 들어 개발자의 일과가 어떻게 흘러가는지 고려하고 생산성 측정 시 고려해야 할 부분을 하나의 활동과 그에 따른 하나의 결과 측정치로 축소하는 대신 개발자의 업무를 총체적으로 고려해야 한다.

개발자마다 생산성을 정량화하기 위한 다른 측정치를 기대한다

개발자들에게 어떤 식으로 생산성을 정량화했으면 좋겠냐고 물어봤을 때 대부분은 완료된 작업 수를 다른 측정치와 조합해 측정했으면 좋겠다고 응답했다. 이러한 추가적인 측정치로는 코드 줄 수, 커밋 횟수, 버그 발견 및 수정 개수, 이메일 전송 개수 등이 있다. 뿐만 아니라 업무 중에 얼마나 집중했는지, 몰입해서 업무했는지, 의미 있는 진척을 만들었다고 느끼는지 등의 고수준 측정치도 포함된다. 개발자들의 평가를 분석한 결과 이러한 모든 측정치를 포괄하는 단일 측정치나 여러 측정치의 단일 조합이 존재하지는 않는다. 이는 다양한 측면이 개발자들의 생산성과 개발자들이 생산적이라고 느끼는 감정에 개발자마다 다르게 영향을 준다는 것을 뜻한다. 예를 들어 개발자가 하루 종일 개발 업무에 집중했다면 완료된 작업 항목의 개수나 체크인check-in 횟수는 적절한 측정치가 될 것이다. 하지만 개발자가 미팅이나 다른 동료를 돕는 데 대부분의 시간을 썼다면 그날은 해당 개발자의 생산성이 낮다고 평가받을 것이고 해당 개발자는 불공평하다고 느낄 수 있다. 더 나아가 연구 결과에 따르면 구체적인 목표를 정의하지 않고는 포괄적으로 생산성을 측정하는 것이 불가능하다. 생산성을 측정할 때 결과 측정치만을 활용해서는 안 되고 개발자 개인의 능력, 업무 습관, 팀 기여도 등을 고려해 생산성을 좀 더 총체적으로 측정할 수 있는 방법을 찾아야 한다. 2장과 3장에서 이에 대해 자세히 살펴봤고 생산성을 개인의 관점뿐만 아니라 팀과 조직의 관점에서도 고려해야 한다고 주장한 바 있다.

생산성에 대한 인식을 기준으로 소프트웨어 개발자의 특성 구분하기

개발자마다 생산성을 다르게 느끼기 때문에 팀이나 조직 수준에서 생산성을 향상하는 데 도움이 될 의미 있는 조치를 결정하는 것이 매우 어렵다. 개발자의 생산성에 대한 인식을 좀 더 잘 이해하기 위한 방법으로 패턴을 찾거나 비슷한 인식을 지닌 개발자끼리 그룹화할 수 있는지 알아볼 수 있다. 매시간 개발자들이 스스로 생산성을 보고한 보고서로부터 생산성 등급을 분석한 결과 생체 리듬과 비슷하게 개발자를 그림 12-1과 같이 세 가지 그룹으로 나눌 수 있다. 아침형 개발자, 오후형 개발자, 점심 무렵 생산성이 떨어지는 개발자, 이렇게 세 가지 그룹이 있다. 각 도표의 곡선은 각 개발자가 하루 중 일반적으로 생산성이 좋다고 느끼는 시간의 전반적인 패턴을 나타내고 회색 영역은 신뢰 구간을 나타낸다. 본 연구의 응답에서 아침형 개발자는 드물었다. 20퍼센트의 개발자만이 아침형 개발자였다. 가장 큰 그룹은 오후형 개발자(40퍼센트)인데 오후형 개발자는 오후나 저녁에 더 열심히 일한다. 이러한 결과는 개발자들의 생산성에 대한 인식은 다양한 패턴을 지님에도 개인은 매일 자신만의 습관적인 패턴을 따르는 것처럼 보인다는 것을 뜻한다.

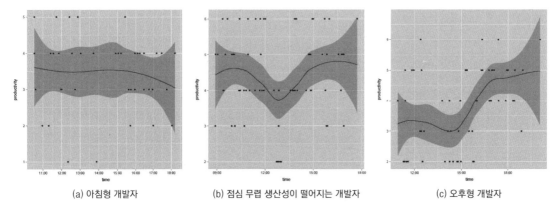

(a) 아침형 개발자   (b) 점심 무렵 생산성이 떨어지는 개발자   (c) 오후형 개발자

그림 12-1 하루 중 어느 시간에 생산성이 가장 좋다고 느끼는지에 따른 세 가지 개발자 유형

생산성에 대한 인식을 기준으로 개발자를 그룹화하기 위한 또 다른 노력의 일환으로 참가자들에게 생산성이 좋았을 때의 일과와 생산성이 좋지 않았을 때의 일과를 기술하라고 요청했다. 그러고 나서 생산성에 영향을 미쳤을 가능성이 있는 요소들의 목록을 참가자에게 제시하고 각 요소가 생산성에 얼마나 영향을 미쳤다고 생각하는지에 따라 점수를 매기게 했다. 또한 직장에서의 생산성 측정치 목록을 제시하고 각 측정치의 유용성에 대해 점수를 매기게 했다. 그 결과 개발자를 사회형, 개인형, 집중형, 균형형, 주도형, 목적 지향형의 6개 그룹으로 나눌 수 있었다.

- 사회형 개발자는 다른 동료를 돕거나 협업하거나 코드 리뷰를 할 때 생산성이 높다고 느낀다. 일을 완수하려고 직장에 일찍 오거나 늦게까지 일하며 하나의 작업에 집중한다.

- 개인형 개발자는 소음, 이메일, 미팅, 코드 리뷰와 같은 방해 요소를 피한다. 개인형 개발자는 사회적인 상호 작용이 없거나 거의 없을 때 그리고 조용하면서 개입이 없는 상황에서 문제를 해결하거나 버그를 고치거나 기능을 코딩할 때 매우 생산적이라고 느낀다. 일에 대해 고심할 때 개인형 개발자들은 개입의 빈도와 지속 시간을 알아내는 데 매우 관심이 있다. 이러한 종류의 개발자들은 사회적인 상호 작용을 마주쳤을 때 얼마나 생산적이라고 느끼는지에 있어 첫 번째 그룹(사회형 개발자)과 반대된다.

- 집중형 개발자는 한 번에 하나의 작업에 집중할 때 매우 생산적이라고 느낀다. 집중형 개발자는 어떤 작업을 하다가 문제가 해결되지 않아 진척이 없거나 느릴 때 생산적이지 않다고 느낀다. 집중형 개발자는 개입의 횟수와 집중 시간의 길이를 알아내는 데 관심이 있다.

- 균형형 개발자는 방해에 영향을 덜 받는다. 작업이 불분명하거나 관련이 별로 없을 때 또는 작업에 친숙하지 않을 때, 작업이 불필요한 업무를 초래할 때 생산성이 떨어진다고 느낀다.

- 주도형 개발자는 다른 개발자들보다 미팅과 이메일을 더 편하게 생각하고 코딩 활동이 덜 생산적이라고 생각한다. 주도형 개발자는 스펙과 같은 것들을 작성하고 설계할 수 있을 때 더 생산적이라고 느낀다. 빌드가 깨지거나 작업 처리가 막혀서 생산적인 업무를 할 수 없는 경우를 싫어한다.

- 목표 지향형 개발자는 작업을 완료하거나 작업에 진척이 있을 때 생산적이라고 느낀다. 여러 작업을 동시에 처리하거나 목표가 불명확하거나 작업 처리가 막혔을 때 덜 생산적이라고 느낀다. 다른 동료가 목적을 달성하는 데 미팅이나 이메일이 도움이 된다면 다른 그룹에 비해 미팅과 이메일에 더 관대하다. 집중형 개발자와 대비해 목표 지향형 개발자는 무언가를 실제로 완료하는 것에 관심이 더 많다(예, 작업 리스트에서 작업 항목들을 하나씩 제거하는 것). 반면 집중형 개발자는 효율적으로 일하는 것에 관심이 더 많다.

각 개발자는 하나의 그룹에 속하거나 여러 그룹에 동시에 속할 수도 있다. 앞에서 설명한 6개의 그룹과 각 그룹의 특성은 개발자의 생산성에 대한 인식 차를 강조하고 어떤 근무일, 작업, 업무 환경이 이상적인지가 다를 수 있음을 보여 준다. 이러한 연구 결과를 활용해 각 개발자의 유형에 맞게 프로세스와 툴을 맞춤화할 수 있다. 이에 관해서는 다음 절에서 살펴볼 것이다.

개발자 생산성을 향상하기 위한 기회

개발자와 개발 팀은 이러한 연구 결과로부터 다양한 방식으로 혜택을 얻을 수도 있다. 개인 수준에서는 자가 모니터링 툴을 만들어서 개발자들이 생산적인 행동과 비생산적인 행동을 좀 더 잘 인식할 수 있도록 돕고 이러한 인식 재고로부터 얻은 깨달음을 활용해 개발자 스스로 개선하는 데 도움이 되는 제대로 된 목표를 설정할 수 있다(22장 참고).

이러한 접근법은 다양한 측정치를 제공하고 개발자가 자기 업무의 개인적인 측면에 대한 깨달음을 얻을 수 있도록 지원해야 한다. 이러한 깨달음의 예로 생산적인 업무 습관과 비생산적인 업무 습관을 식별하거나 생산성에 가장 큰 영향을 주는 외부적인 또는 내부적인 요인들을 식별하는 것이 있다. 다른 분야(예. 육체 활동, 건강)에서 긍정적인 행동 변화를 이끌어 낸다고 알려진 자가 모니터링 외에도 개발자들이 조치할 수 있는 깨달음을 통해 직장에서의 개선을 위한 목표를 세울 수 있도록 지원하는 것이 생산성 육성을 위한 다음 단계가 될 수도 있다. 아마도 언젠가는 개발자를 위한 알렉사Alexa for Developer와 같은 가상 조수를 만들게 될 수도 있다. 이러한 가상 조수는 개발자의 목표에 따라 또는 개발자의 생산성 패턴/역할/분류에 따라 조치를 추천하거나 수행할 수 있을 것이다. 예를 들어 개인형 개발자가 코딩을 하는 동안 가상 조수가 이메일, 슬랙Slack, 스카이프Skype의 알림을 차단할 수도 있다. 반면 사회형 개발자에게는 가상 조수가 이러한 알림을 허용할 수 있다. 또는 집중형 개발자에게 방해받지 않은 채 일할 수 있도록 몇 시간 일찍 출근하도록 추천할 수도 있고 균형형 개발자에게는 지루해지거나 지치지 않도록 휴식을 취하라고 권할 수 있다.

개발자들이 생산성에 대해 어떤 식으로 인식하는지에 대한 흐름과 개발자들이 매우 생산적 또는 비생산적이라고 여기는 활동을 파악함으로써 개발자의 업무 패턴에 가장 알맞은 방식으로 작업과 활동의 일정을 조정할 수 있다. 예를 들어 어떤 개발자가 아침형 개발자이고 코딩이 매우 생산적이라고 여기고 미팅이 생산성을 저해한다고 생각한다면 코딩 작업을 할 수 있도록 오전 시간 캘린더에 다른 사람들이 예약을 못하도록 해 오전 시간을 보장해 줘 미팅 요청은 자연히 오후 시간에 할당되게 함으로써 해당 개발자의 능력을 하루 종일 최대한 활용할 수 있을 것이다. 또는 개발자에게 계획하지 않은 업무나 개입이 자주 발생하는 시간에 계획하지 않은 업무나 개입을 처리하기 위한 시간으로 예약해 두라고 알려 줄 수도 있다.

이번 연구 결과에 따르면 작업 전환의 한 특정 유형인 개입은 생산적인 업무에 있어 가장 큰 방해 요인 중 하나다. 팀원들의 선호도, 가용성, 현재 무엇에 집중하고 있는지에 따라 팀원들 간에 업무 조정과 의사소통을 향상시킴으로써 팀 수준에서 생산성을 잠재적으로 향상할 수 있다. 예를 들어 팀 수준에서 조용하고 개입이 잘 발생하지 않는 형태의 사무실을 개인형 개발자와 집중형 개발자에게 제공하고, 개방형 사무실은 토론을 더 편하게 느끼는 사회형 개발자에게 제공할 수 있다. 대안으로 각 개발자가 현재 무엇에 집중하고 있는지를 다른 개발자들에게 시각적으로 보여 줌으로써 적절하지 않은 시기에 개입이 일어나는 것을 줄일 수 있다. 따라서 개발자가 집중 중이거나 생산성이 매우 높은 시기에는 개입을 더 적절한 시점으로 미룰 수 있다(23장 참고).

핵심

11장의 핵심은 다음과 같다.

- 개발자마다 생산성을 다르게 생각한다. 따라서 개발자들은 생산성을 측정하는 방식에 동의하지 못한다.
- 개발자 대부분은 하루 동안 업무를 하면서 자신만의 습관적인 패턴을 따른다. 아침, 낮 동안(점심 시간 제외) 또는 오후에 가장 생산성이 높다.

- 개발자 생산성을 측정하려면 결과 측정치를 포함해야 할 뿐 아니라 개발자의 능력, 일과, 업무 환경 등과 같은 고유한 요소들도 포함해야 한다.

참고 문헌

[1] André N Meyer, Thomas Fritz, Gail C Murphy, and Thomas Zimmermann. 2014. Software Developers' Perceptions of Productivity. In Proceedings of the 22Nd ACM SIGSOFT International Symposium on Foundations of Software Engineering, 19-29.

[2] André N Meyer, Laura E Barton, Gail C Murphy, Thomas Zimmermann, and Thomas Fritz. 2017. The Work Life of Developers: Activities, Switches and Perceived Productivity. Transactions of Software Engineering (2017), 1-15.

[3] André N Meyer, Thomas Zimmermann, and Thomas Fritz. 2017. Characterizing Software Developers by Perceptions of Productivity. In Empirical Software Engineering and Measurement (ESEM), 2017 International Symposium on.

13장

인간 중심으로
생산성을 높이기 위한 방법

브래드 A. 마이어스, 카네기멜론 대학Carnegie Mellon University, 미국

앤드류 J. 코, 워싱턴 대학, 미국

토마스 D. 라토자, 조지메이슨 대학George Mason University, 미국

윤영석, 구글, 한국

프로그래밍이 인간 활동이기 때문에 기술과 인간의 상호 작용에서 세부적인 내용들을 더 잘 이해하기 위한 방법들을 이미 개발한 분야들을 살펴볼 수 있다. 특히 인간-컴퓨터 상호 작용HCI, Human-Computer Interaction 분야에는 인간 행동에 관한 폭넓은 질문의 답을 지닌 수백 개는 아니더라도 수십 개의 방법이 있다[4](이러한 방법 중 상당수가 심리학과 민족지학ethnography, 사회학 등에서 사용되던 방법들을 채택한 것이다). 예를 들어 이번 연구에서 소프트웨어 개발 전 단계에 걸쳐 적어도 10개의 다양한 인간 중심 방법의 사용을 문서화했고 이 방법들 대부분이 프로그램 생산성에 영향을 미친다[11].

왜 이러한 방법들을 사용해야 할까? 앞에서 살펴봤듯이 생산성은 정량화하기 힘들지 몰라도 프로그래머들이 사용하는 언어, API, 툴에 문제가 있고 이러한 문제를 해결하도록 노력해야 한다는 사실은 확실하다. 게다가 생산성을 이해하려고 지표만을 사용하는 것 외에 더 많은 방법이 있다. HCI 방법들은 프로그래머의 실제 요구 사항과 문제를 이해하는 데 도움이 되고 이러한 문제를 해결하는 더 나은 방식을 설계하는 데 도움이 되고 해당 설계가 실제로 프로그래머에게 효과가 있는지 검증하는 데 도움이 된다. 이러한 조사에 실제 프로그래머를 참여시킴으로써 생산성 병목 지점을 식별하고

해결하는 것을 가능케 하는 실제 데이터를 얻을 수 있다.

예를 들어 맥락 질의CI, Contextual Inquiry는 어떤 상황에서 방해가 되는 것이 무엇인지 이해하는 데 흔히 사용된다[1]. 맥락 질의에서 실험자는 개발자가 실제 업무 환경에서 업무를 수행하는 것을 관찰하고 어떤 문제가 발생하는지 기록한다. 예를 들어 우리가 진행했던 한 프로젝트에서 개발자가 결함을 수정할 때 어떤 핵심 방해 요소를 마주치게 되는지 궁금했다. 그래서 마이크로소프트의 개발자들에게 우리가 관찰하는 동안 업무를 계속 진행하라고 요청한 다음 발생하는 문제점들을 기록했다[7]. 가장 오래 걸리는 업무의 90퍼센트에 해당하는 핵심 문제점은 여기저기 넓게 퍼져 있는 메서드의 제어 흐름을 코드를 통해 이해하는 것이었다. 이는 당시의 툴이 제대로 지원하지 않는 기능이었다. 맥락 질의는 개발자의 실제 문제점들에 대한 정성적인 데이터와 깨달음을 모으기 위한 좋은 방법이다. 하지만 맥락 질의는 대상의 수가 적어서 정량적 통계치를 제공하지 않는다. 또한 맥락 질의는 시간이 많이 소비되며 특히나 관찰할 만한 대표가 되는 개발자를 구하는 것이 어려운 경우 더욱 그러하다. 하지만 현장에서 프로그래머의 생산성에 영향을 주는 것이 실제 무엇인지 식별하기 위한 최선의 방법 중 하나다.

생산성 방해 요소를 이해하기 위한 또 다른 유용한 방법으로 사용자에 대한 실험실 탐사 연구가 있다[14]. 사용자에 대한 실험실 탐사 연구에서 실험자는 특정 작업을 개발자들에게 할당하고 무슨 일이 벌어지는지 관찰한다. 맥락 질의와의 핵심적인 차이는 참가자들이 원래의 작업이 아닌 실험자가 제공한 작업을 수행한다는 것이다. 따라서 현실성이 좀 떨어진다. 하지만 실험자는 참가자들이 동일한 작업에 대해 다른 접근법을 취하는지 여부를 확인할 수 있다. 예를 들어 자바Java로 동일한 유지 보수 작업을 수행하는 여러 경험이 많은 개발자를 대상으로 무슨 키를 누르는지에 대한 데이터를 수집하는 정도로 세부적인 데이터 집합을 수집했다[5]. 실험 결과 개발자들은 1/3의 시간을 코드 베이스를 탐색하는 데 보냈다. 대개 수동으로 화면을 위아래로 움직였다(스크롤링). 이로부터 이러한 관찰 기법의 중요한 장점을 알 수 있다. 참가자들에게 해당 작업을 수행하는 데 어려운 점이 무엇인지 물었을 때 어느 누구도 화면을 위아래로 움직이는 것(스크롤링)이라고 답하지 않다. 이는 개발자들이 눈치 챌 정도로 부각되지 않았기 때문이다. 하지만 실험자 입장에서는 개발자들이 실제 무엇을 했는지에 대한 로그를 분석한 결과 스크롤링은 프로그래머들의 생산성에 방해 요소임이 분명했다. 문제가 무엇인지 아는 것이 해결책을 강구하기 위한 첫걸음이다. 그리고 이러한 종류의 연구는 수치 데이터도 제공할 수 있다. 이러한 수치 데이터는 추후에 새로운 툴이나 다른 개입이 만들어 낼 차이를 측정하는 데 사용될 수 있다.

이러한 방법 중 어느 것도 얼마나 자주 관찰된 방해 요소가 일어나는지 평가하는 데 사용할 수 없다. 이러한 빈도는 생산성에 대한 전반적인 영향을 계산하는 데 중요할 수도 있다. 이를 위해 우리는 설문[16]과 말뭉치 데이터 마이닝corpus data mining[9]을 사용했다. 예를 들어 맥락 질의를 통해 제어 흐름을 이해하는 것이 중요하다는 것을 관찰한 이후에 개발자들이 제어 흐름에 관한 질문을 얼마나 자주 갖는지 그리고 이러한 질문들이 얼마나 답하기 어려운지에 관한 설문을 수행했다[7]. 개발자들은 이러한 질문을 하루 평균 9번 한다고 답했고 개발자들은 대부분 이러한 질문 중 적어도 1개는 답하기에 어렵다고 느낀다고 답했다. 다른 연구에서 우리는 프로그래머들이 코드를 수정하는 동안 백트랙backtrack(코드를 이전 상태로 돌리는 것)을 하느라 상당한 시간을 낭비한다고 느꼈다. 백트랙을 하는 경우 여러 군데에서 변경이 취소돼야 하기 때문에 오류가 발생하기 쉽다는 것을 관찰했다. 따라서 개발자 21명으로부터 1,460시간에 해당하는 매우 자세한 코드 수정 로그를 분석했다. 이는 정규 업무 시간 동안 수집한 것이다[18]. 총 1만 5,095개의 백트래킹 사례를 감지했고 이는 시간당 평균 10.3개에 해당한다.

이러한 생산성 방해 요소를 식별한 다음 어떤 개입을 할 것인지 설계를 할 수 있다. 예를 들어 새로운 프로그래밍 프로세스, 언어, API, 툴 등이 있다. 개입이 실제 도움이 될 수 있도록 하려고 설계 과정 동안 다양한 방법을 사용했다. 자연스러운 프로그래밍 유도natural-programming elicitation는 프로그래머들이 어떤 작업에 대해 어떤 식으로 생각하는지 그리고 어떤 어휘와 개념을 사용하는지 이해하기 위한 방법이다. 이는 개입이 사용자의 생각과 좀 더 가까울 수 있도록 하기 위함이다[10]. 자연스러운 프로그래밍 유도를 수행하기 위한 한 방법으로 대상 프로그래머들에게 빈 종이를 활용한 참여형 설계 작업을 준다. 이때 우리가 원하는 기능이 무엇인지 기술하고 프로그래머들이 해당 기능이 어떤 식으로 제공돼야 하는지 설계하도록 한다. 이 방법은 질문에 대한 답에 영향을 줄 수 없는(선입견을 줄 수 없는) 방식으로 개발자들에게 질문을 해야 하기 때문에 보통은 어휘나 구조, 개념을 제공하지 않고 원하는 결과를 그림이나 샘플 형태로 기술한다.

빠른 프로토타이핑rapid prototyping은 시도할 만한 개입의 빠르고 간단한 프로토타입을 만들어 보는 것이다. 보통 단순히 종이에 그려 보며 좋은 아이디어를 정제하고 좋지 않은 아이디어를 제거하는 데 도움이 된다. 어떤 개입을 시험해 볼 수 있는 수준까지 만드는 것이 비용이 너무 많이 드는 경우도 있다. 이러한 경우 프로토타입을 사용한 반복적 설계iterative design라고 부르는 인간 중심 방법을 사용했다[14]. 대개 첫 번째 단계에는 충실도가 낮은 프로토타입low-fidelity prototype을 사용한다. 이는 실제 개입을 시뮬레이션해 보는 것을 뜻한다. 우리가 가진 많은 툴 중 종이 프로토타입을 사용했다. 종이 프로토타입은 그리기 도구나 간단히 종이와 펜을 사용해 빠르게 만들어 볼 수 있다. 예를 들어 개발자들이 프로시저 간에 코드 제어 흐름을 이해하는 데 도움이 되도록 옴니그래플OmniGraffle이라는 매킨토시 그리기 프로그램을 사용해 어떤 식으로 시각화할 것인지에 대한 모형을 만들어 종이에 출력했다. 그리고 나서 개발자들에게 이러한 모형을 사용해 작업을 수행해 보라고 요청했다. 초기 시각화 개념은 너무 복잡해서 개발자들이 이해할 수 없을 뿐 아니라 개발자들에게 중요한 정보가 빠져 있다는 것을 알아냈다[7]. 예를 들어 핵심 요구 사항은 메서드들이 호출되는 순서를 저장하는 것이었는데 이 부분이 표현되지 않았다(다른 정적 시각화 도구인 콜 그래프call graph로도 표현되지 않았다). 그림 13-1에서 보듯이 최종 시각화 단계에서는 한 메서드로부터 나온 줄이 호출 순서를 보여 준다.

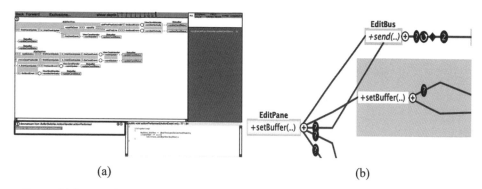

(a)   (b)

그림 13-1 (a) 옴니그래플(Omnigraffle) 그리기 도구를 사용해 그림 종이 시각화 프로토타입을 통해 메서드 호출 순서를 시각화하는 것이 중요하다는 것을 알 수 있다. Reacher[7]라고 부르는 최종 버전(b)에서는 호출 순서가 시각화됐다. 메서드 EditPane.setBuffer(..)는 메서드 호출을 5번 한다(setBuffer에서 나온 줄이 5개인데 호출 순서는 위에서부터 아래쪽이다. 첫 번째 줄과 세 번째 줄은 EditBus.send(..)을 호출한다). '?' 아이콘을 지닌 선은 조건적인 호출을 나타낸다(따라서 실행 시간에 호출이 일어날 수도 있고 일어나지 않을 수도 있다). 줄 위의 다른 아이콘으로는 루프 내부의 호출을 나타내는 원형 화살표와 오버로드된(overloaded) 메서드를 나타내는 다이아몬드와 여러 호출이 숨겨져 있음을 나타내는 숫자가 있다.

어떤 종류의 개입이든 간에 해당 개입을 만든 사람은 프로그래머들이 해당 개입을 얼마나 잘 사용하는지 그리고 해당 개입이 실제 생산성을 향상시켰는지 평가하고 싶을 수 있다. 예를 들어 우리는 백트래킹 어려움을 관찰한 덕분에 좀 더 유연한 선택적인 되돌리기 기능을 제공하는 이클립스^{Eclipse} 코드 편집기의 플러그인인 애저라이트^{Azurite}를 만들 수 있었다. 덕분에 개발자들은 어떤 시점에 일어난 변경 사항을 취소하고자 할 때 해당 시점 이후에 일어난 모든 변경 사항을 취소할 필요없이 해당 변경 사항만 취소할 수 있게 됐다[19]. 하지만 새로운 개입이 실제로 사용될지 어떻게 알 수 있을까? 개입을 평가하려고 사용한 세 가지 주요 방법이 있다. 이러한 세 가지 방법으로 전문가 분석, 생각 말하기 사용성 평가^{think-aloud usability evaluation}, 형식을 갖춘 A/B 테스트가 있다.

전문가 분석의 경우 사용성 평가 경험이 많은 사람이 조사를 통해 분석을 수행한다. 예를 들어 휴리스틱 평가^{heuristic evaluation}는 인터페이스를 평가하려고 10개의 지침을 사용한다[13]. 우리는 이 방법을 사용해 일부 API를 평가했고 정말 긴 함수 이름이 오류 방지 지침을 위반한다는 것을 알아냈다. 너무 긴 이름은 다른 이름과 헷갈리기 쉬워서 프로그래머의 시간을 낭비하기 때문이다[12]. 또 다른 전문가 평가 방법으로 인지적 시찰법^{cognitive walkthrough}이 있다[8]. 인지적 시찰법^{cognitive walkthrough}의 경우 인터페이스를 사용해 작업을 조심스럽게 살펴보면서 사용자가 다음 단계로 넘어가려고 새로운 지식이 필요한 지점을 찾아낸다. 휴리스틱 평가와 인지적 시찰법 모두를 사용해 회사가 개발자 툴을 반복적으로 개선할 수 있도록 도왔다[3].

또 다른 방법으로 실증적이고 목표 사용자와 함께 개입을 테스트하는 방법이 있다. 이러한 평가는 먼저 개입이 어떤 식으로 동작하는지 확인하려고 참여자가 무엇을 실제 하는지 이해해야 한다. 추가로 생각 말하기 연구^{think-aloud study}를 사용할 것을 권한다[2]. 생각 말하기 연구에서 참가자는 끊임없이 자신의 목표와 혼란스러운 점, 기타 여러 생각들을 말로 내뱉는다. 덕분에 실험자는 사용자가 어떤 행동을 할 때 선택한 방식을 사용자가 왜 선택했는지에 관한 풍부한 데이터를 얻을 수 있어 문제를 발견하고 수정할 수 있다. 다른 사용성 평가와 마찬가지로 원칙은 한 참여자가 문제가 있으면 다른 사람들도 같은 문제를 가질 가능성이 높아서 가능하다면 해당 문제를 수정해야 한다는 것이다. 연구에 따르면 대표적인 사용자 몇 명만으로도 문제의 상당 부분을 찾을 수 있다[14]. 우리 연구에 따르면 맥락 질의와 설문을 통해 초기 필요성 분석으로부터 어떤 개입(툴)이 유용하다는 증거를 찾은 경우 생각 말하기를 통해 해당 개입(툴)이 유용하다는 것을 보여 주기에 참가자 5~6명이면 충분하다. 하지만 평가에는 해당 툴과 관련된 참가자를 포함시켜서는 안 된다. 해당 참가자들은 해당 툴이 어떤 식으로 동작하는지 너무 잘 알기 때문이다.

형식이 없는 전문가 분석과 생각 말하기 사용성 평가와 달리 A/B 테스트는 형식이 있는 통계적으로 유효한 실험을 사용한다[6]. 이것이 어떤 측정치에 관해 어떤 개입이 다른 개입 또는 현재 상태보다 더 낫다는 것을 보여 주는 핵심적인 방법이다. 예를 들어 우리가 만든 선택적인 되돌리기가 가능한 애저라이트 이클립스 플러그인이 일반적인 이클립스보다 나은지 시험했고 애저라이트를 사용하는 개발자가 일반 이클립스를 사용하는 개발자보다 2배나 빨랐다[19]. 이러한 형식이 있는 측정치는 어떤 개입이 가져올 생산성 향상치를 측정하는 데 유용한 대용물이 될 수 있다. 결과 값으로 나오는 숫자들은 개발자들과 관리자들이 새로운 개입을 시도하고 개발자들의 행동을 변경할 수 있도록 이들을 설득하는 데 도움이 될 수 있다. 하지만 이러한 실험들은 올바르게 설계하기 까다로울 수 있고 많은 혼란 변수에 조심스러운 주의가 필요하다[6]. 특히나 충분히 현실적이면서도 적절한 실험 시간 내에(1~2시간) 할 수 있는 작업을 설계하는 것이 까다롭다.

개입의 좀 더 현실적인 평가를 얻으려고 실제 현장에서 개입을 측정해 봐야 할 수도 있다. 가장 쉬운 방법은 툴을 만들어서 실제 사용자들이 사용하는 동안 원하는 지표를 수집한 다음 데이터 마이닝과 로그 분석을 사용할 수 있다. 예를 들어 우리는 플루오라이트Flurorite 기록 프로그램을 사용했다. 이는 이클립스 플러그인으로 개발자가 애저라이트 툴로 어떤 식을 사용하는지 조사한다[17]. 분석 결과 개발자들은 대개 선택된 코드 블록(예. 전체 메서드)을 선택적으로 변경 사항 되돌리기를 한다. 즉 코드를 전에 동작하던 방식으로 돌려놓고 다른 코드는 그대로 둔다. 우리는 이를 지역적 되돌리기regional undo라고 부른다. 이는 이러한 방식의 되돌리기가 가장 유용한 종류의 선택적 되돌리기일 것이라는 우리의 가설을 뒷받침했다[19].

개입을 만든 사람이 궁금해할 법한 추가적인 질문들에 답할 수 있는 다른 많은 HCI 방법들이 있다(이에 대한 요약을 표 13-1에서 확인할 수 있다). 마이크로소프트, 구글 같은 큰 회사들은 이미 사용자 인터페이스 전문가들을 개발자 툴을 만드는 팀(예를 들어 마이크로소프트의 비주얼 스튜디오 개발팀)에 포함시켰다. 하지만 작은 규모의 팀들도 이러한 방법들 중 적어도 일부라도 사용하는 법을 배울 수 있다. 이러한 방법들을 그동안 폭넓게 사용해 본 경험에 비춰 볼 때 이러한 방법들이 프로그래머들이 마주치는 많은 다양한 종류의 방해 요소를 좀 더 잘 이해하는 데 유용하다. 또한 이러한 방해 요소를 처리하기 위한 유용하고 사용성이 좋은 개입을 만들고 이러한 개입의 영향을 좀 더 잘 평가하는 데도 유용하다. 이러한 방법들은 향후 개입이 개발자의 생산성에 미치는 긍정적인 영향을 높이는 데 도움이 된다.

표 13-1 지금까지 사용한 방법들([11]에서 재택탁)

방법	인용	지원되는 소프트웨어 개발 활동	핵심 장점	문제점과 한계
맥락 질의	[1]	요구 사항 및 문제점 분석	실험자는 일상적인 활동과 어려운 점을 파악할 수 있다. 실험자는 개발자의 의도에 관한 고품질 데이터를 얻을 수 있다.	맥락 질의에는 시간이 많이 소비된다.
사용자에 대한 탐사적 실험실 연구	[14]	요구 사항 및 문제점 분석	관심 활동에 집중하기 더 쉽다. 실험자는 동일한 작업을 수행하는 참가자들을 비교할 수 있다. 수치 데이터를 수집할 수 있다.	실험 환경이 실제 환경과 다를 수 있다.
설문	[16]	요구 사항 및 문제점 분석 평가 및 테스트	설문은 정성적 데이터를 제공한다. 참여자가 많다. 설문은 상대적으로 빠르게 수행된다.	데이터가 스스로 보고된 것이어서 편견과 참여자의 의사에 영향을 받는다.
데이터 마이닝(말뭉치 연구와 로그 분석 포함)	[9]	요구 사항 및 문제점 분석 평가 및 테스트	데이터 마이닝은 대규모 데이터를 제공한다. 실험자는 대규모 어휘에서만 나타나는 패턴을 확인할 수 있다.	개발자의 의도를 추론하거나 재구성하는 것이 어렵다. 데이터 마이닝은 조심스러운 필터링이 필요하다.
자연스러운 프로그래밍 유도	[10]	요구 사항 및 문제점 분석 설계	실험자는 개발자가 기대하는 바를 파악할 수 있다.	실험 환경이 실제 환경과 다를 수 있다.
빠른 프로토타이핑	[15]	설계	실험자는 고비용의 개발을 수행하기 전에 저비용으로 피드백을 수집할 수 있다.	빠른 프로토타이핑은 최종 툴에 비해 낮은 충실도를 갖고 있어서 문제점을 충분히 파악하는 데 한계가 있다.
휴리스틱 평가	[13]	요구 사항 및 문제점 분석 설계 평가 및 테스트	평가를 빠르게 수행할 수 있다. 참가자가 필요하지 않다.	평가를 통해 사용성 문제 중 일부 유형만을 확인할 수 있다.
인지적 시찰법	[8]	설계 평가 및 테스트	시찰법은 빠르게 수행할 수 있다. 참가자가 필요하지 않다.	시찰법을 통해 사용성 문제 중 일부 유형만을 확인할 수 있다.
생각 말하기 사용성 평가	[2]	요구 사항 및 문제점 분석 설계 평가 및 테스트	평가를 통해 사용성 문제와 개발자의 의도를 파악할 수 있다.	실험 환경이 실제 환경과 다를 수 있다. 평가는 적합한 참가자가 필요하다. 작업 설계가 어렵다.
A/B 테스트	[6]	평가 및 테스트	테스트는 새로운 툴 또는 기법이 개발자에게 도움이 되는지에 관한 직접적인 증거를 제공한다.	실험 환경이 실제 환경과 다를 수 있다. 테스트는 적합한 참가자가 필요하다. 직접 설계가 어렵다.

핵심

13장의 핵심은 다음과 같다.

- 인간-컴퓨터 상호 작용 연구에 사용된 방법 중 상당수는 소프트웨어 개발자 생산성을 방해하는 요소와 향상하는 요소가 무엇인지 연구하는 데 사용될 수 있다. 또한 이러한 요소를 기반으로 생산성을 높이기 위한 개입을 설계하는 데 도움이 된다. 또한 이러한 개입의 효과를 평가하고 이러한 개입을 개선하는 데 사용될 수 있다.

- 13장에서 나열한 열 가지 방법은 프로세스의 다양한 단계에서 유용하다고 검증된 것이다.

참고 문헌

[1] H. Beyer and K. Holtzblatt. Contextual Design: Defining Custom-Centered Systems. San Francisco, CA, Morgan Kaufmann Publishers, Inc. 1998.

[2] Chi, M. T. (1997). Quantifying qualitative analyses of verbal data: A practical guide. The journal of the learning sciences, 6(3), 271-315.

[3] Andrew Faulring, Brad A. Myers, Yaad Oren and Keren Rotenberg. 'A Case Study of Using HCI Methods to Improve Tools for Programmers,' Cooperative and Human Aspects of Software Engineering (CHASE'2012), An ICSE 2012 Workshop, Zurich, Switzerland, June 2, 2012. 37-39.

[4] Julie A. Jacko. (Ed.). (2012). Human computer interaction handbook: Fundamentals, evolving technologies, and emerging applications. CRC press.

[5] Andrew J. Ko, Brad A. Myers, Michael Coblenz and Htet Htet Aung. 'An Exploratory Study of How Developers Seek, Relate, and Collect Relevant Information during Software Maintenance Tasks,' IEEE Transactions on Software Engineering. Dec, 2006. 33(12). pp. 971-987.

[6] Ko, A. J., Latoza, T. D., & Burnett, M. M. (2015). A practical guide to controlled experiments of software engineering tools with human participants. Empirical Software Engineering, 20(1), 110-141.

[7]   Thomas D. LaToza and Brad Myers. 'Developers Ask Reachability Questions,' ICSE'2010: Proceedings of the International Conference on Software Engineering, Capetown, South Africa, May 2-8, 2010. 185-194.

[8]   C. Lewis et al., 'Testing a Walkthrough Methodology for TheoryBased Design of Walk-Up-and-Use Interfaces,' Proc. SIGCHI Conf. Human Factors in Computing Systems (CHI 90), 1990, pp. 235-242.

[9]   Menzies, T., Williams, L., & Zimmermann, T. (2016). Perspectives on Data Science for Software Engineering. Morgan Kaufmann.

[10]   Brad A. Myers, John F. Pane and Andy Ko. 'Natural Programming Languages and Environments,' Communications of the ACM. Sept, 2004. 47(9). pp. 47-52.

[11]   Brad A. Myers, Andrew J. Ko, Thomas D. LaToza, and YoungSeok Yoon. 'Programmers Are Users Too: Human-Centered Methods for Improving Programming Tools,' IEEE Computer, vol. 49, issue 7, July, 2016, pp. 44-52.

[12]   Brad A. Myers and Jeffrey Stylos. 'Improving API Usability,' Communications of the ACM. July, 2016. 59(6). pp. 62-69.

[13]   J. Nielsen and R. Molich. 'Heuristic evaluation of user interfaces,' Proc. ACM CHI'90 Conf, see also: http://www.useit.com/papers/heuristic/heuristic_list.html. Seattle, WA, 1?5 April, 1990. pp. 249-256.

[14]   Jakob Nielsen. Usability Engineering. Boston, Academic Press. 1993.

[15]   Marc Rettig. 'Prototyping for Tiny Fingers,' Comm. ACM. 1994. vol. 37, no. 4. pp. 21-27.

[16]   Rossi, P. H., Wright, J. D., & Anderson, A. B. (Eds.). (2013). Handbook of survey research. Academic Press.

[17]   YoungSeok Yoon and Brad A. Myers. 'An Exploratory Study of Backtracking Strategies Used by Developers,' Cooperative and Human Aspects of Software Engineering (CHASE'2012), An ICSE 2012 Workshop, Zurich, Switzerland, June 2, 2012. 138-144.

[18]   YoungSeok Yoon and Brad A. Myers. 'A Longitudinal Study of Programmers' Backtracking,' IEEE Symposium on Visual Languages and Human-Centric Computing (VL/HCC'14), Melbourne, Australia, 28 July-1 August, 2014. 101-108.

[19]   YoungSeok Yoon and Brad A. Myers. 'Supporting Selective Undo in a Code Editor,' 37th International Conference on Software Engineering (ICSE 2015), Florence, Italy, May 16-24, 2015. 223-233 (volume 1).

14장

바이오메트릭 센서를 사용한 생산성 측정

마리케 반 부그트, 호로닝언 대학University of Groningen, 네덜란드

측정을 위한 생산성 정의

생산성을 높이려면 어떤 요소가 생산성에 도움이 되고 어떤 요소가 생산성에 방해가 되는지 결정할 수 있는 방식으로 생산성을 추적할 수 있다면 좋을 것이다. 바이오메트릭 센서는 이러한 생산성 추적에 도움이 될 수 있다. 하지만 생산성이 높다는 것은 무엇을 의미하는가? 간단히 생각해 보면 주의가 분산되지 않고 집중할 수 있는 상태를 뜻한다. 실제로 정형화된 양식을 채우는 것과 같이 간단한 작업에서 생산성이 높이려면 자신의 목표를 주의 깊게 관찰하고 주의가 분산되지 않도록 노력하면 된다. 하지만 새로운 소프트웨어 아키텍처를 개발하거나 복잡한 기능을 구현하는 것과 같이 좀 더 복잡한 작업의 경우 창의적이 돼야 하고 기존에 틀에서 벗어난 사고를 해야 한다. 이는 어느 하나에 집중하는 것과 맞지 않는다. 즉 창의성과 같은 생산성의 측면은 집중에 달려 있는 것이 아니라 오히려 그 반대인 딴생각에 달려 있다[1]. 딴생각은 작업과 무관한 생각을 하는 과정이다. 어떻게 딴생각이 생산성에 도움이 될까? 딴생각을 한다는 것은 컴퓨터 프로그램 작성과 같은 작업을 수행하는 동안 다른 것에 대해 생각하는 것을 뜻한다. 이때 지금 하고 있는 것에 대한 새로운 관점을 가지는 데 도움이 되는 새로운 정보에 접근할 수 있다. 이는 딴생각의 내용을 관찰하고 너무 딴생각에 깊게 빠져들지만 않는다면 딴생각이 매우 유용할 수 있다는 것을 뜻한다. 게다가 이는 하나에

집중하는 것이 항상 생산성을 의미하는 것은 아니라는 것을 말한다. 예를 들어 동일한 코드를 반복해서 작성하는 것과 같이 하나의 바보 같은 작업에 매우 집중하고 있다면 생산성이 낮을 것이다.

요약하면 생산성은 하나에 집중하는 것이 필요하기도 하고 정신이 분산되는 것이 필요하기도 한다. 중요한 것은 가장 관련 있는 목표에 주목하고 주의 집중 범위 정도가 이러한 목표와 맞춰 갈 수 있도록 모니터링하는 것이다. 주의 집중 범위가 너무 좁아서도 안 되고 너무 넓어서도 안 되며 현재 가장 중요한 작업을 향해야 한다.

흥미롭게도 바이오메트릭 센서를 개발하고자 하는 최근의 시도 대부분이 주의 집중 범위를 측정하는 데 초점이 맞춰져 있다. 바이오메트릭 센서의 또 다른 목표는 주의의 목표 지향성을 측정하는 것이 될 수 있다. 목표 지향성 주의는 반추나 걱정과 같이 쉽게 벗어나기 힘든 사고 패턴에 빠지지 않는 것을 뜻한다.

14장에서 단순히 주의를 추적하는 시선 추적과 뇌전도를 기반으로 하는 바이오메트릭 센서에 대해 먼저 논의하겠다. 그러고 나서 폭넓은 의미의 생산성을 추적하는 새로운 잠재성이 있는 센서에 대해 알아보겠다. 여기서 폭넓은 의미의 생산성은 가장 관련 있는 목표에 집중하고 목표와 상관없는 쪽으로 유도하는 사고로 인해 곁길로 새지 않는 것을 가리킨다.

눈으로부터 집중에 관해 알 수 있는 것

주의를 측정하기 위한 가장 간단한 방법은 시선과 동공의 폭을 추적하는 것이다. 이는 실험실 연구에서 안구를 추적하는 특수 카메라를 사용해 측정할 수 있다. 거의 모든 컴퓨터에 존재하는 웹캠 역시 비슷한 기능을 제공한다. 우리는 연구실에서 웹캠 기반 안구 추적을 시험했는데 사용자가 화면에 제시된 여러 자극이 되는 요소 중 다음으로 무엇을 선택할지 예측할 만큼 웹캠 기반 안구 추적의 예민도가 높다는 것을 알아냈다.

그렇다면 안구 추적을 통해 무엇을 측정할 수 있을까? 외부 자극에 의한 집중 분산을 조사한 한 실험에서 참가자에게 정면 화면에서는 암기 작업을 수행하도록 하고 측면

화면에서는 고양이 비디오를 보여 줬다. 이때 참가자의 안구는 고양이 비디오로 향했다[9]. 참가자의 안구가 고양이 비디오로 향하는 빈도는 작업의 난이도에 달려 있다. 작업이 시각적인 능력을 더 필요로 하면 할수록(예, 시각 이미지를 매우 자세히 보도록 요구하는 것) 참가자는 고양이 비디오에 덜 방해받았다. 반면에 작업이 기억 능력을 더 필요로 하면 할수록(예, 연속된 숫자를 외우는 것) 시선이 고양이 비디오로 더 자주 향했다. 즉 직장에서 움직이는 이미지가 있는 비디오 화면을 보여 주는 것은 매우 좋지 않은 생각이다. 또 다른 연구에서 안구 추적을 사용해 사람의 눈이 컴퓨터 화면에서 외우고자 하는 것의 위치에 유지되는지 여부를 조사했다[3]. 예상대로 참가자가 집중할 때에 비해 참가자의 집중이 분산됐을 때 시선이 외우고자 하는 것의 시각 위치에 덜 고정됐다. 즉 특정 위치에 시선이 고정돼야만 하는 작업을 수행할 때(예, 화면의 특정 부분에 위치한 코딩 창) 시선은 주의를 측정하기 위한 좋은 측정치다.

하지만 대개 한 지점에 주의를 집중해야 하는 일은 많지 않다. 이러한 경우에도 안구 기반 바이오 센서를 사용할 수 있다. 이때 시선의 방향 대신에 동공의 크기를 측정하면 된다. 이미 수십 년 간 동공 크기를 얼마나 정신을 집중하는지[4]와 흥분도[2]에 연관 지어 왔다. 예를 들어 작업을 더 어렵게 만들면 동공 크기가 커지는 것을 볼 수 있다. 게다가 어려운 작업을 성공적으로 수행한 것에 대해 사람을 칭찬하면 동공 크기는 더 커진다.

딴생각을 하면 동공의 크기가 작아진다고 보는 연구들이 많다[3, 11]. 따라서 동공의 크기는 주의 집중과 높은 생산성의 또 다른 잠재적인 지표다. 동공이 크면 클수록 생산성이 높다. 사실 사용자에게 끼어들기 가장 좋은 시점을 알아내기 위한 지표로 이전에 동공 크기를 사용했다[5]. 끼어들 대상인 사람의 업무량이 적을 때 끼어드는 것이 보통 가장 좋다. 예를 들어 무언가를 기억하려 하거나 머리로 복잡한 정보를 처리할 때가 아니라 어떤 작업의 부분 작업에서 다른 부분 작업으로 넘어가는 중일 때 끼어드는 것이 좋다. 연구 결과 업무량이 적은 시점을 찾아내는 데 성공했고 업무량이 적은 시점에 끼어드는 것이 성과가 더 좋았다. 이는 동공 크기를 여러 번 반복하지 않고 한 번만 시행하는 방식에서도 성공적으로 사용할 수 있고 동공 크기가 생산성의 지표로 얼마나 집중하고 있는지 측정하기에도 적합하다는 것을 뜻한다.

뇌전도를 활용한 주의 관찰

뇌전도EEG, ElectroEncephaloGram 역시 생산성을 측정하는 데 적합하다. 뇌전도는 뇌가 발산하는 전기적인 활동을 반영하며 두피의 전극으로 측정한다. 뇌전도는 딴생각과 정신 집중 모두를 추적하는 데 자주 사용돼 왔다. 연구 결과에 따르면 누군가가 딴생각을 하면 자극에 의해 발생한 뇌 활동이 감소한다. 이는 사람의 주의가 좀 더 내적으로 향해 있고 사람이 주변 환경으로부터 상대적으로 단절된 상태를 나타낸다. 알파파alpha wave의 역할에 관한 오랫동안에 걸친 연구가 있음에도(알파파는 주로 뇌의 무부하 파idling wave) 해당 연구는 이러한 뇌파와 딴생각 사이의 대응 관계를 명확히 보여 주지는 못했다.

이 분야의 가장 진보한 연구들은 개인의 주의 상태를 예측하려고 머신러닝 분류자classifier를 사용하기 시작했다. 예를 들어 미트너Mittner와 동료들의 한 연구[6]에 따르면 행동 측정치와 신경세포 측정치를 조합해 어떤 사람이 작업에 몰두 중인지 딴생각 중인지 80퍼센트 정확도로 예측할 수 있다. 이러한 신경세포 측정치는 기능적 자기 공명 기록법fMRI, functional Magnetic Resonance Imaging을 포함한다. fMRI의 문제점은 측정을 위해 사람이 비싸고 무거운 MRI 스캐너에 누워야 하기 때문에 실제 상황에서는 매우 적합한 측정치가 아니라는 점이다. 게다가 MRI 스캐너는 엄청난 소음을 발생해 업무에 집중하기에 좋지 못하다. 그럼에도 우리가 진행한 최근 연구에 따르면 좀 더 휴대성이 좋은 뇌전도를 사용하면 딴생각 예측의 정확도를 70퍼센트까지 높일 수 있다. 게다가 해당 연구에서 70퍼센트의 정확도는 2개의 다른 행동적 작업에 걸쳐 달성된 것이다. 이는 일반적인 딴생각 측정치를 이용할 수 있다는 것을 뜻한다. 이는 업무 환경에 적용하는 데 중요한 부분이다.

뇌전도는 딴생각뿐만 아니라 정신 집중을 측정하는 데 사용돼 왔다. 뇌전도에서 정신 집중의 가장 자주 사용되는 지표는 P3다. 이는 자극을 개인에게 보여 준 다음 대략 300에서 800ms 후에 발생하는 뇌전도 포텐셜EEG potential 에너지다[10]. 뇌전도 포텐셜 에너지는 사람이 정신 집중을 하고 있을 때 커지고 사람이 딴생각을 하고 있을 때 작아진다. 뇌전도 포텐셜 에너지는 별개의 자극에 대해 자극 후 일정한 시간대에 일정한 형태를 띠기 때문에 P3 포텐셜 에너지를 측정하고자 하는 목적을 갖고 개인에게 주기적인 별개의 자극을 보여 주지 않는 한 사무실 환경에서 이러한 포텐셜 에너지를 측정하기는 어려울 수 있다.

이러한 염려들을 고려할 때 뇌전도가 정신 분산과 생산성을 모니터링하기에 잠재적으로 유용하다면 고려해야 할 문제점은 뇌전도가 MRI보다는 다루기 쉽지만 뇌전도 시스템은 여전히 꽤나 불편하고 설치하는 데 많은 시간이 걸린다(보통 15에서 45분 걸린다). 연구 수준의 뇌전도 시스템은 32개에서 256개 사이의 전극이 심어져 있는 천으로 된 모자로 구성된다. 각 전극이 두피와 연결돼야 하는데 이때 전극 젤과 수동 조정을 통해 전극과 두피 사이의 연결을 맺는다. 추가로 전극 모자는 두피에서 측정된 약한 신호가 잡음보다 높은 수준이 되도록 신호를 강화하는 증폭기에 연결돼야 한다. 이러한 절차를 반드시 거쳐야만 충분히 깨끗한 신호를 수집할 수 있다. 이러한 작업이 업무 환경에서 가능하지 않다는 것은 분명하다.

다행히도 최근에 저가 뇌전도 장치 개발에 뛰어든 사람들이 많아졌다. 저가 뇌전도 장치는 센서가 1개에서 8개 정도 달려 있고 많은 준비가 필요하지 않다(예. 이모티브Emotive 와 뮤즈MUSE). 전극이 올바른 위치에 위치하면 이러한 저가 장치도 잠재적으로 생산성 모니터링 장치로 사용될 수 있다. 사실 이러한 업체들이 자신들의 장치가 집중도를 기록할 수 있다고 광고하곤 한다. 하지만 이러한 주장에도 연구 수준 뇌전도 시스템과 저가 뇌전도 장치를 비교했을 때 휴대성이 편한 저가 뇌전도 장치는 신뢰성 있는 신호를 제공하지 않는다는 것을 발견했다. 전극을 이마에 부착하는 사람들도 많다. 이로 인해 뇌 활동이 아닌 근육 활동이 주로 기록된다. 물론 근육 활동은 어떤 사람이 얼마나 스트레스를 받았는지 나타내는 지표가 될 수 있다. 하지만 그렇다고 근육 활동이 어떤 사람이 얼마나 딴생각을 하는지, 집중이 분산됐는지를 나타내지는 않는다. 예를 들어 소프트웨어 개발 프로젝트를 수행할 때는 꽤나 근육이 긴장된 상태일 수 있고 소셜 미디어를 보면서는 이완 상태일 수 있다. 따라서 현 시점에서 뇌전도는 생산성 측정에 있어 실험실 환경에서만 유용하다.

반추에 빠진 정도 측정하기

언급했듯이 초점만을 측정하는 것은 생산성을 측정하는 데 충분치 않다. 추가로 어느 정도의 정신적 유연성과 관련된 목표에 대한 집중 할당이 중요하다. 정신적 유연성은 바이오메트릭 센서를 사용해 측정하기 어렵다. 하지만 이를 측정하기에 적합하다고 여겨지는 신호로 끈질긴 딴생각과 연관된 신호가 있다. 여기서 끈질긴 딴생각이란 쉽게 떨쳐낼 수 없는 딴생각 과정을 말한다[12]. 끈질긴 딴생각은 반추rumination에 빠지기 전에 나타나는 전조와 같은 것이다(반추는 대부분 부정적이며 스스로에게 물음을 던지는 방식으로 한정된 범위의(동일한) 생각을 제어하지 못하고 반복적으로 하는 것을 말한다[7]). 예를 들어 반추는 '나는 쓸모 없고 패배자야'라고 반복적으로 생각하면서 예전에 수행한 업무가 좋지 못한 평가를 받았던 것과 같은 과거 경험을 떠올린다. 이러한 생각은 사람의 의식에 반복적으로 파고들어 집중을 할 수 없도록 만든다. 이는 우울증을 앓는 사람들이 겪는 대표적인 증상 중 하나다. 끈질긴 딴생각은 되풀이되는 걱정의 형태를 취할 수도 있다. 예를 들어 충분히 훌륭하지 못한 점에 대한 걱정이나 자녀에 관한 걱정이나 미래에 대한 걱정 등이 될 수 있다. 이는 생산성에 특히나 좋지 않은 영향을 주는 사고다. 이러한 걱정이 소프트웨어 개발자에게 중요한 어려운 문제를 해결하기 위한 사고 과정을 방해하기 때문이다.

최근 연구는 이러한 끈질긴 형태의 딴생각을 식별하고 실험적으로 다루기 시작했다. 연구 결과 사람들이 벗어나기 힘든 생각을 할 때 이러한 생각을 하기 바로 전에 작업 성과가 떨어지고 그러한 생각을 하는 동안에는 작업 성과가 좀 더 변화무쌍해진다[12]. 다른 연구에서는 사람들이 스마트폰을 갖고 많은 날에 걸쳐 자신의 생각을 측정했다. 연구 결과 끈질긴 딴생각은 현재 진행 중인 활동을 좀 더 방해했고 끈질긴 생각을 억제하려면 더 많은 노력이 필요했다. 연구에서 추가적으로 알아낸 바에 따르면 끈질긴 형태의 딴생각은 끈질기지 않은 형태의 딴생각에 비해 심박 변동성 감소와 연관이 있다[8]. 대개 큰 심박 변동성은 행복이 증가했음과 관련 있다. 따라서 심박 변동성 감소는 원치 않는 결과다. 이는 심박 변동성이 모니터링할 만한 바이오메트릭 정보가 될 수 있음을 뜻한다. 스마트 워치에 포함된 것과 같이 저가 심박 측정기가 점점 더 많아지고 있기 때문이다.

시사점

여기서 논의한 연구들은 바이오메트릭 정보를 활용해 생산성을 측정하는 것이 가능한 여러 방법이 있음을 제시한다. 그러한 가능성으로 동공 크기, 심박 변동성, 뇌전도가 있고 각 방법은 그만의 가능성과 한계를 지닌다. 그럼에도 이러한 측정치 대부분은 상대적으로 간단하면서 인공적인 실험실 환경에서 테스트됐다. 이러한 환경에서는 오직 한정적인 경우만 일어날 수 있다. 반면에 실제 세상에서 더 많은 시나리오가 전개되고 이러한 바이오메트릭 측정치가 그러한 환경에서도 잘 동작할지는 불분명하다. 필요한 것은 각 바이오메트릭 측정치가 어떤 경계 조건에서 잘 동작하는지 이해하는 것이다. 그리고 잠재적으로 다양한 측정치의 조합을 통해 집중 방해를 좀 더 정확하게 나타내는 지표를 찾아내서 도움이 되는 딴생각과 해가 되는 딴생각을 구분할 수 있을 것이다.

이러한 지표는 사용자에게 집중이 분산됐음을 알리고 장기적인 목표를 상기시켜 주는 차단 시스템에 잠재적으로 통합될 수 있다. 단기간의 보상 또는 즉각적인 보상을 제공하는 목표가 장기적인 목표보다 덜 활발할 때 대개 집중 분산이 발생한다. 끈질긴 반추적인 딴생각의 경우에도 가볍게 상기시켜 주는 것만으로도 사람은 이러한 끈질긴 반추적인 딴생각 과정으로부터 벗어나서 논문을 작성하거나 컴퓨터 프로그램을 끝마치는 것과 같은 더 생산적인 장기 목표에 집중을 돌릴 수 있다.

요약하면 지금까지 생산적이라는 게 무엇인지 그리고 잠재적으로 생산성을 어떻게 측정할 수 있을지 논의했다. 대부분의 직업이 하나의 것에 기계적으로 집중하는 것 이상을 요구하기 때문에 생산성을 측정하는 것은 간단하지 않다. 그럼에도 집중을 추적하는 과학 연구들이 좋은 시작점이 될 수 있다. 이러한 연구들은 안구 이동, 동공 크기, 심박 변동성, 뇌전도가 사람의 집중 상태에 관한 어떤 유용한 정보를 제공한다는 것을 보여 준다. 반면에 이러한 측정치 중 어느 것도 그 자체만으로 어디에나 적용할 수 있는 생산성 지표를 제공하지 않는다. 게다가 이러한 측정치 중 다수는 실제 환경에서 해당 측정치를 측정하는 것이 쉽지 않다. 이러한 이유로 바이오메트릭 모니터링의 가장 생산적인 사용은 생산성 그 자체를 측정하는 것이 아니라 사용자가 자기 자신을 모니터링할 수 있도록 돕는 것이라고 생각한다. 여러 바이오메트릭 센서를 결합할 수 있으며 이런 식으로 사용자가 잠재적으로 생산성이 떨어지는 것을 알아챌 수 있도록 돕고 사용자의 가장 중요한 장기 목표를 사용자에게 상기시킬 수 있다.

핵심

14장의 핵심은 다음과 같다.

- 어떤 생산성은 목표를 대상으로 한 주의 집중이 필요한 반면 또 다른 생산성은 정신적 유연성이 필요하다.
- 안구 추적을 사용해 사람이 집중하고 있는지 여부를 알 수 있다.
- 뇌전도 역시 집중을 추적하지만 휴대용 센서로 측정하기는 어렵다.
- 반추는 생산성에 있어 고려해야 할 중요한 요소다.

참고 문헌

[1] Baird, B., J. Smallwood, M. D. Mrazek, J. W. Y. Kam, M. J. Frank, and J. W. Schooler. 2012. 'Inspired by Distraction. Mind Wandering Facilitates Creative Incubation.' Psychological Science 23 (10):1117-22. https://doi.org/10.1177/0956797612446024.

[2] Gilzenrat, M. S., S. Nieuwenhuis, M. Jepma, and J. D. Cohen. 2010. 'Pupil Diameter Tracks Changes in Control State Predicted by the Adaptive Gain Theory of Locus Coeruleus Function.' Cognitive, Affective & Behavioral Neuroscience 10 (2):252-69.

[3] Huijser, S., M. K. van Vugt, and N. A. Taatgen. 2018. 'The Wandering Self: Tracking Distracting Self-Generated Thought in a Cognitively Demanding Context.' Consciousness and Cognition 58, 170-185.

[4] Kahneman, D., and J. Beatty. 1966. 'Pupil Diameter and Load on Memory.' Science 154 (3756). American Association for the Advancement of Science:1583-5.

[5] Katidioti, Ioanna, Jelmer P Borst, Douwe J Bierens de Haan, Tamara Pepping, Marieke K van Vugt, and Niels A Taatgen. 2016. 'Interrupted by Your Pupil: An Interruption

Management System Based on Pupil Dilation.' International Journal of Human Computer Interaction 32 (10). Taylor & Francis:791-801.

[6] Mittner, Matthias, Wouter Boekel, Adrienne M Tucker, Brandon M Turner, Andrew Heathcote, and Birte U Forstmann. 2014. 'When the Brain Takes a Break: A Model-Based Analysis of Mind Wandering.' The Journal of Neuroscience 34 (49). Soc Neuroscience:16286-95.

[7] Nolen-Hoeksema, S., and J. Morrow. 1991. 'A Prospective Study of Depression and Posttraumatic Stress Symptoms After a Natural Disaster: The 1989 Loma Prieta Earthquake.' Journal of Personality and Social Psychology 61 (1):115-21.

[8] Ottaviani, C., B. Medea, A. Lonigro, M. Tarvainen, and A. Couyoumdjian. 2015. 'Cognitive Rigidity Is Mirrored by Autonomic Inflexibility in Daily Life Perseverative Cognition.' Biological Psychology 107. Elsevier:24-30.

[9] Taatgen, N. A, M. K. van Vugt, J. Daamen, I. Katidioti, and J. P Borst. 'The Resource-Availability Theory of Distraction and Mind-Wandering.' (under review)

[10] Ullsperger, P, A-M Metz, and H-G Gille. 1988. 'The P300 Component of the Event-Related Brain Potential and Mental Effort.' Ergonomics 31 (8). Taylor & Francis:1127-37.

[11] Unsworth, Nash, and Matthew K Robison. 2016. 'Pupillary Correlates of Lapses of Sustained Attention.' Cognitive, Affective, & Behavioral Neuroscience 16 (4). Springer:601-15.

[12] van Vugt, M. K., and N. Broers. 2016. 'Self-Reported Stickiness of Mind-Wandering Affects Task Performance.' Frontiers in Psychology 7. Frontiers Media SA:732.

약 자료가 14장의 Creative Commons 라이선스에 포함되지 않고 여러분의 사용이 법 규정에 의해 허용되지 않거나 허용된 사용 범위를 초과하는 경우 저작권자로부터 직접 허락을 받아야 한다.

15장

팀 활동 전반에 대한 파악이 개발자 생산성에 관한 인식에 영향을 미치는 방식

크리스토프 트뢰드, 애들레이드 대학University of Adelaide, 호주

페르난도 피게이라 필로, 히우그란지두노르치 연방대학Federal University of Rio Grande do Norte, 브라질

소개

일상적인 업무에서 소프트웨어 개발자는 많은 다양한 활동을 수행한다. 수많은 툴을 사용해 소스 코드와 모델부터 문서 산출화와 테스트 케이스에 이르기까지 소프트웨어 요소들을 개발한다. 또한 툴을 사용해 개발 업무를 관리하고 조율한다. 뿐만 아니라 팀원들과 대규모 소프트웨어 개발 커뮤니티와 의사소통하고 지식을 나누려고 엄청난 시간을 사용한다. 이렇게 많은 양의 활동과 정보를 이해하는 것은 새로운 소프트웨어 개발 요소를 만들 때마다 점점 더 어려워지고 있다. 그러나 소프트웨어 프로젝트의 모든 관련된 정보를 파악하는 것은 소프트웨어 개발의 생산성을 높이는 데 중요하다.

공식적인 용어로 파악(알고 있음, awareness)[1]은 '다른 사람들의 활동을 이해해 자신의 활동에 맥락을 제공함'으로 정의된다. 공동 업무 환경에서 다른 팀원의 업무를 파악하고

---

1   awareness는 '인식'으로 많이 번역하지만 15장에서는 perceive(인식하다)와 헷갈릴 가능성이 높고 맥락상 정보를 이해하고 자신에게 적용한다는 의미이기 때문에 '인식'보다는 '파악' 쪽에 가까워서 awareness를 '파악'으로 번역했다. – 옮긴이

해당 업무가 자신의 업무에 어떤 식으로 영향을 줄 수 있는지 파악하는 것은 중요하다. 지속적인 파악을 통해 각 개인의 기여의 그룹 업무에 대한 연관성을 전반적으로 높일 수 있다. 파악은 개인의 행동이 그룹의 목표와 진전에 어떤 영향을 미쳤는지 측정하는 데 사용할 수 있다. 또한 파악을 통해 그룹은 공동 작업 과정을 관리할 수 있다[1].

소프트웨어 프로젝트에 기여하려면 많은 종류의 파악이 필요하다. 이러한 파악에는 고수준의 상태 정보(예, 프로젝트의 전반적인 상태가 어떤가? 현재 병목 지점이 무엇인가?)부터 더 세분화된 정보(예, 현재 동일한 파일에 작업 중인 사람이 또 누가 있고 누가 변경 사항을 취소했는가? 내가 현재 작성 중인 소스 코드에 누가 영향을 받을까?)가 있다. 파악은 단기적인 순간적인 파악(현재 빌드 상태와 같은 시간상의 특정 지점에 일어난 이벤트에 대한 파악)과 장기적인 전반적인 이력에 관한 파악(코드 진화와 개발 속도와 같은 이전 이벤트에 대한 파악)을 모두 포함한다. 소프트웨어 시스템의 복잡도가 증가하면서 모든 상황에 대해 지속적으로 파악하는 것이 점점 더 어려워졌다. 이러한 상황에 대처하고자 개발자들이 프로젝트의 관련된 모든 것을 알 수 있도록 지난 10년간 많은 도움 툴이 개발됐다.

가용한 정보가 너무 많기 때문에 소프트웨어 개발자의 파악을 지원하는 툴들은 세부 정보를 축약적으로 표현하고 정보를 종합해야 한다. 이는 위험으로 이어진다. 개발자 활동 정보의 종합은 개발자의 업무를 정량화하는 부작용이 있다. 이로 인해 개발자들 간에 생산성 비교가 가능해진다. 예를 들어 현재 개발자가 진행 중인 작업에 대한 고수준 정보(종합적인 축약 정보)를 제공하는 것이 목적인 툴이 있다고 하자. 이러한 툴은 개발자가 세 가지 기능을 구현 중이라고 보고할 가능성이 높다(예를 들어 해당 개발자에게 할당된 미해결 이슈의 개수를 세는 방식으로 동작). 하지만 해당 툴은 개발자가 현재 데이터베이스 커넥터를 리팩토링하는 중이고 애플리케이션의 영속 계층persistence layer의 버그를 수정 중이고 쿼리의 성능을 향상하는 중이라고 보고하지는 못할 것이다(툴이 이런 식으로 보고하려면 미해결 이슈의 의미를 자동으로 이해하는 기능이 필요할 것이다). 물론 툴이 모든 미해결 이슈를 단순히 열거할 수도 있지만 이는 정보 과잉으로 이어질 것이다.

15장에서 파악 정보와 생산성 측정치 사이의 이러한 긴장 관계에 대해 논의하고 정보를 정량화하지 않고도 파악할 수 있게 하는 툴을 설계해야 한다고 주장할 것이다. 또한 개발자들에게 이러한 툴을 어떤 식으로 설계하는 것이 좋을지 조사한 실증 연구의 결과를 알아볼 것이다. 해당 연구에 따르면 파악이 동료의 생산성에 대한 개발자의 인식에 영향을 줄 수 있고 개발자는 생산성을 하나의 지표로 측정할 수 없다고 생각한다. 우리가 내린 결론은 개발자의 파악을 돕고자 소프트웨어 프로젝트에서 진행 중인 모든 사항을 이해하기 위한 자동화된 툴이 필요하긴 하지만 이러한 툴은 정보를 측정하는 대신에 정보를 요약하는 데 집중해야 한다는 것이다.

파악과 생산성

먼저 기존에 파악의 종류를 분류한 것을 기준으로 팀 활동 파악과 개발자 생산성 간에 관계를 살펴보겠다[2].

- **협업 파악**collaboration awareness: 협업 파악은 그룹의 가용성에 관한 인식을 말한다. 예를 들어 사람들이 동일한 물리적 공간에 있는지, 누가 온라인 상태이고 누가 오프라인 상태인지, 팀원들의 가상 공간에서의 가용성 등이 있다. 소프트웨어 개발에서 그리고 다른 많은 분야에서 이러한 개념은 생산성과 직접 연관된다. 소프트웨어 개발 팀의 어떤 팀원이 가용하지 않다고 인식된 경우 가용하지 않은 팀원은 생산적이지 않고 항상 온라인 상태이거나 동일한 물리적 공간에 있는 팀원은 생산적이라고 인식될 가능성이 높다.

- **위치 파악**location awareness: 위치 파악은 공간의 지리적 그리고 물리적 성질을 말한다. 예를 들어 팀원이 물리적으로 어디에 있는지 등이 있다. 협업 파악과 마찬가지로 팀원들의 물리적 위치는 생산성 인식과 연관될 수 있다. 동일한 사무 공간을 공유하는 동료가 그 공간에 있는 다른 동료들과 비슷한 생산성을 지닌 것으로 인식된다면 이 경우에 해당한다. 또한 이는 문화적 영향을 지닐 수도 있다. 예를 들어 아웃소싱 공간에 있는 개발자는 단순히 위치에 따라 생산성이 다르게 인식된다.

- **맥락 파악**context awareness: 맥락 파악은 동료 집단이 가상 공간에서 무슨 일이 진행 중인지 지속적으로 파악할 수 있도록 돕는다. 예를 들어 소프트웨어 개발 프로

젝트에서 맥락 파악은 공유 작업의 상황을 의미할 수 있다. 예를 들어 다음 릴리스에 대한 개발 팀의 진척이 될 수 있다. 개발 팀이 제대로 진행 중이 아니라고 인식되면 상황 파악을 사용해 해당 팀의 생산성이 떨어진다고 결론 내릴 수 있다.

- **사회적 파악**social awareness: 안투네스 등Antunes et al.에 따르면 사회적 파악은 다른 사람의 역할과 활동 또는 어떤 작업에 단체 구성원들이 어떤 식으로 기여하는지에 대한 이해와 연관돼 있다. 이 정의에 따르면 소프트웨어 개발 팀의 사회적 파악이 개발자 생산성과 어떤 식으로 연관되는지 이해하기 쉽다. 어떤 작업에 대한 팀원의 기여가 충분치 않을 때 해당 팀원은 생산성이 낮다고 인식될 것이고 기여가 충분할 때 생산성이 높다고 인식될 것이다.

- **작업 공간 파악**workspace awareness: 작업 공간 파악은 다른 사람이 공유된 작업 공간과 어떤 식으로 상호 작용하는지에 대해 이해하는 것으로 정의할 수 있다. 예를 들어 작업 공간 내의 사람들을 인식하고 사람들이 작업 공간과 어떤 식으로 상호 작용하는지에 대한 파악을 뜻한다. 이는 단순히 작업 공간 자체를 인식하고 있는 것과는 다르다[3]. 이러한 종류의 파악은 생산성과 직접적으로 연관된다. 어떤 개발자가 공유된 작업 공간(예, 소프트웨어 프로젝트의 이슈 트래킹 시스템)과 기대하는 것만큼 자주 또는 성과 있게 상호 작용하지 않는다면 해당 개발자는 생산성이 낮다고 인식될 것이다.

- **상황 파악**situation awareness: 상황 파악은 정보, 이벤트, 자신의 행동이 목표와 목적에 어떤 식으로 영향을 줄 것인지 이해하려고 근처에서 무슨 일이 발생하는지 파악하는 것을 말한다. 소프트웨어 개발에 적용하면 이러한 정의는 동일한 제품을 작업 중인 다른 팀의 작업에 대한 주변 파악이 될 수도 있고, 특정 제품이 의존성을 지니는 라이브러리의 업데이트에 대한 파악이 될 수도 있고, 기술 트렌드에 대한 파악이 될 수도 있다[4]. 다른 종류의 파악과 마찬가지로 상황 파악 역시 생산성과 연관된다. 다른 팀이 제때 기능을 완료하지 못하거나 라이브러리의 심각한 버그가 수정되지 않는다면 해당 개발자는 생산성이 낮다고 인식될 것이다.

협업 소프트웨어 개발을 위한 파악 기능

이전 절에서 논의했듯이 소프트웨어 개발 프로젝트에는 개발자가 파악해야 할 많은 다양한 정보가 있다. 하지만 소프트웨어 리포지터리에 활동과 정보가 넘쳐나기 때문에 개발자가 프로젝트의 모든 면을 파악하는 것은 불가능할 뿐 아니라 불필요하다. 결과 관련 정보를 필터링하고 종합하기 위한 메커니즘이 필요하다.

개발자가 관련 정보를 파악하고 종합할 수 있도록 피드와 대시보드(16장 참고) 같은 많은 툴이 개발됐다. 하지만 이러한 툴들은 정성적인 측면보다는 정량적인 측면에 대개 초점을 맞추고 있다. 미해결 이슈의 개수를 세는 것이 이러한 이슈가 무엇에 관한 것인지 해석하는 것보다 훨씬 쉽기 때문이다. 다음 절에서 정성적인 수단과 정량적인 수단을 사용해 파악 정보를 종합한 것에 관한 개발자들의 의견을 논의할 것이다.

파악 정보를 숫자로 종합하기

소프트웨어 팀에게 중요한 파악 정보를 제공하기 위해 개발 활동의 추출, 종합, 요약을 위한 자동화된 툴은 필수다. 이러한 툴들을 어떤 식으로 설계해야 할지 조사하기 위해 이전 연구[5]에서 개발자들에게 이러한 툴들의 정성적인 측면과 정량적인 측면을 어떤 식으로 설계하겠는지 물어봤다. 먼저 정량적인 측면에 관해 연구 결과를 요약해 보겠다. 연구 결과 파악 정보를 생산성 측정치로 잘못 해석할 위험이 있다는 점이 밝혀졌다.

연구 참가자들은 하나의 지표(예, 코드 줄 수, 작업 개수 등)로는 소프트웨어 제품 개발 전 단계에 걸쳐 개발자가 수행하는 활동들을 진정으로 반영할 수 없다고 강조했다. 예를 들어 하나의 지표를 모니터링하는 것만으로는 개념적인 업무는 측정이 거의 불가능하고 눈에 띄지 않고 넘어갈 것이다. 연구에 참여한 한 참가자는 '얼마나 많은 결과를 만들었는지 측정하는 것은 어렵다. 아키텍처를 변경하거나 개념적인 리팩토링을 수행하는 것은 프로젝트에 큰 영향을 미치지만 코드 베이스에서는 거의 티가 나지 않는다'라고 말했다. 마찬가지로 작업의 난이도 역시 코드 줄 수로 측정할 수 없다.

소프트웨어 프로젝트는 개발 사이클 동안 다양한 단계를 거친다. 연구 참가자에 따르면 프로젝트마다의 차이로 인해 프로젝트 상황과 상이한 개발 업무 흐름 모두에 적용할 수 있는 획일적이면서 모든 것에 적용할 수 있는 측정 시스템을 설계하는 것은 어렵다(이러한 어려운 점은 2장에서 살펴봤다). 또한 개발자들은 하루에도 여러 역할을 맡을 수 있다. 예를 들어 고객 및 사용자와 소통하는 것은 연구 참가자들에 따르면 측정하기 어려운 활동으로 간주됐다. 하지만 이는 개발 업무의 중요한 부분이다. 연구 참가자들은 '애초에 시스템 개발은 사람들을 위한 것이다.'라고 말했다.

연구 참가자들이 인식한 또 다른 문제점은 측정치가 조작돼서 생산성을 측정하는 것이 목적인 자동 시스템이 잠재적으로 정확하지 않을 수 있다는 점이다(누군가가 높은 생산성을 기록하려고 시스템을 고의로 남용할 수 있다). 이는 이슈의 개수나 커밋 개수와 같이 단순한 측정치에 특히 해당한다. '낮은 수준의 개발자는 다른 사람보다 더 많은 이슈를 완료할 수도 있다. 하지만 높은 수준의 개발자는 보통 더 적은 이슈를 완료하지만 완료된 이슈가 다시 문제가 되는 경우는 거의 없다. 이러한 이유로 지표는 정량적인 부분뿐 아니라 정성적인 부분도 측정해야 한다.'

숫자가 개발자에게 의미 있는 정보를 제공하기 위한 수단으로서 한정적인 가치를 지니기 때문에 다음으로 파악 정보의 질을 향상시킬 수 있는 정성적인 메커니즘의 잠재성에 대해 조사해 봐야 한다. 특히 요약에 관해 알아보겠다.

파악 정보를 텍스트 형태로 종합하기

이전 절에서 알아봤듯이 소프트웨어 개발자의 업무를 숫자 형태로 종합하는 것은 단점이 많다. 하지만 소프트웨어 리포지터리의 정보는 소프트웨어 개발자들이 쉽게 파악할 수 있도록 종합적으로 표현돼야 한다. 그렇지 않으면 생성되거나 수정되거나 삭제된 모든 항목을 일일이 살펴봐야 할 것이다. 이를 염두에 두고 이전 연구[5]에서 연구 참가자들에게 다음 시나리오를 제시했다. '지금이 월요일 아침이고 여러분이 일주일 간의 휴가에서 막 복귀했다고 가정해 보자. 동료 중 한 명이 지난주에 일어난 개발 활동에 관한 정보를 여러분에게 알려 주는 중이다.' 개발자들에게 동료가 알려 주는 요약 정보에 어떤 정보가 포함됐으면 하는지 물어봤다. 다음 문단에서 개발자들의 답변을 요약해 보겠다.

소프트웨어 개발자의 일상 업무 중 많은 이벤트를 예상 이벤트 또는 예상치 못한 이벤트로 분류할 수 있다. 예상 이벤트는 소프트웨어 개발자에게 그다지 놀랍지 않은 상태 업데이트다. 예를 들어 개발 작업의 상태가 작업 중에서 완료로 변경되는 것이다. 반면에 예상치 못한 이벤트는 심각한 버그의 발견과 같이 뜻밖의 일이다. 참가자들은 예상 이벤트와 예상치 못한 이벤트 모두 개발 활동 요약에 포함돼야 한다고 응답했다.

소프트웨어 개발 프로젝트에서 예상 이벤트의 요약은 개발 작업이나 유저 스토리user story 등 다양한 요소가 개발 주기 동안 어떤 식으로 진행되는지에 관한 것이다. 예를 들어 한 참가자는 작업 상태 변화 히스토리라는 것을 요청했다. 이는 어떤 작업이 시작됐고 어떤 작업이 완료됐으며, 어떤 작업이 테스트됐는지에 관한 것이다. 예측에 있어 중요한 측면 중 하나는 계획이다. 참가자들은 단기 계획과 장기 계획뿐만 아니라 이러한 계획의 근간이 되는 목표에 관해 알고 싶어했다.

소프트웨어 개발자들을 위한 기본적인 파악 툴들은 개발 요소와 계획을 위에서 설명한 것처럼 파악할 수 있도록 도와주는 기능을 제공한다. 예를 들어 번다운 차트는 계획 대비 실제 완료된 일을 시각화하고 칸반 보드kanban board는 작업을 해당 작업의 현재 상태와 함께 표시한다. 하지만 이러한 툴들은 표현에 있어 여전히 한계가 있다. 번다운 차트는 프로젝트가 왜 계획대로 진행되고 있지 못한지 설명하지 못하기 때문에 번다운 차트로 생산성을 측정하는 것은 정확하지 않을 수 있다. 게다가 유저 스토리 작성에 들어가는 리소스를 과하게 계획함으로써 생산성이 조작될 수도 있다. 칸반 보드는 종합할 수 있는 정보의 양에 한계가 있다. 칸반 보드에 포함된 작업이나 업무 항목의 개수가 너무 많은 경우 보드를 보는 것으로는 전반적인 프로젝트 상태를 종합적으로 보기 어렵다.

소프트웨어 프로젝트의 모든 사항이 예상대로 진행되는 중이라면 개발자가 통상적으로 하는 작업 외에 다른 특별한 조치가 필요하지 않을 것이다. 하지만 소프트웨어 프로젝트에서 일은 대개 계획과는 달리 진행된다. 요구 사항이 변경될 수도 있고 대규모

리팩토링이 필요할 수도 있고 심각한 버그가 발견될 수도 있다. 이러한 상황에서 개발자들은 조치를 취해야 하고 이것이 바로 소프트웨어 개발 활동 요약에 있어 예상치 못한 이벤트에 대한 정보가 중요한 이유다. '개발자 상태 미팅을 완전히 줄이고 지루한 상태 미팅 대신에 문제와 새로운 발견 사항에 대한 스탠드업 미팅을 시작했다. 유일하게 중요한 점은 일이 제대로 진행되지 않은 시점과 이유다.'

참가자들에게 이러한 예상치 못한 이벤트를 자동으로 감지하기 위한 방법에 관해 물어봤을 때 특히 커밋 히스토리와 관련해 여러 예가 제시됐다. '아주 오래 걸린 커밋에 주목을 해봐야 한다. 개발자가 한동안 아무것도 커밋하지 않았다면 이러한 긴 침묵 끝에 나온 첫 번째 커밋에 관심을 가져야 한다. 예를 들어 버그를 수정하느라 오랜 시간이 걸렸을 수도 있다. 또한 중요한 커밋은 특이한 커밋 메시지를 포함할 수도 있다. 예를 들어 웃음 표시라든지 느낌표가 많든지 기본적으로 개발자가 해당 커밋 시에 감정적이었다는 것을 알 수 있는 메시지들이다.' 예상 이벤트를 요약하는 개발자 툴들은 이미 존재하지만(안타깝게도 대부분은 텍스트 내용보다는 숫자에 여전히 집중하고 있음) 소프트웨어 프로젝트에서 예상치 못한 중요한 이벤트가 무엇인지에 관한 연구는 여전히 초기 단계다.

생산성, 팀 활동 파악에 관한 재검토

소프트웨어 프로젝트를 시작부터 끝까지 진행하는 동안 개발자들은 엄청난 텍스트를 만들고 많은 조치를 수행한다. 하지만 한 개발자의 입장에서는 이러한 이벤트 중 일부만이 자신의 활동과 연관이 있다. 파악 정보를 종합하고 요약하기 위한 자동화된 방법은 개발자들을 자신의 개발 업무 중에 발생할 수 있는 다양한 질문에 대한 답을 구하려고 많은 양의 이벤트를 직접 조사하거나 다른 동료에게 물어보는 등의 번거로운 작업으로부터 해방시켜 준다.

파악 정보를 종합하기 위한 자동화된 방법은 질적인 정보보다는 양적인 정보를 생성할 가능성이 높다. 숫자를 종합하는 것(예, 개발자 당 이슈 개수)이 텍스트 정보(예, 개발자가 어떤 종류의 이슈를 처리 중인지)를 종합하는 것보다 훨씬 쉽기 때문이다. 예상했듯이 코드 줄 수와 해결 중인 또는 종결된 이슈의 개수와 같은 측정치는 대부분의 개발 툴에서 지원된다. 하지만 우리 연구에 참가했던 많은 개발자는 이러한 측정치가 파악 정보로 사용되기에 너무 제한적이라고 응답했고 이러한 단순한 숫자가 자신들의 생산성을 나타내는 지표로 사용될까 걱정했다. 요약하자면 파악은 동료의 생산성에 대한 개발자의 인식에 영향을 줄 수 있고 이러한 인식은 툴이 주로 제공하는 파악 정보에 기반한다면 대개 정확하지 않을 것이다.

누가 파악 정보를 수신하는지 측면에서 볼 때 숫자 측정치는 단독으로 제공돼서는 안 된다. 이러한 숫자 측정치는 프로젝트의 계획에 따라 발생한 최근 변경 사항에 관한 유용한 정보를 통해 보완돼야 한다. 예를 들어 예상 이벤트와 같은 유용한 정보를 함께 제공해야 하고 특히 예상치 못한 이벤트에 관한 정보를 함께 제공해야 한다. 앞에서 언급했듯이 파악 툴 설계는 예상 이벤트 정보를 훨씬 더 강조한다. 결과 예상치 못한 이벤트에 관한 정보는 개발자들이 직접 수집하고 있다. 마찬가지로 파악 툴들은 개발자들에게 왜 해당 이벤트가 일어났는지보다는 무슨 이벤트가 일어났는지에 관한 정보를 집중적으로 제공한다.

실증적인 증거가 보여 주듯이 자동화된 파악 메커니즘 설계는 협업 소프트웨어 개발에 있어 팀 활동 파악과 생산성 측정치 사이에 이러한 긴장 관계를 고려해야 한다. 개발자들이 파악 정보를 필요로 한다는 점이 생산성과 직접적으로 연관된 것은 아니다. 하지만 정보가 파악 툴들에 의해 일반적으로 표현되는 방식은 개발자의 생산성에 대한 판단에 부정적인 영향을 줄 수 있다. 연구 결과 개발자들의 궁극적인 목표가 생산성 측정과 연관되지 않았다는 점을 발견했다. 개발자들은 자신의 업무에 영향을 주고 있는 질문들과 예기치 못한 이벤트 흐름에 대한 답을 얻고자 하는 것이다. 개발자들은 좀 더 쉽고 빠르게 적응하려고 예상치 못한 이벤트를 파악하길 원한다.

개발자들이 소프트웨어 프로젝트에서 진행 중인 모든 사항을 이해할 수 있도록 돕는 툴들이 필요하긴 하지만 이러한 툴들은 현재 정성적인 정보보다는 정량적인 정보에 집중한다. 소프트웨어 프로젝트에서 무슨 일이 진행 중인지 정확하게 나타내고자 파악 툴은 정보를 측정하는 대신에 요약하는 데 집중해야 하고 숫자들을 표현할 때는 이 숫자들이 의도치 않게 생산성 측정에 사용되지 않도록 주의해야 한다. 연구 결과 자연어와 텍스트 처리 기법을 사용해 소프트웨어 프로젝트의 정보를 텍스트 형태로 자동 요약하는 것이 좋다는 결론에 이르렀다. 파악 툴은 이벤트가 예상 이벤트인지 예상치 못한 이벤트인지에 따라 소프트웨어 프로젝트의 이벤트를 분류하고 자연어 처리를 사용해 생산성 측정치로 오용될 가능성이 있는 숫자와 그래프 대신에 의미 있는 요약을 제공해야 한다.

핵심

15장의 핵심은 다음과 같다.

- 개발자들의 파악을 가능케 하고자 개발자들이 소프트웨어 프로젝트에서 진행 중인 모든 사항을 이해할 수 있도록 돕기 위한 툴이 필요하다.

- 이러한 툴들은 현재 정성적인 정보보다는 정량적인 정보에 집중하는데 이러한 툴들은 정보를 측정하는 대신에 요약하는 데 집중해야 한다.

- 팀 활동을 파악하는 것은 동료의 생산성에 대한 개발자의 인식에 영향을 미칠 수 있고 개발자들은 생산성이 하나의 지표로 대표적으로 표현돼서는 안 된다고 느낀다.

참고 문헌

[1] Paul Dourish and Victoria Bellotti. 1992. Awareness and coordination in shared workspaces. In Proceedings of the 1992 ACM conference on Computer-supported cooperative work (CSCW '92). ACM, New York, NY, USA, 107-114. DOI=https://doi.org/10.1145/143457.143468.

[2] Pedro Antunes, Valeria Herskovic, Sergio F. Ochoa, José A. Pino, Reviewing the quality of awareness support in collaborative applications, Journal of Systems and Software, Volume 89, 2014, Pages 146-169, ISSN 0164-1212, https://doi.org/10.1016/j.jss.2013.11.1078.

[3] Gutwin, C. & Greenberg, S. Computer Supported Cooperative Work (CSCW) (2002) 11: 411. https://doi.org/10.1023/A:1021271517844.

[4] Leif Singer, Fernando Figueira Filho, and Margaret-Anne Storey. 2014. Software engineering at the speed of light: how developers stay current using twitter. In Proceedings of the 36th International Conference on Software Engineering (ICSE 2014). ACM, New York, NY, USA, 211-221. DOI: https://doi.org/10.1145/2568225.2568305.

[5] Christoph Treude, Fernando Figueira Filho, and Uirá Kulesza. 2015. Summarizing and measuring development activity. In Proceedings of the 2015 10th Joint Meeting on Foundations of Software Engineering (ESEC/FSE 2015). ACM, New York, NY, USA, 625-636. DOI: https://doi.org/10.1145/2786805.2786827.

16장

소프트웨어 엔지니어링 대시보드: 유형, 위험, 미래

마가렛-앤 스토리, 빅토리아 대학, 캐나다

크리스토프 트뢰드, 애들레이드 대학, 호주

소개

소프트웨어 프로젝트에서 생성되거나 수정되는 많은 요소와 소프트웨어 제품을 만드는 과정에서 주고받는 넘치는 정보로 인해 이러한 데이터를 종합하는 툴이 필요하다. 이는 관련된 모든 이해관계자가 알아야 할 중요한 사항들을 의사소통하기 위함이다. 소프트웨어 엔지니어링 프로젝트뿐 아니라 다른 영역의 프로젝트에서도 대시보드는 프로젝트 활동의 생산성과 기타 측면들에 대한 깨달음을 가져올 수 있는 정보를 의사소통하는 데 쓰인다. 스티븐 퓨Stephen Few는 대시보드를 '하나 이상의 목적을 달성하는 데 필요한 가장 중요한 정보를 한눈에 모니터링할 수 있도록 하나의 컴퓨터 화면에 맞도록 시각적으로 표현한 것'이라고 정의했다[4].

대시보드는 인지적인 파악과 의사소통을 위한 툴로 사람들이 트렌드, 패턴, 특이점을 시각적으로 식별할 수 있도록 돕고, 화면에 표시된 것에 대해 추론하고, 사람들이 효과적인 결정을 내릴 수 있도록 돕는다[3]. 대시보드가 이렇게 인기가 많은 이유는 '일일이 데이터를 수집해야 하는 번거로움을 끊임없고 적응 가능한 정보 흐름 메커니즘으로 대체'하기 때문이다[9]. 대시보드의 목표는 조직의 리포지터리에 포함된 원본 데이터를 소비할 수 있는(활용할 수 있는) 정보로 탈바꿈하는 것이다. 소프트웨어 엔지니어링에서 대시보드는 '프로젝트가 스케줄대로 가고 있나요?'와 '현재 어디에서 병목 현상이 발생하나요?', '다른 팀의 진척도는 어떻게 되나요?'와 같은 질문과 연관된 정보를 제공하는 데 사용된다[7]. 16장에서 소프트웨어 엔지니어링에서 흔히 사용되는 대시보드의 다양한 종류와 이러한 대시보드를 사용할 때 발생할 수 있는 위험을 알아볼 것이다. 마지막으로 소프트웨어 엔지니어링 대시보드의 현재 트렌드에 관해 전반적으로 살펴볼 것이다.

스티븐 퓨가 제시한 대시보드의 분류 중 한 측면인 측정치 유형을 살펴보면 생산성과 대시보드 사이의 연결고리는 분명하다. 개발자 대시보드에 표시된 정량적 데이터 중 상당 부분은 의도한 바는 아닐지라도 개발자 생산성 측정치로 해석될 수 있다(이에 대해서는 15장에서 자세히 다뤘다). 예를 들어 팀별로 그룹화한 미해결 이슈를 나타내는 바 차트bar chart는 가장 생산적인 팀을 강조하는 차트로 해석될 여지가 크다(예를 들어 가장 적은 미해결 이슈를 지닌 팀이 가장 생산적인 팀으로 해석될 수 있다). 어떤 개발 팀의 생산성과 미해결 이슈 개수 간의 관계는 훨씬 더 복잡하다. 개발자 대시보드에 관한 연구에 참가한 한 참가자는 '어떤 팀이 다른 팀보다 훨씬 많은 버그가 있다고 해서 해당 컴포넌트의 품질이 반드시 더 좋지 않다는 것은 아니다'라고 답했다[7]. 대신에 해당 컴포넌트가 다른 컴포넌트에 비해 훨씬 복잡하기 때문에 버그가 더 많을 수 있다. 예를 들어 사용자 인터페이스를 포함하고 있거나 다른 컴포넌트들이 의존하는 기술적으로 더 중심이 되는 컴포넌트여서 더 많은 예기치 못한 조건에 노출되기 때문일 수 있다.

또한 스티븐 퓨는 대시보드의 역할에 따라 대시보드를 분류해야 한다고 제안했다. 특히나 대시보드를 대시보드의 전략적 목적, 분석적 목적, 운영적 목적에 관해 논의해 봐야 한다고 제안했다. 소프트웨어 프로젝트에서 운영적 목적을 위한 대시보드 사용이 가장 흔하다. 이러한 대시보드는 동적이고 실시간 데이터에 기반하고 있으며 소프트웨어 프로젝트의 심각한 버그와 같은 특정 소프트웨어 요소를 파고들어 갈 수 있는 기능을 지원한다. 전략적 목적의 대시보드(일명 '관리자(경영자/간부)용 대시보드')는 인터랙션이 가능한 요소들을 배제하고 실시간 데이터 대신에 어떤 특정 시점의 상태를 표시하는 데 집중한다.

소프트웨어 개발자들은 많은 텍스트 요소를 생성한다. 이러한 요소에는 소스 코드와 산출 문서부터 버그 보고서와 코드 리뷰 등이 있다. 따라서 소프트웨어 프로젝트에서 사용되는 대시보드가 다양한 종류의 데이터(예, 정성적 데이터와 정량적 데이터)를 모두 표시할 수 있는 것은 당연한 일이다. 팀별 미해결 이슈의 개수를 나타내는 막대 그래프는 정량적 데이터의 간단한 예다. 반면에 버그 리포트에서 가장 많이 사용된 단어를 나타내는 태그 클라우드는 소프트웨어 리포지터리에 존재하는 정성적 데이터를 표현하는 단순한 예 중 하나다.

스티븐 퓨가 강조한 또 다른 중요한 측면은 데이터의 범위다. 어떤 소프트웨어 프로젝트를 위한 대시보드를 생성할 때 여러 가지를 고려해야 한다. 예를 들어 대시보드가 전사의 데이터를 포함해야 할까 아니면 단일 프로젝트의 데이터만을 포함해야 할까(이때 프로젝트는 의존성을 지니는 경향이 있다는 점을 명심해야 한다)? 각 개발자는 자신만의 개인화된 대시보드를 가져야 할까 아니면 하나의 프로젝트의 모든 대시보드는 동일한 형태를 지녀야 할까? 추가로 대시보드는 다양한 기간을 포함할 수 있다. 예를 들어 하나의 프로젝트의 전체 기간을 포함할 수도 있고 현재 릴리스만 포함할 수도 있고 지난 주만 포함할 수도 있다. 소프트웨어 프로젝트의 일주일이 기존의 일주일과 동일하다는 보장이 없다. 예를 들어 코드 프리즈^{code freeze} 기간 동안의 개발 활동은 새로운 릴리스를 위한 기능 개발을 시작할 때의 활동과는 다를 것이다.

소프트웨어 엔지니어링의 대시보드

소프트웨어 엔지니어링 내에서 대시보드는 개발 중인 제품의 정보와 지표를 제공하는 데 사용될 뿐 아니라 정보를 디스플레이하거나 개발 과정 분석을 지원하는 데 사용된다. 보통 대시보드는 특정 이해관계자와 목표를 염두에 두고 설계하며 이러한 목표 중 상당수가 생산성의 어떤 측면과 직간접적으로 관련된다. 이러한 생산성의 측면에는 제품 품질, 업무 속도, 이해관계자 만족도 등이 있다(5장 참고).

다음 절에서 대시보드의 분류(개별적인 개발자, 팀, 프로젝트, 커뮤니티)를 상위 개념에서 제시한다. 이때 대시보드를 사용하는 이해관계자와 각 분류 내에서 대시보드가 지원하는 작업 종류, 이러한 대시보드가 호스팅되는 위치를 언급할 것이다.

대시보드의 분류를 철저하게 하나씩 설명하기보다는 소프트웨어 엔지니어링 생산성을 지원하는 데 사용되는 많은 대시보드를 예를 들어 보여 줄 것이다. 소프트웨어 엔지니어링 대시보드 대부분은 운영적 작업 또는 분석적 작업을 지원한다. 반면 전략적 작업을 지원하는 대시보드는 적다. 이러한 대시보드 상당수가 정적이다. 하지만 소프트웨어 대시보드가 소프트웨어 생산성을 이해하고 측정하고 관리하는 데 점점 더 중요한 역할을 함에 따라 점점 더 많은 소프트웨어 대시보드가 인터랙션이 가능해지고 있다.

개발자 활동

대시보드는 개별적인 개발자 활동과 성과를 표시하는 데 사용될 수 있다. 예를 들어 코딩 시간을 어떻게 소비했는지(코드 작성, 디버깅, 테스트, 검색 등)와 특정 기간 동안 개발자가 집중한 시간이 얼마나 되는지, 개발자들이 마주치는 개입의 횟수와 성질, 다른 보조적인 툴을 사용하는 데 소비한 시간, 코딩 활동 히스토리(예, 문법 오류를 수정하는 속도), 개발자가 리포지터리에 얼마나 많은 코드 또는 기능을 기여했는지 나타내는 지표 등이 있다. 이러한 정보는 개발자 자신이 사용하는 경우 개인적인 성과 모니터링에 도움이 될 뿐 아니라 개인적인 생산성 개선에도 도움이 된다. 특히나 대시보드에서 이러한 정보의 시간에 따른 비교가 가능할 때 더욱 도움이 된다. 또한 이러한 대시보드는 개발자들이 프로젝트 코드 자체(자신이 어떤 영역에서 코딩을 하느라 가장 많은 시간을 소비하는지 파악할 수 있음) 또는 자신의 개발 프로세스의 병목 지점을 밝혀내는 데 도움이 된다.

코드어라이크Codealike는 개발자의 IDE를 통합하고 개발자의 활동을 시각적으로 표현한다. 웹 검색하는 데 소비한 시간, 집중한 시간과 개입에 의해 방해받은 시간, 시간의 흐름에 따른 코딩 활동 히스토리, 프로젝트 코드의 영역별로 소비한 코딩 시간 등을 나타냄으로써 개발자의 활동을 시각적으로 표현한다. 마찬가지로 웨이커타임WakaTime은 대시보드를 통해 프로그래밍 활동에 관한 지표와 깨달음을 보여 주고 비공개 리더보드leaderboard를 지원한다. 비공개 리더보드는 개발자가 원하는 경우 다른 개발자와의 경쟁을 가능케 한다. 레스큐타임RescueTime은 개발자가 개인적인 목표를 세우고 목표로부터 벗어났을 때 경고를 주는 상호 작용이 가능한 기능을 제공한다. 예를 들어 페이스북을 하느라 2시간 이상을 소비하면 경고를 받는다.

대시보드에 개인의 생산성 정보를 표시하는 것 외에 추가로 이러한 서비스들 중 상당수는 단순히 생산성 정보를 표시하는 것을 넘어 개발자 또는 다른 이해관계자에게 정기적으로 이메일로 정보를 전송한다. 심지어 이러한 서비스들은 생산성 점수를 나타내는 지표를 생성하기도 한다. 예를 들어 레스큐타임은 개발자들이 생산성 점수를 커스터마이징할 수 있는 기능을 제공한다. 또한 이러한 서비스들은 개인 생산성을 높이기 위한 노력의 일환으로 웹사이트를 차단하기도 한다. 이러한 서비스들의 주요 기능은 대시보드다. 하지만 스티븐 퓨가 정의한 제한된 의미의 대시보드를 넘어서 더 많은 기능을 제공하는 서비스들도 있다.

팀 성과

많은 대시보드가 개발자들이 자신의 활동을 개선하기 위한 정보를 얻을 수 있도록 주로 설계됐지만 팀장과 관리자, 비즈니스 분석가, 연구원 등의 다른 이해관계자를 위해 팀 전반의 정보를 표시하거나 종합하는 대시보드도 많다.

이러한 팀 단위의 정보는 업무 환경과 개발 프로세스, 사용 중인 툴들을 개선하는 데 사용될 수 있다. 코드어라이크와 같은 많은 서비스가 팀 단위에 특화된 대시보드를 제공한다. 팀 단위 대시보드는 팀 지표와 개발자 간 순위 정보를 제공한다. 어떤 서비스는 팀의 성과를 팀원들이 함께 적극적으로 향상시킬 수 있도록 지원하는 기능을 제공한다. 하지만 개인 개발자 활동 히스토리에 관한 정보가 개인 개발자가 행하는 모든 활동을 포착하는 데 부정확할 수 있고 개인 개발자 활동 히스토리에 관한 정보가 부적절하게 사용될 수 있다는 우려가 있다.

팀 단위로 업무를 추적하고 모니터링하는 것은 같이 모여 일하지 않고 여기저기 흩어져서 일하는 팀에게 특히나 유용하다. 아틀라시안Atlassian에서 제공하는 툴들은 팀 활동에 관한 지속적인 파악을 돕고 개인 단위와 팀 단위 모두에서 업무를 조절하려고 개인 개발자뿐만 아니라 팀을 위한 대시보드를 제공한다(https://www.atlassian.com/blog/

agile/jira-software-agile-dashboard)[2]. 또한 깃허브에는 팀에게 프로젝트 정보를 제공하기 위한 다양한 대시보드 기능이 있다. 또한 모니터링을 위해 개발팀들은 작업 추적을 위해 작업 보드(예, 트렐로^{Trello})를 사용할 수 있다. 이러한 작업 보드를 보통 대시보드라고 부르지 않지만 작업 보드는 팀 성과 개요 확인과 팀 통제에 사용될 수 있다.

애자일 팀은 자신들의 프로세스를 관리하고 개선하는 데 도움이 되는 많은 데이터를 다뤄야 하기 때문에 다양한 툴을 사용해 프로젝트 활동을 추적한다. 특히나 스프린트별 성과를 추적하는 데 다양한 툴이 필요하다(예, https://www.klipfolio.com/blog/dashboards-agile-software-development). 애자일 팀의 경우 대시보드는 관리자에게 특히나 중요한 정보를 제공한다. 관리자는 스프린트 과정 동안에 진행 중인 모든 사항을 관리해야 할 책임이 있기 때문에 특정 프로젝트의 모든 미해결 이슈를 시각화하는 대시보드에 의존해 미해결 이슈가 누구에게 할당됐고 미해결 이슈 중 어떤 이슈가 우선순위가 높은지 파악한다. 대시보드에 표시된 번다운 차트는 팀이 예측된 번다운 선^{line}에 따라 진행 중인지를 보여 줄 수 있다. 이러한 서비스 중 또 다른 서비스로 악소소프트^{Axosoft}가 있는데 악소소프트는 애자일 팀이 좀 더 정확하게 계획할 수 있도록 팀의 진행 사항을 시각적으로 추적하는 데 도움이 되는 기능을 제공한다.

팀과 관리자들이 한눈에 스프린트의 진행 상황을 알 수 있도록 주로 TV 화면에 대시보드를 표시한다. 반면 게코보드^{Geckoboard}가 제공하는 대시보드 서비스와 같은 것들은 팀이 핵심 성과 지표^{key performance metric}에 집중할 수 있도록 TV 화면에 프로젝트 수준의 모니터링 정보를 표시하는 데 사용될 수 있다.

프로젝트 모니터링과 성과

특정 프로젝트 수준의 활동을 보여주기 위해 다른 리포지터리 서비스와 마찬가지로 깃허브는 대시보드를 광범위하게 활용해 관리자들과 프로젝트 오너들과 다른 개발자들에게 유용한 정보를 제공한다(https://docs.github.com/en/free-pro-team@latest/github/visualizing-repository-data-with-graphs). 이러한 정보는 특정 프로젝트를 사용할지, 특정 프로젝트에 의존성을 가질지, 특정 프로젝트에 기여할지를 결정하는 데 도움이 된다. 깃허브 스탯^{GitHub Stat} 모니터링 프로젝트가 사용하는 그라파나^{Grafana}는 시간의 흐름에 따라 프로젝트 포크fork와 이슈 개수, 다른 프로젝트 지표들을 시각화한다. 또한 비터지아Bitergia는 프로젝트와 조직 정보를 시각적으로 표현하려고 다양한 툴과 통합integration으로부터 데이터를 끌어와 다양한 대시보드에 표시한다.

오늘날 많은 프로젝트가 지속적 통합 및 배포 서비스continuous integration and deployment service 에 의존하기 때문에 코드가 파이프라인을 따라 어떤 식으로 이동하는지 시각적으로 표현하는 대시보드가 많다. 특히나 새로운 기능들의 A/B 테스트 실험 시 유용하다. 추가적으로 운영 중인 서비스의 성능과 서비스 중단 시간 추적 등을 시각적으로 표현하기 위한 데브옵스DevOps 지원 기능이 제공될 수 있다(데브옵스 대시보드 관련 정보 – https:// blog.takipi.com/the-top-5-devops-dashboards-every-engineer-should-consider/, https://blog.newrelic.com/2017/01/18/dashboards-devops-measurement/, https://www. klipfolio.com/resources/dashboard-examples/).

또한 고객 관리에 특화된 프로젝트 수준 대시보드도 있다. 젠데스크(Zendesk) 대시보드는 고객들이 특정 웹 애플리케이션을 어떤 식으로 사용하는지와 고객들이 개발 팀과 의사소통하려고 지원 채널을 어떤 식으로 사용하는지 시각적으로 표현한다. 또한 젠데스크 대시보드는 최종 사용자의 만족도를 시각적으로 표현한다. 마찬가지로 앱네타AppNeta는 시간의 흐름에 따른 최종 사용자의 만족도에 관한 유용한 정보를 제공하는 대시보드를 제공한다. 유저보이스UserVoice는 대시보드를 제공하는 것에서 한발 더 나아가 고객들의 피드백을 로드맵 형태로 우선순위화해 향후 개발 우선순위를 정하는 데 도움이 되는 기능을 제공한다.

커뮤니티 상태

프로젝트 수준 대시보드와 긴밀하게 연관돼 데이터를 커뮤니티 또는 에코시스템ecosystem 수준으로 시각적으로 표현하는 데 목적을 두는 대시보드 서비스들이 있다. 예를 들어 CHAOSS 웹사이트는 리눅스Linux와 같은 오픈소스 커뮤니티의 상태 분석을 지원하려고 데이터를 수집하고 시각적으로 표현한다. 리눅스의 경우 라이선스 개수와 같이 흥미로운 상태 지표를 정의했다(https://chaoss.community/metrics/).

요약

지금까지 살펴봤듯이 소프트웨어 개발 정보를 시각적으로 표현하기 위한 대시보드들은 매우 범위가 넓고 다양하다. 이러한 대시보드들은 다양한 이해관계자와 작업을 지원하고 다양한 형태로 서비스가 제공된다. 또한 일부 대시보드는 추가적인 기능과 서비스를 제공함으로써 대시보드의 기존 정의를 넘어서고 있다. 하지만 이러한 대시보드들이 분석 관점에서 제공하는 기능은 위험이 따를 수 있다. 다음 절에서 이러한 위험에 대해 알아볼 것이다.

대시보드 사용의 위험성

리포지터리 데이터를 활용 가능한 정보로 변환하는 것이 유용함에도 대시보드에는 많은 위험이 있다. 소프트웨어 엔지니어링 분야의 생산성에 관해 여러 사람이 잘못된 부분이 없는지 재고하고 있듯이 대시보드를 사용하는 방식 역시 재고해 봐야 한다. 아래에서 소프트웨어 엔지니어링 프로젝트와 소프트웨어 개발 생산성 관점에서 이러한 위험성을 알아볼 것이다.

- 대시보드는 텍스트보다 숫자를 선호한다.

  소프트웨어 개발자가 작업하는 대부분의 요소가 요구 사항 명세, 커밋 메시지, 버그 리포트 등의 텍스트임에도 이러한 텍스트 요소들의 내용을 대시보드에 표현하기는 쉽지 않다. 텍스트 정보를 종합하기 위한 기법(예. 토픽 모델링[1] 또는 토픽 기반 요약 알고리듬)이 항상 완벽한 결과를 내는 것은 아니다. 따라서 보통 대시보드에 텍스트 대신 숫자를 표시하는 것이 더 쉽다. 결과적으로 개발자 대시보드는 어떤 기능이 버그 리포트에서 가장 많이 언급됐는지에 관한 정보 대신에 종결된 이슈의 개수에 관한 정보를 담고 있을 가능성이 높다. 이러한 문제에 대응하고자 텍스트 처리 연구 분야에서 추가적인 진전이 필요하다. 특히나 이러한 텍스트 처리 기법은 소프트웨어 프로젝트의 여러 종류 데이터를 복합적으로 담고

---

1   토픽 모델링(topic modeling)에 관한 자세한 내용은 위키디피아에서 '토픽 모델'로 검색해 보길 바란다. – 옮긴이

있는 요소에 적용할 수 있다.

- 대시보드는 관련 상황을 보여 주지 않을 수도 있다.

정보를 종합하면 일부 세부 사항이 누락될 수 있다. 이는 모든 상황 정보를 사용할 수 있는 것은 아니라는 뜻이다. 심각한 버그 수정에 관한 정보를 표시하는 대시보드는 이러한 버그 수정의 주의 사항 중 일부를 놓칠 수 있다. 웹 브라우저 사용 시간과 IDE 사용 시간을 비교하는 대시보드는 어떤 활동이 소프트웨어 개발과 연관됐는지에 관한 정보를 담고 있지 않을 수 있다. 추가로 완전히 동일한 2개의 소프트웨어 프로젝트는 없다. 종합된 정보를 대시보드에 표시함으로써 사용자들이 프로젝트 간에 그리고 회사 간에 비교를 해볼 수 있다. 반면 이러한 비교가 중요한 상황 정보를 놓쳐서 비교 자체에 오류가 있는 경우가 많다. 대시보드를 상호 작용이 가능하도록 만들고 사용자들이 클릭을 통해 좀 더 완전하고 구체적인 정보를 파악할 수 있도록 함으로써 이 문제를 어느 정도 극복할 수 있다.

- 대시보드는 보통 설명하지 않는다.

대시보드가 어떤 팀의 미해결 이슈 개수가 다른 팀에 비해 적다거나 어떤 개발자가 이전 달에 비해 IDE 사용 시간이 더 많다는 것을 보여 줄 수 있다. 하지만 이러한 관측에 대한 설명을 제공하는 대시보드는 별로 없으며 이러한 설명 없이는 해당 정보만 갖고 조치를 취하기 어려울 수 있다. 예를 들어 어떤 팀은 미해결 이슈의 개수를 줄이고자 무엇을 해야 할지 알지 못할 수 있다. 또는 어떤 컴포넌트가 다른 컴포넌트에 비해 더 많은 이슈가 있는 이유가 분명하지 않을 수 있다. 또는 개발자가 생산성을 높이고자 무엇을 해야 할지 모를 수 있다.

- 측정한 것을 얻는다.

굿하트^{Goodhart}의 법칙은 '어떤 지표(측정치)를 목표로 삼으면 해당 지표는 더 이상 좋은 지표가 될 수 없다'라고 주로 인용되는데 소프트웨어 개발 프로젝트에서 대시보드를 사용하는 데 따른 또 다른 위험을 설명한다. 예를 들어 대시보드가 미해결 이슈의 개수를 강조하면 개발자는 새로운 이슈를 여는 것에 더 신중해질 수밖에 없다. 여러 작은 이슈를 하나의 이슈로 묶는 등의 방법을 통해 이슈의 개수를 줄이려 할 것이다. 마찬가지로 대시보드가 생산성을 IDE 사용 시간으로 보는 경우 개발자는 IDE 외에 다른 수단을 통해 정보를 찾는 데 주저하게 될 것이다. 미해결 이슈 개수의 예와 IDE 사용 시간 예에서 개발자가 이슈를 줄이려 하거나 IDE 외에 다른 수단을 사용해 정보를 찾는 데 주저하는 것이 대시보드의 목적은 아닐 것이다. 하지만 게임화gamification에 관한 여러 연구에서 인간은 이러한 시스템을 자신이 유리한 쪽으로 이용하려 하는 경향이 있다는 것이 밝혀졌다. 이전 연구[8]의 한 참가자는 '개발자는 어떤 시스템이든 자신이 유리한 쪽으로 이용하는 능력이 지구에서 가장 뛰어난 사람이다'라고 했다.

- 대시보드가 얼마나 좋은지는 근간이 되는 데이터에 달려 있다.

  많은 연구에 따르면 소프트웨어 리포지터리에서 얻은 데이터가 개발 현실을 항상 정확하게 반영하는 것은 아니다. 예를 들어 아란다Aranda와 베놀리아Venolia[1]에 따르면 소프트웨어 버그를 둘러싸고 벌어지는 협동 노력은 소프트웨어 리포지터리만으로는 제대로 설명되지 않는다. 깃허브에 관한 연구에서 칼리암바코우 등Kalliamvakou et al.[5]에 따르면 풀pull 요청의 40퍼센트가 실제로는 머지merge가 됐음에도 머지되지 않은 걸로 보인다. 이 두 사례는 리포지터리의 데이터만을 살펴봐서는 소프트웨어 개발의 다양한 측면을 제대로 설명할 수 없다는 것을 잘 보여 준다. 대시보드가 이러한 데이터에 근거한다면 해당 대시보드가 정확한 정보를 표시할 수 없다.

- 대시보드는 추적되지 않은 데이터는 표시할 수 없다.

  오늘날의 소프트웨어 리포지터리가 소프트웨어 개발자가 취한 행동 중 상당수를 포착할 수 있지만 그럼에도 리포지터리가 포착하지 못하는 활동이 많다. 예를 들어 리포지터리가 어떤 특정 버그를 수정하려고 직원들 간에 편하게 나눈 대화를 포착할 수는 없다. 이러한 대화가 해당 버그를 수정하는 데 큰 도움이 됐을 수도 있다. 개발자 사무실 범위 바깥에서 일어난 고객과의 협상 역시 소프트웨어 리포지터리가 적절하게 포착하지 못하는 중요한 정보 중 하나다. 리포지터리에 존재하지 않는 정보는 대시보드에 표시할 수 없고 대시보드 사용자들은 대시보드가 언제나 완전한 그림을 제공하는 것은 아니라는 점을 알아야 한다.

- 대시보드의 성과 관련 데이터는 생산성 데이터로 오인될 수 있다.

미해결 이슈 개수 또는 코드 줄 수와 같이 대시보드에 쉽게 시각적으로 표현할 수 있는 지표 상당수는 생산성 측정치로 해석될 수 있다. 이로 인해 개발자 간, 팀 간, 컴포넌트 간 비교가 가능해진다. 이러한 비교는 소프트웨어 개발의 많은 복잡한 부분을 무시한다. 15장에서 논의했듯이 개발자들은 이러한 생산성 측정치에 대해 많은 의구심을 갖고 있다. 따라서 개발자들은 개발자의 기여도라는 복잡한 성질의 것을 하나의 숫자로 축약하는 대시보드를 거부할 것이다. 스티븐 퓨가 지적했듯이 분석적 대시보드는 섬세한 성과 측정치를 필요로 하기 때문에 그러한 섬세한 성과 측정치를 제대로 세우기 전에 섬세하지 못한 측정치를 성과 측정치로 활용해서는 안 된다.

- 대시보드는 보통 실제 목표를 잘 표현하지 못한다.

소프트웨어 개발 조직의 목표와 대시보드에 나타난 항목 간에는 일종의 긴장 관계가 있을 수 있다. 조직의 목표는 장기적인 가치 창출을 위한 것일 수 있는 반면 대시보드는 보통 상대적으로 단기적인 것에 집중한다. 고객 만족과 같은 가치가 프로젝트의 미해결 이슈 개수나 IDE 사용 시간보다 조직의 목표에 실제로 더 부합함에도 이러한 가치는 소프트웨어 리포지터리로부터 쉽게 얻을 수 없다.

소프트웨어 엔지니어링 관점에서 본 대시보드

소프트웨어 엔지니어링이 점점 더 데이터 주도가 되고 대시보드를 생성하기 위한 툴들이 사용하기 더 쉬워지고 있기 때문에 소프트웨어 엔지니어링에서 대시보드의 역할 증대와 대시보드가 제공하는 기능 수의 증가를 기대한다. 개인 개발자 입장에서 대시보드는 개인 생산성에 관한 통찰을 제공하는 동시에 팀과 프로젝트는 성과를 모니터링하려고 대시보드를 사용하며 관리자와 커뮤니티 리더는 의사결정을 위해 대시보드를 사용한다.

인공지능, 자연어 처리, 소프트웨어 봇[6]이 수년 내에 대시보드 설계와 대시보드가 제공하는 기능에 영향을 줄 것이라고 기대한다. 이는 데이터에 대한 유용한 정보를 표시하는 과정을 자동화할 기회일 뿐 아니라 개발자와 다른 이해관계자가 대시보드를 통해 함께 협업하는 방식을 개선할 기회이기도 하다. 더 나아가 인공지능과 자연어 처리는 대시보드를 사용하는 방식 및 시점과 대시보드가 소프트웨어 프로젝트에 미칠 수 있는 영향, 대시보드 설계가 시간이 지남에 따라 어떤 식으로 개선될 수 있는지에 대한 유용한 정보를 수집하는 데 사용할 수 있다.

또한 대시보드가 다른 형태의 정보 교환(예. 파워포인트 슬라이드)을 부분적으로 대체할 수 있는지 궁금할 것이다. 실제 비공식적이긴 하지만 일부 큰 규모의 소프트웨어 회사에서는 대시보드가 다른 형태의 정보 교환을 대체하고 있는 것을 본 적이 있다. 이러한 대시보드가 관련 데이터를 만들어 내면 근간이 되는 데이터나 데이터가 분석되고 제공되는 방식이 부정확하거나 편견이 있거나 오도함에도 일부 이해관계자들이 대시보드가 보여 주는 뷰를 '진실'로 받아들일까? 대시보드가 소프트웨어 엔지니어링 프로젝트에서 하는 중요한 역할에 대해 충분히 이해하고 있는가? 더 나아가 대시보드가 일부 이해관계자들에게 민감할 수 있는 데이터를 강조하거나 밝혀냈을 때 대시보드가 일으킬 수 있는 윤리적 문제에 대해 충분히 이해하고 있는가?

대시보드와 대시보드를 만들기 위한 기술은 시간이 지남에 따라 흔한 것이 되고 사용하기 쉬워질 것이다. 대시보드가 생산성을 향상시킬지, 생산성에 악영향을 끼칠지 또는 대시보드가 단지 생산성에 관한 유용한 정보를 제공할지는 두고 봐야 알 일이다. 하지만 대시보드를 만들고 사용하는 방식에 관심을 가져야 한다. 16장이 대시보드를 사용할 수 있는 다양한 방법에 대한 유용한 정보를 파악하는 데 도움이 됐길 바란다. 뿐만 아니라 16장이 대시보드가 소프트웨어 엔지니어링 커뮤니티에 가져올 수 있는 기회와 위기를 파악하는 데 도움이 됐길 바란다.

핵심

16장의 핵심은 다음과 같다.

- 소프트웨어 개발 정보를 시각적으로 표현하고자 존재하는 대시보드의 범위와 종류는 매우 넓고 다양하다.

- 대시보드는 개발자 개인에게 개인 생산성에 관한 유용한 정보를 제공한다. 동시에 팀과 프로젝트는 성과를 모니터링하는 데 대시보드를 사용하고 관리자와 커뮤니티 리더는 의사결정을 위해 대시보드를 사용한다.

- 대시보드가 분석적 관점에서 제공하는 기능은 생산성 데이터 오역과 목표와의 불일치와 같은 위험을 일으킬 수 있다.

참고 문헌

[1] Jorge Aranda and Gina Venolia. 2009. The secret life of bugs: Going past the errors and omissions in software repositories. In Proceedings of the 31st International Conference on Software Engineering (ICSE '09). IEEE Computer Society, Washington, DC, USA, 298-308.

[2] Arciniegas-Mendez, M., Zagalsky, A., Storey, M. A., & Hadwin, A. F. 2017. Using the Model of Regulation to Understand Software Development Collaboration Practices and Tool Support. In CSCW (pp. 1049-1065).

[3] Brath, R. & Peters, M. (2004) Dashboard design: Why design is important. DM Direct, October 2004. Google Scholar

[4] Few, Stephen. 2006. Information dashboard design: the effective visual communication of data. Beijing: O'Reilly.

[5] Kalliamvakou, E., G. Gousios, K. Blincoe, L. Singer, D. M. German, and D. Damian. 2014. The promises and perils of mining GitHub. In Proceedings of the 11th Working Conference on Mining Software Repositories (MSR 2014). ACM, New York, NY, USA, 92-101.

[6] Storey, M. A., & Zagalsky, A. 2016. Disrupting developer productivity one bot at a time. In Proceedings of the 2016 24th ACM SIGSOFT International Symposium on Foundations of Software Engineering (pp. 928-931). ACM.

[7]   Treude, C. and M. A. Storey 2010, 'Awareness 2.0: staying aware of projects, developers and tasks using dashboards and feeds,' 2010 ACM/IEEE 32nd International Conference on Software Engineering, Cape Town, 2010, pp. 365-374.

[8]   Treude, C., F. Figueira Filho, and U. Kulesza. 2015. Summarizing and measuring development activity. In Proceedings of the 2015 10th Joint Meeting on Foundations of Software Engineering (ESEC/FSE 2015). ACM, New York, NY, USA, 625-636.

[9]   Gregory L. Hovis, 'Stop Searching for InformationMonitor it with Dashboard Technology,' DM Direct, February 2002.

17장

생산성의 업무-출력 구성 요소를 측정하기 위한 COSMIC 방법

찰스 사이먼스, COSMIC, 영국

어떤 소프트웨어 활동의 생산성은 업무-출력을 업무-입력으로 나눈 것(업무-출력/업무-입력)으로 보통 정의할 수 있을 것이다. 여기서 업무-입력은 업무-출력을 생산하는 데 필요한 노력이다. 17장에서 ISO 표준인 COSMIC 방법에 관해 알아보겠다. COSMIC 방법은 소프트웨어 프로세스로부터 업무-출력의 크기를 측정한다. 대부분 종류의 소프트웨어에 있어 측정된 크기는 생산성을 측정하고 노력을 추정하는 데 유용하게 사용될 수 있다.

이 장에선 소프트웨어 활동의 생산성 측정치를 해석하고 활용하는 법과 관련된 문제점들은 제외하고(예. 생산성에 영향을 미치는 요소들, 측정 대상자에 미치는 영향 등), 소프트웨어 개발자의 업무-출력의 크기를 측정하는 법을 다음 관점에서 집중적으로 다룰 것이다.

- 측정 방법이 사용된 기술(예. 언어, 플랫폼, 툴 등)에 영향을 받아서는 안 된다(독립적이어야 한다). 이렇게 함으로써 다양한 기술 간에 생산성 비교가 가능하다.

- 측정 방법을 측정 대상인 팀이나 프로젝트가 신뢰할 수 있어야 하고 받아들일 수 있어야 한다. 팀 내 프로그래머들이 만들어 낸 코드 크기에 의해 단순히 결

정되는 것이 아니라 전체 업무-입력과 명확한 연결 관계가 있어야 한다.

- 측정 방법은 향후 활동의 노력을 추정하는 데 유용해야 하며 이는 논증이 가능해야 한다.

- 측정 방법은 결과가 어떤 식으로 사용될지와 관련해 너무 많은 시간과 노력이 필요하지 않아야 한다(자동 측정이 가장 이상적이다).

측정 방법은 최종적으로 고객에게 제공되는 업무-출력의 크기를 측정할 수 있어야 할 뿐 아니라 유지 보수나 개선 작업의 경우 변경 크기를 측정할 수 있어야 하고 지원 활동의 경우 지원 크기를 측정할 수 있어야 한다.

기능적 크기의 측정

1970년대 후반에 앨런 알브레히트Allan Albrecht는 소프트웨어의 기능적 요구 사항의 크기를 측정하는 방법으로 고객에게 전달된 기능의 양을 제안했다. 이는 수평적 사고lateral thinking[1]의 좋은 예로 기능 점수 분석FPA, Function Point Analysis의 등장으로 이어졌다. 앨런이 제안한 방법은 현재 국제 기능 점수 사용자 그룹IFPUG, International Function Point Users Group이 관리하고 있고 여전히 널리 사용된다.

기능 점수 분석은 크기 측정에 있어 소스 코드의 줄 수를 세는 것에 비하면 큰 발전이다. 소스 코드의 줄 수를 세는 것은 소프트웨어 프로젝트가 충분히 진행된 후에야 정확히 추정할 수 있고 기술에 따라 달라진다. 반면에 기능 점수 단위로 측정된 요구 사항 크기는 기술과 무관하다. 따라서 기능 점수 분석을 사용함으로써 다양한 기술과 개발 방법론에 무관하게 생산성 비교가 가능해졌으며 소프트웨어 크기는 요구 사항 도출이 진행되는 시점인 프로젝트의 초창기에 추정할 수 있게 됐다.

---

1   lateral thinking은 수평적 사고로 흔히 번역되며 고정 관념을 벗어나 상상력을 활용해 문제를 해결하는 사고 방법을 뜻한다. – 옮긴이

하지만 알브레히트의 기능 점수 분석에는 현대 소프트웨어 개발 관점에서 많은 단점이 있다. 따라서 1998년에 소프트웨어 측정 전문가로 구성된 국제적인 그룹이 기능 점수의 약점을 극복하는 기능 요구 사항을 측정하기 위한 새로운 방법을 만들고자 COSMIC을 만들었다. 표 17-1에는 알브레히트의 기능 점수 분석과 COSMIC 방법의 핵심적인 차이점이 요약돼 있다(FP = Function Point, CFP = COSMIC Function Point).

표 17-1 알브레히트의 기능 점수 분석(FPA) 방법과 COSMIC 방법 간의 비교

요인	알브레히트의 FPA 방법	COSMIC 기능 점수 측정 방법
설계 기원	1970년대 시절 IBM 노력 추정 방법	소프트웨어 엔지니어링 핵심 원칙
설계 적용성	전체 비즈니스 애플리케이션	비즈니스, 실시간, 인프라 소프트웨어든 모든 규모
크기 확장성	하나의 프로세스나 하나의 파일에 대해 제한된 크기 범위를 지님. 예를 들어 하나의 프로세스는 3~7 FP 범위에서 크기를 가져야 함.	지속적인 크기 확장 가능. 하나의 프로세스의 가능한 가장 작은 크기는 2 CFP 이지만 크기에 제한이 없음.
변경 측정	전체 프로세스나 전체 파일의 크기만 측정 가능	프로세스의 실제 변경된 부분의 크기만 측정 가능. 따라서 변경의 가장 작은 크기는 1 CFP임.
가용성	멤버십 구독	개방형, 무료[1]

COSMIC 방법

COSMIC 방법의 설계는 그림 17-1과 그림 17-2에서 설명하는 두 가지 핵심적인 소프트웨어 엔지니어링 원칙에 달려 있다. 다음에서 고딕체로 된 단어들은 COSMIC에서 정의된 용어들이다[2].

- 소프트웨어 기능은 **기능적 프로세스**functional process로 구성된다. 기능적 프로세스는 소프트웨어 외부의 **이벤트**event에 반응하고 소프트웨어의 **기능적 사용자**functional user에 의해 감지되거나 생성된다(여기서 기능적 사용자는 데이터 전송자 또는 데이터의 수신 대상자로 정의된다). **기능적 사용자**는 사람일 수도 있고 하드웨어 장치일 수도 있고 소프트웨어 일부분일 수도 있다.

- 소프트웨어는 오직 두 가지 동작만 수행한다. 데이터를 옮기거나 데이터를 **조작한다**manipulate. 데이터를 옮기는 것은 소프트웨어의 기능적 사용자로부터 입력을 받아 소프트웨어 **경계**boundary를 거쳐 기능적 사용자에게 출력된다. 이 과정에서 **영구 저장소**persistent storage에 데이터를 저장하거나 불러오는 것을 뜻한다.

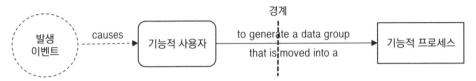

발생 이벤트가 기능적 사용자로 하여금 기능적 프로세스(FP)로 이동되는 데이터 그룹을 생성하도록 만든다.
(그림 내 영문 텍스트의 위치가 한국어와 어순이 맞지 않아 그림 내 별도로 번역했다. – 옮긴이)

그림 17-1 이벤트/기능적 사용자/데이터 그룹/기능적 프로세스 관계

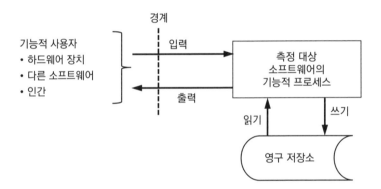

그림 17-2 기능적 프로세스의 데이터 이동 유형

특히나 요구 사항이 계속 진화하는 소프트웨어 생명 주기 초기에는 데이터 조작data manipulation을 간단히 설명할 방법이 없기 때문에 기능적 프로세스의 COSMIC 크기는 데이터 이동data movement 횟수를 세는 방식으로 측정했다. 즉 이러한 접근법은 각 데이터 이동이 관련된 모든 데이터 조작과 관련 있다고 가정한다.

정의에 따르면 데이터 이동은 하나의 관심 객체object of interest를 기술하는 데이터 속성data attribute 그룹을 이동하는 부분 프로세스다(여기서 관심 객체는 객체 클래스나 3NF에서의 관계 또는 엔티티 유형이라고 생각하면 된다). 측정 단위는 1 데이터 이동one data movement이고 1x

CSOMIC 기능적 점수 또는 1 CFP로 표기한다.

기능적 프로세스의 최소 크기는 2 CFP다. 함수 프로세스는 하나의 입력^{Entry}과 함수 프로세스의 최소 처리 결과로 하나의 출력^{Exit} 또는 하나의 쓰기^{Write}가 있어야 한다. 반면 기능적 프로세스의 최대 크기는 제한이 없다. 비즈니스 애플리케이션의 경우 크기가 60 CFP인 단일 프로세스가 측정된 적이 있고 항공 전자 소프트웨어에서는 100 CFP 이상의 크기를 지닌 단일 프로세스를 측정한 적이 있다.

소프트웨어의 기능적 크기(CFP 단위)는 모든 기능적 프로세스의 크기 합과 같다. 소프트웨어 변경의 크기(CFP 단위)는 변경돼야 하는 데이터 이동 횟수다. 이는 변경이 이동되는 데이터 그룹에 대한 것인지 또는 관련된 데이터 조작에 관한 것인지 여부와 무관하다.

COSMIC 방법을 적용한 예를 두 가지 살펴보겠다.

신규 입사자에 관한 데이터를 사람인 기능적 사용자가 온라인으로 입력하는 간단한 기능적 프로세스의 경우 총 4 CFP를 갖게 된다. 먼저 신규 입사자 데이터를 이동하기 위한 한 번의 입력^{Entry}이 있고 해당 입사자가 이미 존재하는지 확인하고자 데이터베이스의 읽기^{Read}를 한 번 수행해야 하고 새로운 레코드를 생성하고자 쓰기^{Write}를 한 번 수행해야 하고 검증 오류 메시지를 전달하고자 출력^{Exit}을 한 번 수행해야 한다.

전투기의 기능적 프로세스는 센서로부터 '미사일이 접근 중'이라는 경고를 입력^{Entry}으로 수신할 것이다. 해당 프로세스는 여러 메시지를 출력^{Exit}으로 나타낼 것이다. 각 출력^{Exit}은 전투기의 분산된 비행 전자 시스템의 다른 부분에 있는 프로세스에 입력^{Entry}이 돼 전투기가 회피 조치를 취하거나 다른 보호 조치를 취할 수 있도록 조종사에게 지시한다. 이 과정 중에 통신하는 모든 소프트웨어 구성 요소는 서로에게 기능적 사용자가 된다. 모든 입력 및 출력 하드웨어 장치는 해당 하드웨어 장치가 통신하는 소프트웨어 구성 요소의 기능적 사용자다.

COSMIC 모델에 관한 논의

COSMIC 모델을 통한 업무–출력 측정은 실질적 가치 측면에서 한계가 있을 수 있다. COSMIC 모델의 어떤 면에서 한계가 있을 수 있는지 이번 절에서 살펴보겠다.

> 노력 추정의 경우 정확한 COSMIC 크기 측정을 위해 충분히 세부적으로 요구
> 사항을 알기 한참 전에 크기 추정을 해야 한다.

새로운 소프트웨어 요구 사항이 있을 때 노력을 추정하는 사람은 대개 '요구 사항이 얼마나 큰 거야?'라고 먼저 생각한 다음 '크기를 노력으로 변환하고자 어떤 생산성 수치를 사용해야 할까?'라고 생각할 것이다. 예를 들어 애자일 팀은 유저 스토리의 크기를 스토리 점수로 추정하고 생산성 값으로 이전 스프린트에서 측정한 속도 수치를 사용할 것이다. 단일 유저 스토리부터 대규모 신규 시스템에 이르기까지 어떤 크기이든 소프트웨어 개발 또는 변경의 크기를 추정할 때 동일한 사고 과정으로 진행될 것이다. 추정하는 사람은 소프트웨어 크기 측정 도구와 크기/노력 관계가 필요할 것이다. 예를 들어 각 관련 단계별 생산성 데이터가 필요할 것이다. 생산성 데이터는 측정하고자 하는 소프트웨어와 비슷한 특성을 지닌 과거의 완료된 작업이나 프로젝트의 측정치를 기반으로 만들어진다.

하지만 새로운 소프트웨어 개발의 비용을 대는 사람(스폰서)은 요구 사항이 정확한 COSMIC 크기 측정을 할 만큼 충분히 자세히 정해지기 훨씬 전에 예산 산정 목적으로 비용 추정을 하길 원한다. 따라서 현실에서는 생산성 측정을 위해 요구 사항의 정확한 크기를 측정하는 것만큼이나 노력 추정을 위해 초기 요구 사항의 대략적인 크기를 측정하는 것 역시 필요할 수 있다.

그림 17–1과 그림 17–2에서 설명한 COSMIC 모델과 다양한 용어의 정의가 성공하려면 측정 대상의 소프트웨어 요소에 대해 모든 사람이 동일한 함수 프로세스 집합을 식별하고 동의해야 한다(여기서 소프트웨어 요소는 요구 사항을 대략적 또는 구체적 문장으로 정리한 것이거나 설계 또는 스크린 레이아웃이나 데이터베이스 정의, 동작하는 코드 등의 구현된 요소일

수도 있다). 올바르게 기능적 프로세스를 식별하는 것이 측정 반복성[2]을 보장하기 위한 기반이다.

COSMIC 방법 발표물에는 초기 요구 사항의 대략적인 크기를 측정하기 위한 다양한 복잡도의 여러 접근법을 기술한 안내서가 포함돼 있다. 이러한 모든 접근법은 신규 소프트웨어의 초기 요구 사항에서 기능적 프로세스의 개수(n)를 직간접적으로 식별하거나 추정하는 능력에 의존한다. 예를 들어 이러한 요구 사항의 대략적인 COSMIC 크기를 추정하기 위한 가장 간단한 방법은 추정된 n에 하나의 프로세스의 추정 평균 크기를 곱하는 것이다. 대략적인 크기 산정을 위한 좀 더 복잡한 접근법에는 추정 대상 소프트웨어의 유형에 따라 해당 유형에 발생할 것으로 알려진 기능적 프로세스의 패턴을 식별하는 것이 포함된다.

COSMIC 크기 측정의 근사치를 추정하기 위한 이러한 접근법을 사용하고자 하는 조직은 소프트웨어 일부의 크기를 정확하게 추정한 다음에 해당 결과를 사용해 선택된 크기 추정 접근법을 보정해야 한다.

비기능적 요구 사항의 경우는 어떻게 해야 할까?

기능적 요구 사항의 크기를 측정하고자 하는 방법은 비기능적 요구 사항[NFR, NonFunctional Requirement]을 의도적으로 무시하는 것처럼 보일 수 있다. 비기능적 요구 사항을 구현하는 데 많은 노력이 필요할 수 있기 때문에 이는 말이 안 되는 것처럼 들린다. 대략적으로 이야기하자면 기능적 요구 사항은 소프트웨어가 무엇을 수행해야 하는지를 정의하는 반면 비기능적 요구 사항은 소프트웨어에 대한 제약 사항과 소프트웨어가 어떤 식으로 개발돼야 하는지(소프트웨어가 어떤 기능을 수행할 때 어떤 식으로 수행해야 하는지)를 정의한다.

COSMIC/IFPUG 공동 연구는 비기능적 요구 사항을 명확히 정의하고 비기능적 요구 사항 관련 용어를 종합적으로 정리했고[3], 비기능적 요구 사항을 크게 두 가지 그룹으로 나눴다.

---

2 측정 반복성은 동일한 대상을 반복적으로 측정하는 경우 큰 변화 없이 동일한 값이 측정되는 것을 뜻한다. - 옮긴이

- **기술적 비기능적 요구 사항**: 소프트웨어에 사용되는 프로그래밍 언어와 하드웨어 플랫폼이 이에 해당한다. 지원해야 할 사용자 수와 같은 환경과 관련된 제약 사항도 이에 해당한다. 이러한 기술적 비기능적 요구 사항은 소프트웨어 기능적 크기에 영향을 미치지 않는다. 대신에 기술적 비기능적 요구 사항은 여러분이 생산성 측정치를 해석할 때 고려해야 할 요인들이 될 수 있다. 또한 기술적 비기능적 요구 사항은 새로운 개발에 대한 비용을 추정할 때 고려해야 하는 요인들이다.

- **품질 비기능적 요구 사항**: 사용성, 이식성, 신뢰성, 유지 보수성 등과 같은 요구 사항이 이에 해당한다. 품질 비기능적 요구 사항은 프로젝트가 진행됨에 따라 소프트웨어 기능에 관한 요구 사항으로 전부 또는 대체로 진화한다.[3] 이러한 소프트웨어 기능의 크기는 COSMIC 방법의 표준 규칙을 사용해 정상적인 방법으로 측정할 수 있다. 또는 해당 소프트웨어 기능이 새로운 개발에 필요한 경우 COSMIC 방법의 표준 규칙을 사용해 해당 기능의 크기를 추정할 수 있다.

따라서 COSMIC 방법을 사용해 측정한 크기는 해당 기능이 최초에 기능적 요구 사항에 명시됐는지 또는 비기능적 요구 사항에 명시됐는지와 무관하게 모든 기능을 업무-입력에 반영해야 한다.

복잡도는 어떻게 해야 할까?

기능적 크기에 근거한 생산성 측정치가 소프트웨어 복잡도를 제대로 반영하지 않는다고 문제를 제기하는 경우가 종종 있다. 단순성 대 복잡도 논의에서 머레이 겔만Murray Gell-Mann의 『The Quark and the Jaguar(쿼크 입자와 재규어)』(Owl Books, 1995)라는 책에 따르면 대강의 복잡도crude complexity는 '시스템을 대략적으로 기술하는 가장 짧은 메시지의 길이'라고 정의할 수 있다.[4] 따라서 이 정의에 따르면 COSMIC 크기는 소프트웨어

---

3   예를 들어 시스템 응답 시간에 대한 비기능적 요구 사항은 부분적으로 특정 하드웨어 필요성이나 특정 프로그래밍 언어 사용이라는 기술적 비기능적 요구 사항으로 이어지고 부분적으로 특정 소프트웨어 기능에 대한 요구 사항으로 이어질 수 있다. 특정 소프트웨어 기능에 대한 요구 사항은 기능적 크기 측정 시에 고려된다.

4   어떤 방법이나 측정이 crude하다는 것은 정확하거나 자세하지는 않지만 대략적으로 사용했을 때 유용할 수 있는 수준이라는 뜻이다. 즉 본문의 crude complexity도 복잡도가 낮은 수준이지만 대략적으로 시스템을 기술하는 데 있어 유용하다는 뜻이다. – 옮긴이

시스템의 기능적 요구 사항의 복잡도를 면밀하게 측정한다. 이때 대강의 복잡도이기 때문에 기능적 프로세스의 데이터 이동을 세부적으로 구분하지 않고 대략적인 수준으로 구분한다.

하지만 이미 언급했듯이 COSMIC 크기는 각 데이터 이동과 관련된 데이터 조작의 크기나 복잡도(예, 알고리듬 복잡도)를 고려하지 않는다(데이터 이동 횟수만을 고려한다). 하지만 경험에 따르면 비즈니스 소프트웨어든 실시간 소프트웨어든 인프라 소프트웨어든 대부분의 경우 각 데이터 이동과 관련된 데이터 조작의 양이 크게 다르지 않다. 매 데이터 이동에 대한 알고리듬의 줄 수를 실제로 측정한 적이 있다. 해당 알고리듬은 실시간 항공 전자 시스템의 매우 큰 부분을 차지하는 것이었다. 한 번의 데이터 이동과 관련된 알고리듬 줄 수$^{LOA, Lines Of Algorithm}$의 중위 값이 2.5 LOA였고 99퍼센트의 데이터 이동은 15 LOA를 넘지 않았다. 이는 데이터 이동 횟수가 관련된 데이터 조작을 충분히 설명한다는 COSMIC 방법의 가정이 맞다는 것을 보여 준다. 단, 소프트웨어에서 수학 알고리듬이 아주 많이 사용되는 부분에는 해당 가정이 성립하지 않는다. 그렇지만 비즈니스 소프트웨어든 실시간 소프트웨어든 인프라 소프트웨어든 이렇게 수학 알고리듬이 많이 사용되는 부분은 보통 많지 않고 특정 부분에 집중돼 있다.

어떤 소프트웨어 개발이 많은 양의 새로운 알고리듬을 필요로 하면 해당 작업과 관련된 노력은 생산성 측정에서 분리해 별도로 측정해야 한다. 마찬가지로 노력 추정을 할 때도 해당 노력은 분리해 별도로 추정해야 한다. 새로운 알고리듬을 개발하는 것은 의미 있는 크기/노력 상관관계를 도출해 내기 어려운 창의적인 프로세스다. 대안으로 새로운 알고리듬과 연관된 기능적 크기를 측정할 수 있을 것이다. 예를 들어 표준 COSMIC 방법을 해당 개발 관련해 확장할 수 있을 것이다.

기능적 요구 사항이 컴포넌트 주도 소프트웨어 개발 세계에서도 여전히 의미가 있을까?

위의 질문을 좀 더 일반적으로 표현하면 다음과 같다. 'COSMIC 크기 측정이 최신 소프트웨어 개발 세상에서도 사용되고 여전히 의미를 지닐 수 있을까? 여기서 최신 소프트웨어 시장은 재사용 가능한 컴포넌트를 사용해 많은 소프트웨어를 조립하는 세상이다. 예를 들어 IoT나 모바일 앱에서는 어떨까? 애자일 개발자가 세부적인 문서화를 믿지 않고 애자일 프로세스가 많은 재작업을 요구하는 경우는 어떨까? 소프트웨어 아웃소싱 계약에서는 어떨까?'

첫 번째 분명한 점은 우리가 소프트웨어 생산성을 이해하고 추정 목적으로 생산성 측정치를 사용하고자 한다면 업무-출력 측정 방식이 타당해야 하고 반복성이 있어야 하고 기술에 독립적이어야 한다. COSMIC 방법은 이러한 필요를 만족한다. 따라서 소프트웨어 구성 요소의 크기를 측정할 때 해당 구성 요소의 생애 주기 중 어느 시점에나 측정할 수 있을 것이다.

해결하고자 하는 문제를 정하고, COSMIC 방법을 어떤 식으로 언제 적용할지와 측정 결과치를 어떤 식으로 사용할지 결정하는 것은 각 조직에 달려 있다.

어떤 소프트웨어 활동이 다양한 종류의 COSMIC 크기 측정치를 결과로 낳을 수 있기 때문에 향후에 해당 측정치를 사용할 사용자들이 측정 결과의 의미를 명확하게 파악할 수 있도록 각 측정치의 매개 변수를 기록해야 한다. 이러한 매개 변수에는 소프트웨어가 속한 영역(도메인)과 아키텍처에서 소프트웨어가 속한 레이어가 포함되며 매개 변수는 다음과 같은 사항들을 식별할 수 있다.

- 변경이나 개선의 크기에서 신규 개발의 크기를 식별할 수 있다.

- 완성된 전체 소프트웨어에서 개발된 크기를 식별할 수 있다. 전체 소프트웨어에는 구매하거나 재사용한 소프트웨어가 포함되기 때문이다.

- 소프트웨어의 분할decomposition 또는 종합aggregation 단계를 식별할 수 있다.[5]

경험에 따르면 더 복잡한 상황을 측정하는 단계로 나아가기 이전에 조직은 가장 흔히 사용되는 소프트웨어 프로세스에 대해 업무-출력 측정을 시작해야 한다. 이는 COSMIC 방법을 사용하고 이로 인한 생산성 측정치 결과의 신뢰를 높이기 위함이다.

---

5   컴퓨터 공학에서 decomposition은 복잡한 문제나 시스템을 관리 가능하고 이해하기 쉬운 더 작은 단위로 쪼갠다(break down)는 의미가 있다. - 옮긴이

요약하면 COSMIC 방법은 업무-출력을 야기하는 것으로 보이는 모든 요인을 고려하는 것과 측정치가 단순해야 하고 너무 많은 노력이 필요하지 않아야 한다는 실질적인 필요 사이의 절충안이다.

COSMIC 크기와 개발 노력 간의 상관관계

COSMIC 방법이 실질적으로 유용한지 알아볼 수 있는 진정한 질문은 '업무-출력 측정치인 CFP 크기가 개발 노력 측정치(예, 업무-입력)와 깊은 상관관계가 있는가?'다. 만약 깊은 상관관계가 있다면 생산성 비교는 신뢰할 만하고 해당 결과를 신규 노력 측정 목적으로 사용하는 데 자신감이 있을 것이다.

다행히도 수년간의 연구에 따르면 반복적인 조건(동일한 종류의 소프트웨어, 동일 기술, 노력 기록 시 동일 규칙 적용)에서 CFP 크기는 다양한 비즈니스 및 실시간 소프트웨어의 노력 추정과 깊은 상관관계를 보였다[4]. 일부 연구에 따르면 알브레히트의 FP 크기를 사용했을 때보다 상관관계가 더 깊게 나타났다.

또한 애자일 소프트웨어 개발에 관한 최근 연구[5]에 따르면 스프린트나 이터레이션 iteration 수준에서 스토리 점수 크기보다 CFP 크기가 노력과 더 깊은 상관관계를 보였다 (스토리 점수는 개별적인 팀 내에서는 의미가 있을 수 있지만 팀 간에 생산성 비교나 고수준의 노력 추정 목적으로는 사용할 수 없다).

그림 17-3은 캐나다의 보안 소프트웨어 공급업체와 함께 진행한 한 연구의 측정치를 나타낸 것이다. 해당 회사의 애자일 프로세스의 경우 작업들이 약 3주에서 6주 간의 이터레이션에 할당된다. 각 작업의 노력은 플래닝 포커Planning Poker 단계에서 피보나치 스케일Fibonacci scale을 사용해 스토리 점수 단위로 추정한 다음 노력을 업무 시간으로 직접적으로 변환한다. 그림 17-3은 9개의 이터레이션에 할당된 총 업무 949시간을 필요로 하는 22개의 작업에 대한 실제 노력과 추정 노력 간의 비교를 보여 준다.

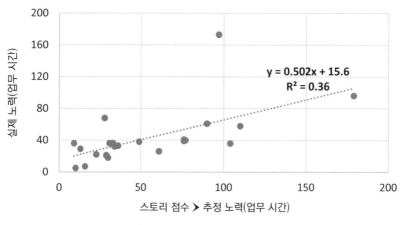

그림 17-3 실제 노력과 추정 노력 간의 비교

이후에 22개 작업의 크기를 COSMIC 기능 점수 단위로 측정했다. 그림 17-4는 동일한 22개의 작업에 대한 실제 노력과 CFP 크기 간의 관계를 나타낸다.

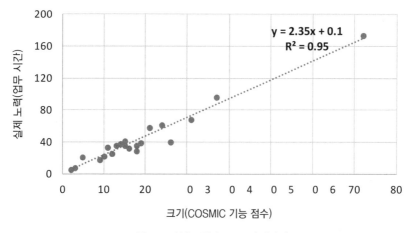

그림 17-4 실제 노력과 CFP 크기 간의 비교

위의 2개의 그래프를 통해 스토리 점수를 사용했을 때보다 COSMIC 기능 점수를 사용해 크기를 측정했을 때 작업 크기와 노력 간의 상관관계가 더 잘 나타나는 것을 확인할수 있다. 애자일 개발자는 애자일 프로세스의 변경 없이 업무-출력을 추정하거나 측정하고자 스토리 점수 대신 CFP 크기를 사용할 수 있다.

CFP 크기를 노력 추정에 사용하는 것 외에도 임베디드 실시간 및 모바일 통신 소프트웨어 분야의 연구에 따르면 CFP 크기는 특정 코드에 필요한 메모리 크기와의 상관관계를 잘 표현한다.

COSMIC 방법을 사용하는 조직은 초기 소프트웨어 요구 사항이나 설계로부터 개발 노력을 추정하거나 애자일 환경에서 개발 노력을 추정하는 데 이러한 상관관계를 일상적으로 활용 중이다.

자동화된 COSMIC 크기 측정

COSMIC 크기 측정 자동화는 세 가지 영역에서 초기 탐사 단계부터 상업적인 활용까지 다양한 단계로 진행 중이다.

1. 자연어 처리나 인공지능을 활용해 텍스트 요구 사항으로부터 COSMIC 크기를 자동 측정하는 것은 아직까지 개발 단계다. 이를 통해 유저 스토리로부터 대략적인 크기를 추정하는 등의 초기 생애 주기 추정이 가능하기 때문에 큰 가능성을 지닌다.

2. 정형화된 사양이나 설계로부터 COSMIC 크기를 자동 측정하는 것은 일부 조직에서 상업적 활용 단계에 이르렀다. 다음 두 가지 예를 살펴보자.

   - ULM 모델로부터 CFP 크기를 자동 측정할 수 있다. 여러 폴란드 공공기관은 측정된 결과를 활용해 소프트웨어 아웃소싱 계약의 가격/성과를 조정한다.

   - 프랑스 자동차 제조사인 르노Renault는 자동차 전자 제어 장치의 임베디드 소프트웨어용으로 매틀랩 시뮬링크Matlab Simulink 툴에 자동화된 COSMIC 크기 측정 기능을 구현했다[4]. CFP 크기는 전자 제어 장치에 필요한 개발 노력과 하드웨어 메모리를 예측하고 전자 제어 장치 실행 시간을 추정한다. 다음으로 해당 데이터를 ECU와 ECU의 임베디드 소프트웨어 공급에 있어

가격/성과를 조정하기 위한 목적으로 사용한다. 다른 자동차 제조사들은 자신만의 프로세스를 구현한 것으로 알려져 있다.

3. 자바Java 코드 자체로부터 그리고 자바 코드 실행을 통해 COSMIC 크기 측정을 자동화하는 것은 높은 정확도를 지닌다. 이때 코드 시딩seeding이라고 불리는 수 작업 입력이 일부 필요하다.

결론

ISO 표준 COSMIC 방법은 설계 목적을 모두 만족하고 대부분 종류의 소프트웨어에 대해 기능적 크기(예, 업무-출력)를 측정하기 위한 목적으로 전 세계에서 사용되고 있다.

측정된 크기는 여러 종류의 소프트웨어에 있어 개발 노력과 상관관계가 잘 나타난다. 측정된 크기/노력 관계는 노력 추정에 사용 중이고 큰 상업적 이득을 갖다준다. 일부 알려진 사례로 실시간 소프트웨어에서 사용된 경우가 있다. 미국 회계감사원US Government Accountability Office은 소프트웨어 비용 추정 시 COSMIC 방법을 사용할 것을 추천한다.

COSMIC 방법의 근간이 되는 설계 원칙은 언제나 유효하다. COSMIC 방법 정의는 성숙했으며 가까운 미래에 완전히 정착될 것이다[2]. 자동화된 COSMIC 크기 측정은 이미 활용되고 있다. COSMIC 크기 측정의 근간이 되는 개념의 보편성으로 인해 측정된 크기를 쉽게 이해할 수 있어서 성과 측정을 위해 소프트웨어 커뮤니티에서 받아들여지고 있다.

소프트웨어 활동의 생산성을 측정하고 이해하는 것은 여러 측면을 지닌 주제다. COSMIC 방법은 생산성 측정의 핵심 구성 요소 중 하나인 업무-출력 측정을 필요로 하는 많은 경우에 대해 탄탄한 기초를 제공한다.

핵심

17장의 핵심은 다음과 같다.

- 생산성 측정과 추정의 경우 업무 출력 측정이 중요하며 해당 측정은 다양한 상황에 걸쳐 비교가 가능해야 한다.

- COSMIC 기능 점수가 바로 다양한 상황에 걸쳐 비교가 가능한 측정이다.

참고 문헌

[1] All COSMIC documentation, including the references below, is available for free download from www.cosmic-sizing.org. For an introduction to the method go to https://cosmic-sizing.org/publications/introduction-to-the-cosmic-method-ofmeasuring-software-2/.

[2] 'The COSMIC Functional Size Measurement Method, Version 4.0.2, Measurement Manual (The COSMIC Implementation Guide for ISO/IEC 19761: 2017),' which contains the Glossary of Terms.

[3] 'Glossary of Terms for Non-Functional Requirements and Project Requirements used in software project performance measurement, benchmarking and estimating,' Version 1.0, September 2015, published by COSMIC and IFPUG.

[4] 'Measurement of software size: advances made by the COSMIC community,' Charles Symons, Alain Abran, Christof Ebert, Frank Vogelezang, International Workshop on Software Measurement, Berlin 2016.

[5] 'Experience of using COSMIC sizing in Agile projects,' Charles Symons, Alain Abran, Onur Demirors. November 2017. https://cosmic-sizing.org/publications/experience-using-cosmicsizing-agile-projects/

18장

벤치마크:
사과와 사과 비교하기

프랑크 포헬레장, METRI, 네덜란드

하롤트 반 헤이링언, METRI, 네덜란드

소개

거의 모든 조직에서 소프트웨어 개발은 점점 더 중요해지고 있다. 새로운 기능을 개발해 해당 기능을 사용자와 고객에게 최대한 빨리 출시하는 것은 경쟁력을 확보하기 위한 중요한 동력 중 하나다. 하지만 소프트웨어 산업의 경우 성과를 가장 잘 내는 사람과 성과를 가장 못 내는 사람 간의 생산성 차이는 엄청나다. 많은 조직에 있어 생산성은 가장 관련이 있는 경쟁자와 경쟁을 하기 위한 중요한 요소 중 하나다(비용 효율성, 속도, 품질 등도 있다).

벤치마크는 자신의 조직의 프로세스를 업계 선두나 업계의 모범 사례와 비교하거나 조직 내 팀들과 비교하는 과정이다. 전자는 외부에 대한 관심이고 후자는 내부에 대한 관심이다. 가장 성과를 잘 내는 조직 또는 사람이 일하는 방식을 이해함으로써 다음이 가능해진다.

- 조직의 경쟁력을 이해할 수 있다.

- 프로세스 개선 가능성 또는 제품 개선 가능성을 이해할 수 있다.

- 참조 지점을 만들 수 있다. 이는 목표 지향점이다.

벤치마크를 통해 성공을 유지하거나 성공하고자 어떤 식으로 개선해야 하는지를 이해하기 위한 목적으로 모범 사례에 대한 통찰력을 얻을 수 있다. 소프트웨어 개발 벤치마크는 비교 가능한 어떤 규모로도 수행할 수 있다. 예를 들어 스프린트, 릴리스, 프로젝트, 포트폴리오 단위 등이 있다.

표준 사용

벤치마크의 핵심은 비교다. 잘 알려진 문구로 '사과와 사과를 비교하고 오렌지와 오렌지를 비교하기'가 있다.[1] 소프트웨어 산업의 주요 난제 중 하나는 완료된 스프린트, 릴리스, 프로젝트, 포트폴리오의 생산성을 추정과 프로젝트 통제, 벤치마크 등에 사용될 수 있는 방식으로 측정하는 것이다. 하지만 완전히 성숙하지 않은 산업에서 어떻게 생산성 측정을 위해 사과와 사과를 비교할 수 있을까?[2]

경제적인 측면에서 생산성의 개념을 정의하자면 일반적으로 출력/입력이다. 소프트웨어 개발의 생산성 측정 관점에서 입력은 사용한 노력 시간(해당 작업에 몇 시간이나 투입했는지)이다. 벤치마크를 할 때는 활동의 올바른 범위를 정의하는 것이 중요하긴 하지만 그만큼이나 스프린트, 릴리스, 프로젝트의 출력을 의미 있는 방식으로 측정하는 것도 중요하다. 사과와 사과를 비교하는 방식으로 생산성을 벤치마크하려면 출력을 표준화된 방법으로 측정해야 한다. 표준화의 중요한 측면은 측정 방식이 반복성이 있어서 동일한 객체를 여러 번 측정하더라도 매번 동일한 값이 나와야 한다. 실제로는 표준화되지 않은 다양한 측정 방법이 사용되고 있다. 출력이 표준화되지 않았기 때문에 동일한 측정 값이 나왔더라도 측정 대상의 속성이 다를 수 있고 같은 측정 대상임에도 다른 값이 나올 수 있다. 이는 생산성 정보를 비교할 수 없어 벤치마크 시에 유용하지 않다는 것을 뜻한다. 이러한 널리 사용되지만 표준화되지 않은 측정 방법으로 LOC, LOC의

---

1   사과와 사과를 비교한다는 의미는 같은 종류의 것을 비교하기 때문에 합리적인 비교가 가능하다는 것이다. 반면 사과와 오렌지를 비교하면 서로 다른 종류의 것을 비교한다는 뜻으로 비교 대상이 서로 다른 조건을 지닐 수 있기 때문에 비교가 합리적이지 않다는 뜻이다. - 옮긴이

2   산업이 성숙하지 않은 경우 생산성을 측정하기 위한 표준이 제대로 정립돼 있지 않아 동일한 기준으로 생산성을 측정하기 어렵거나 기존에 축적된 데이터가 별로 없어 측정하고자 하는 대상과 딱 맞는 비교 대상이 없을 수 있다. - 옮긴이

변형된 버전들, 유스케이스 점수, 복잡도 점수, IBRA 점수 등이 있다. 또한 대부분의 애자일 개발 팀에서 널리 사용되는 스토리 점수도 표준화되지 않아서 팀이나 조직 간에 벤치마크 시 사용할 수 없다.

현재 기능적 크기 측정의 표준들은 표준화된 절차와 반복성에 대한 요구를 만족한다. 이러한 요구의 목적은 생산성을 벤치마크하고자 도메인 간에 비교 가능한 측정 결과를 내기 위함이다.

기능적 크기 측정

기능적 크기는 소프트웨어가 제공하는 기능의 양을 측정한 것이다. 기능적 크기는 사용자 사례와 소프트웨어가 사용자의 필요를 만족시키고자 수행해야 하는 절차에 숫자 값을 할당함으로써 도출된다. 이때 기술적인 측면과 품질 측면은 고려하지 않는다. 따라서 기능적 크기는 소프트웨어가 어떤 식으로 동작해야 하는지가 아니라 소프트웨어가 수행해야 하는 것을 측정한 것이다. 이에 관한 일반적인 프로세스는 ISO/IEC 14143 표준에 기술돼 있다.

COSMIC 방법은 입력Entry, 출력Exit, 읽기Read, 쓰기Write의 횟수를 측정한다(그림 18-1).

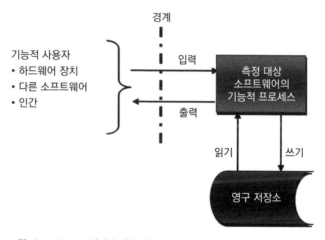

그림 18-1 CSOMIC 방법의 기본 기능적 구성 요소 – 입력, 출력, 읽기, 쓰기

COSMIC은 2세대 기능적 크기 측정 방법이다. 대부분의 1세대 방법은 자료 구조에 값을 할당한다. 이로 인해 이벤트를 처리하는 소프트웨어에서 1세대 방법을 사용하는 데 한계가 있다. 기능적 크기 측정에 관한 세부적인 정보를 알고 싶다면 17장을 참고하면 된다.

프로젝트 간에 생산성을 비교 가능한 방식으로 벤치마크하려면 다음 매개 변수가 사용 가능해야 한다.

- **출력**output: 표준화된 방법으로 측정된 기능적 크기

- **입력**input: 범위에 있어 동의된 활동들에 소비한 노력 시간

실제로는 생산성 공식(출력/입력)에 의해 계산해 보면 결과 값으로 1보다 작은 노력 시간당 기능 점수function points per effort hour가 나온다. 인간은 컴퓨터가 아니고 사람은 수가 1보다 클 때 좀 더 쉽게 이해하고 해석하기 때문에 소프트웨어 벤치마크에서는 주로 역수를 사용한다. 역수를 제품 출시율PDR, Product Delivery Rate이라고 부르며 입력/출력으로 정의하거나 기능 점수당 노력 시간effort hours per function point으로 정의한다. 이는 결과 위주 생산성 평가 방법이다. 생산성 평가에 관한 자세한 내용은 8장에서 확인할 수 있다.

벤치마크 목적으로 생산성을 표준화된 방법으로 측정하는 경우 소프트웨어 산업의 관련된 유사 그룹들과 비교해 봐야 한다. 유사 그룹 데이터의 가장 관련된 소스로는 국제 소프트웨어 벤치마크 표준 그룹ISBSG, International Software Benchmarking Standards Group이 있다. ISBSG는 비영리 단체로 소프트웨어 산업의 데이터를 표준화된 방식으로 수집하고 해당 데이터를 사용하기 쉬운 엑셀 시트 형태로 익명화해 제공한다. 이는 생산성 벤치마크용으로 소프트웨어 산업의 실무자들이 사용할 수 있는 주요 리소스다. 개발 및 개선 Development & Enhancements 리포지터리에는 2019년 2월 현재 9,000개가 넘는 프로젝트, 릴리스, 스프린트가 있으며 대부분이 앞에서 언급한 기능적 크기 측정 방법 중 하나를 사용해 측정된 PDR 값을 지닌다.

벤치마크 목적

어떤 조직과 동일한 산업에 속한 선두 업체나 경쟁자와 관련해 해당 조직의 능력을 이해하고자 보통 벤치마크를 사용한다. 이것이 가장 널리 사용되는 벤치마크 종류로 외부에 대한 관심이다. 이러한 벤치마크의 목적은 업계 선두 업체의 생산성 수준에 도달하기 위한 방법이나 접근법을 찾거나 경쟁자들을 앞설 수 있도록 생산성을 향상하기 위한 방법이나 접근법을 찾기 위함이다.

벤치마크는 내부에 대한 관심으로 수행될 수도 있다. 이러한 내부에 대한 관심의 가장 일반적인 예는 이전 스프린트의 속도와 가장 최근의 스프린트의 속도를 비교하는 것이다. 이러한 벤치마크의 목적은 더 높은 속도에 도달하고자 무엇을 개선할 수 있는지를 이전 스프린트에서 배우는 것이다. 3장에서 앤드류 코는 생산성 측정 대신에 관리를 잘하는 것에 집중해야 한다고 주장하고자 사고 실험을 수행했다. 관리를 잘하는 것이 생산성에 좋은 영향을 미친다는 주장은 우리가 지금까지 경험한 가장 성공적인 조직들에 비추어 볼 때 맞는 사실이다. 하지만 관리를 잘하는 것이 더 높은 생산성을 가져온다는 점을 증명하기 위한 유일한 방법은 벤치마크다. 그리고 벤치마크를 위해서는 생산성을 측정해야 한다.

벤치마크를 사용하는 또 다른 목적으로 입찰을 여는 기업이 이른바 착륙 지점^{landing zone}이라고 부르는 것을 결정하기 위함이다. 착륙 지점이란 입찰에 제안된 범위에 예상되는 최소, 평균, 최대 가격의 범위를 말한다. 이러한 벤치마크 데이터를 사용해 입찰 참여 기업들을 미리 벤치마크해 볼 수 있다(비교 분석해 볼 수 있다).

입찰에 제안된 범위의 예는 다음과 같다.

- 유지 보수해야 할 애플리케이션들의 포트폴리오

- 개발해야 할 신규 맞춤형 소프트웨어

- 클라우드 플랫폼으로 포팅^{porting}해야 할 애플리케이션들

입찰을 여는 기업이 착륙 지점 바깥에 위치하는 입찰(예상 가격 범위를 벗어나는 입찰)은 제외하는 경우를 본 적이 있다. 이러한 착륙 지점에 대한 소스 데이터를 얻는 방식은 '벤치마크 데이터 공급원' 절(260페이지)에서 기술한다. 이렇게 착륙 지점을 구하는 목적은 입찰 회사들의 가격 제안이 어디쯤 위치할 것인지 결정하기 위함이다.

벤치마크 표준 방법

2013년에 ISO는 IT 프로젝트 성과를 벤치마크하기 위한 소프트웨어 산업 모범 사례를 기술하는 국제 표준을 발간했다. 이는 ISO/IEC 29155 정보 기술 프로젝트 성과 벤치마크 프레임워크다. 해당 표준은 그림 18-2와 같이 총 5개의 부분으로 구성된다.

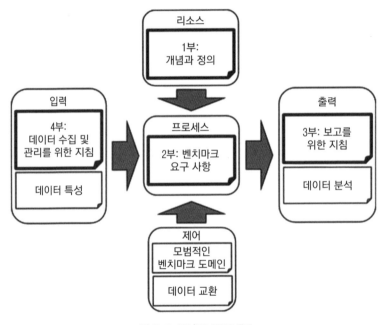

그림 18-2 ISO/IEC 29155 구조

ISO/IEC 29155 표준은 자신의 IT 프로젝트 성과를 벤치마크(비교 분석)해 보고 싶은 조직이 업계 모범 사례 벤치마크 프로세스를 구현할 수 있도록 다음 방식으로 지침을 제시한다.

- 벤치마크 프로세스를 구축하는 데 중요한 것에 관한 표준화된 어휘를 제공한다.

- 좋은 벤치마크 프로세스를 위한 요구 사항을 정의한다.

- 입력 부분을 마련하기 전에 보고에 대한 지침을 제공한다.

- 입력 데이터를 어떤 식으로 수집하고 벤치마크 프로세스를 어떤 식으로 관리할지에 관한 지침을 제공한다.

- 벤치마크 도메인을 정의한다.

ISO/IEC 29155 표준의 부의 순서(1부, 2부, 3부, 4부, 5부)는 의미가 있다. 가장 중요한 측면은 해당 표준을 보는 사람들이 해당 표준이 무엇을 말하고 있는지 알아야 하고 동일한 언어로 이야기할 수 있어야 한다. 다음으로 좋은 프로세스로부터 기대할 수 있는 것을 먼저 정의한다. 그다음으로 여러분이 알고자 하는 것을 정의한다. 3장에서 앤드류 코의 사고 실험을 통해 여러분이 알고자 하는 것을 제대로 정의하지 않으면 어떤 부분이 잘못될 수 있는지에 관한 예를 살펴봤다. 이러한 준비가 끝난 다음 여러분의 조직은 데이터를 수집하고 수집한 데이터를 다양한 도메인으로 알맞게 나눌 수 있다. 수집한 데이터를 다양한 도메인으로 알맞게 나눈다는 것은 사과는 사과끼리 비교하고 오렌지는 오렌지끼리 비교할 수 있게 된다는 뜻이다.[3]

정규화

벤치마크는 비교하는 것이다. 하지만 단순히 숫자를 비교하는 것 이상이다. 사과를 사과와 비교하려면 비교 대상 데이터가 실제로 비교 가능해야 한다. 크기 측정에 있어다양한 소프트웨어 객체의 크기 수치를 기능적 수준 또는 기술적 수준으로 비교할 수있다(예를 들면 이때 표준화된 기능적 크기 측정 방법을 사용할 수 있다). 소프트웨어를 만들거

---

3 이 책의 앞에서 살펴봤듯이 사과끼리 비교한다는 것은 같은 조건의 또는 같은 종류의 데이터 또는 수치를 비교한다는 뜻이다.
   다른 종류의 데이터끼리 비교하는 것은 의미가 없다는 뜻이다. - 옮긴이

나 유지하기 위한 프로세스에 관한 다양한 하드 데이터[4]를 측정 및 추적 목적으로 비교할 수 있다. 소프트웨어나 프로세스에 관한 소프트 데이터 조차도 다양한 소프트웨어 구성 요소 간에 차이점과 유사점을 평가하는 데 사용할 수 있다. 이는 추정과 계획 목적으로는 충분하지만 진정한 벤치마크를 위해서는 충분치 않다. 벤치마크는 여러분이 벤치마크하고자 하는 측면을 제외한 다른 모든 측면이 동일한 경우에만 유용하다. 실제로는 이렇게 벤치마크하고자 하는 측면을 제외한 나머지 측면이 동일한 경우가 거의 없다. 의미 있는 벤치마크를 위해서는 나머지 측면이 동일해야 하며 이를 정규화 normalizing라고 부른다. 수학적 변환이나 경험 데이터를 근거로 동종 데이터는 벤치마크하고자 하는 프로젝트의 상태를 반영하고자 정규화될 수 있다. 팀 크기, 결함 밀도, 프로젝트 기간과 같은 것들을 비교 가능하게 만들 수 있다. 대규모의 동종 데이터 집합이 사용 가능할 때 가장 쉬운 방법은 직관적으로 비교할 수 있고 수학적 변환 없이 사용할 수 있는 동종 데이터만을 선택하는 것이다. 충분한 동종 데이터가 존재하지 않는다면 효과가 이미 알려진 측면들을 정규화할 수 있다.

예를 들어 팀 크기의 효과는 광범위하게 연구됐다. 다양한 크기의 팀을 비교하는 경우 팀 크기에 영향을 받는 측면들(예, 생산성, 결함 밀도, 프로젝트 기간)은 여러분이 벤치마크하고자 하는 팀의 크기를 반영하도록 정규화될 수 있다.

벤치마크 데이터 공급원

소프트웨어 산업의 생산성을 벤치마크하기 위한 다양한 방법이 있다. 벤치마크 서비스를 제공하고 수년간에 걸쳐 많은 양의 데이터를 수집한 글로벌 영리 기관들이 여럿 있다. 이러한 기관들의 예로 METRI, 프레미오스Premios, QPMG 등이 있다. 또한 사용자가 자신의 프로젝트 추정을 소프트웨어 산업 지식 베이스(Galorath SEER, PRICE TruePlanning)나 추세선(QSM SLIM)과 벤치마크해 볼 수 있도록 허용하는 유료 추정 모

---

4   하드 데이터(hard data)는 신뢰할 만한 소스로부터 제대로 된 방법론을 통해 획득된 데이터로 쉽게 측정 가능하고 사실에 기반하고 있으며 논란의 여지가 없는 데이터다. 예를 들어 센서로부터 측정된 데이터 등이 있다. 반대 개념으로 소프트 데이터(soft data)가 있다. – 옮긴이

델들이 있다. 데이터의 기밀성으로 인해 이러한 영리 기관들은 벤치마크 서비스에 사용하는 실제 데이터를 공개하지 않는다. 실제 데이터가 아닌 벤치마크의 프로세스와 결과만을 대개 제공한다. 내부 프로젝트를 사과 대 사과 방식으로(동일 조건끼리) 비교하기에 내부 데이터가 충분치 않을 때 이러한 외부 벤치마크 데이터는 유용하다. 조직의 상황을 최대한 반영하고자 이러한 외부 공급원의 데이터를 맞춤화할 수 있다.

ISBSG 리포지터리

유일하게 ISBSG 리포지터리가 생산성 데이터를 무료로 제공한다. ISBSG 리포지터리는 소프트웨어 프로젝트 지표를 100개 이상 다룬다. ISBSG는 호주 멜버른에 위치한 독립적인 국제 비영리 단체다. 전 세계의 소프트웨어 지표 단체들이 ISBSG의 비영리 멤버들로 있다. ISBSG가 추가하고 관리하는 리포지터리가 2개가 있는데 하나는 신규 프로젝트 및 개선(현재 9,000개 이상의 프로젝트)이고 다른 하나는 유지 보수와 지원(현재 1,100개 이상의 애플리케이션)이다. 데이터는 소프트웨어 산업에 종사하는 컨설턴트와 실무자들이 제공한다. ISBSG에 데이터를 제공한 것에 대한 보상으로 무료 벤치마크 리포트가 제공된다. 무료 벤치마크 리포트는 제출한 데이터를 몇몇 높은 수준의 산업 동종 그룹과 비교해 해당 데이터의 생산성과 질, 속도를 알려 준다.

모든 ISBSG 데이터는 다음과 같다.

- ISBSG의 품질 지침에 맞게 검증됐고 등급이 매겨져 있다.

- 소프트웨어 산업의 현재를 나타내고 소프트웨어 산업을 대표한다.

- 독립적이고 신뢰할 만하다.

- 다양한 크기의 기업과 다양한 산업으로부터 수집된 것이다.

ISBSG 데이터는 엑셀 파일 형태로 얻을 수 있기 때문에 스스로 프로젝트의 생산성을 분석하고 벤치마크하는 것이 가능하다. 관련된 동종 그룹을 선택하고 가장 적절한 통계 방법을 사용해 데이터를 분석하면 된다. 이에 관한 예는 뒤에서 등장할 '벤치마크 활용 예' 절(262페이지)에서 살펴볼 것이다.

내부 벤치마크 데이터 리포지터리

벤치마크를 하는 주요 원인이 개선을 위한 내부 비교를 하려는 것이라면 가장 좋은 공급원은 내부 벤치마크 리포지터리를 구성하는 것이다. 이러한 리포지터리의 경우 생산성에 영향을 주는 문화적 차이(3장 참고)가 존재하지 않고 정규화를 신뢰할 만한 방법으로 수행할 수 있다. 벤치마크 데이터용 내부 리포지터리를 만들기 위한 프로세스가 갖춰지면 데이터를 ISBSG에 제출하는 데 해당 프로세스를 사용해야 한다. 이런 식으로 기업은 동종 업계의 기업들 대비 자신들의 위치가 어디쯤 인지에 관한 무료 벤치마크를 받을 수 있고 ISBSG 데이터베이스는 데이터 보강을 통해 더욱 견고해진다.

벤치마크 활용 예

지금까지 다룬 이론들을 실전 관점에서 보기 위해 벤치마크를 실제 어떻게 수행하는지에 관한 단순화된 예와 함께 18장을 마무리하겠다. 이번 예는 다른 이들과 비교함으로써 어떻게 개선을 찾아낼 수 있는지 보여 준다.

어떤 보험 회사가 10개의 완료된 자바 프로젝트의 생산성을 측정했다고 하자. 해당 10개의 프로젝트의 평균 PDR은 기능 점수당 10시간이었다. ISBSG D&E 리포지터리에서 관련된 동종 그룹을 선택하고자 다음 기준을 사용할 수 있다.

- 데이터 품질data quality은 A와 B를 선택한다. 분류 A와 B가 데이터 무결성과 완결성에 있어 가장 낫다.
- 크기 측정 방법count approach은 Nesma와 IFPUG 4+를 선택한다.
- 업계 분류industry sector는 보험insurance을 선택한다.
- 주요 프로그래밍 언어primary programming language는 자바를 선택한다.

위의 기준을 근거로 엑셀 파일을 필터링하면 표 18-1과 같은 결과가 통계로 나온다.

표 18-1 통계 표 예

통계	PDR
개수(number)	174
최소(min)	3.1
10% 백분위수	5.3
25% 백분위수	8.2
중위(median)	11.5
75% 백분위수	15.2
90% 백분위수	19.7
최대(max)	24.8

생산성 데이터가 보통 분산되지 않고 오른쪽으로 기울어져 있기 때문에(PDR은 0보다 작아질 수 없지만 상한은 없음) 평균 대신에 중위 값을 업계 평균으로 사용하는 것이 일반적이다. 이 경우 보험 회사의 평균 생산성은 25번째 백분위수와 시장 평균(중위) 사이에 위치한다. 이는 좋아 보일 수 있지만 목표는 업계의 상위 10퍼센트에 속하는 것일 것이다. 이 경우 여전히 개선의 여지가 많다. 품질(FP 대비 결함)과 출시 속도(한 달 간 FP), 비용(FP 대비 비용)과 같은 다른 관련 지표들에 대해서도 비슷한 분석을 할 수 있다. 이러한 분석들로부터 어떤 측면에 개선이 필요한지 분명해진다. 근간이 되는 데이터의 최상위 동종 데이터나 프로젝트와의 비교를 통해 벤치마크하고자 하는 프로젝트와 최상위 프로젝트 간의 차이를 알 수 있다. 이러한 차이는 개선 노력의 입력이 된다.

잘못된 동기 부여

다른 종류의 측정과 마찬가지로 벤치마크에는 위험이 따른다. 사람들은 측정 결과가 잘 나오도록 행동하는 경향이 있다. 잘못 정의된 측정법은 원치 않는 행동으로 이어질 수 있다. 이에 대해 앤드류 코가 다음과 같이 언급했다.

생산성을 추구하고자 생산성을 측정함으로써 원치 않는 결과가 다양하게 나타날 수 있다. 일을 더 빨리하려 하면 결함이 늘 수 있다. 생산성을 측정하는 것은 동기 부여를 왜곡시킬 수 있다. 동료들의 페이스를 따라잡으려 하는 것은 무한 경쟁으로 이어져 소프트웨어의 품질이 곤두박질칠 수 있다.

벤치마크는 진정으로 비교할 수 있도록 정규화 가능한 것들에 대해 수행돼야 한다. 소프트웨어 개발에 있어 이는 스프린트, 릴리스, 프로젝트, 포트폴리오를 뜻한다. 개인들을 벤치마크해서는 안 된다(개인들의 생산성을 서로 비교해서는 안 된다). 왜 그럴까? 간단하게 답하자면 사람을 정규화할 방법이 없기 때문이다. 개별 소프트웨어 개발자의 생산성을 측정하는 것이 좋지 못한 세부적인 이유는 2장을 참고하길 바란다. 프로그래머의 생산성이 10배나 차이가 난다는 충분한 증거가 있음에도 실제 그렇게 차이가 나는 경우는 매우 드물다. 개인들을 비교하면 무슨 일이 벌어지는지에 관한 흥미로운 예를 '당신은 10배 뛰어난 소프트웨어 엔지니어가 아니다'라는 블로그 글에서 확인할 수 있다. 분명히 남들보다 훨씬 뛰어난 소프트웨어 개발자들이 존재한다. 하지만 남들과의 차이를 합리적인 방법으로 벤치마크할 수는 없다. 단위 시간당 결과를 재는 방식으로 개인들을 비교하면 단순 기능을 많이 개발한 신입이 가장 어려운 문제를 몇 개 해결하는 동시에 신입을 돕고 다른 팀원들의 코드를 리뷰해 준 가장 뛰어난 팀원보다 성과를 더 잘 내고 있는 것처럼 보일 수 있다. 이에 관한 내용은 1장에서 확인할 수 있다.

요약

벤치마크는 조직의 프로세스를 업계 선두 또는 업계 모범 사례(외부 집중)와 비교하거나 조직 내 팀들(내부 집중)과 비교하는 프로세스다. 가장 높은 성과를 내는 업체나 팀이 일을 수행하는 방식을 이해함으로써 개선을 할 수 있다. 소프트웨어 산업의 주요 난제 중 하나는 완료된 스프린트, 릴리스, 프로젝트, 포트폴리오의 생산성을 사과와 사과를 비교하는 방식(동종 데이터 간의 비교 방식)으로 측정해 해당 정보를 추정과 프로젝트 통제, 벤치마크와 같은 프로세스에 사용하는 것이다. 생산성을 벤치마크하려면 측정 결과가 도메인 간에 비교 가능해야 하기 때문에 표준화된 측정 절차와 측정 반복성이 필요하다. 현재 기능적 크기 측정 표준만이 이러한 요구 사항을 만족한다. 벤치마크는 벤치마크하고자 하는 측면을 제외한 나머지 모든 측면이 동일할 때만 유용하다. 실제로는 이렇게 벤치마크하고자 하는 측면을 제외한 나머지 측면이 동일한 경우가 거의 없다. 의미 있는 벤치마크를 위해서는 나머지 측면이 동일해야 하며 이를 정규화 normalizing라고 부른다. 수학적 변환이나 경험 데이터를 근거로 동종 데이터는 벤치마크하고자 하는 프로젝트의 상태를 반영하고자 정규화될 수 있다. 생산성을 벤치마크하기 위한 여러 방법이 있다. 가장 좋은 공급원은 내부 벤치마크 리포지터리를 구성하는 것이다. 이러한 리포지터리의 경우 정규화를 신뢰할 만한 방법으로 수행할 수 있다. 내부 프로젝트를 사과 대 사과 방식으로(동일 조건끼리) 비교하기에 내부 데이터가 충분치 않을 때 이러한 외부 벤치마크 데이터는 유용하다. 조직의 상황을 최대한 반영하고자 이러한 외부 공급원의 데이터를 맞춤화할 수 있다. 다른 종류의 측정과 마찬가지로 벤치마크에는 위험이 따른다. 사람들은 측정 결과가 잘 나오도록 행동하는 경향이 있다. 잘못 정의된 측정법은 원치 않는 행동으로 이어질 수 있다. 벤치마크는 진정으로 비교할 수 있도록 정규화 가능한 것들에 대해 수행돼야 한다. 소프트웨어 개발에 있어 이는 스프린트나 릴리스, 프로젝트, 포트폴리오를 뜻한다.

핵심

18장의 핵심은 다음과 같다.

- 팀과 조직 간에 생산성을 비교하는 데 벤치마크가 필요하다.

- 생산성은 제품 간에 비교할 수 있지만 제대로 비교해야 한다.

- 조직 간에 비교는 표준화된 방법으로 비교할 때만 의미 있다.

참고 문헌

[1] Wikipedia, on: Cyclomatic complexity, http://en.wikipedia.org/wiki/Cyclomatic_complexity, Lines of Code (LoC), http://en.wikipedia.org/wiki/Source_lines_of_code, Productivity, http://en.wikipedia.org/wiki/Productivity, Use Case Points, http://en.wikipedia.org/wiki/Use_Case_Points.

[2] Nesma, on IBRA points, http://nesma.org/themes/productivity/challenges-productivity-measurement.

[3] Scrum alliance, on Story points, http://scrumalliance.org/community/articles/2017/January/story-point-estimationsin-sprints.

[4] ISO, on: Information Technology project Performance Benchmarking (ISO/IEC 29155), http://iso.org/standard/74062.html, Functional Size Measurement (ISO/IEC 14143), http://iso.org/standard/38931.html.

[5] ISBSG, on the source of benchmark data, http://isbsg.org/project-data.

[6] Andrew Ko, on the downside of benchmarking, Chapter 3 in Caitlin Sadowski, Thomas Zimmermann: Rethinking Productivity in Software Engineering, Apress Open, 2019.

[7] Ciera Jaspan and Caitlin Sadowski, on the arguments against a single metric for measuring productivity of software developers, Chapter 2 in Caitlin Sadowski, Thomas Zimmermann: Rethinking Productivity in Software Engineering, Apress Open, 2019.

[8] Steve McConnell, on the underlying research of the 10x Software Engineer, http://construx.com/10x_Software_Development/Origins_of_10X_-_How_Valid_is_the_Underlying_Research_/.

[9] Sean Cassidy, on the fact that you are most likely NOT a 10x Software Engineer, http://seancassidy.me/you-are-not-a-10xdeveloper.html.

[10] Yevgeniy Brikman, on the rarity of 10x Software Engineers, http://ybrikman.com/writing/2013/09/29/the-10x-developer-is-notmyth/.

[11] Lutz Prechelt, on why looking for the mythical 10x programmer is about asking the wrong question, Chapter 1 in Caitlin Sadowski, Thomas Zimmermann: Rethinking Productivity in Software Engineering, Apress Open, 2019.

5부

생산성 모범 사례

19장

생산성을 높이기 위한 소프트웨어 개발 낭비 제거

토드 세다노, 피보탈Pivotal, 미국

폴 랄프, 달하우지 대학Dalhousie University, 캐나다

세실 페레어, 카네기멜론 대학 실리콘 밸리Carnegie Mellon University Silicon Valley, 미국

소개

이 책의 앞에서 봤듯이 소프트웨어 인력의 생산성을 측정하는 것은 어려우면서도 위험하다. 하지만 시간과 노력이 언제 낭비되는지를 인지하는 데 복잡한 생산성 측정법이 필요하지는 않다. 소프트웨어 엔지니어가 이전에 작성한 코드가 급하게 작성돼 코드를 재작성하는 경우 생산성은 당연히 떨어진다.

프로젝트 관리에서 낭비는 프로젝트 이해관계자 누구에게도 이득이 되지 않는 가운데 리소스를 소비하는 객체, 속성, 조건, 활동, 프로세스를 말한다. 개발 프로세스에서 낭비는 물리에서의 마찰과 유사하다. 정의에 따르면 낭비를 줄이는 것은 효율성과 생산성을 개선한다.

하지만 낭비를 줄이는 것은 어려울 수 있다. 낭비는 회사 내 상하 관계나 멀티태스킹, 잘못된 우선순위, 보이지 않는 인지 프로세스 등에 의해 보통 감춰져 있다. 사람들은 낭비적인 행동에 금방 적응한다. 그것은 인간의 본성이다. 낭비에 대처하는 데 필요한 조치는 낭비 방지, 낭비 식별, 낭비 제거다. 이러한 조치를 위해서는 소프트웨어 프로

젝트에 존재하는 낭비의 종류를 이해해야 한다.

소프트웨어 개발 낭비를 좀 더 잘 이해하려고 피보탈 소프트웨어Pivotal Software에서 참가자 관찰 근거 이론 연구를 수행했다. 피보탈은 익스트림 프로그래밍extreme programming을 사용하고 발전시키는 것으로 알려진 미국의 소프트웨어 개발 대기업이다[1]. 피보탈은 소프트웨어 제품을 만들고 고객들에게 애자일로의 탈바꿈 서비스를 제공한다.

근거 이론grounded theory은 실증 데이터로부터 과학적 설명을 체계적으로 이끌어 내기 위한 연구 방법이다. 참가자 관찰은 내부자의 관점을 이해하려고 연구원들이 프로젝트에 참여하는 형태의 데이터 수집 방법이다. 다양한 분야의 고객사 엔지니어들과 애자일 탈바꿈 프로젝트를 진행하는 피보탈 팀들을 관찰했다. 해당 연구는 참가자 관찰에 2년 5개월이 걸렸고 33개의 개방형 인터뷰를 진행했고 1년치의 기존 데이터를 사용했다. 이는 소프트웨어 개발 분야에서 낭비에 관한 최초의 실증 연구다. 연구 방법에 관한 좀 더 자세한 정보를 알고 싶다면 세다노 등Sedano et al.의 논문을 참고하자[7].

소프트웨어 개발 낭비 분류 체계

이번 연구를 진행하는 동안 아홉 가지 유형의 낭비를 관찰했다(그림 19-1). 이번 절에서는 각 낭비 유형에 대해 알아보고 낭비를 줄이는 것을 어렵게 만드는 요인들에 관해 설명하겠다.

그림 19-1 소프트웨어 개발 낭비 유형(저작권 – 토드 세다노)

잘못된 기능 또는 제품 만들기

사용자와 비즈니스의 요구에 부합하지 않는 기능이나 제품을 만드는 비용을 말한다.

낭비의 가장 심각한 유형 중 하나는 어느 누구도 원하지 않는 기능을 만드는 것이다. 좀 더 극단적인 경우로는 어느 누구도 원하지 않는 제품을 만드는 경우가 있다.

예를 들어 피보탈의 한 팀의 경우 3명의 엔지니어가 한 시스템을 만드는 데 3년이 걸렸는데 이들은 잠재적인 사용자와 의사소통을 한 번도 하지 않았다. 개발된 시스템은 사용자의 요구에 부합하지 않았다. 사용자의 요구를 만족시키고자 시스템을 수정하느라 9개월을 보낸 후에야 경영진은 해당 프로젝트를 폐기했다. 또 다른 예로 한 팀은 헬

스케어 관계 관리 시스템을 만들었다. 사용자 중심 설계를 하는 동안 해당 팀은 사용자 피드백을 무시했다. 완성된 시스템을 사용하고자 하는 사람들을 찾느라 1년을 보낸 후에 해당 팀은 자금이 고갈됐다.

잘못된 기능이나 제품을 만드는 두 가지 주요 이유는 다음과 같다.

- **사용자가 원하는 것을 무시하는 경우**: 사용자 연구, 사용자 검증, 사용자 테스트를 수행하지 않는 경우와 사용자 피드백 무시, 사용자 가치가 낮은 기능 개발이 이에 해당한다.

- **비즈니스가 원하는 것을 무시하는 경우**: 비즈니스 이해관계자를 포함시키지 않는 경우와 느린 이해관계자 피드백, 불분명한 제품 우선순위가 이에 해당한다.

이러한 낭비를 피하거나 줄이기 위한 기법은 다음과 같다.

- 사용성 테스트
- 기능 검증
- 잦은 출시
- 참여형 설계

잘못된 기능이나 제품을 만드는 것은 특정 요인(사용자 요구 vs 비즈니스 요구)과 관련 있어 보인다. 즉 사용자 요구가 비즈니스 요구와 상충되는 경우가 종종 있다는 뜻이다. 예를 들어 한 모바일 애플리케이션의 경우 마케팅 조직은 회사 뉴스 피드를 포함해야 한다고 주장했다. 사용자들은 회사 뉴스 피드를 원치 않았고 이를 스팸으로 인지해서 마케팅 조직의 의견의 중요도가 낮아졌다.

잘못된 백로그 관리

중복 작업과 낮은 가치를 지닌 사용자 기능의 우선 처리, 필요한 버그 수정 지연을 뜻한다.

애자일 소프트웨어 개발의 경우 우선순위를 정할 때 백로그 우선순위가 뒤집히는 문제가 발생한다. 원칙적으로는 모든 스토리는 우선순위가 있는 백로그에 보관돼야 한다. 이때 백로그 위쪽에 있는 스토리일수록 제품 관리자(또는 그에 준하는 사람)가 먼저 처리되길 원하는 스토리여야 한다. 하지만 실제로는 제품 관리자가 상위 n개의 스토리만 우선순위를 제대로 매기고 나머지 스토리들은 우선순위가 뒤섞여 있거나 기한이 너무 오래된 경우가 종종 있다. 백로그 우선순위가 뒤집히는 문제는 개발팀이 제품 관리자가 정한 상위 n개의 스토리를 빨리 해결해 제품 관리자가 나머지 스토리들의 우선순위를 제대로 정하기 전에 n+1번째 스토리를 작업하기 시작할 때 발생한다.

예를 들어 월요일에 제품 관리자가 백로그를 들여다보고 7개 스토리의 우선순위를 재설정한다. 개발팀이 제품 관리자가 우선순위를 재설정한 7개의 스토리를 빨리 끝내서 스토리 8번, 9번, 10번을 작업하기 시작한다. 제품 관리자가 아직 스토리 8번, 9번, 10번의 우선순위를 재설정하지 않았기 때문에 개발팀은 자신들이 우선순위가 낮은 스토리에 작업 중인지 알지 못한다.

잘못된 백로그 관리로 인해 잘못된 우선순위와 관련된 모든 낭비가 발생한다. 우리가 관찰한 잘못된 백로그 관리로 인한 낭비의 원인은 다음과 같다.

- 백로그 우선순위가 뒤집히는 경우

- 동시에 너무 많은 기능을 작업하는 경우

- 중복 작업

- 스토리가 잘 정의되지 않은 경우

- 기능 구현과 버그 수정 간에 불균형

- 테스트 지연 또는 심각한 버그 수정 지연

- 너무 잦은 변경

이러한 낭비를 피하거나 줄이기 위한 해결책은 다음과 같다.

- 백로그의 우선순위를 한 주에 여러 번 조정한다.

- 새로운 기능을 시작하기 전에 진행 중인 기능을 끝마쳐서 진행 중인 업무를 최소화한다.

- 백로그에 진행 중인 업무를 반영한다.

- 개발보다 앞서고자 충분한 스토리를 작성한다.

- 기능 개발하는 동안 주기적으로 버그를 수정한다.

- 변경하기 전에 사용자로부터 피드백을 받는다.

이러한 낭비의 원인을 보면 한쪽에는 기존 것을 변경하려 하지 않고 고수하려는 것과 다른 쪽에는 너무 자주 변경하는 것이 있다. 빠르게 변화에 대응하는 것이 애자일 개발의 기본 원칙이긴 하지만 빠르게 대응하는 것을 변화를 거부하는 것의 정반대라고 생각하는 경우가 많다. 하지만 변화에 대응하는 것은 특별한 이유 없이 변경을 거부하는 것과 기능을 너무 자주 변경하면서 비슷한 수준으로 괜찮은 대안 사이에서 갈팡질팡하는 것 사이의 중간 지대쯤에 해당한다. 잦은 변경의 예로 한 프로젝트에서 사용자 등록 절차의 순서와 단계 수를 조정하느라 출시가 지연된 적이 있다.

재작업

애초에 올바르게 작업 됐어야 할 개발 완료 업무가 제대로 작업되지 않아 수정하는 비용이다.

모든 재작업이 낭비인 것은 아니다. 예측하지 못한 상황으로 인해 제품을 재작업하는 것은 낭비가 아니다.

예를 들어 한 개발 팀이 파이썬 코드로 된 제품을 출시했는데 개발 과정 동안 기술 부채(제대로 된 방법보다 쉬운 방법을 선택해서 추후에 발생하는 개발 비용)가 많이 쌓였다. 해당 팀은 코드가 관리하기 너무 어려워져서 처음부터 Go 언어를 사용해 코드를 재작성하기로 결정했다. 이 경우에 코드 작성 전체를 재작업이라고 봐야 한다. 기술 부채를 무시함으로써 시간이 지남에 따라 소프트웨어를 이해하기도 어려워졌고 수정하기도 어려워졌다. 해당 팀은 파이썬 코드가 관리 불가능한 상태에 이르기 전에 원래 파이썬 코드를 리팩토링함으로써 이런 대대적인 재작업을 피할 수 있었을 것이다.

우리가 관찰한 재작업 낭비의 원인은 다음과 같다.

- **기술 부채**: 시간을 줄이고 마감 기한을 맞추려고 지름길을 택함으로써 뒤로 미룬 기술적 업무를 뜻한다.

- **모호한 스토리 정의**: 모호한 승인 기준과 모호한 목업^{mock-up}이 포함된다.

- **거절된 스토리**: 스토리 구현이 승인 기준을 만족하지 않아 제품 관리자가 스토리 구현을 거부한 경우를 뜻한다.

- **결함**: 제대로 되지 않은 테스트 전략과 결함에 대한 근본 원인 분석 미실행이 포함된다.

이러한 낭비를 피하거나 줄이기 위한 해결책은 다음과 같다.

- 지속적인 리팩토링

- 스토리를 시작하기 전에 승인 기준 리뷰

- 스토리를 끝마치기 전에 승인 기준 검증

- 테스트 전략 개선과 버그에 대한 근본 원인 분석

새로운 기능을 처리하려고 코드를 리팩토링하는 것은 낭비가 아니다. 개발 팀이 미래에 해야 할 일을 예측하는 것은 불가능하다. 대신에 개발 팀은 자신들의 코드를 현재 시스템 기능과 코드 설계에 대한 이해 수준과 일치하도록 집중해야 한다. 주기적으로 자신의 코드를 리팩토링함으로써 새로 팀에 합류하는 개발자를 교육하는 비용을 줄일 수 있고 새로운 기능을 개발하는 능력을 키울 수 있다. 깔끔한 코드^{clean code}가 갖는 장점은 더 있다. 깔끔한 코드는 이해하기 쉽고 수정하기 쉽고 결함이 적다. 새로운 기능을 지원하도록 코드를 리팩토링하는 것은 새로운 기능을 구현하는 데 어쩔 수 없이 따라오는 비용이다. 반면에 어떤 기능을 서둘러 내놓는 것은 기술 부채를 쌓게 된다. 이는 재작업과 불필요한 인지 부하로 이어진다.

재작업 낭비는 일을 제대로 하는 것과 일을 신속하게 하는 것 사이의 균형을 맞춰야 하는 문제다. 프로그래밍을 하는 동안 내리는 의사결정에 관한 최근 연구에 따르면 이러한 균형 문제가 개발자의 행동에 많은 영향을 미친다고 한다. 여기에는 문제가 되는 코드를 리팩토링할 것인지 여부와 바로 떠오르는 방법을 구현할지 아니면 좀 더 나은 방법이 있는지 연구한 후에 더 나은 방법을 구현할지 여부 등이 포함된다[5].

과도하게 복잡한 해결책

필요 이상으로 복잡한 해결책을 만드느라 드는 비용을 뜻한다. 이로 인해 기능과 사용자 인터페이스와 코드를 단순화할 기회를 놓치는 것을 포함한다.

불필요한 복잡도는 본질적으로 낭비이고 해가 된다[3]. 시스템이 복잡하면 복잡할수록 시스템을 배우고 사용하고 유지 보수하고 확장하고 디버깅하기 더 어려워진다.

불필요한 기능 복잡도는 사용자의 시간을 낭비한다. 사용자가 시스템을 사용하고 원하는 바를 수행하는 방법을 이해하느라 노력해야 하기 때문이다. 예를 들어 어떤 제품의 경우 사용자가 하려는 작업과 무관한 내용들을 입력해야 한다. 이러한 불필요한 내용들을 입력받기 위한 필드들을 구현하고 유지 보수하는 것으로 인해 개발자의 시간이 낭비될 뿐 아니라 결함이 발생할 가능성이 높아진다.

우리가 관찰한 과도하게 복잡한 해결책 낭비의 원인은 다음과 같다.

- **사용자 관점에서 볼 때 불필요한 기능 복잡도**: 너무 복잡한 사용자 상호 작용과 너무 복잡한 비즈니스 프로세스가 포함된다.
- **개발 팀 관점에서 볼 때 불필요한 기술 복잡도**: 코드가 중복되거나 사용자 인터페이스 설계를 재사용하지 않거나 너무 복잡한 기술적 설계가 포함된다.

이러한 낭비를 피하거나 줄이기 위한 해결책은 다음과 같다.

- 사용자 상호 작용(사용자 인터페이스) 설계를 단순화한다.

- 소프트웨어 코드 설계를 단순화한다.

- 제안된 각 기능으로 인해 야기될 추가적인 복잡도와 해당 기능의 가치를 비교해 구현 여부를 결정한다.

과도하게 복잡한 해결책으로 인한 낭비와 관련해 한쪽에는 미리 전체 설계를 완료하는 것이 있고 다른 쪽에는 점진적인 설계가 있다. 미리 완료한 설계는 정확하지 않거나 오래된 가정을 기반으로 해 특히나 빠르게 변화하는 환경에서 값비싼 재작업 비용을 치르게 될 수도 있다. 하지만 구현부터 서둘러 하면 설계가 효과적이지 못하고 급하게 돼 역시 재작업 비용을 치르게 될 수 있다. 애자일 개발에서 반응성을 강조하긴 하지만 설계자들이 중요한 결정과 기능에 대해 다시 검토하거나 재작업을 해야 하는 경우가 많다[2].

재작업을 피하려면 초반에 전체 설계를 하는 것과 점진적인 설계 간의 불일치를 인지해야 한다. 초반에 전체 설계를 하는 것을 주장하는 사람과 점진적인 설계를 주장하는 사람 모두 자신들이 재작업을 줄이고 있다고 생각한다. 우리가 관찰한 프로젝트에 따르면 아무리 초반 설계에 공을 들여도 사용자 피드백과 제품 방향을 예측하기는 어렵다. 따라서 우리가 관찰한 팀들은 점진적으로 기능을 출시하는 것을 선호했고 필요할 때까지 최대한 기술과의 통합을 미루는 것을 선호했다.

불필요한 인지 부하

불필요한 정신적 노력에 대한 비용을 말한다.

인간은 제한된 작업 기억working memory과 정신적 리소스를 갖는다. 엄밀히 이야기하면 인지 부하는 어떤 작업이 얼마만큼의 작업 기억을 필요로 하는지 가리킨다. 하지만 여기서 불필요한 인지 부하는 좀 더 일반적인 의미로 무언가를 불필요하게 정신적으로 매우 힘든 것으로 만드는 데 따른 비용을 뜻한다.

예를 들어 어떤 프로젝트는 5개의 개별적인 테스트 스위트suite를 사용하는데 각 스위트는 다르게 동작한다. 테스트를 실행하고 실패를 감지하고 실패한 테스트만을 재실행하려면 5개의 다른 시스템을 배워야 한다. 이는 두 가지 의미에서 불필요하게 인지적으로 매우 힘들다. 개발자는 초기에 5개의 시스템을 배워야 하고 5개의 시스템이 어떤 식으로 동작하는지 기억해야 하고 헷갈리지 않도록 노력해야 한다.

우리가 관찰한 불필요한 정신적 부하 낭비의 원인은 다음과 같다.

- 기술 부채

- 복잡하거나 대규모 스토리

- 비효율적인 툴과 문제가 있는 API, 라이브러리, 프레임워크

- 불필요한 상황 전환

- 비효율적인 개발 흐름

- 제대로 조직화되지 않은 코드

이러한 낭비를 피하거나 줄이기 위한 해결책은 다음과 같다.

- 이해하기 어려운 코드를 리팩토링한다.

- 규모가 크고 복잡한 스토리를 더 작고 더 간단한 스토리로 쪼갠다.

- 사용하기 어려운 라이브러리를 교체한다.

- 하나의 작업이 완료될 때까지 한 번에 하나의 작업만 수행한다. 대기 작업을 만들지 않도록 노력한다(예를 들어 다른 무언가를 수행하려고 작업을 대기 상태에 두는 것을 피한다).

- 개발 흐름을 개선한다. 여기에는 더 나은 스크립트와 툴이 포함된다.

심리적 괴로움

도움이 안 되는 스트레스로 팀에게 짐을 지우는 데 따르는 비용을 뜻한다.

스트레스는 도움이 될 수도 있고 해가 될 수도 있다. 예를 들어 고객이 높은 기대치를 갖고 있다는 점을 알게 되는 데 따른 약간의 압박은 팀이 더 나은 제품을 출시하기 위한 동기 부여가 될 수 있다. 반면에 아픈 가족에 대한 걱정과 성난 고객으로부터 욕 먹는 것과 직업을 잃을지도 모른다는 걱정은 성과를 떨어뜨릴 수 있다.

심리적 괴로움은 해로운 스트레스 또는 과도한 스트레스 중 하나다. 어느 정도의 스트레스가 과도한 스트레스인지는 사람에 달려 있다. 하지만 모든 사람은 스트레스가 어느 선을 넘으면 성과가 떨어진다. 괴로움과 극단적인 스트레스 모두 정신을 분산시키고 사람의 진을 뺀다. 스트레스로 인해 사람들은 걱정을 하고 압도당하고 의욕이 떨어질 수 있다. 따라서 심리적 괴로움은 본질적으로 낭비가 될 수밖에 없다.

예를 들어 메일링 리스트에서 다른 팀이나 다른 개발자에 대한 비난으로 인해 스트레스가 발생하는 것이 관찰됐다. '이런! 커밋이 22개나 되는데 풀 요청pull request이 전혀 없다니!'와 같은 비난이 이에 해당한다. 또 다른 예는 사무실 화이트보드에 출시 날짜를 적어 놓고 날짜를 카운트다운하는 것이다. 마감 기한을 너무 강조하면 개발팀의 스트레스가 증가하고 기술적 결정을 올바르게 내릴 수 없게 된다. 결국에는 화이트보드에서 카운트다운을 지웠다.

사람마다 정신적으로 힘들게 하는 경험이 달랐다. 하지만 정신적으로 힘들게 하는 경험 중 공통된 부분을 정리하면 다음과 같다.

- 팀의 사기가 낮은 경우
- 긴급 상황
- 사람 간 갈등 또는 팀 갈등
- 팀 간 갈등

수많은 연구가 스트레스의 성질, 원인, 영향을 분석했다. 소프트웨어 엔지니어링에서의 스트레스를 제대로 다루려면 두꺼운 책 한 권을 다 채울 것이다. 우리가 진행한 연구에서는 스트레스를 감지하고 줄이기 위한 권장 사항을 다음과 같이 몇 가지 다룬다.

- 우리 경험에 따르면 정신적 괴로움을 감지하는 것은 어렵지 않다. 팀원에게 '요즘 어때?'라고 물어보는 것만으로 대개 충분하다.

- 마감 기한과 연관된 스트레스는 범위를 줄이거나 마감 기한을 연장함으로써 경감시킬 수 있다.

- 사람 간 갈등과 연관된 스트레스는 중재를 통해 경감시킬 수 있다.

지식 손실

팀이 이전에 알았던 정보를 재획득하는 비용을 말한다.

어떤 지식을 한 사람만이 알고 있는 경우 해당 인원이 회사를 그만두면 팀은 해당 지식을 잃어버리게 된다. 또는 어떤 지식이 특정한 장치에만 저장돼 있는 경우에도 해당 장치를 잃어버리면 해당 지식을 잃어버리게 된다. 또는 어떤 지식이 한 사람, 한 그룹 또는 한 시스템에만 고립돼 있으면 해당 사람이나 그룹, 시스템을 사용할 수 없게 되면 해당 지식을 잃어버리게 된다. 지식을 어떤 식으로 잃어버렸는지와 무관하게 지식을 재획득하는 비용은 일종의 낭비다.

우리가 관찰한 지식 손실 낭비를 일으키는 원인은 다음과 같다.

- 잦은 팀원 변경

- 중요한 지식이 한 사람이나 그룹, 시스템에 격리돼 저장된 경우

세다노 등[Sedano et al.][6]의 연구는 지식 공유 및 지속을 장려하기 위한 여러 실천 방안을 제안한다. 이러한 실천 방안에는 짝 프로그래밍, 짝 순환 교대 시 중복되는 부분 만들기, 지식 전파(예, 스탠드업 미팅) 등이 있다.

지식 손실 낭비의 한쪽에는 상호 작용을 통한 지식 공유가 있고 다른 쪽에는 문서화를 통한 지식 공유가 있다. 애자일 방법론의 핵심 중 하나는 글로 쓰여진 문서보다 대면해 지식을 공유하는 것이 대개 더 효과적이라는 것이다. 사실 문서가 조금만 시간이 지나도 예전 문서가 돼 신뢰성이 떨어지는 경우가 많다.

대기/멀티태스킹

멀티태스킹에 의해 가려진 대기 시간 비용을 뜻한다.

제조 공장에서 무언가 잘못됐을 때 사람들이 일을 하지 못하고 기다리는 걸 종종 볼 수 있다. 포장 팀에 포장 박스가 다 떨어진 경우 포장 팀은 포장 박스가 도착할 때까지 그저 기다려야 할 것이다. 이는 분명히 낭비다.

소프트웨어 인력의 경우 대기 낭비가 명확히 드러나지 않는다. 대기하는 시간이 멀티태스킹에 의해 가려지는 경우가 많기 때문이다. 예를 들어 통합 프로세스가 1시간이 걸리는 경우 프로그래머들은 통합이 완료되길 기다리는 동안 무언가 다른 더 낮은 우선순위의 일을 한다.

우리가 관찰한 대기/멀티태스킹 낭비의 원인은 다음과 같다.

- 느리거나 신뢰할 수 없는 테스트
- 필요한 정보나 사람, 장비가 없는 경우
- 제품 관리자가 필요한 정보를 제공하는 데 너무 오래 걸리는 경우
- 여러 작업을 번갈아 하느라 발생하는 전환 비용

대기/멀티태스킹 낭비를 피하거나 줄이기 위한 해결책은 다음과 같다.

- 진행 중인 업무를 제한함으로써 대기 시간을 노출하라(대기 시간이 발생한다는 것을 알 수 있게 하라).
- 잠깐 기다려야 하는 경우 작업을 전환하지 말고 휴식을 취하라(예, 탁구를 친다).

- 오래 기다려야 하는 경우 대기 시간을 대기 원인을 해결하는 데 사용하라(예, 빌드가 오래 걸리면 빌드 시간을 줄이기 위한 방법을 찾는다).

멀티태스킹은 두 가지 방식으로 낭비를 야기한다. 첫째, 멀티태스킹을 하면 새로운 작업에 정신을 집중해야 한다. 이는 꽤나 시간이 많이 걸리는 과정이며 특히나 새로운 작업이 인지적으로 집중을 많이 해야 하는 경우엔 더욱 그러하다. 둘째, 멀티태스킹을 하면 원래 하던 높은 우선순위 작업이 다시 가용 상태가 됐을 때 딜레마가 발생한다. 개발자가 우선순위가 낮은 신규 작업을 끝마치고 원래 하던 높은 우선순위 작업으로 돌아가야 할까(높은 우선순위 작업의 지연 발생) 아니면 원래 하던 높은 우선순위 작업으로 즉시 돌아가야 할까(대기 중인 진행 중인 일이 추가됨)?

엔지니어가 몇 분 이상 아무것도 하지 않고 있으면 해당 엔지니어를 부정적으로 보는 경향이 있다. 따라서 엔지니어들은 위에서 설명한 단점에도 대기하는 대신 다른 작업으로 전환하는 것을 선호하는 경향이 있다.

효과적이지 못한 의사소통

프로젝트 이해관계자 간에 의사소통이 불완전하거나 정확하지 않거나 오해하거나 비효율적이거나 부재할 때 발생하는 비용을 뜻한다.

효과적이지 못한 의사소통은 본질적으로 낭비다. 예를 들어 제품 관리자가 버그를 발견하고 이를 백로그에 추가했지만 버그를 어떻게 재현할 수 있는지에 대한 설명이 없다고 하자. 개발 팀은 탐정처럼 이리저리 조사해야 할 것이다. 여러 가지 가능한 조합으로 실험을 해보거나 제품 관리자에게 추가적인 정보를 요청해야 한다. 또 다른 예로 개발자가 팀 내 다른 모든 개발자에게 영향을 주는 핵심 설정 정보를 변경했다고 해보자. 최신 코드를 당겨 가야 한다고 다른 개발자들에게 말하는 대신에 비동기적 의사소통 방식(예, Slack)을 통해 변경 사항을 다른 개발자에게 알린다. 일부 개발자는 해당 공지를 확인하지 못하고 코드가 왜 잘 동작하지 않는지 헤맬 것이다. 이미 무엇이 문제인지 팀 내에서 알고 있음에도 해당 개발자들은 해결책을 찾느라 시간을 낭비하게 될 것이다.

우리가 관찰한 효과적이지 못한 의사소통 낭비의 원인은 다음과 같다.

- 팀의 규모가 너무 크다.

- 비동기적인 의사소통을 사용한다. 이는 특히나 팀이나 이해관계자가 분산된 형태로 존재할 때 문제가 된다. 또한 팀 간에 상호 의존 관계가 있거나 팀 외부에 있는 불분명한 프로세스에 팀이 의존할 때 특히 문제가 된다.

- 한 사람 또는 몇몇 사람만이 대화를 주도하고 듣지 않는다.

- 미팅이 비효율적이다. 미팅을 하는 동안 집중을 하지 않거나 회고^{retrospect}를 건너뛰거나 무엇이 일의 진척을 막는지 논의하지 않거나 미팅 시간이 너무 길어지는 경우가 이에 해당한다.

스트레스와 마찬가지로 의사소통 효과성을 연구한 연구의 양은 방대하며 이를 전체적으로 제대로 다루는 것은 19장의 범위를 넘어선다. 따라서 관련된 몇 가지 권고 사항을 제시하고자 한다.

- 동기적인 의사소통(특히 대면 의사소통)이 대부분의 사람과 대부분의 경우 더 효과적인 것으로 보인다.

- 번갈아가며 대화를 한다. 대화 참여자가 한 번에 한 명씩 차례를 돌아가며 말할 때 대화에 대한 이해도가 높아진다.

- 대화 시 더 많은 권한이 있는 참여자(예, 남성 백인 프로젝트 관리자)가 권한이 더 적은 참여자(예, 여성 유색인종 주니어 개발자)의 발언에 덜 개입할 때 사고가 더 다양해지고 그룹 의사결정의 질이 좋아진다. 어떤 사람이 말하는 도중에 중단당했을 때 다른 참가자들이 '알렉시스가 말하던 걸 계속 논의해 볼까요?'라는 식으로 말함으로써 발언을 중단당한 참가자가 계속 이야기할 수 있도록 도와줄 수 있다.

효과적이지 못한 의사소통은 다른 종류의 낭비로 이어질 수도 있다. 예를 들어 지연을 초래하는 효과적이지 못한 의사소통은 대기 낭비로 이어질 수 있다. 사용자나 비즈니스에 대한 오해나 착오를 초래하는 효과적이지 못한 의사소통은 잘못된 기능이나 제품을 만드는 문제로 이어질 수 있다. 기존의 해결책에 대한 오해나 착오는 너무 복잡한 해결책을 만들거나 불필요한 인지 부하로 이어질 수 있다. 잘못된 의사결정을 초래하는 효과적이지 못한 의사소통은 백로그 관리 실패로 이어질 수 있다. 기술적 실수를 초래하는 효과적이지 못한 의사소통은 결함과 재작업으로 이어질 수 있다. 팀원 간에 오해를 초래하는 효과적이지 못한 의사소통은 갈등과 심리적인 고통으로 이어질 수 있다. 위에서 살펴본 내용은 효과적인 의사소통의 중요성과 잘못된 의사소통이 어떤 식으로 낭비를 초래할 수 있는지를 잘 보여 주는 몇몇 예에 해당한다.

애자일 등장 이전 개발 방법론을 사용한 프로젝트에서 발생하는 추가적인 낭비

피보탈은 불필요한 요소를 걷어내고 상황에 빠르게 반응하기 때문에 이미 일반적인 유형의 낭비는 제거했다. 폭포수 접근법이나 계획 주도 접근법, 다른 애자일 이전의 접근법을 사용한 경우 불필요한 요식 체계로 인한 낭비를 경험했을 것이다. 특히나 대규모의 조직을 관리하려면 일부 요식 체계가 필요하다. 하지만 너무 많은 요식 체계는 아무런 의미가 없고 심지어 매우 해로운 경우가 있다. 이에 대한 예는 다음과 같다.

- **과도한 계획**: 사용할 수 있는 정보가 없거나 프로젝트 환경이 결정되지 않았음에도 예산과 일정, 단계, 마일스톤, 작업을 세부적인 수준으로 추정하는 것이 이에 해당한다. 계획이 방대한 추측과 가정을 요하는 경우 이러한 계획은 계획이 아니라 환상이다. 과도한 계획은 계획을 세우는 사람의 시간을 낭비할 뿐 아니라 실제가 계획과 괴리를 보일 때 심리적 고통까지 수반한다.

- **과도한 구체화**: 현재 사용할 수 있는 정보로는 결정할 수 없는 세부 수준으로 요구 사항이나 설계를 구체화하는 것이 이에 해당한다. 과도한 구체화는 프로젝트에서 요구 사항과 설계를 결정하는 단계에서 흔히 발생하는 문제다. 특히나 요구 사항과 설계의 규모가 크고 미리 결정할 때 발생한다. 이 문제에 대한 경고 신호로는 방대하거나 필수적이지 않거나 우선순위가 낮거나 확신이 가지 않는 요구 사항 등이 있다. 뿐만 아니라 이해관계자들이 프로젝트의 목표에 대해

여전히 논의를 하는 가운데 구체적인 아키텍처를 개발하는 것이나 앞으로 수개월 동안 개발하지 않을 기능들에 살을 붙여가며 구체화하는 것 등도 경고 신호 중 하나다. 과도한 구체화는 시간 낭비일 뿐 아니라 개발자의 리소스를 제약하고 더 나은 해결책을 불투명하게 만들고 창의성을 저하한다.

- **성과 지표**: 성과 측정 연구로부터 밝혀진 주요한 깨달음은 성과를 측정하는 것이 성과를 떨어뜨릴 수 있다는 점일 것이다. 모든 지표는 자신한테 유리한 쪽으로 왜곡시킬 수 있으며 지표를 왜곡하는 것은 집중을 분산시키며 시간을 많이 소비한다. 사람을 측정하면 사람들은 지표에 최적화된 방식으로 업무를 수행한다. 이는 지표를 측정하기 이전에 업무를 수행하는 방식보다 대개 효율이 떨어진다. 따라서 성과를 정량화하려는 시도는 낭비적일 뿐 아니라 역효과를 낳는다. 특히 성과 측정치에 따라 보너스가 결정될 때 더욱 그러하다[4].

- **무의미한 문서화**: 일부 문서화는 필요할 뿐만 아니라 필수적이다. 특히 문서화가 특정 목표를 달성하는 데 도움이 될 때 더욱 그러하다. 하지만 일부 프로젝트의 경우 문서가 넘쳐나는데 해당 문서들이 시간이 지나서 쓸모가 없어질 때까지 아무도 읽지 않는 경우가 있다. 무의미한 문서화는 효과적이지 못한 의사소통 낭비의 한 형태다.

- **프로세스 낭비**: 프로세스로 인해 무의미한 문서화(보고서, 폼, 공식 요청)와 무의미한 미팅(팀 미팅뿐 아니라 대규모 사내 미팅이나 부서 간 미팅도 해당), 무의미한 승인(업무를 하는 사람을 믿지 못하기 때문에 발생), 일 떠넘기기 등이 발생할 때 프로세스는 낭비적이다.

- **떠넘기기**: 프로젝트를 여러 단계로 나누고 동일한 프로젝트의 각 단계를 각기 다른 팀이 맡아서 진행하는 경우 떠넘기기 낭비가 발생할 수 있다. 떠넘기기 낭비는 프로젝트를 한 팀에서 다른 팀으로 전달할 때 발생하는 낭비다. 이는 지식, 시간, 리소스, 탄력 면에서 발생하는 낭비다. 떠넘기기는 지식 손실, 효과적이지 못한 의사소통, 대기 등의 다른 낭비에 영향을 준다.

애자일 이전의 개발 방법론을 따를 경우 두 가지 일반적인 전략이 낭비를 줄이는 데 도움이 될 수 있다. 첫째, 피드백이 느린 원인을 찾아야 한다. 피드백 속도를 높임으로써 낭비를 줄일 수 있는 경우가 많다. 둘째, 낭비의 원인이 되는 정책들을 적극적으로 제거해야 한다. 요식 체계로 인한 문제 중 하나는 정책이 만들어진 이후에 정책을 따르는 것이 해당 정책이 원래 목표로 했던 조직 목표와 무관하게 요식 체계의 목표가 된다는 것이다. 낭비는 조직의 목표를 달성하기 위한 최적의 조치를 취하는 데 따른 불가피한 부산물이다. 이는 오류가 있거나 구식인 정책에 의해 발생한 조치들로 인해 발생한다.

논의

위의 논의는 모든 문제가 낭비의 어떤 종류에 포함된다는 것처럼 보일 수 있지만 실은 그렇지 않다. 이번 절에서는 문제와 낭비의 차이점을 논의하고 낭비를 줄이기 위한 몇 가지 추가적인 제안을 하겠다.

모든 문제가 낭비인 것은 아니다

프로젝트에서 잘못된 모든 것을 낭비라고 보고 싶을 수 있겠지만 그렇지 않다. 사람은 실수를 한다. 개발자가 테스트를 실행하기 전에 실수로 코드를 반영할 수 있다. 우리의 지식에는 한계가 있다. 제품 관리자가 어떤 특정 제약 사항을 제대로 파악하지 못해 쓸모 없는 유저 스토리를 작성했을 수도 있다. 인간은 망각의 동물이다. 개발자가 새로운 유형을 시스템에 추가하는 것이 설정 파일을 수정하는 데 필수라는 것을 잊어버렸을 수도 있다. 이러한 종류의 실수를 낭비로 볼 것인가는 각자의 의견에 달려 있는 것일 수도 있지만 이에 집중하는 것은 도움이 되지 않는다. 이러한 실수는 예측이 불가능하기 때문이다. 이보다는 시스템적인 낭비에 집중하는 편이 낫다. 다양한 프로젝트에 일관되면서도 예측할 수 있고 예방할 수 있는 방식으로 영향을 주는 낭비가 시스템적인 낭비에 해당한다.

마찬가지로 예측할 수 있는 오류와 나중에 돌이켜보니 실수인 것으로 보이는 것을 구분해야 한다. 사용자가 특정 기능을 원치 않는다고 분명히 말했지만 개발 팀이 이를 무시하고 해당 기능을 만들어서 아무도 이 기능을 사용하지 않는다고 해보자. 분명히 이는 낭비다. 반면에 사용자가 어떤 기능을 매우 원해서 개발 팀이 해당 기능을 만들었는데 사용자가 해당 기능이 별로라고 생각해서 해당 기능을 금세 사용하지 않게 됐다고 해보자. 이는 오류가 아니라 무언가를 배운 것이다. 잘못된 기능을 만들어 보거나 우선순위를 잘못 매기거나 리팩토링하거나 의사소통을 잘못하는 등의 실수가 실제로 필요한 것이 무엇인지 배우기 위한 유일한 방법인 경우가 있다. 낭비 개념은 점진적 개발과 학습을 죄악시하는 방향으로 잘못 사용돼서는 안 된다.

낭비 줄이기

낭비를 줄이는 것은 보통 간단하다. 화이트보드에 마감일을 적어 놓고 하루하루 세는 것은 개발 팀의 스트레스를 가중시키는가? 마감일을 지워 버려라. 5개의 개별적인 테스트를 수행하는 것이 아주 오래 걸리는가? 통합하라. 어느 누구도 원치 않는 기능을 구현 중인가? 멈춰라. 사용자 인터페이스가 너무 복잡한가? 단순화하라. 프로그래머들 사이에 지식이 충분히 공유되지 않고 있는가? 짝 프로그래밍을 하라. 공식적인 승인 프로세스가 비효율적인가? 프로세스를 바꿔라. 말로 하는 것이 행동에 옮기는 것보다 쉬운 것처럼 느낄 수 있겠지만 그렇게 어려운 일도 아니다.

여기서 문제는 낭비가 대개 숨겨져 있다는 것이다. 재작업은 신규 기능과 버그 수정 속에 숨겨져 있다. 잘못된 기능을 구현하는 것은 좋은 피드백 결여 속에 숨겨져 있다. 지식 손실은 조직이 해당 지식을 알았었다는 사실을 깨닫지 못하는 것 속에 숨겨져 있다. 심리적 고통은 약해 보이지 않으려고 숨긴다. 요식 체계는 공식적인 정책 뒤에 낭비를 숨긴다. 이것이 바로 19장에서 모든 다양한 종류의 낭비를 설명한 이유다. 무엇을 찾아야 할지 안다면 낭비를 식별하는 것은 쉬워진다.

낭비를 식별한 다음에 해당 낭비를 줄이기 위한 세 가지 폭넓은 접근법이 있다. 방지, 점진적 개선, 특정 일에 낭비 줄이기 활동을 수행하는 것이 이에 해당한다.

- **방지**: 낭비를 방해하는 시스템을 만드는 것이 이에 해당한다. 사용자 연구는 잘못된 기능을 만드는 낭비를 방해한다. 지속적인 리팩토링은 재작업 낭비를 방해한다. 짝 프로그래밍과 동료 간 코드 리뷰, 겹치는 부분이 있도록 짝 교대하기는 지식 손실을 방해한다[6]. 일일 스탠드업 미팅은 비효율적인 의사소통 낭비를 방해한다.

- **점진적인 개선**: 낭비 줄이기는 지속적인 개선 활동으로 볼 수 있으며 기능 개발과 병행으로 진행할 수 있다. 낭비 줄이기는 회고 미팅에서 논의될 수 있으며 매주 백로그에 1~2개의 낭비 줄이기 작업을 포함시킬 수 있다. 이는 대부분의 팀에 있어 좋은 접근법이다. 개발을 수주간 멈추는 것은 대부분의 조직에 있어 말이 안 되고 팀의 사기와 고객 만족도를 떨어뜨릴 수 있기 때문이다.

- **특정 일에 낭비 줄이기 활동 수행**: 쓰레기 처리의 날(garbage day 또는 trash pickup day)이 이에 해당한다. 일부 회사는 직원들이 원하는 업무를 처리할 수 있는 특별 기간을 정해 둔다. 예를 들어 피보탈에는 핵 데이[hack day]가 있었는데 이날에는 직원들이 원하는 주제나 원하는 어떤 것이든 작업할 수 있다. 조직들은 직원들이 낭비의 원인이 되는 것들을 처리할 수 있는 비슷한 기간(쓰레기 처리의 날)을 정할 수 있다. 예를 들어 통합 프로세스를 개선해 통합 속도를 높이거나 중복되는 테스트를 정리하거나 너무 복잡한 프로세스를 단순화하거나 공유되지 않고 나만이 알고 있는 지식을 공유하려고 동료들과 미팅을 하는 것 등이 있다.

관련된 질문으로 '여러 다른 종류의 낭비를 식별했다면 어떤 낭비를 먼저 해결해야 할까?'가 있다. 우리가 관찰한 바에 따르면 팀들은 다음 절차를 사용해 낭비 제거의 우선순위를 정한다.

1. 개별적으로 여러 낭비를 나열한다.

2. 그림 19-2와 같이 그래프에 각 낭비를 위치시킨다.

3. 제거하기 가장 쉬우면서 영향도가 높은 것(예. W1)부터 시작해서 제거하기 어려우면서 영향도가 낮은 것(예. W8)순으로 낭비의 우선순위를 정한다.

4. 낭비 줄이기를 초어^{chore}로 백로그에 추가하고 시간이 허용하는 만큼 이러한 초어들의 우선순위를 정한다.

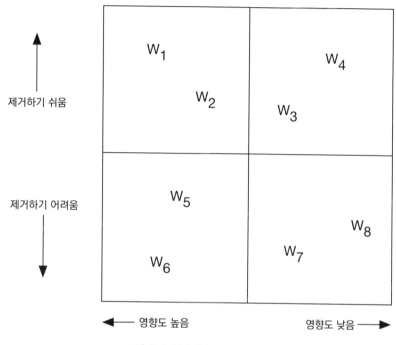

그림 19-2 낭비 제거 우선순위 정하기

물론 일부 (영향도가 낮고 제거하기 어려운) 낭비를 제거하는 것은 노력 대비 가치가 적을 수 있다. 예를 들어 팀이 분산됐다는 점이 효과적이지 못한 의사소통 낭비로 이어질 수 있지만 흔치 않은 기술을 지닌 전문가들이 전 세계에 분산돼 있다는 것이 가장 실용적인 해결책일 수도 있다. 낭비를 제거하는 것이 최우선시 돼서는 안 되고 부차적인 목표가 돼야 한다. 낭비를 제거하는 것이 품질 좋은 제품을 출시하는 주된 목표와 어긋나서는 안 된다.

여기서 낭비의 영향도에 관한 추측을 기반으로 낭비의 우선순위를 정하는 방법을 추천한다. 각 낭비의 영향을 정확하게 정량화하는 것은 불가능하다. 불필요한 스트레스로 인해 지친 개발자의 비효율성을 어떻게 정량화할 것인가? 또는 이러한 불필요한 스트레스가 개발자의 건강에 미치는 영향을 어떻게 정량화할 것인가? 또는 팀이 지식이 손실됐는지조차 모르는 가운데 지식 손실의 영향을 어떻게 정량화할 것인가? 낭비를 정량화하는 것은 좋은 박사 논문 프로젝트가 될 수 있지만 대부분의 개발 팀에 있어 의미가 없을 것이다.

결론

요약하면 소프트웨어 낭비는 이로운 무언가를 만들어 내지 못하면서 리소스만 소비하는 프로젝트 요소(객체, 속성, 조건, 활동, 프로세스)를 말한다. 낭비는 개발 프로세스에서 발생하는 마찰과 같은 것이다. 이러한 마찰을 해결하기 위한 중요한 단계는 낭비를 인식하고 식별하는 것이다. 우리가 연구를 진행하는 동안 애자일 소프트웨어 프로젝트의 아홉 가지 주요 낭비 유형을 식별했다. 잘못된 기능이나 제품을 만드는 것과 백로그 관리 실패, 재작업, 불필요하게 복잡한 해결책, 불필요한 인지 부하, 심리적 고통, 대기/멀티태스킹, 지식 손실, 효과적이지 못한 의사소통이 이에 해당한다. 각 낭비 유형에 대해 낭비를 줄이기 위한 제안을 했다. 낭비를 줄이는 것은 마찰을 제거해 결과적으로 생산성을 개선한다.

소프트웨어 종사자들은 생산성(또는 속도)에 점점 더 집중하고 있다. 이는 때론 위험한 행동으로 이어질 수 있다. 가능한 한 빨리 일을 진행하는 것은 누군가가 그만두거나 아프거나 휴가를 가거나 팀이 어느 누구도 시스템 전체가 어떤 식으로 동작하는지 또는 왜 이런 식으로 만들어졌는지 모른다는 사실을 깨닫기 전까지는 좋다. 많은 회사의 경우 안정성과 예측 가능성이 단순한 속도보다 더 중요하다. 대부분의 회사는 예기치 못한 문제나 방해, 난관이 발생하더라도 매주 그리고 매달 꾸준히 가치를 전달하는 소프트웨어 팀을 필요로 한다.

낭비를 제거하는 것은 더 회복 탄력성이 좋고 난관을 더 잘 극복하는 팀을 만들기 위한 방법 중 하나일 뿐이다. 낭비에 대한 이러한 연구는 소프트웨어 프로젝트의 지속 가능성과 협업에 대한 더 큰 연구의 일부다. 세다노의 연구[6]에서 익스트림 프로그래밍에 대한 우리의 이해를 확장하고 정제하는 지속 가능한 소프트웨어 개발 이론을 제안했다. 여기에는 새롭고 지속 가능성에 중점을 둔 원칙, 정책, 실천도 포함된다. 이러한 원칙에는 팀을 방해하는 것에 대한 긍정적인 태도를 장려하는 것, 지식 공유와 지속성을 장려하는 것, 코드 품질에 신경을 쓰는 것 등이 포함된다. 이러한 정책에는 팀 코드 오너십, 공유 일정, 기술 부채 피하기 등이 포함된다. 이러한 실천에는 지속적인 짝 프로그래밍, 겹치는 부분이 있도록 짝 교대하기, 지식 전파, 테스트 주도 개발, 지속적인 리팩토링 등이 포함된다.

우리 경험을 근거로 볼 때 19장에서 언급한 내용 중 어느 것도 피보탈 소프트웨어나 익스트림 프로그래밍에 국한돼 있지는 않다. 하지만 우리의 연구 방법은 피보탈 소프트웨어에서 우리가 관측한 팀들을 넘어 연구 결과를 일반화하기에는 통계적으로 뒷받침되지 않는다. 따라서 연구자들과 종사자들은 우리가 발견한 사실들과 추천 사항들을 자신만의 상황에 맞춰 적용해야 할 것이다.

핵심

19장의 핵심은 다음과 같다.

- 소프트웨어 개발 과정 동안 발생하고 생산성을 저하하는 낭비 중에 예방할 수 있는 낭비가 여러 종류 존재한다.
- 생산성을 정의하고 측정하기 어려운 반면 낭비를 식별하고 줄이는 것은 생산성을 높이기 위한 효과적인 방법 중 하나다.

참고 문헌

[1] Kent Beck and Cynthia Andres. Extreme Programming Explained: Embrace Change (2nd Edition). Addison-Wesley Professional, 2004.

[2] Nigel Cross. Design cognition: results from protocol and other empirical studies of design activity. In Design knowing and learning: Cognition in design education. C. Eastman, W.C. Newstetter, and M. McCracken, eds. Elsevier Science. 79-103. 2001.

[3]   John Maeda. The Laws of Simplicity. MIT Press. 2006.

[4]   Jerry Muller. The Tyranny of Metrics. Princeton University Press. 2018.

[5]   Paul Ralph and Ewan Tempero. Characteristics of decisionmaking during coding. In Proceedings of the International Conference on Evaluation and Assessment in Software Engineering, 2016.

[6]   Todd Sedano, Paul Ralph, and Cécile Péraire. Sustainable software development through overlapping pair rotation. In Proceedings of the International Symposium on Empirical Software Engineering and Measurement, 2016.

[7]   Todd Sedano, Paul Ralph, and Cécile Péraire. Software development waste. In Proceedings of the 2017 International Conference on Software Engineering, 2017.

20장

조직 성숙도: 생산성에 영향을 주는 코끼리

빌 커티스, CAST 소프트웨어[CAST Software], 미국

어떤 조직의 소프트웨어 환경의 성숙도는 조직의 개발자와 팀의 생산성에 영향을 미친다[5]. 결과적으로 조직의 속성을 측정하고 비용, 일정, 품질 추정 시 조직의 속성을 감안해야 한다. 20장에서는 조직 성숙도의 진화적 모델을 제시하고 진화적 모델이 생산성과 품질 향상에 어떤 식으로 도움이 되는지 그리고 진화적 모델의 실천 방식을 발전하는 개발 방법론에 어떤 식으로 적용할지 알아보겠다.

배경 지식

와츠 험프리[Watts Humphrey]는 1980년대에 IBM에서 소프트웨어 개발 개선을 담당하는 동안 필 크로스비[Phil Crosby]의 품질 관리에 관한 코스를 수강했다. 여기에는 품질 실천법을 개선하기 위한 성숙도 모델이 포함됐다[1]. 크로스비는 개선 5단계를 나열했다. 품질 실천법들은 해당 5단계를 거쳐 진행돼야 한다. 고향을 여행하는 중에 험프리는 크로스비의 모델이 제대로 동작하지 않는다는 것을 깨달았다. 크로스비의 모델은 지난 수십 년간 사용된 접근법을 닮았는데 해당 접근법은 지속적인 성공을 거두기 매우 어려웠기 때문이다. 험프리는 관리자와 개발자가 일정의 압박으로 인해 개선된 실천법을 포기하는 순간 이전의 개선 노력이 물거품된다는 것을 깨달았다. 프로젝트의 주요 문제를 해결하기 전까지 생산성 개선과 품질 실천법은 성공할 가능성이 거의 없었다.

1980년대에 험프리는 카네기멜론 대학의 소프트웨어 엔지니어링 연구소Software Engineering Institute에서 프로세스 성숙도 프레임워크의 초기 모델을 만들었다[6]. 1990년대 초기에서 마크 폴크Mark Paulk, 찰스 웨버Charles Weber와 저자는 험프리의 프레임워크를 소프트웨어 능력 성숙도 모델CMM, Capability Maturity Model for Software로 변화시켰다[10]. 그 이후로 CMM은 생산성 및 품질 개선 프로그램이 전 세계 많은 소프트웨어 조직에서 성공하는 데 도움이 됐다. 조직의 성숙도는 권한이 있는 수석 평가자가 이끄는 프로세스 평가 시에 평가된다.

14개 회사의 CMM 기반 개선 프로그램의 데이터를 분석해 볼 때 제임스 허브스렙James Herbsleb과 그의 동료들은 대상 회사들의 연간 생산성 개선이 9퍼센트에서 67퍼센트로 중위 연간 생산성 개선이 35퍼센트라는 점을 알아냈다. 이러한 개선과 더불어 테스트 이전에 발견된 결함이 22퍼센트(중위값) 증가했고, 현장에서 문제가 생기는 일이 39퍼센트(중위값) 감소했으며, 출시일이 19퍼센트(중위값) 감소했다. 개발 기간 동안 절감되는 비용을 기준으로 볼 때 이러한 개선 프로그램들은 투자 수익률이 5 대 1이었다. 어떻게 이러한 결과를 얻을 수 있었을까?

프로세스 성숙도 프레임워크

프로세스 성숙도 프레임워크는 지난 30년 간 기본 구조를 유지하면서 진화했다. 표 20-1에서 설명했듯이 프로세스 성숙도 프레임워크는 다섯 가지 성숙도로 구성되며 각 성숙도는 소프트웨어 개발에 있어 조직 능력의 안정기를 나타낸다. 즉 조직이 해당 성숙도에서 요하는 속성을 만족시킬 수준이 됐기 때문에 여기에 추가적인 고급 실천법을 더할 수 있다. 험프리는 생산성을 개선하고자 올바른 개발 실천법에 방해가 되는 것들을 특정 순서로 제거해야 한다고 믿었다. 예를 들어 1단계는 개발 실천법이 일관되지 않거나 없는 조직을 설명한다. 위기를 맞은 프로젝트들은 말도 안 되는 일정을 맞추기 위해 밤낮으로 일하는 개발자의 영웅적인 노력에 의존하는 경우가 너무 잦다. 프로젝트의 목표와 기준선이 안정화될 때까지 개발자들은 너무 급하게 일하고 실수를 하고 이러한 실수를 바로잡을 시간이 거의 없는 경우가 많다.

표 20-1 프로세스 성숙도 프레임워크

성숙도	속성
5단계 – 혁신 중 CMMI(Capability Maturity Model Integration) – 최적화 중	• 혁신적인 개선이 필요한 성과 차이를 식별한다. • 혁신적인 기술과 실천법을 지속적으로 조사한다. • 혁신의 효과성을 평가하기 위한 실험을 수행한다. • 성공적인 혁신이 표준 실천법으로 배포된다.
4단계 – 최적화됨 CMMI – 정성적으로 관리됨	• 공정 중 측정치와 통계치(in-process measures and statistics)를 사용해 프로젝트를 관리한다. • 예측 가능성을 향상시키고자 변동의 원인을 관리한다. • 품질 문제의 근본 원인을 분석하고 제거한다. • 표준화된 프로세스 덕분에 재사용과 린(lean) 실천법이 가능하다.
3단계 – 표준화됨 CMMI – 정의됨	• 개발 프로세스를 성공적인 실천법들을 기반으로 표준화한다. • 표준 프로세스와 조치가 프로젝트 조건에 따라 맞춤화된다. • 프로젝트 구성 요소와 측정치를 유지하고 깨달음을 공유한다. • 전체 조직에 대한 훈련이 시행된다.
2단계 – 안정화됨 CMMI – 관리됨	• 관리자들은 목표를 정할 때 리소스와 일정을 고려한다. • 요구 사항과 제품 기준선에 대한 변경을 관리한다. • 프로젝트를 계획하고 관리하기 위한 측정치를 정하고 활용한다. • 개발자들은 안정된 환경에서 모범 실천법을 반복할 수 있다.
1단계 – 일관되지 않음 CMMI – 초기	• 개발 실천법이 일관되지 않고 없는 경우가 많다. • 목표가 리소스와 시간과 균형을 이루지 않는 경우가 많다. • 요구 사항과 제품 기준선에 대한 변경을 잘 관리하지 못한다. • 지속 가능하지 않은 영웅적 노력에 의존하는 프로젝트가 많다.

프로젝트 관리자나 팀 리더가 프로젝트 환경을 안정화해야 개선을 시작할 수 있다. 프로젝트 환경을 안정화하려면 프로젝트 관리자나 팀 리더가 목표를 계획하고 관리해야 하며 요구 사항과 출시할 수 있는 제품에 대한 기준선과 변경 관리를 정해야 한다. 개발 일정이 달성 가능하고 제품 기준선이 안정화돼야만 개발자들은 전문적이고 정돈된 방식으로 업무를 수행할 수 있다. 2단계를 달성하고자 조직 전반에 걸쳐 방법론과 실천법이 일관돼야 하는 것은 아니다. 이보다는 각 프로젝트가 달성할 수 있는 계획을 만드는 데 필요한 실천법과 측정치를 채택하고 불가피한 요구 사항이나 프로젝트 변경이 발생했을 때 목표를 수정한다. 고위 경영진이나 고객이 달성할 수 없는 목표를 요구하는 경우 2단계 관리자와 팀 리더는 '아니오'라고 말하거나 잘 협상해 목표를 달성할 수 있는 수준으로 만든다.

일단 프로젝트가 안정화되면 3단계의 특성을 결정짓는 표준 개발 프로세스와 측정치가 이미 검증된 실천법과 측정치를 기반으로 조직 전반에 걸쳐 통합될 수 있다. 다양한 프로젝트 조건에 맞게 실천법을 맞춤화하고자 이전 경험을 기반으로 구현 가이드라인이 만들어진다. 표준 실천법은 2단계의 팀 또는 프로젝트 문화를 규모의 경제가 가능한 3단계의 조직 문화로 탈바꿈한다. CMM 수석 평가자는 표준 프로세스가 개발자들이 가장 선호한다고 보고하곤 하는데 표준 프로세스가 생산성과 품질을 향상시켰고 프로젝트 간에 이행(이 프로젝트에서 저 프로젝트로 옮겨가는 것)을 훨씬 쉽게 만들었기 때문이다.

표준화된 프로세스와 측정치가 결정되고 나면 프로젝트는 좀 더 세밀한 공정 중 측정치를 사용해 개발 실천법의 성과와 제품의 품질을 개발 사이클 내내 관리할 수 있다. 4단계를 특징짓는 프로세스 분석 정보가 성과를 최적화하고 변동을 줄이고 예기치 못한 문제에 대한 좀 더 빠른 조정을 가능케 하고 프로젝트 결과에 대한 예상을 개선하고자 사용된다. 표준화된 개발 실천법은 다른 생산성 개선이 구현될 수 있는 기반을 마련한다[7]. 이러한 다른 생산성 개선으로는 구성 요소 재활용과 린 실천법 등이 있다.

프로세스를 최대로 최적화했을지라도 프로세스는 경쟁이 심한 환경에서 요구하는 생산성과 품질 수준(또는 만족시키기 어려운 요구 사항에 필요한 생산성과 품질 수준)을 달성하지 못할 수 있다. 결과적으로 조직은 기술, 프로세스, 인력 실천법 등에 있어 기존 성과 수준을 넘어 생산성과 품질 결과를 극적으로 개선시킬 수 있는 혁신을 식별하고 평가해야 한다. 5단계에서 조직은 시간이 지남에 따라 변화하는 특정 목표물에 의해 지속적으로 혁신이 선순환되는 수준이 된다.

프로세스 성숙도 프레임워크를 개별적인 프로세스에 적용할 수 있다. 이를 지속적인 접근법이라고도 부른다. 하지만 프로세스 성숙도 프레임워크는 조직의 변화와 개발을 위한 유일한 안내서 역할을 할 때 가장 효과적이다. 조직이 변화하지 않으면 개별적인 모범 실천법은 위기로 인해 발생하는 어려운 점으로 인한 스트레스를 견디지 못할 것이다. 이러한 접근법은 짐 콜린^{Jim Collin}의 책 『Built to Last^{오랜 기간 살아남는 기업 되기}』(Random House Business Books, 2005)와 『좋은 기업을 넘어 위대한 기업으로』(김영사, 2021)에서 소개한 매우 성공한 기업의 조직 시스템을 관측한 바와 일맥상통한다.

생산성과 품질에 대한 성숙도의 영향

성숙도 기반 프로세스 개선 프로그램에 대한 가장 초기에 이뤄졌으면서도 최고인 실증 연구 중 하나는 레이시언Raytheon에서 진행됐다[2, 4, 8]. 레이시언의 시간 보고 시스템은 어떤 식으로 제품 품질의 개선이 생산성을 증가시키고 비용을 낮췄는지 보여 주도록 설계된 품질 모델을 기반으로 노력을 분류한 다음 각 분류에 해당하는 데이터를 수집했다. 품질 모델은 노력을 다음과 같이 네 가지로 분류했다.

- 원래(재작업이 아닌 최초) 설계 및 개발 업무

- 결함을 수정하고 시스템의 테스트를 재수행하기 위한 재작업

- 최초 실행한 테스트와 기타 품질 확보 활동에 투여된 노력

- 품질 문제를 막고자 교육, 개선, 프로세스 보장에 들어간 노력

레이시언은 개선 프로그램을 수행하는 동안(표 20-2) 원래 개발 업무의 비율이 1단계에서 3분의 1이었던 것이 2단계에서 절반이 좀 넘고 3단계에서 3분의 2가 되고 4단계에서 4분의 3이 됐다. 동시에 재작업은 2단계에서 절반으로 줄었고 4단계에서는 7배 감소했다. 레이시언이 4단계에 도달했을 때 생산성이 1단계 기준선 대비 4배 증가했다.

표 20-2 레이시언의 CMM 단계에 따른 업무 노력 비율

연도	CMM 단계	전체 노력 대비 비율				생산성 성장
		원래 업무	재작업	최초 실행 테스트	방지	
1998	1	34%	41%	15%	7%	기준선
1990	2	55%	18%	13%	12%	1.5배
1992	3	66%	11%	23%		2.5배
1994	4	76%	6%	18%		4.0배

주1 – 표 20-2는 디온(Dion)[2]과 헤일리(Haley)[4], 린던(Lyndon)[8]에서 보고된 데이터와 종합한 것이다.
주2 – 최초 실행 테스트와 방지 노력은 1992년에 하나의 분류로 합쳐졌다.
주3 – 생산성 성장은 1998년 기준선 대비 몇 배나 성장했는지 비교한 것이다.

위의 데이터에서 알 수 있듯이 생산성은 재작업 양에 크게 영향받는다. 개선 프로그램을 시작하기 전에 재작업 비율은 대개 높다. 레이시언의 경우 40퍼센트였고 TRW의 경우 30퍼센트[14], NASA의 경우 40퍼센트[15], HP의 경우 33퍼센트였다[3]. 기준선과 목표를 안정화함으로써 개발자들은 좀 더 잘 제어되고 전문적인 방식으로 업무를 수행할 수 있어 실수와 재작업이 줄어들고 결과적으로 생산성이 높아졌다. 초기 테스트의 양은 거의 비슷했지만 실수를 해결한 다음에 필요한 재테스트는 감소했다. 개선 프로그램(예방)에 투입한 추가적인 노력은 감소한 재작업으로 인한 노력 감소분보다 더 많았다. 수반되는 생산성 증가로 인해 3단계 수준에서 코드 줄당 개발 비용이 40퍼센트 감소했다.

레이시언이 3단계에서 4단계로 올라갈 때 생산성 증가량은 정량적인 관리 실천법만으로는 설명하기 어렵다. 추가적인 조사를 통해 밝혀진 바에 따르면 시스템을 개발하는 데 필요한 노력을 감소시킨 재사용 프로그램이 효과가 있었다. 4단계에서 재사용이 생산성에 미치는 영향은 오므론Omron[11]과 보잉 컴퓨터 서비스Boeing Computer Service[13]의 연구 결과로 입증됐다. 3단계에서의 표준화된 프로세스는 강건한 개발 실천법의 필수 기반을 만들고 개발자로 하여금 새로운 컴포넌트를 만드는 것보다 기존 컴포넌트를 재사용하는 것이 더 빠르다는 점을 설득하는 데 필요한 신뢰성 있는 품질 결과를 만들어낸 것처럼 보인다.

애자일 개발 및 운영 환경에 맞게 성숙도 실천법 수정하기

2000년대 초에 미국 국방부U.S. Department of Defense와 항공우주 커뮤니티는 CMM을 확장해 시스템 엔지니어링 실천법을 포함시켰다. CMMICapability Maturity Model Integration의 새로운 아키텍처는 실천법의 개수를 극적으로 증가시켰고 대규모 방어 프로그램의 정신을 반영했다. 최초 CMM을 만든 사람들을 포함해 많은 사람의 의견에 따르면 CMMI는 비대해졌으며 많은 소프트웨어 개발 환경에 대해 때로는 요식행위에 가까운 과도한 실천법을 요구했다. 동시에 애자일 방법론의 빠른 개발 주기가 대부분의 사업체에 영향을 주는 변화의 속도를 처리하기에 충분치 않은 긴 개발 실천법들을 대체하는 중이었다.

이론상으로 애자일 방법론은 스프린트 시작 시에 개발해야 할 스토리 개수를 고정함으로써 1단계의 목표 문제를 해결한다. 신규 스토리는 이후에 스프린트 계획 단계에서만 추가될 수 있다. 결과적으로 2011년과 2012년 애자일 얼라이언스 콘퍼런스^{Agile} Alliance Conference에서 개발자들이 마케팅 부서와 사업 부서의 요청으로 스프린트 중간에 스토리가 추가되는 것에 관해 불평하는 것을 들었을 때 당혹스러웠다. 이러한 스프린트 중간에 끼워 넣기로 인해 낮은 성숙도의 폭포수 프로젝트를 괴롭혔던 재작업으로 인한 일정 압박 문제를 동일하게 겪게 된다. 목표에 대한 제어를 강제하는 것은 2단계의 필수적인 요소 중 하나로 개발자들의 업무의 생산성과 품질을 떨어뜨리는 혼란스러운 상황으로부터 개발자들을 보호한다.

2012년 애자일 얼라이언스 콘퍼런스의 한 세션에서 스크럼 방식의 창시자 중 한 명인 제프 서더랜드Jeff Sutherland는 그가 방문한 회사 중 대략 70퍼센트가 스크럼벗scrumbut을 하고 있다고 말했다. 스크럼벗은 '우리는 스크럼scrum을 하고 있어요 하지만but 일일 빌드를 하지는 않아요. 하지만but 우리는 일일 스탠드업을 하지 않아요. 하지만but 우리는 …을 하지 않아요'와 같이 스크럼을 하면서 이것저것 하지 않는 것을 말한다. 스크럼과 다른 애자일 방식 또는 데브옵스 방식을 조직 내 전 개발 팀에서 제대로 수행한다면 3단계 능력의 특징 중 하나인 표준화된 프로세스로부터 혜택을 얻을 수 있다. 하지만 이러한 방식들이 제대로 실행되지 않으면 개발 팀의 생산성을 해치는 제멋대로의 기준선과 목표뿐 아니라 누더기의 개발 실천법과 같은 전형적인 1단계 문제들에 개발 팀들이 노출된다.

2015년에 미국 주택 시장에서 주택 담보 대출에 유동성을 제공했던 패니 메이Fannie Mae는 전체 IT 조직에 대해 제대로 된 애자일 데브옵스 탈바꿈을 시작했다[12]. 이러한 탈바꿈에는 기존의 폭포수 프로세스를 짧은 애자일 스프린트로 대체하고 통합된 분석 기능을 갖춘 데브옵스 툴을 설치하는 것이 포함됐다. 비록 패니 메이가 CMMI를 사용하지는 않았지만 패니 메이의 개선 프로그램은 성숙도 모델에 비춰 볼 때 프로젝트의 변경 사항을 안정화하는 수준(2단계)에서 표준 실천법, 툴, 측정치를 전 조직에 걸쳐 종합하는 수준(3단계)으로 진전했다. 생산성은 단위 시간당 출시된 자동화된 기능 점수

Automated Function Point를 사용해 측정했고 진척도와 실천법을 평가하고자 생산성을 추적 관리했다.

조직 전체에 애자일 데브옵스를 적용시킨 이후에 패니 메이는 애플리케이션의 결함 정도가 30~48퍼센트 정도 감소했다는 점을 발견했다. 애자일 데브옵스 적용으로 인한 생산성 증가는 여러 스프린트에서 얻은 데이터를 수집, 분석, 계산해야 했다. 이때 각 스프린트의 노력과 기간을 합쳐서 이전의 폭포수 출시 사이클(기준선)과 비교했다. 개발 팀이 짧은 주기의 개발 방식에 적응하는 동안인 초기 스프린트의 생산성은 폭포수 방식보다 떨어졌다. 하지만 여러 연속적인 스프린트로부터의 결과를 합치고 보니 평균 생산성이 폭포수 기준선에 비해 여러 애플리케이션에 걸쳐 평균 28퍼센트 증가 했음을 발견했다.

요약

프로세스 성숙도 프레임워크에 기반한 개선 프로그램은 전 세계적으로 소프트웨어 개발 조직의 생산성을 향상시켰다. 실천법들은 점진적으로 수준을 높여 가는 방식으로 단계별로 구현됐다. 각 단계는 다음 성숙 단계의 좀 더 높은 수준의 실천법을 위한 기반을 마련한다. 시간이 지남에 따라 개발 방식이 진화하긴 하지만 개발 방식의 효과성을 감소시키는 문제 중 많은 부분이 개발 방식의 세대와 상관없이 비슷하다. 따라서 안정화—표준화—최적화—혁신의 성숙도 진전 방식은 애자일 데브옵스 탈바꿈과 관련 있는 생산성 개선에 대한 접근법을 제공한다.

핵심

20장의 핵심은 다음과 같다.

- 성숙하지 못하고 규칙을 잘 지키지 않는 개발 실천법은 생산성을 심각하게 저해할 수 있다.

- 조직의 개발 실천법에 있어 단계별 점진적 개선은 생산성을 크게 향상시킬 수 있다.

- 현대 개발 실천법 역시 초기 개발 방법론의 생산성을 저해했던 문제를 겪을 수 있다.

참고 문헌

[1] Crosby, P. (1979). Quality Is Free. New York: McGraw-Hill.

[2] Dion, R. (1993). Process improvement and the corporate balance sheet. IEEE Software, 10 (4), 28-35.

[3] Duncker, R. (1992). Proceedings of the 25th Annual Conference of the Singapore Computer Society. Singapore: November 1992.

[4] Haley, T., Ireland, B., Wojtaszek, E., Nash, D., & Dion, R. (1995). Raytheon Electronic Systems Experience in Software Process Improvement (Tech. Rep. CMU/SEI-95-TR-017). Pittsburgh: Software Engineering Institute, Carnegie Mellon University.

[5] Herbsleb, J., Zubrow, D., Goldenson, D., Hayes, W., & Paulk, M. (1997). Software Quality and the Capability Maturity Model. Communications of the ACM, 40 (6), 30-40.

[6] Humphrey, W. S. (1989). Managing the Software Process. Reading, MA: Addison-Wesley.

[7] Liker, J. K. (2004). The Toyota Way: 14 Management Principles from the World's Greatest Manufacturer. New York: McGraw-Hill.

[8] Lydon, T. (1995). Productivity drivers: Process and capital. In Proceedings of the 1995 SEPG Conference. Pittsburgh: Software Engineering Institute, Carnegie Mellon University.

[9] Object Management Group (2014). Automated Function Points. www.omg.org/spec/AFP.

[10] Paulk, M. C., Weber, C. V., Curtis, B., & Chrissis, M. B. (1995). The Capability Maturity Model: Guidelines for Improving the Software Process. Reading, MA: Addison-Wesley.

[11] Sakamoto, K., Kishida, K., & Nakakoji, K. (1996). Cultural adaptation of the CMM. In Fuggetta, A. & Wolf, A. (Eds.), Software Process. Chichester, UK: Wiley, 137-154.

[12] Snyder, B. & Curtis, B. (2018). Using analytics to drive improvement during an Agile-DevOps transformation. IEEE Software, 35 (1), 78-83.

[13]   Vu. J. D. (1996). Software process improvement: A business case. In Proceedings of the European SEPG Conference. Milton Keynes, UK: European Software Process Improvement Foundation.

[14]   Barry W. Boehm (1987). Improving Software Productivity. IEEE Computer. 20(9): 43-57.

[15]   Frank McGarry (1987). Results from the Software Engineering Laboratory. Proceedings of the Twelfth Annual Software Engineering Workshop. Greenbelt, MD: NASA.

21장

짝 프로그래밍이 효과적인가?

프란츠 치리스, 베를린 자유 대학, 독일

루츠 프레첼트, 베를린 자유 대학, 독일

소개: 매우 생산적인 프로그래밍

여러분이 다음과 같이 소프트웨어 개발을 하고 있다고 상상해 보자. 여러분은 대규모의 GUI가 많은 정보 시스템에서 신규 기능을 구현 중이다. 기존 기능 중에 비슷한 기능을 찾아서 개별 코드를 복제하고 수정한 다음 최종적으로 불필요한 중복을 제거하고자 이를 리팩토링하기로 결정했다. 이미 기존 기능의 복사본을 만들었고 이를 수정하기 시작했다. 여러분은 매우 생산성이 높다고 느끼고 있으며 주변 상황에 방해를 받지 않고 있고 완전히 몰입한 상태다.

여러분은 다음과 같은 코드를 보고 읽는다.

```
editStrategy.getGeometryType()
```

뭔가 이상한 점을 눈치챈다.

'이건 잘못됐어. 여기서 메서드를 호출할 필요가 없어.'

그리고 이상하게 보인 이유를 이해한다.

'항상 똑같기 때문에 어떤 모양인지 알 필요가 없어.'

해당 코드를 확인한 다음 어떤 식으로 구성해야 할지 깨닫는다.

'이건 Polygon이야.'

타이핑하기 시작한다.

[탁탁]

IDE의 자동 완성 기능을 읽고는 재고하게 된다.

'아니면 MultiPolygon인가?'

이 점에 대해 고민해 본다. MultiPolygon이 더 일반적인 해결책일 수 있다.

'그럴 수도 있어. 답이 정해져 있는 건 아니야.'

MultiPolygon으로 했을 때의 장점과 단점을 생각해 본다. 그리고 결정을 내린다.

'현재로서는 Polygon이면 충분해.'

코드를 작성한다.

[탁탁]

이 모든 것을 단지 15초 내에 해냈다. 여러분은 만족감을 느낀다. 인생은 멋진 것이다.

여러분이 소프트웨어 개발자라면 위와 같은 집중 상태를 경험한 적이 있을 것이다. 아이디어가 뇌에서 샘솟아서 손가락을 통해 코드로 작성되는 것은 정말 멋진 일이다. 또다른 개발자를 추가함으로써 이러한 경험을 망칠 필요가 있을까? 매 순간 어떤 것이 더 나은지에 관해 끊임없는 토론을 할 것이고 오해할 만한 점이 없는 코드조차도 동료가 이해하지 못해 오해하는 경우가 종종 생길 것이다.

이제 여러분이 놀랄 차례다. 위의 시나리오는 개발자 한 명이 속으로 이야기한 것이 아니라 두 명의 짝 프로그래머가 번갈아가며 실제 대화를 한 것이다. 그리고 이는 실제로 15초 이내에 완료됐다.

짝 프로그래밍 연구

짝 프로그래밍PP, Pair Programming은 두 명의 프로그래머가 하나의 컴퓨터에서 동일한 프로그래밍 작업을 긴밀하게 수행하는 것을 뜻한다.

앞에서 기술한 것과 같이 매우 효율적으로 집중하는 상태가 짝 프로그래밍이 잘 진행되는 경우에 발생하기도 하지만 대부분의 경우 짝 프로그래밍은 그렇게 극적이지 않고 단조롭다. 그렇다면 짝 프로그래밍이 전반적으로 효과가 있을까?

이에 대한 답을 하고자 연구자들은 여러 번 다음과 같이 진행했다.

- 간단한 작업을 고안한 다음 일부 개발자(가급적 학생)는 혼자서 문제를 해결하도록 하고 일부 개발자는 짝으로 문제를 해결하도록 한다. 그리고 문제 해결을 완료하는 데까지 걸리는 시간을 측정해 결과를 비교한다.

- 작업을 수행하는 데 해당 작업이 의존 관계가 없어야 하며 누구에게나 공평하도록 배경 지식이 거의 필요치 않아야 한다.

- 좀 더 실험 환경을 잘 제어하고자 동료 배정 시 무작위로 배정하며 모두에게 동일한 작업 공간을 만들어 준다.

안타깝게도 이러한 환경은 업계에서 짝 프로그래밍이 이뤄지는 방식을 반영하지 않는다. 학생들은 자신이 직접 설정하지 않은 컴퓨터에서 작업을 수행하고 자신의 파트너가 누구인지조차 모른다. 게다가 단기 효과와 장기 효과 간의 차이가 있을 수도 있다. 대부분의 학생 짝 프로그래밍 실험에서 생산성은 작업에 소비된 시간 대비 테스트 케이스 통과 횟수로 단순화해 정의한다. 하지만 현장에서는 이는 별로 중요하지 않다. 현장에서 최우선 순위는 짧은 시간 내에 출시하는 것일 수도 있고 구현한 기능의 가치일 수도 있고 코드의 유지 보수성을 좋게 하고 정보가 소수에 독점되는 것을 방지하는 것과 같이 장기적인 목표일 수도 있다.

현장 전문가들은 이러한 실험 결과를 대개 무시했다. 실제 세상과 너무나 다른 환경으로부터 짝 프로그래밍이 실제 생산성에 어떤 영향을 미치는지 배울 수는 없다.

우리가 진행한 연구는 다른 접근법을 취한다. 기술 기업들과 이야기하고 현장에서 짝 프로그래밍이 어떤 식으로 이뤄지는지 관찰한다. 짝을 이룬 프로그래머들은 평소에 하던 것처럼 평소의 환경에서 매일 하는 개발 작업을 선택하고 프로그래밍 파트너도 선택한다. 유일한 차이점은 짝을 이룬 프로그래머들 사이의 상호 작용을 웹캠과 마이크를 통해 기록하고 실험을 하는 동안 화면 내용을 녹화한다는 점이다. 대개 실험 기간은 1시간에서 3시간 사이다. 1년 간 수십 개의 다른 회사들로부터 60개 이상의 기록을 수집했다.

근거 이론에 기반한 정성적인 연구 프로세스를 따라 수집한 데이터를 매우 자세히 분석했다[1]. 지금부터 소개할 관찰 결과는 전문 소프트웨어 개발자들의 짝 프로그래밍 세션을 수년 간 연구한 내용으로부터 정수를 뽑아낸 것이다.

지식 업무로서 소프트웨어 개발

먼저 한 발자국 물러서서 생각해 보자. 프로그래밍을 매우 생산적으로 만드는 것이 무엇일까? 심리학자인 미하이 칙센트미하이[Mihaly Csikszentmihalyi]는 생산성이 높은 심리 상태의 한 유형인 몰입에 관해 설명했다. 몰입은 소프트웨어 개발자들이 매우 선망하는 상태다(때때로 몰입 상태를 달성하기도 한다). 미하이 칙센트미하이에 따르면 몰입 경험은 지루함과 걱정 중간쯤에 위치하는 데 어려움(도전 과제)과 이를 해결하려는 사람의 기술이 동등한 지점이 바로 몰입 경험이 발생하는 지점이다[2].

소프트웨어 개발에서 각 작업은 자신만의 특정한 도전 과제로 인해 일종의 유일한 것이라고 볼 수도 있다(개발자마다 가진 기술이 다르고 어렵게 느끼는 부분이 다르기 때문에 동일한 작업이 각 개발자 입장에서는 서로 다른 유일한 것이라 할 수 있다). 사실 지루함은 소프트웨어 개발자에게 문제가 되지 않는다. 문제가 되는 것은 소프트웨어를 개발하는 동안 발생하는 도전 과제가 단지 기술이 부족해서 발생하는 것만은 아니라는 점이다. 많은 문제가 이해가 부족하거나 지식이 부족해서 발생한다. if 조건문 하나를 새롭게 추가하기 위한 알맞은 위치를 찾고자 많은 시간 동안 모듈을 샅샅이 살펴봐야 한다. 또는 새로운 라이브러리가 사용하는 익숙지 않은 개념을 이해하려고 많은 시간을 보낼 수도 있다. 또는 스택 트레이스stack trace를 추적하다 보면 시스템의 레거시 부분에 있는 미지의 영역에서 많은 시간을 헤맬 수도 있다. 개발자의 유창함은 지금 다루고 있는 소프트웨어 시스템에 대한 이해도와 익숙함에 달려 있다. 소프트웨어 시스템에 대한 이해도와 익숙함이 부족한 것이 대개 소프트웨어 개발자의 일반적인 기술 수준과 무관하게 소프트웨어 개발자들의 속도를 가장 늦추는 것이다[3].

주어진 작업을 수행하고자 개발자들(혼자이든 짝이든)은 시스템을 이해해야 한다(시스템 전체를 이해하진 않더라도 적어도 지금 수행하는 작업과 관련된 부분은 이해해야 한다). 게다가 지난 주에 시스템의 일부를 이해했다 하더라도 해당 이해는 이미 기한이 지난 것일 수도 있다. 시스템 지식이라고도 부르는 높은 시스템 이해도는 버그를 수정하고 신규 기능을 구현하는 데 필요하다.

물론 일반 지식이라고도 부르는 일반적인 소프트웨어 개발 기술과 전문성 역시 관련 있다. 일반 지식은 프로그래밍 언어 문법, 디자인 패턴, 원칙, 라이브러리, 기술 스택 및 프레임워크, 테스트, 디버깅 절차, 편집기나 IDE를 가장 잘 사용하는 방법과 같은 것들에 관한 것이다. 제품 위주의 지식과 효용성이 상대적으로 짧은 시스템 지식에 비해 일반 지식은 프로세스 위주이고 효용성이 길다(시스템 지식과 일반 지식을 완벽하게 분리할 필요는 없다. 어떤 지식은 시스템 지식인 동시에 일반 지식이다).

개발자들은 경험을 통해 시스템 지식과 일반 지식을 쌓는다. 하지만 중요한 것은 개발자가 몇 년의 경험이 있는지가 아니라 현재 진행 중인 작업에 적용할 수 있는 시스템 지식과 일반 지식을 보유했는지 여부다.

산업 현장에서 짝 프로그래밍 시 실제 중요한 점들은 무엇일까?

다음과 같이 개발자들이 일반적으로 활용하는 다양한 짝 프로그래밍 사용 사례가 있다.

- **동료로부터 도움받기**: 한 개발자가 한동안 어떤 작업을 진행 중이다가 해당 작업이 너무 어렵다고 느끼거나 결과를 넘겨줘야 할 필요가 있어서 다른 개발자가 합류한다.

- **문제점을 함께 해결하기:** 개발자 두 명이 처음부터 함께 문제를 해결한다.

- **신입 개발자의 이해도를 높이기:** 고참 개발자가 신규 팀원과 짝을 이뤄 설명을 통해 신규 팀원이 상황을 이해할 수 있도록 돕는다.

짝 프로그래밍 세션의 흐름을 결정짓는 것은 해당 짝 프로그래밍 세션이 위에서 언급한 짝 프로그래밍 사례 중 어디에 해당하는지가 아니라 짝 프로그래밍에 참여한 두 개발자가 무엇을 알고 무엇을 모르는지다. 좀 더 정확하게 이야기하면 각 개발자가 **그날 작업하는 특정 작업**과 관련된 시스템 지식과 일반 지식을 어느 수준으로 보유하고 있는지다. 프로그래밍에서 대부분의 업무는 작업을 해결하는 데 필요한 것에 개발자가 지닌 시스템 지식을 적용하는 단계들로 이뤄져 있기 때문이다(이 과정 중에 일반 지식이 도움이 될 수도 있다). 이러한 지식을 갖춘 다음에는 작업을 실제 해결하는 것은 대개 간단하다. 따라서 프로그래밍에 있어 중요한 것은 관련된 지식 격차다.

관련된 시스템 지식 격차와 일반 지식 격차 관점에서 짝 프로그래밍 상황을 보는 것은 왜 어떤 짝 유형이 다른 짝 유형보다 더 나은지 그리고 짝 프로그래밍이 실제 이득이 되는 지점이 어디인지 이해하는 데 도움이 된다. 특히나 관심이 가는 짝 유형에는 세 가지가 있는데 이에 관해 앞으로 살펴보겠다. 20장의 모든 예는 실제 데이터에서 본 실제 사례다. 일부 세부 사항을 생략하고 개발자의 이름을 바꿨을 뿐이다.

짝 유형 A: 시스템 지식 우위

두 개발자 중 한 명이 작업과 관련된 시스템 부분에 대한 이해도가 좀 더 완전하거나 좀 더 최신인 경우가 이에 해당한다. 이는 동료로부터 도움받기 사용 사례에 있어 일반적인 경우이지만 다른 두 가지 사용 사례에서도 발생할 수 있다.

한나Hannah라는 개발자가 어떤 작업을 수행 중이었는데 어느 시점인가에 노만Norman이라는 개발자가 합류했다고 하자. 한나는 이미 현재 문제와 관련된 코드를 살펴봤고 일부를 변경했다. 노만의 시스템 전반에 대한 이해도가 더 나을 수도 있지만 그렇다고 해서 현재 해야 하는 작업과 관련된 모든 세부 사항을 다 알지는 못할 것이고 특히나 한나가 최근에 변경한 코드는 더욱 모를 것이다. 전반적으로 한나가 시스템 지식에 있어 우위를 지닌다.

개발자들이 짝을 이뤄 일하길 원하면 상대적인 시스템 지식 격차를 해결해야 한다. 노만이 한나가 이미 알고 있는 것과 한나가 어떤 부분을 변경했는지 이해했을 때 비로소 둘은 아이디어를 제대로 논의하고 어떤 식으로 진행할지 동의할 수 있다.

하지만 우리가 관찰한 일부 쌍의 경우 시스템 지식 우위 문제를 해결하지 않았다. 노만은 자신의 프로그래밍 기술에 큰 자부심을 갖고 있어서 한나가 했던 모든 것을 자신이 이해하고 있다고 생각한다. 한나는 자신이 겪었던 복잡한 문제들을 설명하려 하지만 노만은 관심을 두지 않는다. 1시간 30분이 지나서야 노만이 현재 상태에 대해 자신이 잘못 이해하고 있다는 것을 깨닫고 한나에게 설명을 해달라고 요청하고 마침내 둘은 생산적이 됐다.

짝 프로그래밍에서 한 파트너가 어떤 이유든 시스템 지식 우위를 갖는 상황은 해결하기 어렵다. 상대적인 시스템 지식 격차를 눈치채기 쉽지 않음에도 둘이 어떤 속도든 앞으로 진전하려면 지식 격차가 해소돼야 하기 때문이다. 따라서 짝 프로그래밍 세션 시작 시에 시스템 지식 격차 문제를 적극적으로 다루는 쌍이 더 나은 쌍이다. 함께 일하는 개발자가 이미 문제 해결을 진행 중인 경우라면 누가 더 고참인지와 상관없이 해당 개발자의 시스템 지식 우위를 인정하고 해당 개발자가 상황(무엇을 했고 무엇을 배웠는지)을 설명하도록 해야 한다. 우리가 들은 바에 따르면 시스템 지식 우위를 지닌 일부 개발자가 자신이 알고 있는 것을 공유하길 꺼리는 경우가 있다고 한다. 하지만 우리가 관찰한 쌍에서는 그런 경우는 없었다.

짝 유형 B: 집단 시스템 지식 격차

개발자 두 명이 새로운 작업을 함께 시작할 때는 대개 둘 다 시스템에 대한 지식이 완전하지 않은 채 작업을 시작한다. 이러한 쌍을 집단 시스템 지식 격차라고 부른다.

폴라Paula와 피터Peter는 작업할 새로운 스토리 카드를 집어 들었다. 둘 다 시스템을 전반적으로 잘 알고 있어서 해당 신규 기능을 어디에 넣어야 할지 찾는 데 오래 걸리지 않는다. 하지만 이해가 필요한 일부 의존도가 있어서 정리를 위해 소스 코드를 살펴본다. 한 번은 폴라가 중요한 세부 사항이나 관계를 찾아내고 다른 한 번은 피터가 찾아내는 식이다. 일부러 순서를 정해서 번갈아가며 찾는 것이 아니라 둘 중 누군가가 특정한 관련 아이디어를 발견하면 이를 다른 사람에게 설명하는 식으로 진행한다. 폴라는 클래스 상속 그래프를 깊게 파고들 필요를 못 느끼지만 피터는 현재 하위 시스템에 익숙하지 않아 좀 더 살펴보길 원하는 경우가 종종 있다. 폴라는 피터가 충분히 시간을 갖고 살펴볼 수 있도록 해준다. 어떤 경우든 둘은 상대방의 이해도가 자신과 같은지 확인하면서 살펴본다. 이는 둘이 함께 시스템의 이해도가 높은 수준에 도달하기 위함이다.

한나와 노만의 경우와 비교할 때 피터와 폴라가 더 낫다. 시스템 지식이 더 많은 사람에게 의존하지 않으면서도 필요한 시스템 이해도를 어떤 식으로 쌓을지에 관한 여러 전략이 있다. 개발자들은 한동안 가깝게 함께 머물면서 우리가 지식 '공동 생산' 기간이라고 부르는 기간 동안에 시스템 지식을 쌓을 수 있다[4]. 대안으로 한 개발자가 자신의 페이스에 맞게 더 깊이 파는 동안 다른 개발자는 잠시 수동적인 상태로 머물 수 있다. 어떤 방법이든 이 기간에 자신이 발견한 것에 관해 설명이나 질문을 통해 서로의 이해도의 수준이 같도록 노력한다면 이러한 쌍에서 수행된 개발 업무는 매우 효과적일 수 있다.

쌍 유형 C: 상호 보완적인 지식

새로운 개발자가 팀에 합류할 때마다 새로운 개발자의 시스템 지식은 매우 낮을 것이다. 하지만 상대방의 배경과 현재 작업의 속성에 따라 모든 짝 프로그래밍 사용 사례에 있어 시스템 지식이 낮은 경우가 있을 수 있다. 이 경우 쌍이 얼마나 업무를 수행하는지는 시스템 지식이 낮은 개발자의 일반 지식 수준에 의해 제약을 받는다. 신입 개발자의 시스템 지식이 크게 떨어져 2배로 어렵다고 생각할 수 있지만 꼭 그렇다는 것은 아니다. 앞에서 설명했듯이 중요한 것은 현재 작업에 적용할 수 있는 지식이기 때문에 신입 팀원이라도 작업을 잘 선택한 경우 일반 지식 수준이 높을 수 있고, 심지어 기존 고참 팀원보다 더 높을 수도 있다. 첫날임에도 개발자들이 자신의 프로그래밍 파트너에게 디자인 패턴과 IDE의 유용한 팁을 가르치는 경우를 봤다. 고참 개발자들도 상호 보완적인 쌍을 이루는 경우가 있다. 시스템 이해도나 일반적인 소프트웨어 개발 기술이나 개발 팀에 공평하게 분배돼 있는 것이 아니기 때문이다.

예를 들어 앤디^{Andy}와 마커스^{Markus}는 꽤 다른 역량을 지니고 있다. 앤디는 깔끔하고 가독성 좋고 유지 보수가 쉬운 코드를 작성하는 것을 항상 강조하고, 마커스는 작업을 빨리 마치려고 여러 가지 요소들을 빠르게 조합하는 실용적인 접근법을 강조한다. 마커스가 1년 전에 작성한 특정 모듈에 수정이 필요하지만 마커스는 해당 모듈이 실제 어떻게 동작하는지 파악하는 데 애를 먹고 있어 앤디에게 도움을 청한다. 이러한 짝 프로그래밍 세션은 상호 보완적인 세션이다. 앤디는 일반 지식에 우위를 갖고 있지만 마커스의 모듈에 대해 거의 아무것도 모르기 때문에 시스템 지식 수준은 낮다. 마커스는 모듈 작성자로서 시스템 지식 우위를 갖지만 모듈의 구조를 체계적으로 개선할 수 있는 일반 지식은 부족하다. 이들의 짝 프로그래밍 세션은 양쪽 모두에게 만족스럽다. 작업을 완료할 수 있고 마커스가 디자인 패턴과 리팩토링에 관해 많은 것을 배울 수 있기 때문이다.

다시 한번 짝 프로그래밍은 효과적인가?

이제 여러분은 '짝 프로그래밍이 효과적인가?'라는 질문이 적절하지 못한 질문임을 눈치챘을 것이다. 이유는 다음과 같다.

- 너무 많은 다양한 이점을 정량화해야 하고 이러한 이점을 코드 기능성, 코드 및 설계 품질, 팀 내에서의 학습과 합쳐서 봐야 하기 때문에 짝 프로그래밍이 효과적인지 말하기 어렵다.

- 지식과 작업이 어떤 식으로 조합되는지에 따라 짝을 이뤘을 때 효과적인지에 대해 너무나 다양한 기회가 제공되기 때문에 짝 프로그래밍이 효과적인지 여부는 의존성이 크다.

핵심 측면은 개발자들이 처리해야 할 지식 격차다. 작업을 성공적으로 완료하려면 짝 전체가 현재 작업과 관련된 일반 소프트웨어 개발 지식으로부터 이득을 봐야 하고 현재 작업과 관련된 시스템 지식을 반드시 보유하거나 쌓아야 한다. 시스템 지식의 생명력이 더 짧기 때문에 시스템 지식이 더 희소한 리소스다.

작업과 관련된 지식의 상호 보완적인 정도가 높다면 짝 프로그래밍 세션은 여러 차례에 걸쳐 짝 프로그래밍을 하는 비용 이상의 효과를 낼 것이다. 하지만 작업과 관련된 지식의 상호 보완적인 정도가 높지 않아서 둘이 함께 짝을 이뤘을 때의 가시적인 업무 성과가 개별적으로 업무를 수행했을 때의 업무 성과 합보다 작다고 할지라도 학습 차원에서 짝 프로그래밍의 중기적인 혜택은 향후에 시간 절약과 실수 감소를 위한 많은 기회를 제공해 당장의 높은 비용을 상쇄한다.

업계 관점에서 볼 때 짝 프로그래밍이 효과적인지에 대한 질문의 답은 다음과 같을 것이다. 생산적인 개발을 위해 시스템 지식이 일반 지식보다 훨씬 더 중요하다는 점을 고려할 때 회사 입장에서는 가장 높은 수준의 일반 지식을 지닌 개발자가 그만두는 것은 싫은 정도의 일일 것이다. 하지만 가장 높은 수준의 시스템 지식을 지닌 개발자가 그만두는 것은 공포스러운 일일 것이다. 그렇기 때문에 잦은 짝 프로그래밍을 통해 시스템 지식이 팀 전체에 지속적으로 퍼질 수 있도록 하는 것은 좋은 방식이다.

핵심

21장의 핵심은 다음과 같다.

- 짝 프로그래밍은 짝이 시스템 지식을 충분히 쌓을 수 있다면 효과가 있다.
- 짝 프로그래밍은 짝 구성원의 지식이 상호 보완적인 경우 효과가 있다.

참고 문헌

[1] Stephan Salinger, Laura Plonka, Lutz Prechelt: 'A Coding Scheme Development Methodology Using Grounded Theory for Qualitative Analysis of Pair Programming,' Human Technology: An Interdisciplinary Journal on Humans in ICT Environments, Vol. 4 No. 1, 2008, pp.9-25

[2] Mihaly Csikszentmihalyi: 'Flow: The Psychology of Optimal Experience,' Harper Perennial Modern Classics, 2008, p.74

[3] Minghui Zhou, Audris Mockus: 'Developer Fluency: Achieving True Mastery in Software Projects,' Proceedings of the 18th ACM SIGSOFT International Symposium on Foundations of Software Engineering (FSE '10), 2010, pp.137-146

[4] Franz Zieris, Lutz Prechelt: 'On Knowledge Transfer Skill in Pair Programming,' Proceedings of the 8th ACM/IEEE International Symposium on Empirical Software Engineering and Measurement, 2014

22장

직장에서 자가 모니터링을 위한 개발자의 핏빗 사용

안드레 N. 마이어, 취리히 대학, 스위스

토마스 프리츠, 취리히 대학, 스위스

토마스 짐머만, 마이크로소프트 리서치, 미국

우리의 삶을 정량화하기 위한 자가 모니터링

최근에 우리 삶의 다양한 측면을 추적 관리하는 데 사용할 수 있는 장치와 앱의 수가 폭발적으로 증가했다. 이러한 장치와 앱은 걸음 수나 수면의 질, 소비한 칼로리 등을 측정한다. 사람들은 핏빗Fitbit 활동 추적기와 같은 장치를 사용해 자신의 행동을 추적하거나 목표(예. 하루에 1만 걸음)를 세우거나 친구와 경쟁함으로써 신체적 활동 수준을 증가시키고 관리한다. 일반적으로 자가 추적 장치가 소형화되고 이러한 장치를 어디서나 쉽게 구할 수 있게 돼서 이러한 장치를 항상 지니고 다니면서 삶의 점점 더 많은 측면을 추적하는 것이 가능해졌다. 더불어 연구에 따르면 이러한 접근법은 사람들이 자신의 행동을 변화하도록 성공적으로 장려할 수 있다. 이때 목표 설정과 소셜 앱을 통한 격려 및 공유 메커니즘과 같은 사람을 설득하는 데 도움이 되는 기술을 통해 동기를 부여한다[3].

눈에 띄게 일터에서의 자가 모니터링 툴에 대한 관심 역시 증가 추세이고 업무를 하는 동안 사람의 행동과 습관에 대한 통찰을 얻기 위한 접근법들이 등장 중이다. 레스큐타임RescueTime과 같은 툴을 사용하면 사용자는 컴퓨터에서 어떤 애플리케이션을 얼마만큼 사용했는지 알 수 있다. 또는 코드어라이크^{Codealike}와 같은 툴은 개발자가 IDE에서 어떤 코드 프로젝트에 시간을 얼마만큼 어떤 식으로 사용했는지 시각적으로 표현한다. 하지만 일터에서의 자가 모니터링에 대한 개발자의 기대와 경험에 관해서는 알려진 바가 거의 없다.

소프트웨어 개발자 업무 자가 모니터링

직장에는 소프트웨어 개발자의 성공과 생산성에 영향을 주는 수많은 요인이 있다. 개입과 팀과의 업무 조율, 요구 사항 변경, 인프라와 사무실 환경 등이 있다(8장 참고). 개발자들은 이러한 요인들이 자신의 생산성과 다른 사람의 업무 모두에 어떤 영향을 미치는지에 대해 대개 알지 못한다[1]. 다른 분야에서 자가 모니터링 접근법이 성공했던 사례를 살펴보면 자가 모니터링이 자신의 업무에 대한 개발자의 인식을 향상시킬 수 있다. 개발자들은 자신이 취한 조치를 돌아볼 수 있고 생산성에 영향을 준 요인들을 돌아보고 생산성을 향상시키기 위한 정보에 근거한 결정을 내릴 수 있다. 개발자의 업무와 생산성에 관해 수집된 데이터 덕분에 개발자들은 비슷한 업무 프로필을 지닌 다른 개발자들과 자신을 비교할 수 있다.

이러한 아이디어는 와츠 험프리의 퍼스널 소프트웨어 프로세스^{PSP, Personal Software Process}에 대한 연구와 관련 있다. PSP는 개발자들이 코드 개발 예상치와 실제 수치를 추적 관리함으로써 자신의 성과를 좀 더 잘 이해하고 향상시킬 수 있도록 돕는다[2]. PSP를 평가하고자 수행된 연구는 희망적인 결과를 보여 줬다. 해당 결과에는 좀 더 정확한 프로젝트 추정과 더 나은 코드 품질이 포함된다. 오늘날 센서와 데이터 추적기를 좀 더 쉽게 구할 수 있고 더 정확해짐에 따라 개발자들은 자신의 업무와 행동 변화를 자동으로 측정하고 더 폭넓은 통찰력을 얻을 수 있다.

소프트웨어 개발자를 위한 자가 모니터링 시스템의 요구 사항과 모범 사례를 알고자 다양한 방식이 혼합된 연구를 수행했다. 이러한 다양한 방식으로는 문헌 조사와 400명 이상의 개발자를 대상으로 한 설문, 전체 20명의 소프트웨어 개발자를 대상으로 한 5개의 파일럿 연구를 통한 반복적인 피드백 기반 접근법이 있었다. 해당 연구는 개발자의 기능에 대한 기대치와 개발자의 관심도 측정, 자가 모니터링 시스템 도입에 있어 방해 요소들에 대해 알아봤다. 그러고 나서 개발자를 대상으로 한 자가 모니터링 툴인 퍼스널어낼리틱스PersonalAnalytics를 만들었고 퍼스널어낼리틱스를 3주간 사용한 43명의 전문 소프트웨어 개발자에 대한 툴의 영향과 사용을 연구했다.

퍼스널어낼리틱스는 모니터링 구성 요소, 자가 보고 팝업, 회고의 세 가지 구성 요소로 이뤄진다. 모니터링 구성 요소는 소프트웨어 개발 업무의 다양한 각 측면에서 발생하는 정보를 수집한다. 이러한 정보로는 애플리케이션 사용, 접근한 문서, 진행 중인 개발 프로젝트, 방문 웹사이트, 협업 행동(예. 미팅 참여와 이메일, 메신저 사용, 코드 리뷰 툴 등) 등이 있다. 데이터 수집은 백그라운드에서 조용하게 일어나기 때문에 개발자가 추가적인 입력을 할 필요 없다. 게다가 퍼스널어낼리틱스는 팝업을 사용해 개발자들이 주기적으로 자신의 업무를 돌아보고 자신이 인지한 생산성을 스스로 보고하도록 돼 있다. 더욱 다면적인 통찰력을 얻고자 수집된 데이터를 일일 회고에 시각적으로 표현한다(그림 22-1). 또한 주간 요약에 좀 더 고수준의 개요를 제공하고 사용자들이 다양한 데이터를 다른 데이터와 연관 지을 수 있도록 해준다.

22장에서는 우리가 퍼스널어낼리틱스를 만들고 평가하면서 배웠던 교훈들과 사용자들이 퍼스널어낼리틱스를 사용하면서 얻은 깨달음을 공유할 것이다. 이러한 깨달음이 때때로 왜 행동 변화로 이어지기에 충분하지 않은지 설명할 것이다. 16장에서 살펴본 소프트웨어 공학에서 대시보드 필요성과 위험성에 대해 논의함으로써 대시보드에 대한 논의를 더욱 확장한다.

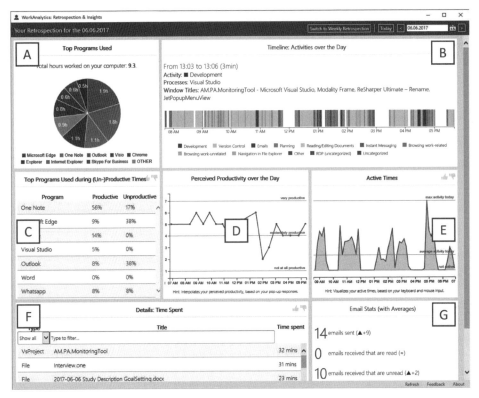

그림 22-1 퍼스널어낼리틱스(PersonalAnalytics)의 일일 회고 (A)는 가장 많이 사용한 프로그램을 표시하고 각 프로그램에 소비한 시간을 백분율로 나타낸다. (B)는 다양한 활동을 표시하고 시간에 따라 어떤 활동을 했는지 나타낸다. (C)는 가장 많이 사용한 프로그램과 사용자가 해당 프로그램을 사용하는 동안 생산적으로 느꼈다고 스스로 보고한 시간의 양과 비생산적으로 느꼈다고 스스로 보고한 시간의 양을 나타낸다. (D)는 시간이 지남에 따라 사용자가 스스로 보고한 생산성을 나타낸다. (E)는 사용자가 마우스와 키보드를 통해 뭔가를 입력한 시간을 나타낸다. (F)는 사용자가 어떤 정보 형태에 얼마만큼의 시간을 썼는지 세부적으로 분류해 나타낸다. (G)는 수신 이메일 수와 발신 이메일 수와 같이 이메일과 관련된 데이터를 요약한다.

개인화를 통한 다양한 개별적인 요구 사항 지원하기

우리의 예비 연구에서 개발자들은 자신의 업무를 스스로 모니터링하는 것과 관련해서 많은 다양한 측정치에 관심을 가졌다. 이러한 업무 측정치에 대한 개별적으로 다양한 관심을 지원하고자 퍼스널어낼리틱스에 다양한 측정치를 포함시키고 사용자들이 자신이 추적하고 시각적으로 표현하길 원하는 측정치를 선택해 자신의 경험을 개인화할 수 있도록 했다. 이러한 측정치와 관련된 데이터를 수집하고자 퍼스널어낼리틱스는 다양한 데이터 추적기를 포함한다. 사용 프로그램 추적기Programs Used Tracker는 사용자가 프로그램 간에 전환할 때마다 현재 활성화된 프로세스와 윈도우 창의 제목을 기록한다. 사용자가 2분 이상 아무런 입력을 하지 않으면 '아무것도 하지 않음'으로 기록한다. 사용자 입력 추적기User Input Tracker는 마우스 클릭, 움직임, 스크롤링, 키 입력(어떤 키를 입력하는지 기록하는 키 로깅이 아니라 키를 눌렀는지 여부를 기록)을 기록한다. 미팅 및 이메일 추적기Meetings and E-mail trackers는 캘린더의 미팅과 수신/발신/읽은 이메일을 Office 365 Suite의 Microsoft Graph API를 사용해 수집한다[5].

수 주간 퍼스널어낼리틱스를 사용한 다음에 사용자의 3분의 2가 개인의 필요에 맞게 회고를 개인화하고 최적화하길 원했다. 또한 심지어 사용자들은 업무의 다른 측면에 대한 더 많은 데이터를 수집할 수 있길 원했다. 예를 들어 사용자들은 자신을 다른 팀원들과 비교하길 원했고, 현재 집중이나 업무 진척도와 같은 고수준의 측정치를 얻길 원했으며, 자신의 데이터와 심박수, 스트레스 수준, 수면, 운동과 같은 신체 데이터와의 상관관계를 확인할 수 있길 바랐다.

추가적인 측정치와 시각화를 통해 퍼스널어낼리틱스를 확장하고자 하는 다양한 요구를 통해 만족도와 장기간의 참여를 높이고자 경험을 개인화하고 맞춤화하는 것의 중요성을 알 수 있었다. 개발자들이 자신의 업무를 이해하고자 많은 개발과 무관한 측정치를 요구했다는 사실이 놀라울 수도 있지만 대개 개발자들이 개발과 관련된 활동에 상대적으로 적은 양의 시간을 소비한다는 점을 생각할 때 이해가 된다. 개발과 관련된 활동에는 평균 9~21퍼센트의 시간을 소비하고 협업(45퍼센트)이나 웹 검색(17퍼센트)과 같은 개발과 직접적으로 관련되지 않은 활동에 더 많은 시간을 소비한다.

효율성에 대한 개발자의 인식을 높이는 자가 보고

퍼스널어낼리틱스는 사용자들의 컴퓨터에 1시간마다 한 번씩 팝업 설문을 띄워서 사용자들로 하여금 답하도록 한다. 수집된 데이터 덕분에 생산성과 개발자들이 수행하는 작업에 대해 더 많은 것을 알 수 있다. 파일럿 연구 동안 동안 팝업에 질문이 너무 많아서 사용자들은 팝업에 대해 반감을 표현했다. 팝업의 질문을 수정해 사용자들에게 지난 1시간의 생산성이 어땠는지 묻는 질문 1개만을 포함시키자 대부분의 개발자들이 팝업을 좋아하기 시작했다. 사용자 중 3분의 2는 간단한 자가 보고가 업무에 대한 자신의 인식을 높여 줄 뿐 아니라 자신이 지난 1시간을 효과적으로 사용했는지 여부와 지난 1시간을 가치 있는 무언가를 하는 데 보냈는지 여부, 자신의 현재 업무에 진척이 있었는지 여부를 스스로 평가하는 데 도움이 됐다고 답했다.

한 사용자는 '1시간마다 뜨는 질문은 자신이 어떤 작업이나 문제를 해결하지 못하고 헤매고 있는지 돌아보고 누군가에게 도움을 요청하거나 다른 접근법을 취해야 할지 결정하는 데 도움이 됐다'고 말했다.

퍼스널어낼리틱스는 생산성을 자동으로 측정하지 않고 사용자들이 자신의 생산성을 스스로 보고하도록 한다. 2장과 3장에서 살펴본 것처럼 많은 사용자가 자동화된 측정이 개인의 생산성을 정확하게 측정할 수 없다고 생각하기 때문에 이러한 기능은 사용자들로부터 높은 평가를 받았다.

한 사용자는 '퍼스널어낼리틱스에서 맘에 드는 점 중 하나는 내가 보낸 시간이 생산적이었는지 여부를 스스로 결정할 수 있게 해준다는 것이다. 따라서 내가 웹 브라우저에서 시간을 보냈든 비주얼 스튜디오^{Visual Studio}에서 시간을 보냈든 어디에서 시간을 보냈다는 것만으로 내가 생산적이었는지 여부가 결정되지 않아서 맘에 들었다'고 말했다.

이러한 발견을 통해 자가 보고가 업무에 대한 사용자들의 인식을 높이기 때문에 사용자들에게 가치가 있다는 것을 알 수 있다. 하지만 이러한 자가 보고에 대한 긍정적인 효과가 얼마나 지속될지 그리고 사용자들이 어느 시점에 가서 흥미를 잃을지는 지켜봐야 한다.

개발자의 자기 인식을 높이는 업무에 대한 회고

퍼스널어낼리틱스의 사용자들은 업무와 생산성을 개인화된 측정치 목록을 시각적으로 표현하는 회고 기능을 통해 스스로 돌아볼 수 있다는 점을 좋아했다. 사용자의 82

퍼센트는 회고가 자신의 인식을 높였고 새로운 깨달음을 제공했다고 말했다. 이러한 깨달음에는 개발자가 어떤 식으로 시간을 소비했는지 여부 그리고 하루를 시간별로 나눠 시간에 따른 생산성 변화, 업무 파편화 등이 있다. 소비한 시간을 들여다보면 사용자들이 자신의 업무에 가졌던 오해를 바로잡을 수 있다. 예를 들어 이메일에 실제 얼마나 시간을 소비했는지 그리고 업무와 무관한 웹 브라우징(예, 페이스북)에 얼마나 시간을 소비했는지 알 수 있다.

한 사용자는 '퍼스널어낼리틱스는 진짜 좋다! 퍼스널어낼리틱스 덕분에 내가 평소에 가졌던 생각이 맞는지 확인할 수 있었고 내가 몰랐던 새롭고 매우 귀중한 깨달음을 얻을 수 있었다. 확실히 나는 대부분의 시간을 아웃룩Outlook에 사용하고 있었다'고 말했다.

한 사용자는 '내가 오후에 생산적이라는 사실을 몰랐다. 나는 항상 내가 오전에 가장 생산적이라고 생각했지만 내가 이메일에 더 많은 시간을 보내기 때문에 그런 식으로 생각했던 것 같다'라고 말했다.

생산적인 행동 변화를 이끄는 조치 가능한 깨달음

당연하게도 자가 모니터링 툴 사용자의 대부분은 자신에 관한 것을 배울 뿐 아니라 스스로를 개선하길 원한다. 퍼스널어낼리틱스 사용자들에게 사용자들이 어떤 행동이 변했는지 물었다. 흥미롭게도 이번 연구는 상반되는 반응이 같이 나왔다. 사용자 중 약 절반이 자신의 업무를 돌아보는 과정에 깨달은 점을 기반으로 자신의 습관 중 일부를 변경했다. 여기에는 업무 계획을 더 잘하는 것(예, 생산성이 더 높은 오후 시간을 활용함으로써), 이메일에 보내는 시간을 최적화하는 것, 집중력을 높이고 방해를 피하는 것(예, 사무실 문을 닫거나 주변 소음이 방해가 되는 경우 음악을 들음으로써) 등이 있다. 하지만 나머지 절반은 무언가를 변경하고 싶지 않거나 무엇을 바꿔야 할지 확신이 들지 않아서 행동을 변화시키지 않았다. 행동을 변화시키지 않은 사용자들은 새롭게 얻은 깨달음이 무엇을 어떤 식으로 바꿔야 할지 알기에는 확실하지 않고 조치 가능하지도 않다고 응답했다.

한 사용자는 '시간을 어떤 식으로 보냈는지 회고를 하는 것은 훌륭한 첫걸음이고 흥미로운 깨달음을 얻었고 몇 가지 잘못된 가정도 깨달았다. 하지만 궁극적으로 내 행동은 많이 변하지 않았다. 이러한 깨달음이 당근이나 채찍으로 이어지기에는 충분치 않았다'고 말했다.

한 사용자는 '툴이 생산성 조언을 해준다면 좋을 것 같다. 나의 특정 습관에 맞춤화되거나 내가 생산적이지 않은 때에 관한 깨달음을 기반으로 조언을 해준다면 이상적일 것 같다'고 말했다.

깨달음이 실제 조치로 이어지게 하고자 사용자들은 업무 집중을 높이기 위한 구체적인 추천을 해줄 것을 요청했다. 예를 들어 포모도로Pomodoro 기법을 사용한 집중 업무를 시작하도록 추천하거나 사용자가 동일한 작업을 너무 오랫동안 수행하고 있으면 휴식을 추천하거나 일정 시간 동안 특정 애플리케이션이나 웹사이트를 차단하는 등의 구체적인 추천 조치를 원했다.

한 사용자는 '생산적이지 않은 웹사이트에서 보내는 시간이 특정 시간을 넘어서면 경고를 주거나 군이 강제로 차단하지 않더라도 사용자가 이러한 사이트를 차단할 수 있게 하면 좋을 것 같다'라고 말했다.

개발자의 업무 행동을 기반으로 개발자에게 개인화된 추천을 제공하는 것 이외에 스스로를 자신의 팀이나 다른 개발자와 비교할 수 있게 함으로써 행동을 변화하기에 충분히 조치 가능한 깨달음을 얻을 수도 있다. 예를 들어 퍼스널어낼리틱스는 개발자의 업무 습관에 관한 익명화된 측정치(예, 단편화, 각 활동 및 성취에 소비한 시간)를 수집할 수 있고 이러한 측정치를 비슷한 업무 프로필을 지닌 다른 개발자와의 상관관계를 만들 수 있고 해당 개발자와의 비교 결과를 제공할 수 있다. 다른 개발자가 개발 블로그를 보는 데 시간을 더 많이 보내거나 자신을 교육하는 데 더 많은 시간을 보내거나 자신이 다른 대부분의 개발자 대비 미팅에 너무 많은 시간을 보내는 등의 깨달음을 얻을 수 있다.

팀 인식을 높이고 개인정보 보호 문제를 해결하기

개발자에게 생산성에 관한 깨달음을 제공하는 것의 한 가지 단점은 개발자의 행동 변화가 팀 전체의 생산성에 좋지 않은 영향을 줄 수 있다는 점이다. 예를 들어 좀 더 잘 집중하고자 특정 시간에 다른 사람이 개입하는 것을 차단한 경우 동료가 질문을 하거나 불명확한 점을 해소하려고 말을 거는 것을 차단할 수 있다. 또한 팀이 업무 중에 어떤 식으로 조율하고 의사소통하는지에 대해 깨달음으로써 개발자가 자신의 행동이 팀에 미치는 영향과 관련해 좀 더 균형 잡힌 조정을 할 수 있을 것이다. 예를 들어 미팅을 잡을 때 동료가 가장 생산적인 시간대와 가장 생산적이지 못한 시간대를 알 수 있다면 미팅 참가자 전체가 가장 생산적이지 않고 미팅이 가장 업무에 영향을 덜 주는 시간에 미팅을 잡을 수 있을 것이다. 각 팀원이 현재 수행 중인 작업과 진척률을 좀 더 잘 알 수 있다면 관리자나 팀장이 문제를 조기에 파악해 조치를 취하는 데 도움이 될 것이다. 예를 들어 어떤 개발자가 작업을 헤매고 있는지 또는 어떤 개발자가 의사소통 툴을 비효율적으로 사용하고 있는지 파악해 조치를 취할 수 있다.

하지만 자가 업무 모니터링 툴에 이러한 기능들을 추가하려면 여러 개발자로부터 데이터를 수집하고 분석해야 한다. 이는 이러한 데이터의 민감한 속성을 고려할 때 개인정보 보호 문제를 일으킬 수 있다. 여러 사용자로부터 데이터를 수집하는 툴을 만들 때 툴을 만드는 사람은 개인정보 보호를 확실히 해야 한다. 예를 들어 사용자가 어떤 데이터가 수집되고 분석될 수 있는지 선택할 수 있게 하거나 데이터를 올바르게 난독화하거나 데이터가 어떤 식으로 사용되는지 투명하게 공개하는 등의 개인정보 보호 조치를 할 수 있다. 이러한 개인정보 보호 조치가 제대로 되지 않으면 개발자는 심각하게 압박을 느끼고 스트레스를 받을 수 있다.

파일럿 조사와 초기 조사를 하는 동안 계속해서 등장한 주제 중 하나는 사용자가 민감한 업무 데이터를 공개하지 않길 원한다는 것이다. 일부 사용자는 관리자나 팀원과 데이터를 공유하는 것이 자신의 고용에 심각한 결과를 주거나 업무 중 압박을 높일 것이라고 두려워했다. 일터에서의 개인정보 보호 필요성을 고려해 퍼스널어낼리틱스는 모든 로그 데이터를 중앙화된 방식으로 서버에 저장하는 것이 아니라 로컬 방식으로 사용자의 컴퓨터에만 저장했다. 이렇게 함으로써 사용자는 수집된 데이터를 완전히 제어할 수 있다. 일부 사용자는 초기에 회의적이고 개인정보 보호 문제를 걱정했지만 연구를 진행하는 동안 어떤 개인정보 보호 관련 불만을 받지 않았고 대다수는 분석을 위해 자신의 난독화된 데이터를 공유했다. 일부 사용자는 자신의 생산성에 관한 시각화된 결과와 깨달음을 비교하고자 자발적으로 팀원들과 공유한 반면 일부 사용자는 자신의 개인정보 보호 문제를 무시할 수도 있는 추적 툴을 사용하도록 관리자가 강제한다면 툴 자체를 조작하거나 회사를 그만둘 것이라고 응답했다.

경영진이 데이터를 프로세스 개선을 위한 용도로만 사용하고 인사 관련 평가에는 사용하지 않는 환경을 만든다면 데이터의 오사용 가능성과 개발자의 걱정은 줄어들 것이다. 또한 절대적인 데이터를 사용해 팀 간에 비교를 하는 것은 잘못된 결론으로 이어질 수 있다. 팀, 프로젝트, 시스템별로 조건이 많이 다를 수 있기 때문이다. 따라서 행동 변화, 트렌드와 같은 기존 대비 개선에 활용하는 것이 중요하다. 그럼에도 GDPR과 같은 데이터 보호 규제를 포함해 직원들의 개인정보를 존중하고 보호하는 동시에 팀 생산성을 개선하고자 업무 데이터를 어떤 식으로 활용할지 결정하려면 추가적인 연구가 필요하다[7]. 해당 주제에 관해서는 15장에서 좀 더 자세히 다뤘다.

직장에서의 지속 가능한 행동 유도

소프트웨어 개발자의 생산성을 키우기 위한 방법 중 하나는 업무와 생산성에 대한 개발자의 자기 인식을 자가 모니터링을 통해 높이는 것이다. 회고와 방해를 최소화하는 자가 보고를 사용해 정기적으로 스스로 회고함으로써 개발자들은 업무 중 사용한 시간과 다른 이들과의 협업, 자신의 생산적인 업무 습관과 비생산적인 업무 습관, 전반적인 생산성에 대한 인식을 높일 수 있다. 그리고 개발자들이 대규모의 다양한 측정치와 데이터 내의 상관관계에 관심이 있다는 점을 배웠다. 또한 시각화된 데이터를 통해 얻을 수 있는 깨달음이 행동 변화를 일으킬 만큼 언제나 명확하고 실행 가능한 것은 아니라는 점도 배웠다. 연구에 대한 세부적인 설명과 더 많은 연구 결과는 해당 연구에서 찾을 수 있다[6]. 향후에 직장에서의 개발자용 자가 모니터링 툴이 확장돼 상관관계를 만들 수 있는 측정치들이 더 많이 포함될 수 있을 것이다. 예를 들어 개발 툴(예, 깃허브, 비주얼 스튜디오, 게릿Gerrit)과 바이오메트릭 센서(예, 핏빗)가 통합돼 개발자들은 전날 밤에 잠을 제대로 못 잔 경우에는 큰 변경 사항을 반영하기 전에 변경 내용을 주의 깊게 다시 확인하도록 경고를 받을 수 있다. 생산적인 행동 변화를 유도할 수 있는 또 다른 가능성으로 목표 설정이 있다. 업무의 자가 모니터링 툴을 확장함으로써 개발자들은 더 풍부한 깨달음을 얻을 수 있을 뿐 아니라 자기 발전을 위한 의미 있는 목표를 식별하도록 동기를 부여받고 해당 목표를 향한 진척도를 모니터링할 수 있다. 마지막으로 익명화되거나 종합된 데이터를 팀과 공유해 팀 내의 인식을 높이고 개입을 줄일 수 있고 미팅 스케줄을 좀 더 잘 계획할 수 있고 작업 할당 조율을 좀 더 잘할 수 있다.

퍼스널어낼리틱스를 다른 이들의 참여를 통해 개선하고 누구나 사용할 수 있도록 오픈소스로 깃허브에 공개했다(https://github.com/sealuzh/PersonalAnalytics).

핵심

22장의 핵심은 다음과 같다.

- 업무 중 사람의 행동을 자가 모니터링함으로써 상당수의 개발자에 있어 성과를 높일 수 있다.

- 생산성을 스스로 보고함으로써 개발자들은 자신의 효율성과 업무 진척도에 관해 간단하게 돌아보고 생산성을 개선하기 위한 시기 적절한 조치를 취할 수 있다.

- 개발자들은 자신의 업무에 관한 측정치에 다양한 관심이 있다. 이러한 측정치로는 개발 관련 데이터부터 팀 내 협업에 관한 데이터, 바이오메트릭 데이터 등이 있다.

참고 문헌

[1] Dewayne E. Perry, Nancy A. Staudenmayer, and Lawrence G. Votta. 1994. People, Organizations, and Process Improvement. IEEE Software 11, 4 (1994), 36-45.

[2] Watts S. Humphrey. 1995. A discipline for software engineering. Addison-Wesley Longman Publishing Co., Inc.

[3] Thomas Fritz, Elaine M Huang, Gail C Murphy, and Thomas Zimmermann. 2014. Persuasive Technology in the Real World: A Study of Long-Term Use of Activity Sensing Devices for Fitness. In Proceedings of the International Conference on Human Factors in Computing Systems.

[4] André N. Meyer, Laura E Barton, Gail C Murphy, Thomas Zimmermann, and Thomas Fritz. 2017. The Work Life of Developers: Activities, Switches and Perceived Productivity. Transactions of Software Engineering (2017), 1-15.

[5] Microsoft Graph API. https://graph.microsoft.io.

[6] André N. Meyer, Gail C Murphy, Thomas Zimmermann, and Thomas Fritz. 2018. Design Recommendations for Self-Monitoring in the Workplace: Studies in Software Development. To appear at CSCW'18, 1-24.

[7] European General Data Protection Regulation (GDPR). 2018. https://www.eugdpr.org.

23장

플로라이트를 이용해
업무 개입 줄이기

마누엘라 주거, 취리히 대학, 스위스

안드레 N. 마이어, 취리히 대학, 스위스

토마스 프리츠, 취리히 대학, 스위스

데이비드 셰퍼드, ABB 기업 연구소ABB Corporate Research, 미국

업무 개입으로 인한 손실 비용

오늘날 협업이 많은 업무 환경에서 의사소통은 주요한 활동이자 회사의 목표를 달성하는데 중요한 요소다. 특히나 소프트웨어 개발의 사회 기술적 성질을 고려할 때 이해관계자들 간의 의사소통은 성공적으로 프로젝트를 완료하는 데 중요하다. 그로 인해 의사소통은 이메일, 메신저, 전화, 동료에게 직접적으로 이야기하는 등의 다양한 형태를 띤다. 의사소통의 전반적인 중요성에도 불구하고 지식 노동자의 생산성에 방해가 될 수도 있다(지식 업무에 대한 정의는 7장을 참고한다). 사실 지식 노동자는 하루에 13번 정도 개입을 받아 질문을 하는 동료에게 답하거나 이메일을 읽거나 전화를 받으려고 자신의 현재 활동을 중단해야 한다. 이러한 개입은 한 번당 평균 15~20분 정도 걸리고 업무 파편화 증가로 이어진다. 쉽게 예상할 수 있듯이 개입은 생산성에 가장 큰 방해 요인 중 하나로 상당한 시간적 비용과 금전적 비용을 초래한다(미국에서 연간 5,880억 달러의 비용을 초래한다)[1]. 추가적으로 개입을 당한 사람은 스트레스와 좌절을 겪고 기존에 하던 업무를 재개할 때 실수의 확률이 높아진다[2, 3]. 이러한 개입의 부정적인 영향과

비용은 개입이 적절하지 않은 시점에 일어나고 이를 미룰 수 없을 때 특히나 높다. 이것이 바로 사람에 의한 직접적인 개입이 가장 방해적인 형태 중 하나다. 이메일 알림이나 메신저와 같은 다른 형태의 개입과 비교할 때 동료가 여러분의 책상 옆에서 기다리면서 현재 하고 있는 일을 끝내기를 기다린다면 이를 무시하기 쉽지 않다. 하지만 개입 비용은 개입을 좀 더 적절한 시점으로 조정함으로써 크게 줄일 수 있다. 예를 들어 정신적 부하가 좀 더 낮은 시점, 짧은 휴식을 취하는 시점, 작업을 막 마친 이후 또는 상대적으로 쉬운 작업을 수행 중일 때와 같은 좀 더 적절한 시점으로 개입 시점을 조정할 수 있다. 개입에 관한 세부적인 내용은 9장을 참고하길 바란다.

플로라이트: 언제 개입해도 될지 알려 주는 등

플로라이트^{FlowLight}는 개입 시점을 최적화해 외부 개입의 비용을 줄이려고 개발한 접근법이다. 플로라이트는 물리적으로 실제 존재하는 책상에 놓는 신호등이고 동료들에게 자신이 현재 가용한지 여부를 계산해 알려 주는 애플리케이션이다(그림 23-1 참고)[4]. 신호등의 색상, 메신저 서비스의 상태 색상과 비슷하게 플로라이트에는 네 가지 상태가 있다. 네 가지 상태로는 자리 비움(노랑), 가용(초록), 바쁨(빨강), 방해 금지(반짝이는 빨강)가 있다. 실제 존재하는 LED 램프는 보통 책상 위나 책상 칸막이 위, 사무실 입구 등 동료들이 쉽게 확인할 수 있는 곳에 설치한다. 사람마다 선호도에 따라 등을 자신의 몰입도를 확인하고자 스스로 잘 확인할 수 있는 위치에 설치하거나 등이 방해가 되지 않도록 자신에게는 잘 안 보이는 위치에 설치할 수도 있다. 사용자의 컴퓨터에 플로라이트 애플리케이션을 설치하면 플로라이트 애플리케이션은 사용자의 컴퓨터와의 현재 그리고 기존 상호 작용 데이터를 기반으로 사용자의 몰입 상태(개입해도 되는지 여부)를 계산한다. 몰입 상태가 변경되면 플로라이트의 LED 색상이 변경될 뿐 아니라 사용자의 스카이프^{Skype} 상태도 변경된다. 예를 들어 개입을 하기에 좋지 않은 시점에는 알림을 끈다.

그림 23-1 사무실에서 사용 중인 플로라이트

플로라이트 평가 및 유용성

다국적 회사를 대상으로 플로라이트의 효과를 평가했다. 총 12개국 15개의 사이트에 근무하는 449명의 참가자를 대상으로 했다. 참가자들은 소프트웨어 개발, 기타 엔지니어링, 프로젝트 관리 같은 다양한 분야에서 근무했고 수주 동안 평소처럼 일하면서 플로라이트를 평가했다. 연구의 목표는 지식 노동자들이 플로라이트를 어떤 식으로 사용하고 상호 작용과 생산성에 대한 인식이 플로라이트 도입 이후에 어떤 식으로 변했는지 조사하는 것이었다. 전반적으로 플로라이트는 중요한 개입은 그대로 가능하게 하면서도 개입을 크게(46퍼센트) 줄였고, 참가자들은 연구 기간이 끝난 이후에도 한참 동안이나 플로라이트를 계속 사용했다. 또한 참가자들은 플로라이트가 개입의 잠재적인 좋지 않은 점에 대한 자신들의 인식을 높였다고 답했고, 동료들의 플로라이트에 전반적으로 관심을 가졌으며, 동료의 업무와 집중을 좀 더 존중하게 됐고 개입이 급하지 않은 경우 동료들이 좀 더 편한 시간에 개입하거나 다른 의사소통 방식을 사용했다고 답했다.

한 참가자는 '파일럿 연구는 개입에 대한 민감도를 증가시켰다. 팀원들은 개입이 필요한지에 대해 한 번 더 생각하게 됐고 개입하기에 적절한 시점을 찾으려고 노력했다'고 답했다.

한 참가자는 '사람들은 등이 초록색일 때에도 개입을 해도 괜찮은지 다른 동료에게 물어보기 시작했다. 심지어 등이 없는 동료에게도 물어보기 시작했다. 만약 내가 질문을 하고 싶은 동료를 봤을 때 해당 동료의 등이 빨간색이면 한동안 기다리거나 이메일을 쓴다'고 답했다.

이러한 긍정적인 효과로 인해 사람들은 생산성이 증가했다는 느낌을 더욱 갖게 됐다. 이는 한편으로는 자신의 작업에 방해받지 않고 일할 수 있는 시간이 증가했기 때문이다. 다른 한편으로는 일부 참가자는 자신의 상태를 스스로 확인하고 알고리듬이 자신이 집중 상태라고 판단했을 때 동기 부여를 받았기 때문이다.

한 참가자는 '플로라이트 덕분에 사람의 직접적인 개입이나 스카이프를 통한 개입 모두 줄어들었다고 생각한다. 덕분에 좀 더 집중할 수 있게 됐고 업무를 끝마치는 데 도움이 됐다'고 답했다.

한 참가자는 '내 등이 노란색으로 바뀌면 내가 좀 한가했구나 하는 생각이 들어 무언가를 하게 된다. 또한 등이 빨간색이거나 빨간색 점멸 상태이면 내가 꽤 열심히 했고 생산적이었으니 계속해서 열심히 해야겠다는 생각이 든다. 반면 등이 약간 방해가 되는 경우도 있다. 등이 있다는 것을 알고 있기 때문에 등이 무슨 색인지 자꾸 확인하게 된다'고 답했다.

마지막으로 대다수의 참가자는 플로라이트의 자동 상태 변경이 정확했다고 답했다. 그럼에도 개선의 여지가 있다. 예를 들어 지식 노동자가 높은 인지 부하를 경험하고 있지만 마우스나 키보드를 많이 사용하고 있지 않는 경우(예, 복잡한 텍스트나 코드를 읽고 있을 때) 플로라이트는 사용자가 개입을 받아도 괜찮은 상태라고 표시한다. 이러한 알고리듬을 개선하기 위한 한 가지 방법으로 애플리케이션 사용 데이터나 바이오메트릭 데이터와 같은 좀 더 세밀한 데이터를 통합할 수 있다. 예를 들어 애플리케이션 사용 데이터를 통합하면 알고리듬은 특정 개발 활동에 맞게 동작할 수 있다. 예를 들어 디버깅 중일 때 개입을 받기에 적절하지 않다고 표시하거나 코드를 커밋한 이후에 개입을 받기에 적절하다고 표시할 수 있다. 심박 변동과 같은 바이오메트릭 센서에서 제공하는 데이터를 사용해 인지 부하나 스트레스를 좀 더 직접적으로 측정할 수 있다. 이는 해당 사용자가 개입을 받기에 적절한지 결정하는 데 영향을 미친다.

플로라이트의 핵심 성공 요인

플로라이트를 개발하고 평가하는 반복적 프로세스는 플로라이트의 성공에 기여한 요인들을 파악하는 데 도움이 됐다.

사용자에 대한 관심

플로라이트를 개발할 때 반복적인 사용자 중심 설계 프로세스를 따랐다. 특히나 플로라이트의 초기 버전을 먼저 배포해 사용자 피드백을 받고 플로라이트의 접근법을 반복적으로 개선했다. 이러한 반복적 설계는 플로라이트의 접근법의 근간이 되는 개념 측면에서는 작을지 몰라도 받아들이는 사용자 입장에서는 영향이 큰 문제들을 식별하는 데 도움이 됐다. 예를 들어 연구 초기에는 이전 연구를 기반으로 플로라이트가 근무 시간의 19퍼센트에 해당하는 시간 동안 바쁨 상태(빨간색)와 방해 금지 상태(점멸하는 빨간색)가 되도록 설정했다. 하지만 초기 사용자들은 플로라이트가 너무 자주 빨간색이 되고 상태가 너무 자주 변경돼서 거슬린다고 응답했다. 따라서 빨간색이 되는 비율을 줄였고 상태 변경이 급작스럽게 변경되지 않고 부드럽게 변경되는 기능을 추가하고 다듬었다.

더 나아가 초기 파일럿 연구를 통해 플로라이트가 관리자와 같은 특정 업무 역할을 고려해야 한다는 점을 발견했다. 소프트웨어 개발자들은 개입 없이 그리고 스카이프가 방해 금지 모드인 상태로 코딩 업무에 집중할 수 있길 원하고 방해받지 않고 일할 수 있는 시간을 늘릴 수 있길 원하지만 관리자들은 언제나 이야기할 수 있는 상태이길 원한다. 따라서 수동으로 방해 금지 모드를 좀 더 긴 시간 동안 설정하거나 방해 금지 모드를 아예 비활성화하는 기능들을 추가했다.

마지막으로 사용자 피드백에 따르면 회사 문화와 사무실 배치에 따라 플로라이트의 접근법이 어떻게 받아들여지는지 알 수 있었다. 플로라이트가 거의 모든 팀에서 유용하게 사용됐지만 같은 사무실 공간 내에서 매우 가깝게 앉아 있는 2개의 소규모 팀의 경우 개입을 줄이는 데 대체로 관심이 없었고, 동료에게 질문하기 전에 플로라이트의 상태를 확인해야 하는 노력을 들이고 싶어하지 않았다. 따라서 이 두 팀의 경우 개입을 줄이길 원했음에도 플로라이트는 아무런 가치를 지니지 않아서 초기에 플로라이트를 제거했다.

단순성 중시

플로라이트를 개발하는 동안 쉽고 간단한 설정과 설치 과정을 위해 많은 시간과 노력을 들였다. 예를 들어 플로라이트 애플리케이션 설치 시 인스톨러를 실행하면 수초 안에 설치된다. 사무실에서 플로라이트를 설정하고자 연구 팀원 중 1명을 각 개발팀에 보내서 전체 사무실 직원들에게 플로라이트의 기능을 설명하고 사용자들이 동료가 잘 확인할 수 있는 위치에 등을 설치할 수 있도록 도왔다.

또한 플로라이트 애플리케이션을 만들 때 애플리케이션이 직관적이고 사용자와의 상호 작용 없이도 잘 동작하도록 하는 데 집중했다. 지식 노동자들은 이전에는 자신에게 개입해도 되는지 여부를 알리고자 수동적인 전략을 사용했다. 예를 들어 수동으로 켜야 하는 등을 이용해 자신이 바쁘다는 것을 알리거나 헤드폰을 사용했다. 하지만 이러한 추가적인 노력으로 인해 해당 방식을 더 이상 사용하지 않는 경우가 많았다. 플로라이트는 가용 상태를 자동으로 변경한다는 점이 참가자들에게 매력적으로 다가왔고 연구가 끝난 이후에도 오랜 기간 동안 플로라이트를 사용하게 만들었다. 더 나아가 누구나 쉽게 알 수 있는 신호등의 색상과 메신저의 가용 상태를 결합한 직관적인 설계로 인해 사용자들과 동료들은 등의 색상으로부터 상태를 쉽게 이해할 수 있었고 이는 플로라이트의 성공에 기여한 요인 중 하나다.

개인정보 보호에 대한 관심

생산성은 업무 환경에서 민감한 주제이며 생산성 측정을 위해 민감한 업무 관련 데이터를 모니터링하는 것은 개인정보 보호에 대한 우려를 나을 수 있다. 플로라이트는 개인의 가용 여부를 계산하고자 민감한 업무 관련 데이터를 활용하기 때문에 데이터 추적에 있어 투명성을 확보하고 수집된 데이터를 사용자의 컴퓨터에만 저장한다. 연구가 종료될 때에만 사용자에게 데이터를 공유해 달라고 요청했으며 동시에 사용자들에게 자신이 공유하고 싶지 않은 데이터를 삭제하거나 난독화할 수 있는 기능을 제공했다.

더 나아가 가능한 한 적은 데이터를 추적하려 했다. 초기에 애플리케이션 사용 데이터를 활용하는 것을 고려했으나 초기에 사용자들이 제기한 개인정보 보호 문제를 줄이고자 결국에는 마우스와 키보드 동작만을 추적했다. 사용자들이 플로라이트의 진가를 깨달은 다음에는 추가적인 추적 방식을 사용해 추가적인 데이터를 포함해 알고리듬을 다듬어 줄 것을 사용자 스스로 요청해 왔다. 예를 들어 사용자들은 애플리케이션 사용 데이터를 통합해 점심 시간에 소셜 미디어 사이트를 보고 있을 때 방해 금지 모드나 바쁨 모드로 들어가지 않게 하거나 IDE에서 디버깅을 하고 있을 때 바쁨 모드로 들어갈 수 있도록 해달라고 요청했다. 사용자들이 데이터 수집을 주도할 수 있도록 함으로써 사용자들이 풍부한 데이터를 사용하는 데 따른 가치 증대를 이해할 수 있었고 개인정보 보호에 관한 우려를 줄일 수 있었다. 사무실에서의 생산성에 있어 동료 압박과 팀원 간에 경쟁 역시 우려되는 점이었다. 참가자들은 자신이 바쁨 상태에 있는 시간이 짧으면 동료들이 자신이 일에 집중하지 않는다고 생각할까 걱정했다. 플로라이트를 설계할 때 경쟁이나 동료 압박의 가능성을 줄일 수 있는 방식으로 설계했다. 특히나 각 개인별 이전 데이터를 기반으로 상태 변경 임곗값을 조정함으로써 플로라이트의 바쁨 또는 방해 금지 상태가 참가자 모두에게 거의 동일한 시간 동안 지속되도록 설정했다. 추가로 사용자들이 등을 수동으로 변경할 수 있도록 하는 기능을 제공했고 가용 상태가 업무 중이 아님을 뜻하는 것이 아니고 개입이 가능하다는 것을 알릴 뿐이라는 점을 사용자들에게 알렸다.

정확도가 아닌 가치에 집중

연구 참가자들은 플로라이트의 정확도를 향상시킬 수 있는 여러 방법을 제안했다. 하지만 플로라이트의 정확도는 대부분의 사람이 빠르게 받아들이기에는 충분했다. 연구를 통해 발견한 점은 플로라이트가 사용자들에게 어떤 가치를 제공하고 누구나 쉽게 이해할 수 있고 추가적인 노력이 들지 않는 한 정확도는 부차적인 문제일 뿐이다. 따라서 단순성과 가치에 대한 집중이 효과가 있었다. 이제 플로라이트의 사용자 수가 많아졌고 다양한 옵션을 시험할 수 있게 됐으니 집중 알고리듬의 정확도를 높일 시간이 됐다.

사용자들의 의도치 않은 활용 방식

플로라이트를 만든 원래 의도는 어떤 사람에게 개입해도 좋은지 여부를 동료에게 좀더 잘 알리기 위함이었다. 하지만 자신만의 방식으로 플로라이트를 사용하는 사용자들이 많아졌다. 예를 들어 자신의 생산성을 돌아보고자 개인 모니터링 툴로 사용하는 경우도 있고 동료에게 무엇을 요청하러 가기 전에 멀리서 등의 색상을 확인하거나 스카이프 상태를 확인해 해당 동료가 사무실에 있는지 여부를 확인하는 경우도 있다. 초기에 사용자들로부터 피드백을 받음으로써 플로라이트를 만들 때 생각하지 못했던 신규 사용 사례들을 식별하고 잠재적으로 확장할 수 있었다.

요약

플로라이트는 신호등과 같은 LED로 지식 노동자가 대화를 나누거나 질문에 답할 수 있는 상태인지를 나타낸다. 449명이 참가한 연구를 통해 플로라이트가 개입을 줄이고 생산성을 높이고 개입 주제에 관한 인식을 고취했다는 점을 알 수 있었다. 대체로 플로라이트 프로젝트는 매우 성공적이었고 다양한 미디어가 받아들였으며, 연구 참가자들 역시 계속해서 플로라이트를 사용했다. 이렇게 플로라이트를 성공적으로 받아들인 핵심 원인으로 플로라이트가 설치 및 운영이 쉬운 방식으로 사용자들의 문제를 처리할 것이고 개인정보 문제를 존중할 것이고 사용자의 필요와 사용 사례에 맞춰 개선될 것이라는 확신을 심어 줬기 때문이라고 생각한다.

플로라이트 설치

플로라이트를 직접 설치해 보고 싶은가? 더 많은 사용자가 플로라이트를 접할 수 있도록 엠브라바^{Embrava}(https://embrava.com/flow)와 협업할 수 있어 기쁘다. 사무실 생산성 회사인 엠브라바는 플로라이트 소프트웨어의 라이선스를 계약했고 플로라이트의 자동 알고리듬을 엠브라바의 제품에 통합할 계획을 갖고 있다. 예를 들어 블리웅크라이트^{BlyuncLight} 상태 등이나 상태 등이 달린 루메나^{Lumena} 헤드셋 등을 계획하고 있다.

핵심

23장의 핵심은 다음과 같다.

- 개입, 특히 사람에 의한 직접적인 개입은 생산성에 가장 방해가 되는 요인 중 하나다.

- 플로라이트는 LED와 같은 신호등을 통해 사무실에서 동료들에게 개입을 언제 해도 될지 나타낸다.

- 플로라이트는 개입을 46퍼센트 줄였고 개입에 대한 인식을 고취했고 사용자들은 좀 더 생산적이 됐다고 느꼈다.

- 플로라이트의 성공 요인은 단순함과 사용자 중심 설계 프로세스를 통한 지속적인 개발이다.

참고 문헌

[1] Spira, Jonathan B., and Joshua B. Feintuch. 'The cost of not paying attention: How interruptions impact knowledge worker productivity.' Report from Basex (2005).

[2] Bailey, Brian P., and Joseph A. Konstan. 'On the need for attention-aware systems: Measuring effects of interruption on task performance, error rate, and affective state.' Computers in human behavior 22.4 (2006): 685-708.

[3] Mark, Gloria, Daniela Gudith, and Ulrich Klocke. 'The cost of interrupted work: more speed and stress.' Proceedings of the SIGCHI conference on Human Factors in Computing Systems. ACM, 2008.

[4] Züger, Manuela, Manuela Züger, Christopher Corley, Andr? N Meyer, Boyang Li, Thomas Fritz, David Shepherd, Vinay Augustine, Patrick Francis, Nicholas Kraft, and Will Snipes. 'Reducing Interruptions at Work: A Large-Scale Field Study of FlowLight.' Proceedings of the 2017 CHI Conference on Human Factors in Computing Systems. ACM, 2017.

24장

정보 흐름 개선을 통한
생산적인 소프트웨어 개발

게일 C. 머피, 브리티시 컬럼비아 대학, 캐나다

믹 커스틴, 태스크톱 테크놀로지스^{Tasktop Technologies}, 캐나다

로버트 엘비스, 태스크톱 테크놀로지스, 캐나다

니콜 브라이언, 오스틴^{Austin}, 텍사스^{Texas}, 미국

소프트웨어 개발의 핵심에는 정보 중심의 지식 생산과 소비 활동이 있다. 소프트웨어 시스템이 무엇을 수행해야 하는지를 기술하기 위한 요구 사항을 만들고자 시장과 트렌드에 관한 정보를 분석한다. 소프트웨어 개발자들은 이러한 요구 사항을 통해 소프트웨어 시스템이 제공해야 하는 기능을 구현하기 위한 모델과 코드를 만든다. 시스템을 실행하면 소프트웨어가 어떤 식으로 동작해야 하는지 등에 관해 분석할 수 있는 더 많은 정보를 생성한다.

우리는 소프트웨어 툴이 어떤 식으로 생산성 있는 소프트웨어 개발을 가능하게 하는지 관심이 있다. 우리가 세운 가설은 소프트웨어 시스템을 만드는 데 관여한 사람과 툴 간에 정보 접근과 흐름을 개선함으로써 소프트웨어 개발 생산성을 증가시킬 수 있다는 것이었다. 이러한 가설을 24장에서는 기반으로 기술 진화를 살펴볼 것이다. 여기서 살펴볼 진화된 기술은 대규모 소프트웨어 개발 조직에서 사용 중이며 소프트웨어 개발자의 생산성을 높이는 것으로 알려져 있다. 또한 이러한 기술 설명을 통해 생산성이 개인 수준(사용 툴 – 마이린^{Mylyn})과 팀 수준(사용 툴 – 태스크톱 싱크^{Tasktop Sync}), 조직 수준(사용 툴 – 태스크톱 인티그레이션 허브^{Tasktop Integration Hub})에서 어떤 식으로 고려될 수 있는지

알 수 있다.

마이린: 개인 소프트웨어 개발자를 위한 정보 흐름 개선

소프트웨어 시스템은 소프트웨어 시스템의 기능을 제공하고자 실행되는 코드 없이는 존재할 수 없다. 시스템을 위한 코드를 생성하고자 소프트웨어 개발자는 엄청난 양의 정보를 다뤄야 한다. 이러한 정보의 예로 문서화된 요구 사항, 라이브러리와 모듈에 관한 문서, 테스트 스위트 등이 있다. 이로 인해 개발자는 정보 과부하에 걸린다. 그림 24-1은 소프트웨어 개발자가 버그 수정 시 사용하는 통합된 개발 환경의 한 장면을 보여 준다. 개발자는 버그에 관한 설명을 살펴본다(A). 화면의 주요 영역에 있는 숨겨진 탭에는 개발자가 버그를 조사하면서 이미 사용 중인 소스 코드가 표시된다. 스택 트레이스$^{stack\ trace}$에 기술된 메서드 이름의 일부를 검색한 결과가 화면 아래쪽에 표시된다(B). 화면 왼쪽에서는 시스템을 구성하는 여러 코드에 접근할 수 있다(C). 이러한 환경 내에서 새로운 기능을 위한 코드를 작성하거나 버그를 수정하려면 개발자는 필요한 상황 정보를 얻고자 여러 단계에 걸쳐 화면 이동을 해야 한다. 이러한 마찰로 인해 작업을 시작하는 것 자체가 쉽지 않을 수 있다. 시스템이 복잡할수록 개발자가 작업을 시작하기 위해 찾아야 하고 인지적으로 유지해야 하는 정보가 더 많아진다. 개발자가 하루에 하나의 작업만을 수행한다면 이러한 마찰은 관리 가능할 수 있다. 하지만 연구에 따르면 개발자들은 하루에 평균 5~10개의 작업을 수행하며 다른 작업으로 전환하기 전에 한 작업에 한 번에 쓰는 시간이 몇 분밖에 안 된다[3]. 이로 인해 개발자들은 작업을 수행하는 데 필요한 정보를 찾고 다시 찾는 데 끊임없이 시간을 사용하며 결과적으로 생산성이 떨어진다.

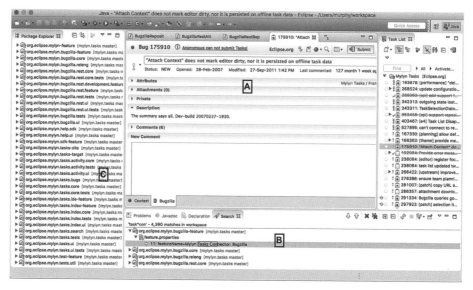

그림 24-1 통합 개발 환경의 정보 과부하

개별적인 소프트웨어 개발자가 갖는 이러한 정보 흐름 마찰 문제를 해결하고자 통합 개발 환경용으로 마이린 작업 중심 인터페이스를 만들었다[2]. 마이린은 개발자의 업무를 명시적으로 수행된 작업 중심으로 구성함으로써 개발자가 소프트웨어 시스템을 만들면서 다루게 되는 요소들의 패러다임을 변경한다. 마이린을 사용하면 개발자는 작업을 시작할 때 먼저 작업 설명을 활성화해야 한다. 작업 설명은 이슈 트랙커에 있는 버그에 대한 설명일 수도 있고 개발해야 할 신규 기능일 수도 있다. 작업이 활성화된 다음에 마이린은 개발자가 접근하는 정보를 작업의 일부로서 추적하고 어떤 정보에 얼마나 자주 얼마나 최근에 접근했는지를 기반으로 하는 알고리듬을 사용해 정보에 대한 개발자의 관심도를 모델링한다. 예를 들어 개발자가 작업의 일부로서 특정 메서드 정의에 단 한 번 접근했다면 관심도 모델에서 해당 메서드의 관심도는 감소할 것이다. 개발자가 작업의 일부로서 다른 메서드를 집중적으로 편집하면 해당 메서드에 대한 관심도는 높게 유지될 것이다. 이러한 관심도 값은 여러 방식으로 사용될 수 있다. 예를 들어 관심도 모델을 사용해 개발 환경을 작업에 중요한 정보 위주로 구성할 수 있다. 그림 24-2는 앞에서 소개한 동일한 버그 수정 작업 위주의 개발 환경 인터페이스를 나타낸다. 해당 화면의 개발 환경에서 현재 개발자가 작업 중인 작업에 필요한 정보만을 쉽게 접근할 수 있다. 다른 모든 정보는 쉽게 접근할 수는 있지만 화면을 많이 차지하지 않는다. 결과적으로 개발자는 자신이 접근한 정보가 어떤 식으로 시스템의 구조에 맞아 들어가는지 확인할 수 있고(A) 필요할 때 해당 부분을 더 쉽게 접근할 수 있다. 개발자가 작업을 하는 동안 백그라운드에서는 마이린이 자동으로 정보 흐름을 모델링하고 쉬운 접근을 위해 정보 흐름의 가장 중요한 부분을 위로 끌어올린다. 다음으로 이러한 관심도 모델을 사용해 정보를 다른 개발 툴에 제공할 수 있다. 예를 들어 활성화된 작업은 깃Git과 같은 SCM 시스템에 커밋 메시지를 자동으로 채울 수 있다. 또는 이슈에 해당 정보를 추가해서 다른 개발자와 공유할 수 있다. 덕분에 동일한 이슈에 대해 한 개발자가 접근한 정보를 코드 리뷰를 하는 다른 개발자에게 공유할 수 있다.

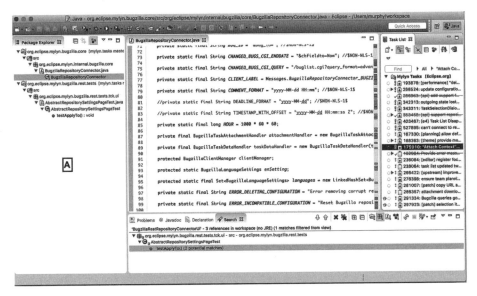

그림 24-2 통합 개발 환경에서의 마이린의 작업 중심 인터페이스

마이린이 개발자가 정보가 필요할 때 해당 정보를 쉽게 접근할 수 있도록 함으로써 생산성을 개선했는지 확인하고자 장기간의 변화 과정을 다룬 현장 연구를 수행했다. 해당 연구에서 이클립스Eclipse 통합 소프트웨어 개발 환경을 사용해 소프트웨어 개발자를 훈련하는 99명의 참가자를 모집했다. 연구 초기 2주간 참가자들은 평소대로 이클립스

통합 개발 환경을 사용했다. 개발자들이 어떤 식으로 일하는지에 관한 로그를 이클립스 통합 개발 환경이 수집하도록 추가 기능을 더했다. 개발자들이 코딩 활동의 임계점에 도달하면 해당 개발자의 통합 개발 환경 내에 마이린 툴을 설치했다. 그리고 나서 개발자가 마이린을 사용할 때의 코딩 활동에 대한 로그를 추가적으로 수집했다. 마이린을 설치하기 전과 후의 활동을 합리적으로 비교하고자 연구에 채택할 수 있는 코딩 활동의 임계점을 정의했다. 16명의 참가자가 연구에 적합한 임계점을 만족했다. 해당 참가자들에 대해 마이린을 사용하기 전과 후의 편집 비율(로그에 기록된 편집과 이동 횟수의 상대적인 양)을 비교했다. 이를 통해 마이린이 개발자들의 편집 비율을 개선했다는 점을 알 수 있었다. 이는 수행한 행동 관점에서 볼 때 마이린이 위에서 기술한 정보 접근 시의 마찰을 줄이고 생산성을 개선할 것이라는 주장을 뒷받침한다. 즉 툴이 개발자가 코딩하는 것에 초점을 맞추고 상황 전환을 지원했더니 개발자들은 더 많은 코드를 작성했고 필요한 정보를 찾으려고 화면 이동을 한 횟수는 적었다. 마이린은 이클립스 통합 개발 환경용 오픈소스 플러그인(http://www.eclipse.org/mylyn/)이고 전 세계 개발자들이 13년 이상 사용해 왔다.

태스크톱 싱크: 개발 팀을 위한 정보 흐름 개선

마이린 오픈소스 버전과 마이린 상용 버전을 사용하는 여러 조직과 일하면서 팀 수준에서 발생하는 정보에 접근할 때 추가적인 지연 요소가 발생한다는 점을 배웠다(마이린의 상용 버전은 태스크톱 테크놀로지스에서 개발한 제품으로 태스크톱 데브Tasktop Dev라고 부른다). 점점 더 많은 회사가 모든 개발 활동에 대해 동일한 벤더에서 제공한 툴을 사용하기보다는 조직 내 다양한 개발팀에 의해 각기 선택된 각 개발 활동에 가장 좋은 툴을 사용하기 시작했다. 이로 인해 요구 사항 수집을 하는 비즈니스 분석가는 A라는 벤더의 툴을 사용하고, 코드를 작성하는 개발자는 B라는 벤더의 툴을 사용하고, 테스터는 C라는 벤더의 툴을 사용하게 된다. 각각의 툴이 각각의 활동 분야에 있어 최고로 평가받기 때문에 생산성 있는 업무를 가능케 하는 반면 정보를 다른 팀이 사용하는 툴에 수작업으로 입력하거나 스프레드시트나 이메일과 같은 다른 형태로 옮겨야 하기 때문에 팀 간에 정보 흐름은 방해받는다. 또한 정보가 잘 흐르지 못해 개발에 어려움을 야기할 수 있다. 예를 들어 특정 팀이 필요한 정보에 접근하지 못해 오류가 발생할 수 있다. 소프트웨어 개발에 있어 빠른 출시에 대한 민첩성과 필요가 증가하고 있기 때문에 팀 간에 정보 흐름 자동화 결여는 큰 방해 요소다. 2015년 포레스터^{Forester} 설문에 따르면 툴을 통합하는 과정에서의 격차가 조직에서 소프트웨어 생애 주기를 현대화하는 데 가장 큰 실패 원인 중 하나이고 비용 초과를 야기하는 가장 주요 요소 중 하나라는 점이 밝혀졌다.

마이린과 태스크톱 데브를 개발하고 연구하고 적용하면서 업무의 단위인 작업을 대규모 소프트웨어 개발 조직의 다양한 팀이 사용하는 각 분야의 최고의 툴에 기술하는 다양한 방법에 대한 전문성을 얻을 수 있었다. 이러한 툴들에 공통으로 적용할 수 있는 작업의 개념을 끌어낼 수 있었고, 툴 간에 작업 정보를 자동으로 전달할 수 있었다. 2009년에 태스크톱 싱크라는 툴을 출시했다. 그림 24-3은 태스크톱 싱크가 무엇을 지원하는지에 관한 개념을 나타낸다. 태스크톱 싱크는 플랫폼 역할을 함으로써 다양한 종류의 팀과 프로젝트 관리 오피스, 고객 서비스 조직 간에 작업 정보 흐름을 가능케 한다.

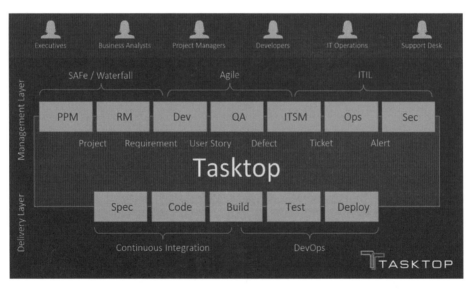

그림 24-3 태스크톱 싱크 플랫폼

태스크톱 싱크는 백그라운드에서 동작하며 거의 실시간으로 툴 간에 정보를 동기화한다. 태스크톱 싱크는 각 툴의 API를 통해 툴의 정보에 접근한다. 각 툴이 다른 스키마를 사용해 다른 워크플로 내에서 작업 정보를 나타내기 때문에 태스크톱 싱크는 툴 간에 데이터를 매핑mapping하고 변환하는 데 설정 정보가 필요하다. 예를 들어 비즈니스 분석가가 사용하는 툴에서 작업은 길이가 짧은 식별자와 긴 이름을 지닌 요구 사항일 수 있다. 이를 개발자 툴에 동기화할 때 개발자 툴의 관련 작업의 제목은 요구 사항 툴의 식별자와 이름을 연결한 형태가 될 수 있다. 동기화할 때 사용되는 규칙은 텍스트 연결과 같은 단순 데이터 변환을 넘어 더 복잡한 것이 될 수도 있다. 결함이 신규 또는 재오픈인지와 같이 데이터 값이 워크플로 상태를 나타내는 경우 정보의 상태는 다른 툴의 워크플로에 적절하게 매핑돼야 한다. 때때로 워크플로 정보를 매칭하고자 데이터의 상태를 여러 번 변경해야 할 수도 있다. 예를 들어 작업을 생성 상태에서 오픈 상태로 자동으로 변경해야 할 수도 있다.

또한 툴 간에 정보를 동기화하려면 각 툴의 작업 상황 정보를 해석하고 관리해야 한다. 비즈니스 분석가 툴에서 작업(요구 사항)은 계층 구조 내에서 존재할 수도 있다. 이러한 계층적인 상황 정보를 다른 툴에 적절하게 매핑해야 한다. 예를 들어 개발자가 사용하는 이슈 트래커에서는 이러한 상황 정보가 에픽epic과 유저 스토리 형태로 표현돼야 한다. 때때로 툴들은 상황 정보를 다양한 방식으로 표현하기 때문에(예, 정보를 링크로 표현) 동기화 과정에 상황 정보가 변하지 않게 잘 유지하려면 조심스럽게 다뤄야한다.

소프트웨어 개발은 순차적으로 일어나는 활동이 아니기 때문에 태스크톱 싱크는 양방향 동기화를 지원한다. 예를 들어 비즈니스 분석 툴에서 생성된 작업이 개발자 툴로 동기화된 다음에 개발자가 해당 작업을 수행하다가 작업 관련 궁금한 점을 댓글로 남기면 해당 댓글이 비즈니스 분석 툴로 다시 자동으로 동기화될 수 있다. 태스크톱 싱크의 이러한 기능 덕분에 팀원은 자신이 수행하는 작업에 최적화된 최고의 툴을 사용할 수 있는 동시에 다른 최고의 툴을 사용하는 다른 팀원과 거의 실시간으로 소통할 수 있다.

태스크톱 싱크는 소프트웨어 개발 프로젝트와 관련된 팀 간에 정보 흐름을 개선하고자 조직 내에서 그리고 조직 간에 사용돼 왔다. 한 신용카드 처리 회사는 태스크톱 싱크를 사용해 테스트 자동화 툴의 테스트 결과를 프로젝트 진척도를 나타내는 툴에 통합시켰다. 한 자동차 제조 대기업은 태스크톱 싱크를 사용해 변경 요청과 결함 데이터를 하청업체의 툴과 자신들이 쓰는 툴 간에 동기화했다. 자동차 제조사 사례의 경우 납품업체 툴의 특정 인스턴스들에서 사용 중인 여러 리포지터리 간에 워크플로 차이를 설정하는 기능이 중요했다. 자동차 제조사의 보고에 따르면 납품업체와 자동차 제조사 간에 정보를 동기화하는 데 3초 이하로 걸렸다. 덕분에 자동차 제조사의 제품에 통합되는 소프트웨어 사이에 투명성이 매우 필요했는데 이를 확보할 수 있었다.

태스크톱 인티그레이션 허브: 소프트웨어 개발 조직을 위한 정보 흐름 개선

소프트웨어 개발의 정보 흐름을 개선하려고 노력하는 동안 조직들이 소프트웨어를 개발하고자 취한 접근법에 상당한 변화가 데브옵스 등장으로 인해 촉발됐다. 지난 10년간 데브옵스 덕분에 조직들은 소프트웨어 생애 주기의 전 부분에 있어 자동화 비율을 높일 수 있었고 소프트웨어의 품질과 빠른 출시 모두를 잡는 데 집중할 수 있었다[1]. 전반적인 소프트웨어 출시 프로세스를 고려함으로써 소프트웨어 출시를 단순히 제품을 출시하는 과정이 아니라 고객에게 가치를 전달하는 동시에 고객으로부터 피드백을 받아 다시 제품의 가치를 높이는 처음부터 끝까지 이어지는 순환 과정으로 보기 시작했다. 간단한 예로 2개의 소프트웨어 개발 출시 팀이 있는 조직이 있다고 생각해 보자. 두 팀 모두 보험 비즈니스용 앱을 만드는데 한 팀은 모바일 앱을 출시하고 다른 팀은 웹 기반 앱을 출시한다. 모바일 앱을 만드는 팀은 웹 기반 앱을 만드는 팀보다 매달 고객용 기능을 좀 더 많이 출시할 수 있다. 각 팀의 소프트웨어 출시 가치 순환 과정을 분석해 보면 모바일 앱을 만드는 팀은 새로운 기능을 고품질로 만드는 과정을 빠르게 해주는 자동화된 테스트 프로세스를 사용한다. 이때 해당 조직은 이러한 정보를 사용해 팀 간에 소프트웨어 개발 프로세스를 개선할 수도 있을 것이다.

태스크톱의 경우 태스크톱의 제품들은 계속해서 진화한다. 태스크톱의 목표는 조직 간에 정보 흐름을 개선하는 것이고 태스크톱의 최신 제품인 태스크톱 인티그레이션 허브는 태스크톱 싱크와 태스크톱 데브를 대체했다. 태스크톱 인티그레이션 허브는 조직의 소프트웨어 출시의 가치 순환 간에 가시성을 제공한다. 다양한 팀이 사용하는 툴 간에 데이터를 동기화하는 방법에 관해 쌓은 지식을 바탕으로 태스크톱 인티그레이션 허브는 다양한 프로젝트의 다양한 툴 간에 어떤 정보 흐름이 발생하는지에 관한 깨달음을 제공한다. 그림 24-4는 태스크톱 인티그레이션 랜드스케이프^{Tasktop Integration Landscape} 화면인데 다양한 팀이 자신들이 사용하는 툴 간에 구성한 통합으로부터 자동으로 끌어온 데이터를 표시한 것이다. 태스크톱 인티그레이션 랜드스케이프 덕분에 조직은 자신의 소프트웨어 개발 프로세스에서 일어나는 과정들을 고려하고 최적화할 수 있다. 태스크톱 인티그레이션 허브는 실행되는 동안 개발 팀들이 사용하는 툴 간에 정보가 어떤 식으로 흐르는지에 관한 데이터를 수집한다. 이러한 데이터 덕분에 크로스 툴체인^{cross-toolchain} 보고가 가능해져서 요구 사항이 구체화된 시점부터 해당 요구 사항이 출시될 때까지의 시간을 나타내는 가치 실현 시간^{time-to-value}과 같은 개발 측면을 추적할 수 있게 됐다. IT 조직이 소프트웨어 출시 가치 순환 구조 간에 정보의 흐름과 접근을 지원하려고 연결하고자 하는 팀과 툴의 수가 많았기 때문에 태스크톱 인티그레이션 허브가 탄생했다.

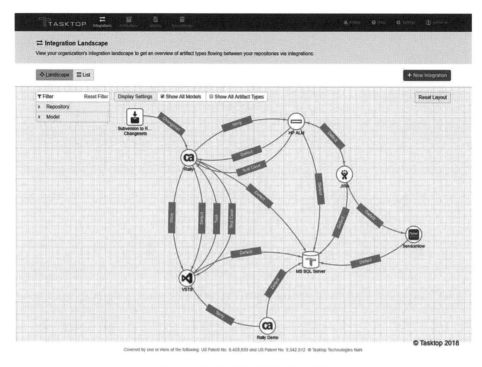

그림 24-4 태스크톱 인티그레이션 랜드스케이프

태스크톱 인티그레이션 허브는 소프트웨어 생애 주기 가시성을 지원하고 생애 주기에 변화가 생길 때마다 지표를 추적하는 기능을 지원함으로써 생애 주기의 어느 부분에서 마찰이 생기는지 알아낼 수 있다. 덕분에 조직 수준에서 마찰을 줄이고 생산성을 높이기 위한 변화를 시도하는 데 도움이 됐다.

앞에서 살펴본 모바일 앱 출시 팀과 웹 기반 앱 출시 팀의 예로 돌아와서 태스크톱 인티그레이션 허브는 각 출시 팀에서 사용하는 툴 간에 정보가 어떤 식으로 흐르는지 명확하게 보여 주고 고객을 위한 기능들이 출시 팀 내 다양한 파트에서 사용하는 각 툴을 통해 어떤 식으로 진행되고 있는지에 관한 지표를 보고할 수 있다. 이러한 가치 순환을 통한 정보 흐름에 있어 다양한 팀 간에 차이점이 발생하게 된다. 이러한 차이점을 활용해 각 팀이 취한 접근법이 맞는 것인지 확인할 수 있고, 자동화된 테스트 도입과 같은 프로세스 변화를 통해 생산성을 개선할 수 있는 부분이 있는지 확인할 수 있다.

깨달은 점

조직의 최종 목표가 소프트웨어 제품이든지 또는 조직의 비즈니스가 개발된 소프트웨어에 내부적으로 의존하고 있든지 많은 조직은 고품질 소프트웨어를 빠르게 출시하는 것이 목표다. 소프트웨어는 정보가 중심이 되는 활동이기 때문에 가치를 전달하는 능력은 정보 흐름과 정보 접근에 매우 의존적이다. 정보가 적절하게 흐르지 않는 경우 출시가 지연되거나 오류가 발생해 품질 저하로 이어지거나 출시가 더 지연될 수도 있다. 정보 흐름을 지원하고 최적화하는 경우 출시 기간을 단축할 수 있고 조직 내 생산성은 증가할 수 있다.

24장에서는 소프트웨어 개발 조직 내의 다양한 수준에서 정보가 어떤 식으로 흐르는지 살펴봤다. 개인은 자신이 사용하는 툴 내에서 특정 정보에 접근할 수 있어야 한다. 팀은 다른 팀의 툴에서 입력되고 수정된 정보에 접근할 수 있어야 한다. 조직은 다양한 팀의 활동이 소프트웨어 출시 가치 순환을 만들고자 어떤 식으로 결합될 수 있는지 고려해야 한다. 이러한 다양한 흐름과 마찰이 발생하는 지점을 고려함으로써 정보 흐름과 생산성을 개선하는 방식으로 툴을 설계할 수 있다. 지금까지 초기 학술 연구와 오픈소스 툴인 마이린, 태스크톱에서 후속으로 개발한 상용 애플리케이션 생애 주기 통합 제품을 알아봤다. 이 모든 것은 개인, 팀, 조직 수준에서의 생산성 개선으로 이어졌다. 모든 종류의 비즈니스에 있어 소프트웨어가 미치는 중대한 영향을 고려할 때 소프트웨어를 만드는 과정의 생산성을 개선하는 것은 엄청나게 많은 비즈니스의 생산성을 개선하는 것과 같다. 정보 흐름을 추가적으로 분석함으로써 향후에 추가적으로 생산성을 개선해 의료, 상업, 제조 분야 등 여러 분야에 영향을 줄 수 있다.

핵심

24장의 핵심은 다음과 같다.

- 소프트웨어 개발자 간에 정보 흐름은 생산성과 직접적으로 관련 있다.

- 정보 흐름을 제대로 지원하면 소프트웨어 출시 기간을 단축할 수 있고 조직 내 생산성이 증가할 수 있다.

- 개인, 팀, 조직은 정보 흐름에 관한 다양한 종류의 지원이 필요하다.

- 소프트웨어 개발의 각 활동에 있어 가장 효율적으로 일할 수 있는 개별적인 최고의 툴을 지원하는 방식으로 정보 흐름을 구현함으로써 개인, 팀, 조직은 많은 이득을 볼 수 있다.

참고 문헌

[1] Humble, J. Continuous delivery sounds great, but will it work here. CACM, 61 (4), pp. 34-39.

[2] Kersten, M. and Murphy, G.C., Using task context to improve programmer productivity. In Proc. of FSE, 2006, pp. 1-11.

[3] Meyer, A.N., Fritz, T., Murphy, G.C., Zimmermann, T. Software Developers' Perceptions of Productivity. In Proc. of FSE, 2014, pp. 19-29.

25장

생산성을 위한
잠재적인 툴 역할을 하는
마음챙김

마리케 반 부그트, 흐로닝언 대학, 네덜란드

마음챙김 정의

생산성을 위한 해결책으로 마음챙김^{mindfulness}을 강조하는 유명 블로그들을 쉽게 접할 수 있다. 마음챙김 교실을 제공하는 대기업들이 많다. 왜 마음챙김이 생산성에 유용한 걸까? 이 질문을 논의하기 전에 먼저 마음챙김을 정의해야 한다. 마음챙김 운동의 창시자인 존 캐벳–진^{Jon Kabat-Jinn}이 정의한 바에 따르면 마음챙김은 '현재의 순간에 대해 판단 없이 특정 방식으로 집중하는 것'이다[5]. 이를 실천하기 위한 일반적인 방법으로 자신의 호흡에 집중한 다음 집중이 여전히 유지되고 있는지 조심스레 관찰한다. 여러분이 알기도 전에 여러분의 집중은 다른 곳으로 가버렸다는 사실을 깨달을 것이다. 여러분이 자신의 집중이 다른 곳으로 가버렸다는 것을 알아챈 다음에는 해당 생각을 버리고 다시 호흡에 집중한다. 이것이 바로 여러분이 집중하는 방식이고 여러분의 집중은 현재 순간에 있다. 여러분이 과거에 머무르지 않고 미래에 대해 기대하지도 않기 때문이다. 이런 방식의 집중은 판단하지 않는다는 장점이 있다. 여러분이 자신의 집중이 흐트러졌다는 것을 깨달았을 때 자신에게 실망하거나 마음챙김을 제대로 실천하지 못한 것에 대해 자신을 비난하는 대신에 이는 마음의 자연스러운 현상이라는 점을 깨닫고 다시 자신의 호흡에 집중하기 시작하기 때문이다. 마음챙김은 여러분이 빙그레 미소 짓게 만드는 것의 관점과 재미 관점에서 마음챙김이 무엇을 수행하는지 모니터 링하면서 자신의 마음과 친구가 되려 하는 과정이라고 볼 수 있다(여기서 빙그레 미소 짓 게 만드는 것의 관점과 재미 관점을 전통적인 불교 방식으로 표현하면 '아이가 노는 것을 보고 있는 노 인과 같이 돼라'고 표현할 수 있다). 마음챙김은 주로 한번에 3분에서 1시간 정도 수행한다.

마음챙김은 존 캐뱃-진에 의해 개발된 세속적인 명상 실천법으로 대체로 불교 명상 기법을 기초로 한다. 명상 대상(대상이 호흡에 국한된 것이 아니라 컴퓨터 화면의 코드 등 어느 것이나 될 수 있음)과 주의 집중 범위, 원하는 결과 측면에서 다양한 명상들이 있는데 마 음챙김은 이러한 명상 중 하나다[7]. 사람들이 보통 마음챙김을 실천하는 이유는 기분 이 더 좋아지고 스트레스를 덜 받기 위함이다. 하지만 마음챙김의 원래 목적은 마음을 좀 더 유연하게 만들어서 탐욕, 미움, 현혹과 같은 부정적인 감정에 영향을 덜 받기 위 함이다(불교에서는 주요 세 가지 부정적인 감정으로 탐욕, 미움, 현혹을 꼽는다). 따라서 마음을 챙기는 상태는 그 자체가 목적이 아니라 삶을 좀 더 윤리적으로 살고 좀 더 친절하고 남의 감정을 이해할 줄 아는 사람이 되기 위한 수단이다.

생산성을 위한 마음챙김

마음챙김은 스트레스를 줄이고 치유를 돕고자 병원에서 널리 사용된다. 또한 마음챙 김은 근로자들이 매우 스트레스 받는 환경에서 건강을 유지하는 데 좋은 해결책으로 알려져 있다. 핵심은 자신의 호흡에 집중하고 생각을 너무 심각하게 받아들이지 않음 으로써 이완하는 법을 배운다는 것이다. 마음챙김이 스트레스 감소에 미치는 영향에 대한 기초적인 증거 중 일부가 한 중요한 연구에 의해 밝혀졌다[3]. 해당 연구에서 바이 오 기술 회사의 근로자들이 마음챙김을 실천했을 때 스트레스를 덜 받고 면역 반응이 개선됐다.

추가로 마음챙김을 실천하면 정신이 분산되거나 아무 생각이 없는 상태가 되는 것을 방지하는 데 도움이 돼 결과적으로 개입 없이 좀 더 오랜 기간 집중하는 데 도움이 된 다고 알려져 있다. 하지만 이 주장에 대한 증거가 충분치 않다. 이 부분에 관해서는 다음 절에서 다룰 것이다. 게다가 마음챙김에 있어 약간의 주의 훈련이 실제 집중을 크게 증가하는 데 충분할지 불분명하다. 따라서 25장에서 마음챙김의 인지적 장점을 심도 있게 평가하고 감정 회복에 있어 마음챙김이 어떤 효과가 있는지 논의한 다음 마음챙김이 소프트웨어 엔지니어링 관점에서 구체적인 적용 방식을 제안할 것이다.

마음챙김의 인지적 장점

마음챙김의 인지적 장점을 조사한 실험실 연구의 수가 늘고 있다. 대체로 마음챙김의 인지적 장점은 메타 분석에서 나타났듯이 그다지 크진 않다[11]. 이러한 결과가 나온 원인 중 하나는 인지 기능이 개선되려면 많은 연습이 필요하기 때문이다. 그럼에도 마음챙김이 소프트웨어 생산성에 도움이 되는지 여부와 이롭다면 어떤 식으로 도움이 되는지 이해하고자 집중력, 집중력 분산, 기억 측면에서 인지적 장점이 정확히 어떤 부분에서 관측됐는지 살펴보는 것은 유용하다.

먼저 가장 중요한 점으로 마음챙김은 집중력 훈련 관점에서 연구돼 왔다. 마음챙김의 정의를 살펴볼 때 마음챙김은 특정한 방식으로 판단 없이 집중하는 것이기 때문에 집중력 훈련 관점에서 연구하는 것은 논리적으로 맞다. 과학적으로 말하자면 집중력을 다양한 기능으로 세분화할 수 있다. 가장 설득력 있는 집중력 효과는 집중력 지속 분야에서 관찰됐다. 집중력 지속은 상대적으로 긴 시간 동안 자극에 집중력을 유지하는 능력을 말한다. 3개월 동안 집중력이 얼마나 지속되는지 확인한 중대 연구에 따르면 일반적으로 사람들의 집중력은 작업을 하는 동안 떨어지는 반면 마음챙김 훈련을 1.5 개월 동안 한 이후에는 집중력이 떨어지지 않고 3개월의 연구 기간 이후에도 지속됐다 [8]. 물론 일반적인 소프트웨어 개발자에게 3개월의 훈련은 가능하지 않다.

마음챙김 훈련을 통해 변화된다고 보고된 집중력의 다른 측면으로는 원하는 곳에 집중하는 능력, 제때에 집중에 빠지는 능력, 모순된 입력들을 처리하는 능력이 있다. 이러한 세 가지 측면 모두 단일 인지 작업인 집중력 네트워크 작업을 통해 측정했다. 다양한 명상가들을 대상으로 연구한 결과 위의 세 가지 구성 요소 모두에서 개선이 관측됐다. 하지만 특히 모순된 입력들을 처리하는 능력이 가장 자주 그리고 지속적으로 보고됐다[13]. 마지막 집중력 관련 능력은 빠르게 변하는 자극에 유연하게 집중하는 능력이다. 연구 결과에 따르면 3개월 간의 집중적인 명상 훈련 이후에 집중력이 좀 더 유연해졌다[12]. 이러한 효과를 얻으려면 어떤 종류의 명상을 했는지가 중요하다. 연구 결과이러한 효과는 참가자들이 명상을 하면서 호흡과 같은 하나의 특정한 무언가에 집중하지 않고 환경을 전반적으로 관찰할 때 나타났다[15].

얼마나 쉽게 집중력이 흐트러지는지도 집중력과 관련해 측정할 수 있다. 이 측정치를 정량화하기 위한 방법으로 측정 대상자가 지루한 작업을 수행하고 있을 때 아무 때나해당 대상자에게 실제 작업을 수행하고 있는지 또는 집중력이 흐트러졌는지 물어보면된다(해당 작업에 관한 세부 사항은 14장을 참고한다). 므라제크^{Mrazek}와 동료들이 관측한 바에따르면 이러한 작업을 수행한 참가자들은 휴식을 짧게 취했을 때에 비해 마음챙김을짧게 수행했을 때 집중력이 흐트러지는 일이 줄어들었다. 게다가 작업 기억 능력과 같은 측정치에서 얼마나 높은 점수를 기록하는지가 참가자가 얼마나 쉽게 집중력이 흐트러지는지에 달려 있는 것처럼 보인다. 마음챙김이 사람의 집중력 분산을 지속적으로 모니터링한다는 점을 고려할 때 이는 논리적으로 맞는 말이다.

기억 역시 마음챙김을 통해 향상시킬 수 있다. 여러 연구에 따르면 작업 기억(최근 인지한 정보를 유지하고 이를 활용하는 능력)은 마음챙김을 통해 개선될 수 있다[14]. 소프트웨어엔지니어링에서 작업 기억은 소프트웨어 아키텍처의 특정 제어 구조에 대한 영향을시각화하거나 복잡한 프로그램의 전체 설계를 기억하는 등의 작업에 중요하다. 마음챙김의 효과로 알려진 정신 분산 감소를 통해 작업 기억 개선이 가능하다. 마음챙김이작업 기억에 미치는 영향에 관해 알려진 정도에 비해 작업 기억이 장기 기억에 미치는영향에 관해 알려진 바가 거의 없다. 장기 기억은 작업 기억에 비해 더 영구적으로 정보를 저장하고 활용하는 능력을 말한다. 소프트웨어 공학에서 이러한 기억과 관련된능력은 프로그래밍 언어에서 관련 명령어를 기억해 내거나 시간이 흐름에 따라 소프트웨어 아키텍처가 어떤 식으로 변화하는지 기억하는 등의 능력에 있어 중요하다. 장기 기억 분야에는 연구가 몇 개 존재하지 않는다. 짧은 마음챙김 훈련을 통해 인지 기억에 개선이 있었다고 밝혀낸 연구가 하나 존재한다. 인지 기억은 이전에 무언가를 본적이 있음을 기억해 내는 능력이다[1].

마음챙김과 감정적 지능

마음챙김이 감정적 지능을 향상시킬 수 있다고 알려져 있다. 감정적 지능은 관리자나 함께 일하는 팀에게 도움이 될 수도 있다. 감정적 지능은 꽤 모호한 개념이다. 감정적 지능이라는 용어는 피터 샐러비Peter Salavey와 존 메이어John Mayer에 의해 탄생했고 대니얼 골먼Daniel Goleman이 이후에 널리 사용되도록 만들었다. 감정적 지능은 자신과 남의 감정을 인식하고 이해하고 관리하는 능력을 말한다. 마음챙김을 실천할 때 자신의 생각과 감정을 살펴보면서 약간의 시간을 보내는 것은 감정적 지능을 향상시키는 데 도움이 된다는 것을 쉽게 이해할 수 있다. 이렇게 마음챙김을 통해 감정적 지능을 향상시킴으로써 자신의 생각과 감정에 대해 매우 친절하면서도 판단하지 않는 태도를 키울 수 있다. 이러한 태도를 키우는 것은 감정을 관리하는 데 매우 효과적인 방법이다. 감정을 관리하는 일반적인 방법으로 감정을 억누르거나 개선하려 노력할 수 있다. 이러한 노력에도 대개 감정이 통제가 되지 않는 결과가 나타난다. 마음챙김을 실천하는 사람들은 생각과 감정을 관찰하는 것만으로도 이러한 감정에 집중하지 않았을 때 이러한 감정이 스스로 사라지는 것을 알게 됐다.

회복 탄력성resilience은 소프트웨어 생산성 관점에서 중요한 감정 지능 기술 중 하나다. 회복 탄력성은 어떤 차질이 생겼을 때 이를 처리하는 능력을 말한다. 감정이 격화된 것처럼 보이더라도 해당 감정은 일시적인 것이라는 점을 인지하는 것이 회복 탄력성에 있어 매우 중요하다. 여러분이 비난을 받았을 때 이러한 비난이 재난처럼 여러분에게 다가올 수 있지만 여러분이 마음챙김에서 배운 감정이 일시적이라는 점을 고려할 때 감정적 영향이 일시적이라는 것을 깨닫는다. 감정을 최악으로 확대해 해석하는 것에 너무 사로잡히지 않는 것이 인지적 회복 탄력성의 중요 구성 요소이고 이렇게 함으로써 생산성에 좋은 영향을 준다.

더 나아가 오늘날 프로그래밍 업무의 상당 부분은 상당한 팀 협업을 필요로 한다. 특히 경쟁적인 환경에서 팀 협업으로 인해 대인 간의 마찰 가능성이 매우 높아진다. 이 분야에 대한 연구가 거의 수행되지 않았지만 한 최근 연구에 따르면 애자일 팀에서 간단한 마음챙김 개입을 통해 서로의 의견을 듣는 능력을 향상시켰다[4]. 이는 대인 간의 마찰을 방지하고 줄이는 데 중요하다. 전통적으로 마음챙김은 동정심을 높이기 위한 자연스러운 방법으로 사용돼 왔고 여러분 자신의 생각에 대해 친절하면서 판단하지 않는 태도를 키울 때 마음챙김이 자연스럽게 실천된다고 여겨진다. 사실 한 실험 연구에서 이러한 동정심에 대한 실험적 증거가 발견됐다. 참가자가 목발을 하고 있는 사람을 마주쳤을 때 마음챙김을 실천한 참가자는 마음챙김을 하지 않은 대조군에 비해 목발을 하고 있는 사람에게 의자를 더 쉽게 내줬다[2].

마음챙김의 함정

앞에서 마음챙김 실천과 명상 실천이 생산성에 중요한 인지적 기술과 감정적 기술에 미치는 긍정적인 효과를 살펴봤다. 하지만 마음챙김의 해로운 효과도 보고되기 시작했다는 점도 알고 있어야 한다[6]. 이러한 해로운 효과가 아직 일목요연하게 정리되지는 않았지만 상당수의 명상 관련 코치와 실천가들과의 인터뷰에 따르면 마음챙김의 해로운 효과는 수면 방해부터 감정적 문제, 과거 트라우마 발현 등 매우 다양하다. 이러한 마음챙김의 부정적인 효과는 마음챙김을 오랜 기간 실천한 후에 나타날 것이라고 생각할 수도 있겠지만 사실 마음챙김을 처음 실천한 사람에게서도 이러한 부정적 효과가 보고됐다. 따라서 마음챙김을 실천할 때 이러한 부정적인 효과의 징후를 인식하고 필요한 경우 마음챙김 실천을 중단시킬 수 있는 숙련된 코치의 감독 아래 마음챙김을 실천하는 것이 중요하다. 게다가 마음챙김을 실천하기 위한 개입을 전 회사 직원에게 일괄적으로 수행해서는 안 된다. 개인에 따라 마음챙김이 적합하지 않을 수도 있기 때문이다. 향후에 추가적인 연구를 통해 마음챙김 개입이 적합하지 않은 성격적인 기질들에 대한 조망이 필요할 것이다.

마음챙김 휴식

소프트웨어 엔지니어의 업무 흐름에 마음챙김 개입을 어떤 식으로 구현하는 것이 좋을까? 마음챙김 실천가 및 명상 코치로서 내 자신의 경험에 비춰 몇 가지 실용적인 추천을 하겠다. 먼저 마음챙김에 해로운 부작용이 있을 수 있기 때문에 소프트웨어 엔지니어에게 마음챙김을 강제해서는 안 된다는 점을 강조하고 싶다. 또한 너무 높은 기대치를 갖지 않는 것이 중요하다. 앞에서 언급했듯이 인지적인 이득은 제한돼 있기 때문에 마음챙김 실천을 통해 먼저 얻을 수 있는 것은 감정적 회복 탄력성의 개선일 것이다.

이러한 경계 조건을 설정한 이후에 소프트웨어 엔지니어가 업무 중에 마음챙김 실천에 참여하고자 한다면 내 경험으로 볼 때 가장 좋은 접근법은 하루가 시작하기 전에 마음챙김 실천을 길게 하고 업무 중에 짧게 마음챙김 휴식을 갖는 것이다. 긴 마음챙김 세션(이상적으로 적어도 20분)은 인지적 기술을 배양하고 발전시키는 역할을 하고 짧은 마음챙김 세션은 업무 중에 마음챙김의 효과를 일깨워 주고 정신을 환기시켜 주는 역할을 한다. 사실 이러한 3분 미만의 짧은 세션이 가장 효과적인 휴식일 수 있다고 알려져 있다(예를 들어 마음챙김 휴식을 짧게 갖는 것이 동일한 시간 동안 소셜 미디어를 살펴보는 것보다 더 효과적이다). 함수 작성과 같이 부분 작업을 완료한 이후에 짧은 마음챙김 휴식을 가질 수 있을 것이다. 대안으로 타이머를 설정해 디버깅 세션을 중단하고 마음챙김 휴식을 가질 수 있다. 이는 프로그램에 대한 관점을 새롭게 할 수 있다.

대부분의 사람은 호흡을 명상 대상으로 사용하는 것이 잘 동작한다. 호흡이 여러분과 여러분의 신체를 재연결해 주기 때문이다. 하지만 어떤 사람들의 경우 호흡이 밀실 공포증을 느끼게 만들기도 한다. 이 경우 소리에 집중하는 것이 도움이 될 수 있다(소리의 경우 선택 가능한 여러 옵션이 있기 때문이다). 소리에 집중함으로써 이러한 명상이 아니었더라면 짜증나거나 방해된다고 느꼈을 소리에 대해 여러분이 조금 더 친화적인 태도를 갖도록 하는 추가적인 이점이 있다.

놀랍게도 대부분의 사람은 업무 중에 짧은 마음챙김 휴식을 취하는 것이 쉽지 않다. 숙련된 명상가들조차도 '뭔가 좀 더 유용한 걸 해야 하지 않을까?'라는 생각이 자주 들 수 있다. 언제나 완료해야 하는 것은 더 존재하기 마련이고 보통 더 많은 작업을 수행하는 것이 내가 좀 더 가치 있는 일을 하고 있다는 느낌을 주기 마련이다. 심지어 소셜 미디어를 보는 게 마음챙김 휴식을 취하는 것보다 더 유용하다고 정당화되기도 한다. 소셜 미디어를 보는 것은 적어도 여러분이 무언가를 하고 있는 것이기 때문이다. 그럼에도 나와 다른 이들의 경험에 따르면 여러분이 용기를 내어 실제 휴식을 취하면 좀 멀리서 여러분의 업무를 관찰하고 업무의 우선순위를 좀 더 잘 정할 수 있고 여러분 내면의 세심함과 더 깊은 관계를 맺어 결과적으로 동료들과 더 깊은 관계를 맺을 수 있다[9]. 생산적인 마음챙김 휴식을 취하려면 현재 진행 중인 것으로부터 여러분을 완전히 차단하지 않고 대신에 현재 진행 중인 것을 마음을 챙기는 방식으로 인식하는 것이 중요하다. 마음을 챙기는 태도를 가지려면 대상이 되는 것에 세심한 주의를 기울일 뿐 아니라 호기심도 가져야 한다. 현재 상황에 대한 자신의 본능적인 반응이나 자신의 의도를 살필 수 있다. 또한 짧은 마음챙김 휴식을 취한다고 해서 언제나 고요함과 행복감을 얻는 것은 아니라는 점을 알아두자. 현재 상태에 머물면서 현재 순간에 무슨 일이 닥치든 괜찮은 것이 비결이다. 완벽한 명상가가 되는 것이 목표가 아니다!

마음챙김을 업무에 녹여 내기 위한 마지막 고려 사항으로 자신의 의도를 파악하려 노력해야 한다. 마음챙김에 관한 여러 인기 있는 학술지에서 집중에 비해 의도는 많이 다뤄지지 않았다. 그럼에도 좋은 의도를 배양하는 것은 마음챙김의 중요 구성 요소다 [5]. 대개 마음챙김 실천은 스스로 기분이 좋아지기 위한 의도뿐 아니라 다른 지각이 있는 것들을 이롭게 하기 위한 의도도 포함한다. 내 자신의 개인적인 경험에 비춰 볼 때 이러한 태도로부터 마음이 넓어지는 것처럼 느낄 수 있고 마음의 평화를 얻을 수 있다. 일은 성공하거나 돈 벌기 위한 것이 아니라 더 큰 목적을 갖는 것으로 인식된다. 일을 하는 목적이 여러분 자신만을 위한 것이 아닐 때 일에 차질이 생기더라도 좌절감이 덜 한다. 여러분 혼자 일하는 것이 아니라는 것을 깨달았기 때문이다.

결론

마음챙김은 잠재적으로 소프트웨어 엔지니어들을 이롭게 한다고 해도 과언이 아닐 것이다. 마음챙김을 통해 정신 분산 감소와 같은 인지 이득 효과를 제한적으로 얻을 수 있고, 차질이 발생했을 때 감정과 탄력회복성을 관리하는 능력 개선과 같은 좀 더 실질적인 감정 조절 효과를 얻을 수 있다. 그럼에도 마음챙김이 만병통치약이 아님을 아는 것이 중요하다. 마음챙김은 아무런 노력 없이 당장의 결과를 만들어 내는 것이 아니다. 게다가 모두가 마음챙김의 효과를 경험할 수 있는 것은 아니다. 소프트웨어 엔지니어의 업무 흐름에 마음챙김을 통합하려면 기술이 필요하며 이렇게 제대로 통합했을 때 큰 변화를 만들어 낼 수 있다.

핵심

25장의 핵심은 다음과 같다.

- 마음챙김을 통한 인지 효과는 제한적이지만 감정적 지능을 개선할 수도 있다.
- 짧은 마음챙김 휴식은 더 나은 생산성으로 이어질 수 있다.
- 어떤 사람들에게는 마음챙김이 해로운 영향을 준다.

참고 문헌

[1] Brown, Kirk Warren, Robert J Goodman, Richard M Ryan, and Bhikkhu Analayo. 2016. 'Mindfulness Enhances Episodic Memory Performance: Evidence from a Multimethod Investigation.' PLoS ONE 11 (4). Public Library of Science:e0153309.

[2] Condon, P., G. Desbordes, W. B. Miller, and D. DeSteno. 2013. 'Meditation Increases Compassionate Responses to Suffering.' Psychological Science 24 (10):2125-7. https://doi.org/10.1177/0956797613485603.

[3] Davidson, R. J., J. Kabat-Zinn, J. Schumacher, M. S. Rosenkranz, D. Muller, S. F. Santorelli, F. Urbanowski, A. Harrington, K. Bonus, and J.F. Sheridan. 2003. 'Alteration in Brain and Immune Function Produced by Mindfulness Meditation.' Psychosomatic Medicine 65:564-70.

[4] Heijer, Peter den, Wibo Koole, and Christoph J Stettina. 2017. 'Don't Forget to Breathe: A Controlled Trial of Mindfulness Practices in Agile Project Teams.' In International Conference on Agile Software Development, 103-18. Springer.

[5] Kabat-Zinn, J. 1990. Full Catastrophe Living: The Program of the Stress Reduction Clinic at the University of Massachusetts Medical Center. Dell Publishing.

[6] Lindahl, Jared R, Nathan E Fisher, David J Cooper, Rochelle K Rosen, and Willoughby B Britton. 2017. 'The Varieties of Contemplative Experience: A Mixed-Methods Study of Meditation-Related Challenges in Western Buddhists.' PLoS ONE 12 (5). Public Library of Science:e0176239.

[7] Lutz, Antoine, Amishi P Jha, John D Dunne, and Clifford D Saron. 2015. 'Investigating the Phenomenological Matrix of Mindfulness-Related Practices from a Neurocognitive Perspective.' American Psychologist 70 (7). American Psychological Association:632.

[8] MacLean, K. A., E. Ferrer, S. R. Aichele, D. A. Bridwell, A. P. Zanesco, T. L. Jacobs, B. G. King, et al. 2010. 'Intensive Meditation Training Improves Perceptual Discrimination and Sustained Attention.' Psychological Science 21 (6):829-39.

[9] Meissner, T. n.d. https://www.mindful.org/Get-Good-Pause/. Accessed 2017.

[10] Mrazek, M. D., J. Smallwood, and J. W. Schooler. 2012. 'Mindfulness and Mind-Wandering: Finding Convergence Through Opposing Constructs.' Emotion 12 (3):442-48. https://doi.org/10.1037/a0026678.

[11] Sedlmeier, P., J. Eberth, M. Schwarz, D. Zimmermann, F. Haarig, S. Jaeger, and S. Kunze. 2012. 'The Psychological Effects of Meditation: A Meta-Analysis.' Psychological Bulletin 138 (6). American Psychological Association:1139.

[12] Slagter, H. A., A. Lutz, L. L. Greischar, A. D. Francis, S. Nieuwenhuis, J. M. Davis, and R. J. Davidson. 2007. 'Mental Training Affects Distribution of Limited Brain Resources.' PLoS Biology 5 (6):e138.

[13] Tang, Yi-Yuan, Britta K Hölzel, and Michael I Posner. 2015. 'The Neuroscience of Mindfulness Meditation.' Nature Reviews Neuroscience 16 (4). Nature Publishing Group:213-25.

[14] van Vugt, M. K., and A. P. Jha. 2011. 'Investigating the Impact of Mindfulness Meditation Training on Working Memory: A Mathematical Modeling Approach.' Cognitive, Affective, & Behavioral Neuroscience 11 (3):344-53.

[15] van Vugt, M. K., and H. A. Slagter. 2013. 'Control over Experience? Magnitude of the Attentional Blink Depends on Meditative State.' Consciousness and Cognition 23C:32.

25장의 이미지나 기타 서드파티 자료는 25장의 Creative Commons 라이선스에 포함된다. 단, 해당 자료에 대한 인정을 표시할 때 원래와 다르게 표현돼서는 안 된다. 만약 자료가 25장의 Creative Commons 라이선스에 포함되지 않고 여러분의 사용이 법규정에 의해 허용되지 않거나 허용된 사용 범위를 초과하는 경우 저작권자로부터 직접 허락을 받아야 한다.

찾아보기

소프트웨어 엔지니어링 생산성 돌아보기

발　행 | 2023년 2월 28일

옮긴이 | 김 무 항
편저자 | 케이틀린 샤도우스키 · 토마스 짐머만

펴낸이 | 권 성 준
편집장 | 황 영 주
편　집 | 김 진 아
　　　　임 지 원
디자인 | 윤 서 빈

에이콘출판주식회사
서울특별시 양천구 국회대로 287 (목동)
전화 02-2653-7600, 팩스 02-2653-0433
www.acornpub.co.kr / editor@acornpub.co.kr

책값은 뒤표지에 있습니다.